习近平给红其拉甫海关全体关员的回信

红其拉甫海关的同志们：

你们好！来信收悉。你们克服高寒缺氧等困难，扎根雪域边疆的国门一线，忠于职守，默默奉献，创造了不平凡的业绩，展现了新时代海关人奋发有为的精神风貌。今年是海关关衔制度实行20周年，借此机会向海关系统全体同志致以诚挚的问候！

海关担负着守国门、促发展的职责使命，做好海关工作意义重大。希望同志们胸怀“国之大者”，弘扬海关队伍的优良作风，提高监管效能和服务水平，筑牢国门安全屏障，助推高质量发展、高水平开放，当好让党放心、让人民满意的国门卫士，为强国建设、民族复兴积极贡献力量。

习近平

2023年9月11日

转自“新华社图片”公众号

海关记忆

——档案与海关关衔制度实行20周年

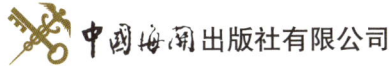

《海关记忆》编委会　编著

中国海关出版社有限公司

图书在版编目（CIP）数据

海关记忆：档案与海关关衔制度实行 20 周年 /《海关记忆》编委会编著 . —北京：中国海关出版社有限公司，2024.1

ISBN 978-7-5175-0727-7

Ⅰ . ①海… Ⅱ . ①海… Ⅲ . ①海关—人事管理—史料—中国—文集 Ⅳ . ① F752.59-53

中国国家版本馆 CIP 数据核字（2023）第 245778 号

海关记忆——档案与海关关衔制度实行 20 周年

HAIGUAN JIYI —— DANG'AN YU HAIGUAN GUANXIAN ZHIDU SHIXING 20 ZHOUNIAN

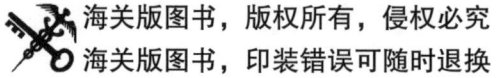

作　　者：《海关记忆》编委会
责任编辑：陈福升　熊　芬
责任印制：孙　倩
出版发行：中国海关出版社有限公司
社　　址：北京市朝阳区东四环南路甲 1 号　　邮政编码：100023
编 辑 部：01065194242-7528（电话）
发 行 部：01065194221/4238/4246/5127（电话）
社办书店：01065195616（电话）
https: //weidian.com/? userid=319526934（网址）
印　　刷：北京中科印刷有限公司　　经　　销：新华书店
开　　本：710mm × 1000mm　1/16
印　　张：36.75　　字　　数：600 千字
版　　次：2024 年 1 月第 1 版
印　　次：2024 年 1 月第 1 次印刷
书　　号：ISBN 978-7-5175-0727-7
定　　价：86.00 元

前言

2023年9月11日，习近平总书记给红其拉甫海关全体关员回信，向海关系统全体同志致以诚挚的问候，并对全国海关更好履行职责使命提出殷切期望。

2023年是海关关衔制度实行20周年。为深入学习宣传贯彻习近平总书记重要回信精神，夯实忠心向党的思想根基，激发团结奋进建设中国特色社会主义现代化海关的精神力量，海关总署办公厅组织开展“档案里的海关队伍授予关衔20周年”主题征文活动，以“守国门、促发展，当好让党放心、让人民满意的国门卫士”为指引，深入挖掘档案资源，锤炼凝聚海关精神，弘扬宣传海关文化，力求以档案见历史、鉴未来。

海关历史源远流长，档案是海关宝贵的信息资源和文化财富。把蕴含党的初心使命的红色档案保管好、利用好，把新时代党领导人民推进实现中华民族伟大复兴的奋斗历史记录好、留存好，既是习近平总书记的重要要求，也是海关人的职责所在。

旧照犹存岁月浅，书经廿载终成卷。海关总署办公厅以档案为桥，从“老故事”中激发“新力量”，整理出版《海关记忆——档案与海关关衔制度实行20

周年》一书，选编了来自全国海关的120篇优秀征文，生动还原海关关衔制度实行20年来，一个个或广为流传或鲜为人知的海关故事。

品读体会，档案的意义跃然纸上，历程的激励催人奋进。

本书在编审过程中，得到太原、上海、青岛、广州、黄埔、海口海关的大力支持，在此谨表谢意。

受时间和水平所限，本书难免有疏漏之处，欢迎广大读者朋友批评指正。

《海关记忆》编委会

二〇二三年十二月

目 录

石家庄海关

太原海关

呼和浩特海关

满洲里海关

大连海关

沈阳海关

长春海关

上海海关

厦门海关

南昌海关

青岛海关

济南海关

郑州海关

武汉海关

长沙海关

广州海关

深圳海关

拱北海关

江门海关

湛江海关

南宁海关

海口海关

重庆海关

成都海关

贵阳海关

昆明海关

拉萨海关

西安海关

兰州海关

西宁海关

乌鲁木齐海关

附录

海关总署办公厅

兰台小记

海关总署办公厅　郭志华

2004 年 3 月，我在海关总署参与制定“现代海关制度第二步发展战略”。那时，作为刚刚加入海关这支纪律部队的崭新一员，因为工作需要，我每天都会接触大量的档案资料。没想到十几年以后竟真的和档案“结缘”，并从档案工作中对新时代海关纪律部队有了别样生动的解读。

一声令下，风里雨里我们都在

2018 年 7 月的北京，雨水突然多了起来。从 7 月 8 日开始，每天都有短时大雨或暴雨。海关总署档案库房建在中国海关博物馆地下一层，博

照片资料：2018 年 7 月 6 日，北京市东城区柳罐胡同，左边是中国海关博物馆的南侧外墙

照片资料：2018 年 7 月 6 日，中国海关博物馆南侧外墙绿化带，地下部分紧贴档案二库和四库外墙

物馆的南侧，是柳罐胡同东西向一条长长的绿化带。绿化带向下挖得很深，土堆得很多很厚。

我们当时并不知道，连日降雨导致大量雨水积在绿化带的土壤里排不出去，而绿化带下面积水的地方，恰好紧贴着档案二库和档案四库的外墙。7 月 13 日，又是一场雷阵雨。下午，关昕和卢云鹏例行巡库时，发现档案二库南侧墙面有水洇的痕迹。我们第一时间向厅领导报告并联系服务中心检查渗水原因，发现问题出在外面的绿化带上。要解决这个问题，办法有两个，要么拆除绿化带，但这需要和东城区园林绿化部门进行协调，肯定不是一朝一夕就能解决的；要么对库房内所有墙面重新做防水，为避免大量灰尘对档案造成损害，只能将库房清空。可两个库房近 2 万盒档案，哪有地方临时周转存放？但时间不等人，雨水不留情。经过再三研究，决定还是从内部做防水，但只把靠近南侧一列密集架上的档案搬走，再用超大幅塑料布，把其他密集架从头到脚密封起来，确保档案不受灰尘影响。我们和服务中心相关部门紧急敲定修缮方案，为确保库房修缮前的安全，又紧急购买了 120 个防汛沙袋备用。

照片资料：2018 年 7 月 13 日，被雨水浸透的库房墙面

7月14日是个周六,一大早睁开眼又听到下雨声。我7点半赶到单位时，处里的卢云鹏已经在档案二库查看，还好没有出现更大面积的渗水。我们正准备去看四库的情况时，关昕、吴倩和蔡秋慧也冒雨先后赶来。我们谁也没客套地问“你怎么也来了”，知道大家都是惦记着库房。检查其他库房的过程中，接到电话说防汛沙袋中午前后送到。听说中午要搬沙袋，家住海淀的王清伟、刘昀和杨劼也陆续赶到单位。雨逐渐下大，落在积水中砸起一个个大大的水泡。博物馆办公区大门到路边停车的位置并不远，十几米路、七八级台阶，但要把120个防汛沙袋卸车再搬进博物馆，暴雨也足够把大家淋成落汤鸡。雨越下越大，送货司机打来电话问要不要等雨停了再送，我们怕雨一直下库房渗水更严重，就请司机尽快送来。防

照片档案：2018年7月14日，档案处蔡秋慧和关昕在搬运防汛沙袋

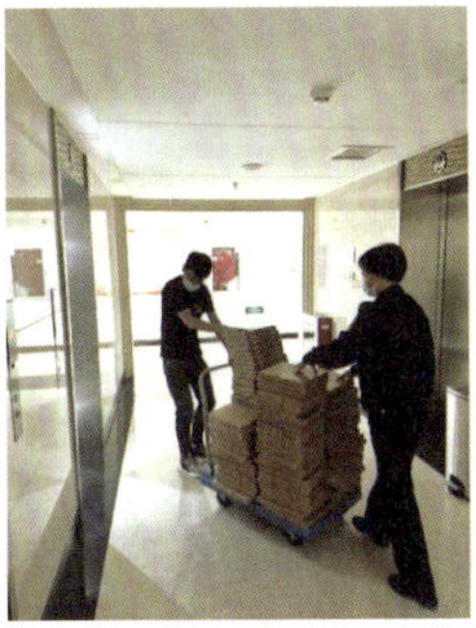

照片档案：2018年7月14日，档案处蔡秋慧等人把档案临时周转到其他库房

照片档案：2018年7月14日，档案处郭志华、关昕用塑料布密封3.2米高的密集架

照片档案：2018年7月28日，档案处吴倩在仔细检查修缮后的库房

汛沙袋运到时，我们已经等在门口，车一到，就一个接一个地冲进雨里，快速把防汛沙袋卸下货车，再放到小拖车上运到地下一层的二库和四库，顺着南侧靠墙码好……

换下湿了的衣服、鞋子，我们开始给档案“搬家”、给密集架“穿防护服”。两个库房靠南侧一列密集架上的档案，加起来3000盒左右，全部下架装小拖车，运到一库和三库临时上架放置。搬完后，擦把汗、喝口水，又开始用塑料布封密集架。时间紧、任务急，两个库房共54列密集架，平均10米长、3.2米高，只能踩着一排排架子，站到将近2米高的位置，才能够得着密集架顶。大家忙而不乱，我和关昕、杨劼和刘昀，两两一组负责爬架子盖架顶，蔡秋慧和吴倩负责压实架底，王清伟和卢云鹏负责搬运塑料布、剪胶带。凌晨时终于完工，大家可以回家睡觉了。

7月15日晚上8点北京再次下起大雨，一直到18日早上6点，降雨持续近60小时，城区平均降水量达127.2毫米。我们每天定时轮流巡库，虽然二库和四库南侧距地面50厘米以下墙面出现大面积渗水，但幸好我们的防汛沙袋及时到位，库房地面没有积水，档案也都安然无恙。

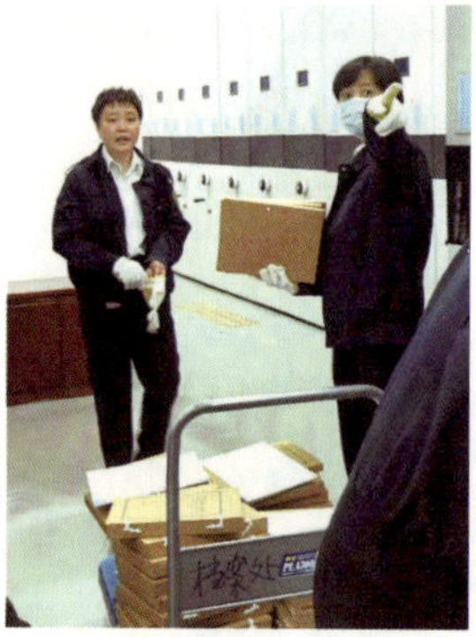

照片档案：2018年7月28日库房修缮后，档案处的同志们把之前临时周转到其他库房的档案重新运回、清点、上架，物归原位

我们从及时发现库房渗水，到主动加班安全检查，到全员冒雨卸运防汛沙袋，到档案临时搬家，再到用塑料布封好密集架，仅用了一天半的时间，过程却是一言难尽。由于库房要保持恒温恒湿，温度只有18摄氏度左右，大家刚刚还满头大汗，一会儿就被空调吹得阵阵发冷，查验服脱了

穿、穿了又脱……有人手磨破了，有人胳膊酸得抬不起来了，有人腰伤犯了绑着护腰坚持，有人“苦”中作乐“炫耀”自己武力值爆表，有人调侃说干档案得学习“大力水手”多吃菠菜，唯独没有人叫苦，也没有人抱怨。

我想，这就是新时代海关纪律部队的力量，会让人在不知不觉中有一种信念，是责任，也是担当。

遇到困难，那就迎上去、克服它

2019年，海关总署办公厅接收上海海关移交的1万余件“1840—1949年近代中国海关图纸”等珍贵档案资料。由于受光照、空气污染、温湿度变化、霉变、虫蛀以及自然磨损等因素影响，近三分之二的图纸存在纸张褪色、酸化、脆化、撕裂、破碎等现象；再加上图纸档案形成时所用纸张、颜料、墨水等因素，部分图纸字迹洇化、扩散甚至模糊消退。如不尽快修复并妥善保存，这批档案将濒临永久性损毁。经报署领导批准，我们启动了“海关记忆”——近代中国海关史料抢救性修复和数字化项目。

照片档案：2019年2月26日，档案处关昕在上海海关档案室检查接收近代中国海关图纸档案

不懂修复怎么办？那就向张平[①]、刘小敏[②]等著名古籍修复专家请教学

---

① 原国家图书馆古籍文献修复组组长，主持馆藏《敦煌遗书》、《永乐大典》、西夏文献等国宝级文献的修复工作。

② 原中央档案馆档案修复专家，曾先后在故宫博物院、中国第一历史档案馆从事档案修复工作。

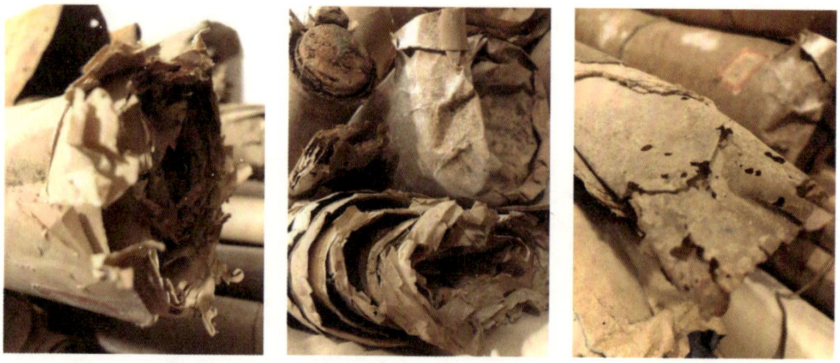

实物档案：2019 年 2 月 26 日，从上海海关接收回来的近代中国海关图纸档案

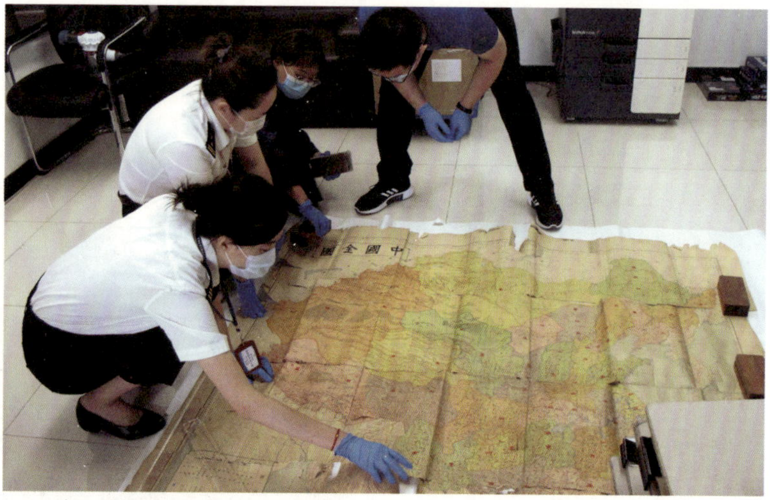

照片档案：2019 年 5 月 6 日，项目组郭志华、吴倩、包玥莹、卢云鹏（从下至上）在研究修复方案

习，聘请专业的修复团队一起工作。大部分图纸档案都是英语、法语、俄语、德语、西班牙语、葡萄牙语等外文，看不懂怎么办？那就请清华大学外语系的老师协助翻译著录。图纸档案时间跨度大、内容包罗万象，不知道该如何分类怎么办？那就去向北京师范大学历史系的教授们请教。就这样，项目组一点点攻克此前从未涉足的领域。

在修复过程中，我们始终坚持“最小范围、最少干预”原则，确保修复材料的物理、化学性能尽可能接近原材料，最大限度降低外界因素对档案本体的影响，避免对史料造成破坏性修复。在修复手法上，坚持“修旧

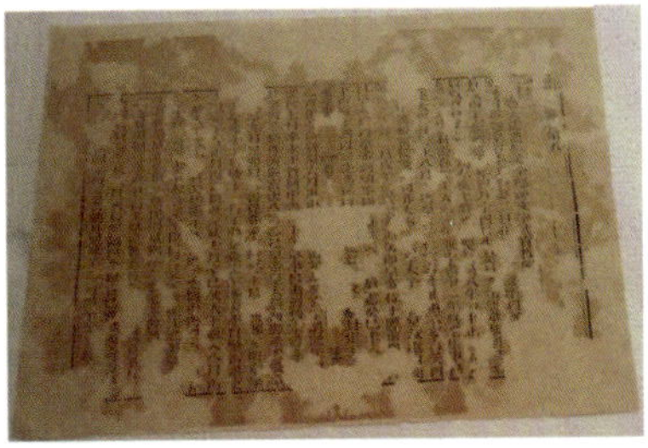

实物档案：在修复过程中，秉承“修旧如旧”原则，不破坏档案的原始凭证性

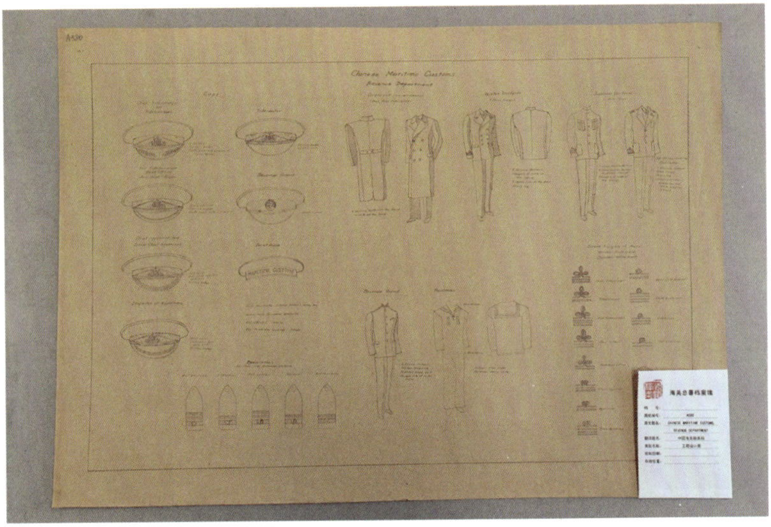

实物档案：修复后的图纸和它的“身份证”

如旧”，最大程度保留史料原有特征和历史痕迹。我们还统一制作了带有基础著录项的标签，让每一张修复后的档案都能拥有一张属于自己的“身份证”，从此正式“落户”。

在项目进行过程中，我们又遇到了更大的难题——发现一种特殊材质的图纸档案，一种平纹编织、有厚重涂布层的纺织品。经过查阅大量资料、多方咨询鉴定，才确定这种档案载体叫作描图布，是 19 世纪中期至 20 世纪初西方十分盛行的用来拷贝建筑、机械工程制图的载体。由于此前没有接触过这种材质，无法确定成分，修复工作一度中断。项目组先后走访多家图书馆、档案馆，都没有这种材质的藏品，更没有进行过修复工作。

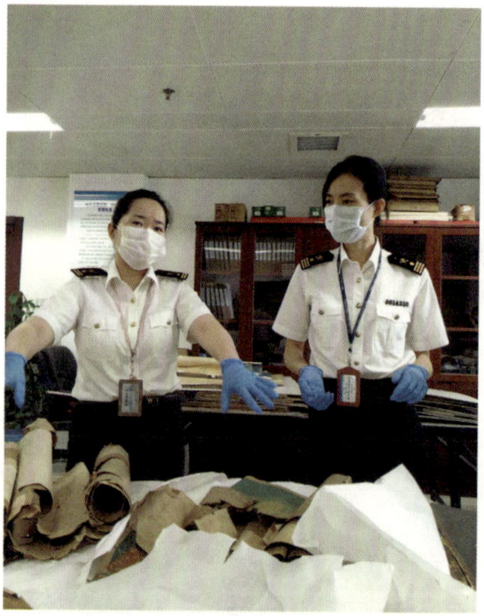

照片档案：2019 年 5 月 6 日，面对破碎不堪的图纸档案，项目组郭志华（右）、吴倩（左）反复研究修复方案

当时我们面前有两条路：一是暂缓对描图布的修复，等待中央档案馆、国家图书馆等更富有修复经验的单位征集、接收到该类材质的档案，并进行鉴定修复后，我们再借鉴成功经验、重新开始修复；二是我们自己做第一个吃螃蟹的人，探索开展鉴定和修复工作。考虑到海关总署馆藏描图布图纸档案年份多在 1900 年前后，普遍存在表面污渍、边缘磨损、断裂、局部缺失、鼠啮、水浸、霉变、绘图字迹褪色、墨色晕染等情况，损毁程度极其严重，每拖延一天，都可能造成新的不可逆的损失，我们决定迎难而上，“组团”攻关。项目组请来张平老师坐镇指挥，赴多家科研机构进行检测、分析，最终鉴定出描图布表层的淀粉成分，并根据这一结果制订修复方案，剪切小片边角进行“试修”，再根据“试修”效果反复完善修复方案，直到成功完整修复第一张图纸。

经过两年多的努力，我们于 2022 年年底完成全部馆藏 700 幅描图布图纸档案的修复工作。海关总署也作为唯一受邀的中央和国家机关，在中国档案学会技术保护委员会论坛上作主题发言，介绍描图布图纸档案的修复经验。

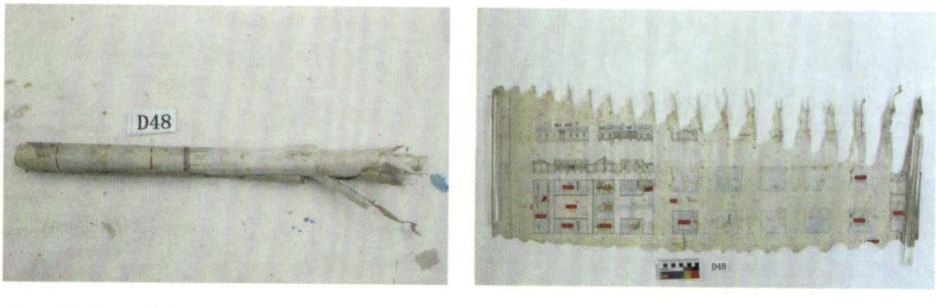

实物档案：修复前带有明显鼠啮痕迹的描图布材质的图纸档案

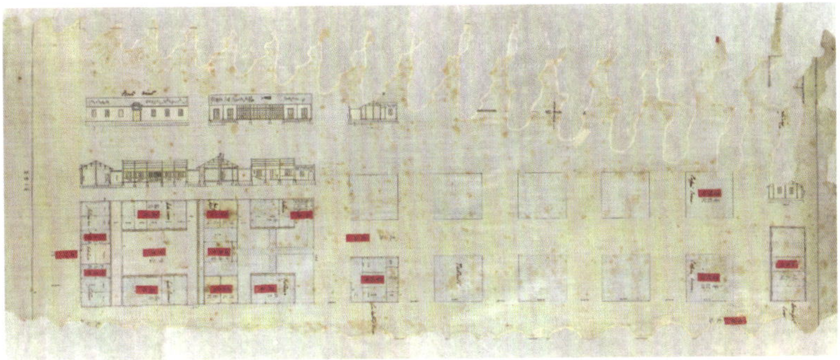

实物档案：修复后“修旧如旧”的描图布材质的图纸档案

前进的道路永无止境。2022 年，我们又开始探索新的领域——硫酸纸材质图纸档案的修复。这是档案修复界公认的难题，但我们相信，有志者事竟成。

照片档案：2022 年 8 月 2 日，张平老师（左二）现场指导项目组修复硫酸纸材质图纸档案

我想，这就是新时代海关纪律部队的力量，会让人在不知不觉中有一种执着，是守护，也是传承。

勠力同心，你们前线奋战、我们守牢后方

2020年年初，新冠疫情席卷全球。作为国门卫士，海关在抗击新冠疫情这场没有硝烟的“战争”中，日夜奋战在外防输入的第一线。在空港、在海港、在陆路口岸，处处有海关人坚守国门的身影。面对突如其来的疫情，档案部门作为海关抗疫的“后方”，我们坚持“职责不同，信念不能不同；岗位靠后，行动不能靠后”，不能上“前线”与疫情直接较量，我们也要尽己所能做好坚固的“档案后防”。

疫情开始得突然、蔓延得迅猛，各种工作铺天盖地。当时我们想，疫情虽然是突发公共卫生事件，但历史中类似的事件也是有迹可循的，比如2003年的“非典”疫情。遗憾的是，由于当时没有形成专项档案，各种文件分别归于不同立档部门，且当时尚未实行立卷改革，仍然沿用传统的以卷为单位的方式组卷，想要有针对性地系统查阅与“非典”疫情相关的文件，十分不便利。因为没有形成专项档案，导致归档文件只有文书类，没有收集整理与“非典”疫情相关的非文书类的重要材料，也没有收集照片、录音录像以及实物等。

发现这一情况后，我们觉得有必要对疫情防控相关文件材料进行专项归档。当时处于疫情初期，海关总署实行AB班制度，我们就安排居家办公的同志多“动脑”想方案，在单位值守的同志多“动手”查档案，同时会同直属海关业务骨干，通过视频电话等方式，立足海关总署机关和各直属海关单位工作实际，及时梳理、研究、明确疫情防控档案的归档范围、保管期限、移交方式等。2020年3月初，海关总署办公厅正式印发通知要求全国海关各级档案部门，站在政治和

照片档案：2020年5月，档案处刘昀（左上一）分批次开展疫情防控归档培训和答疑

历史的高度，确保全面做好疫情防控专项档案资料的收集整理保管利用工作，记录好、留存好全国海关抗击疫情的全过程，便于为今后工作查考、经验借鉴、历史研究等留存凭证史料。

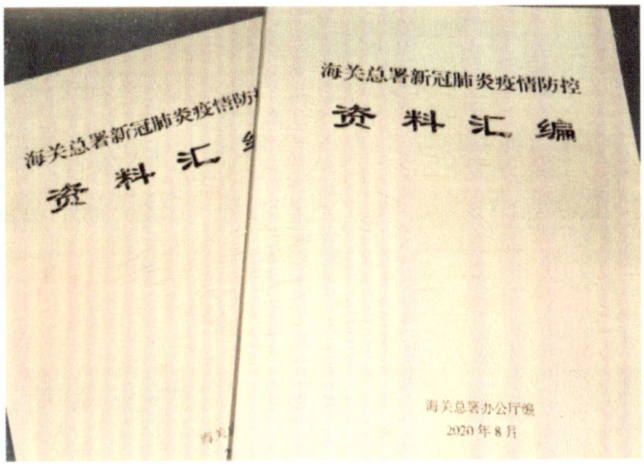

实物档案：海关总署 2020 年度新冠疫情防控资料汇编

与此同时，我们同步加强制度建设，用制度规范特殊事件、活动的归档工作，研究制定了《海关重大活动和突发事件档案管理规定》，明确各类文件材料的收集范围、流程、方式，确保档案资源全覆盖、全纳入，应收尽收、应归尽归。

3 年多过去了，新冠疫情已逐渐淡出我们的工作和生活，多年后甚至会被人们所遗忘。但是，全国海关各级档案部门收集整理的 3 万余件各门类疫情防控档案资料，客观见证了这段艰苦卓绝的日子，也将永久记录着这场不负使命的抗疫“阻击战”。海关系统 20 余件疫情防控档案被国家博物馆永久收藏，它们也将成为全国海关众志成城，坚决捍卫国门安全的永恒证明。

我想，这就是新时代海关纪律部队的力量，会让人在不知不觉中有一种情感，是守望，也是相助。

智慧发力，我们是现代化海关的“助力军”

如何让档案工作更好地适应时代发展需要，是我们始终在思考的问题。海关信息化建设起步早，海关的档案前辈们以海关系统 HB2012 办公平台的开发使用为契机，在确保档案信息安全的基础上，完善海关档案信息数据库建设，实现了公文处理与档案管理数据相互关联、相互对应，较好地维护了档案的历史原貌，提高了档案信息资源的利用效率，实现了海关档案信息化建设的第一次跨越。

随着科技的发展和进步，档案工作对信息手段的需要日益迫切。加强数字化管理手段在传统档案管理中的应用，是档案事业的发展趋势。数字档案室是档案信息化建设一个崭新课题，海关档案部门主动向国家档案局申请，承担数字档案室建设试点任务。这项工作没有经验可以借鉴，只能摸着石头过河，边学习、边研究、边实践。通过对档案数字化工作方案的不断研讨，对技术支撑、档案内容、整理扫描以及档案实体和数据安全等

照片档案：2016 年 11 月，国家档案局组织专家组对海关总署“数字档案室”项目进行评价验收

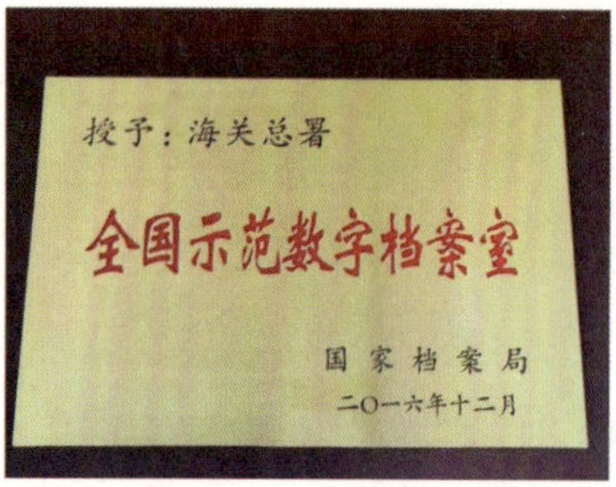

实物档案：2017 年 7 月，国家档案局向海关总署颁发“全国示范数字档案室”奖牌

照片资料：2017 年 7 月，受国家档案局委托，海关总署承办来自全国的 100 多位档案工作代表参加的“全国数字档案室建设评价工作现场会”

各个方面统筹考虑安排，经过一年半的努力，海关数字档案室项目如期完成，通过国家档案局的评价验收，成为首家“全国示范数字档案室”，实现了海关档案信息化建设的第二次跨越。

2023 年，海关总署党委进一步明确提出推进智慧海关建设和“智关强国”行动。海关档案工作既是海关总署党委决策部署的落实者，也是见证者和记录者。如何进一步利用好档案这座信息资源的宝库，发挥好档案资源的助推器作用，为现代化海关建设贡献档案智慧和能量，是我们出给自己的必答题。

专题·数字档案室建设与实践

勇立潮头 真抓实干
建设新时代海关数字档案室

文/海关总署

当前，随着信息技术的飞速发展和“互联网+”的无限延伸，数字化、网络化、信息化已深刻影响着人们的工作和生活，社会已不可逆转地进入了大数据时代。近年来，海关总署党委高度重视档案工作，将档案信息化建设纳入海关署级科技项目整体规划，并划拨专项经费，引进专业人才，有力地推动了海关数字档案室建设工作。在国家档案局档案馆（室）司的具体指导下，2016年年底海关总署数字档案室率先通过项目验收，并在2017年被国家档案局批准为“全国示范数字档案室”，成为全国首家获此称号的机关档案室。

海关总署大楼

三大趋势，迎来机遇

习近平总书记多次对档案工作作出重要指示批示，为做好新形势下档案工作指明了发展方向。因此，顺应数字化、规范化、智能化的发展趋势，建设海关数字档案室，既是落实党和国家对新形势下档案工作指示要求的重要途径，也是海关档案工作发展的必然选择。

1.数字化

当机关的数字档案信息成为其档案的主要形态时，就必须建设数字档案室。当前，海关总署全面深化改革的力度和范围空前，政务和业务无纸化进程中不断出现新类型、新载体的档案资源，增加了档案业务需求的不确定性和多变性，这迫切需要建设数字档案室，进一步提高海关档案信息化建设的适应能力和管理水平。

2.规范化

从海关数字档案资源现状来看，各级海关的各类档案信息尚未有机整合，各单位使用的数字化和档案管理等软件品牌版本各异，数据标准不统一，业务壁垒、信息孤岛和数据源头多样等问题日渐突出，实现海关系统档案资源共享十分困难，影响了档案信息利用和价值发挥。为顺应信息资源规范化管理的发展趋势，通过数字档案室建设项目，有利于对各级海关重要的数字档案进行统一管理、统一利用，有效消除信息孤岛，构建服务整合、业务协同和

30 中国档案 2019 3

实物档案：2019 年 3 月，海关总署应邀在《中国档案报》发表专题文章，介绍数字档案室建设经验

照片档案：2023 年上半年，海关总署档案和技术部门同志与中央和国家机关档案部门专家座谈

经过与海关系统内外档案骨干、专家的多轮研究、论证，我们以智慧档案建设为抓手，于 2023 年启动“海关数字档案馆”建设项目。针对海关档案全宗多、门类多、系统多的特点，以及现行档案管理系统与各业务系统不连通的问题，旨在全面整合海关档案信息资源，搭建多全宗、全门类、高性能、易扩展的海关数字档案馆平台，贯通办文系统、政务信息系

统及各类业务系统，在数据产生时即开展前端控制，通过全过程归档提示、档案在线采集和数据自动校验，实现全门类档案信息的全流程管理，达成海关档案资源的信息集成、数据共享、互联互通。未来，还将结合大数据和全文检索技术，对重要档案数字化成果进行文字识别和语音识别。在数据整治的基础上，智能推送所需档案资料，优化借阅流程。利用 AI 技术自动甄选有价值的档案数据，形成编研成果，为现代化海关建设提供智慧档案服务。届时，我们将实现海关档案信息化建设的第三次跨越。

我想，这就是新时代海关纪律部队的力量，会让人在不知不觉中有一种振奋，是创造，也是飞越。

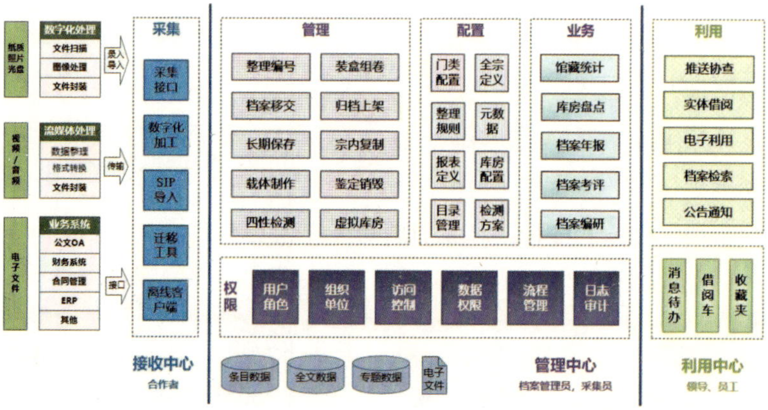

照片档案：电子档案体系图

有张有弛，“铁汉”也要有柔情

不干档案不知道，档案工作竟然还是个体力活儿。每年机关归档，几万件档案，至少 3000 个档案盒装得满满当当。前期要订制印章、发放装具，中间要逐盒逐件逐页检查，后面还要拖到库房，按顺序上架。密集架最高的地方 3.2 米，最低的地方几乎贴着地面，高高低低地一忙活就是一两个月，没点儿体力可不行。不过，既然在这个岗位，就不能嫌苦怕累。何况我们还有小拖车配劳保手套，这可是我们的“随身”装备。

赶上直属海关移交档案，不管是气温低至零下的三九天，还是三十七八摄氏度的三伏天，不管是中午吃着饭，还是周末歇着班，机要运输车一到，就是我们的“开工号”。多的时候200多箱，少的时候几十箱，我们要从主楼收发室把一箱箱档案装车、一趟趟运回博物馆地下一层档案库房。一水儿的蓝色小拖车，上面拉着满满的白色机要箱，排成一溜儿，成了大羊毛胡同

照片档案：2022年1月，档案处关昕（右）、刘昀（左）等同志拖运200多箱档案

照片档案：2023年10月，档案处雷爽等同志搬运档案

照片档案：2023年3月22日，档案处雷爽（右）、卢云鹏（左）发放档案装具

照片档案：2023年9月30日，档案处雷爽（前左）、朱月青（前右）、蔡秋慧（后左）、关昕（后右）在进行舆图库房搬迁

照片档案：2023年“五一”放假前，档案处王清伟安全检查后按惯例封库

最靓丽的风景线。紧接着，就是卸车、拆箱、清点、入库、上架、登记、整理纸箱垃圾。说实话，是真累啊！可大家干起活儿来，甭管男女老少，都是一群“铁汉”，倍儿精神、倍儿利落、倍儿乐观，真没人有二话！

虽然身体累，但心里并不觉得苦。一项工作能不能做好，有支和谐友爱的团队很重要。做好日常工作之余，我们会全员参加军训、强化纪律养成，也会进行集体郊外活动、增进队伍感情；会定期学习文件材料、讨论业务问题，也会在每周的党小组活动时分享看过的好书、欣赏的电影；会一起交流思想、批评和自我批评，也会偷偷制造惊喜，相互庆祝生日；加班时愿意一起吃汉堡、喝可乐，春节时喜欢一起办“春晚”、练节目。集体诗朗诵《这一年》，舞蹈“桃花朵朵开”“小苹果”“恭喜发财”“今儿个真高兴”，大合唱《我和我的祖国》，三句半《这就是档案处》，小品《春晚》，原创歌曲《我们的歌》《第一次》……都是我们的保留节目。当然，偶尔也难免有个小争执、闹点小别扭，但转眼就会“一笑泯恩仇”。

照片档案：2018 年，海关总署机关在中国人民公安大学组织军训

照片资料：2023 年 10 月 10 日，档案处给报名参加乡村振兴，即将赴河南省民权县赵洪坡村任驻村第一书记的蔡秋慧庆祝生日

照片资料：2022 年档案处举办虎年“春晚”

2022 年 12 月，是北京疫情最严重的时候。疫情无情人有情！那段时间，我们养成一个习惯——每天中午和晚上，大家都会在微信群里秀秀自己的手艺，我也会按时晒晒食堂的饭菜，再集体打个视频电话，问个安好，聊聊家常。这些不起眼的画面，串起了我在署里闭环管理的那段日子，一个个暖心的瞬间，然后定格，在心里永久归档。

我想，这就是新时代海关纪律部队的力量，会让人在不知不觉中有一种热爱，是汗水，也是欢笑。

兰台筑梦，故纸堆中话忠诚

海关总署档案里，有一件“镇馆之宝”——2023年9月11日习近平总书记给红其拉甫海关全体关员重要回信的原件。回信中，总书记的殷殷寄语，温暖人心、感动人心、振奋人心、凝聚人心。恰逢海关队伍授衔20周年，总书记的重要回信，既是对海关工作的肯定与信任、对海关队伍的厚爱与鼓励，更是海关事业在新的起点上不断前进的根本遵循与行动指南。

“为党管档、为国守史、为民服务”是档案工作的神圣使命，也是海关档案人的政治品格。贯彻落实好习近平总书记的重要指示批示要求，在全国海关守国门、促发展的新征程中，用档案赓续红色血脉、宣传海关工作、彰显海关力量、传播海关声音，将是海关档案人矢志不移的奋斗目标。

行程万里，不忘来路；雄关漫道，不改初心。我们将牢记总书记嘱托，牢记档案工作姓党，牢记“存史、资政、育人”职责，牢记“忠诚、智慧、严谨、自信”作风，发扬“艰苦奋斗模范海关”的优良传统，在建设社会主义现代化海关新征程中，继续做好海关历史的守护者、海关文化的传承者、海关精神的承载者、海关故事的讲述者。

照片档案：2023年9月，档案处郭志华（前左）、关昕（后左）、朱月青（前右）、卢云鹏（后右）接收海关总署马甸办公区牌匾

我想，这就是新时代海关纪律部队的力量，会让人在不知不觉中有一种信仰，是忠诚，也是使命。

其实，我们中的每一个人，都只是海关队伍中的平凡一员。我们从事的档案工作，也并不炫目耀眼。我们常常说，档案的魅力在于，即使有一天全世界都选择遗忘你，档案也会永远记得你。我们很幸运，能从事这样一份有意义的工作。在这份工作中，我们真实地感受着新时代海关纪律部队带给我们的力量，而我们也将用最大的努力，回报给她我们的热爱。

广东分署

海关队伍授衔 20 周年中的档案与我

广东分署　李玉瑜

2003 年 9 月 12 日，国务院首次授予海关关衔仪式在北京人民大会堂隆重举行，中国海关成为继中国人民解放军实行军衔、中国人民警察实行警衔后，第三支实行衔级制度的队伍。同年 9 月 22 日，“广东海关授予关衔仪式”在广州隆重举行。时任中共中央政治局委员、广东省委书记张德江，时任海关总署党组书记、署长牟新生，时任广东省委副书记、广东省省长黄华华等为被授衔代表颁发授衔命令证书。当天，有 2287 名海关关

照片档案：2003 年 9 月 22 日，广东海关授予关衔仪式在广州琶洲会馆中心隆重举行

员分别被授予三级关务监督和一、二、三级关务督察等关衔。

彼时，我刚刚从基层海关调整到广州海关办公室，专职从事档案工作。海关队伍授衔20年，也是我从事海关档案工作的20年。回想起当年作为档案新兵的我，跟着前辈一道将记录着广东海关首次授予关衔历史时刻的文件和照片郑重收集，并整理归档成一份份文书档案、一张张照片档案的情景，依然历历在目，记忆犹新。

照片档案：2003年9月22日，在广州琶洲会馆中心隆重举行的广东海关授予关衔仪式上，海关总署和广东省领导为被授衔代表颁发命令证书

照片档案：2003年9月22日，广东分署和广州、汕头、黄埔、江门、湛江海关共1260多名代表参加在广州琶洲会馆中心隆重举行的广东海关授予关衔仪式。图为被授衔代表现场互戴关衔

实行海关关衔制度，是加强海关队伍建设的重要举措。关衔不仅是海关工作人员的一种荣誉，更是一种责任。授予关衔之后，海关工作人员在履行职责的道路上走得更加坚定。20年来，海关业务一直在不断增长。据统计，2003年1月—8月，广东省外贸进出口贸易总值为1728.4亿美元，广东海关“业务量占全国海关半壁江山”；2023年1月—8月，广东省外贸进出口总值突破5万亿元人民币，遥遥领先全国其他省份。这是广东省内海关20年来不忘初心、勇担使命，不断提高监管效能和服务水平的重要体现。

海关队伍在成长，我也在不断地提升自我。我从一个对档案管理制度一知半解、对海关档案业务半生不熟的新兵，紧跟海关队伍建设步伐，牢记档案工作“为党管档，为国守史，为民服务”的重要责任，苦练本领，逐渐成长，先后被国家档案局评选为机关档案业务专家、全国青年档案业务骨干，得到领导和同事们的广泛认可。

2023年9月11日，在海关关衔制度实行20周年之际，习近平总书记给红其拉甫海关全体关员回信，向海关系统全体同志致以诚挚的问候，对海关系统干部职工更好履行职责使命提出殷切期望。路漫漫其修远兮，我将始终牢记习近平总书记嘱托，立足平凡的档案岗位，结合智慧海关建设和“智关强国”行动，为海关事业贡献自己的力量。

北京海关

小小的肩章　大大的责任

——关衔伴随我成长

北京海关　罗晓檀

2009 年年底，我从部队转业至北京海关办公室从事档案工作，现在已是第 14 个年头了。脱下绿色军装，告别了活跃 16 年的部队文艺大舞台，换上黑色笔挺的海关制服，那金灿灿的领花、金灿灿的关衔在阳光下熠熠闪光，心中的自豪感油然而生。从部队军衔到海关关衔，从保家卫国到为国把关，我从一名军人转变为一名海关关员。肩章的变化，改变的是工作性质和工作环境，不变的是军人本色和初心使命。我始终不忘初心，默默坚守，14 年如一日用实际行动践行纪律部队建设要求和标准，为海关档案工作贡献着自己的光和热。

迎难而上，关徽促我勇挑重担

2010 年 8 月，我入关首授关衔为一级关务督办，俗称“两毛三”，看着这小小肩章上的金色关徽，是那样的闪耀和璀璨，我深知作为海关人肩上的责任和使命。初到北京海关办公室档案部门，映入眼帘的是整齐划一的档案密集架，一排排一列列的案卷按照不同的保管期限和保管类别分门别类地码放着，足有上万卷。当时正值档案岗位的老同志临近退休，所有的档案管理和档案基础工作都要在短期内与我完成交接，这对初来海关报到的我是个不小的挑战。

实物档案：2010 年 4 月 29 日，罗晓檀转业至海关后首授一级关务督办

海关档案专业性强，业务门类繁多，我想要尽快上手，却又一时理不清头绪，许许多多的问题像大山一样压得我喘不过气来。吃不香，睡不着，非常焦虑，不知档案工作该从何下手，怎么办？没有办法，必须在规定时间内拿下这块业务。十六载的军旅生涯，激发了我敢啃硬骨头的精神，海关肩章与部队肩章虽不同，却担负着同样的责任。在困难面前，我要发挥出部队迎难而上的战斗作风，更要展现出海关人的昂扬斗志，要化压力为动力，勇往直前。于是我心一横，拼了！向老同志学习，向书本学习，向海关业务专家学习……从此，当同事午休的时候，我在学习档案知识；当同事们下班回到家中时，我在单位学习海关业务；当夜深人静时，我在单位整理档案案卷；连周六周日正常的歇息也不放过自己，每日早出晚归努力学习的日子持续了很长一段时间……经过攻坚克难，我最终顺利与老同志完成了交接，又靠着这股劲头短时间内考取了北京市档案从业人员资格证书，并在全国海关档案系统复查评估中，得到 99 分，继续保持了北京海关“署特级档案先进单位”荣誉称号！一分耕耘，一分收获，在此后的日子里，我始终按照“政治坚定、业务精通、令行禁止、担当奉献”的要求，努力做好档案工作。

尽职尽责，档案见证海关发展

如今，我的关衔为二级关务督察，俗称“三毛二”，关衔的变化伴随我不断成长，不知不觉中已默默耕耘14个春秋。现如今我已是一名档案战线上的老同志了，翻看着我整理的一份份档案、一张张照片，它们记录着北京海关这支纪律部队始终牢记国门卫士的光荣使命，以最忠诚的信仰、最饱满的热情、最昂扬的斗志，坚定扛起保卫首都的政治担当。

3年的疫情防控档案收集和整理，见证了北京海关应对整个疫情过程的始终。这45盒757件文书档案和213张照片及数个实物档案，记录着在无先例可查、无经验可循的情况下，北京海关在助力疫情防控“阻击战”中不断摸索和努力前行的脚步：率先实现口岸卫生检疫全流程信息化，海关总署命令下达后在全国海关第一个实现卫生检疫一线封闭管理，在全国率先建立机场控制区内的“P2+实验室”，形成了科学精准、协同高效的口岸卫生检疫模式，为全国海关提供了可复制、可推广的“北京经验”；鏖战72小时完成全国首个口岸防疫专区（北京首都国际机场T3航站楼D区）的建设，实现了入境人员“专区检疫”“闭环处置”；先后出台涵盖旅客卫生检疫、航空器登临检疫、行李监管、货物监测等10余类77个指导性文件……

照片档案：2022年7月19日，罗晓檀在档案库房认真收集整理疫情防控档案

2022年，北京成为奥运历史上首座“双奥之城”。北京海关集中力量、多措并举，圆满完成2022年北京冬奥会、冬残奥会各项通关保障任务。配合发布《北京2022年冬奥会和冬残奥会海关通关须知》，协助冬奥组委制定发布《冬奥防疫手册》《冬奥通关货运指南》；设立冬奥工作指挥部，在首都机场海关成立全国首个“7×24

小时”实体化运作的三级运行监控指挥中心；组建一线人员1001人、应急支援力量429人的保障梯队，北京冬奥会保障期间全关干部职工进入轮战，共有1054人次参与闭环管理；共监管涉奥航班1048架次、人员4.4万人次，验放冬奥物资35亿元。这一切，都忠实地收录、整理、归档为冬奥专项档案，共计文件资料9盒145件、视频59个、新闻报道52条、照片39张、实物档案7件。

音像档案：2022年2月20日，北京冬奥会闭幕式宣传片播放了北京海关关员在首都国际机场向离境运动员挥手告别的镜头，向世界生动展现了中国海关服务保障北京冬奥会的良好形象

不忘初心，彰显海关队伍风采

2019年北京海关被海关总署办公厅确定为1999年之前永久文书档案案卷移交进馆第二批移交进馆单位。该项工作是全国海关档案重点工作项目，是对北京海关历史档案收集、整理、编研、保存、开发利用与数字化加工工作水平的一次重要检验，也是对北京海关历史档案保管与档案综合管理整体水平的充分展示。这项工作的重担落在了我的肩上。档案移交工作任务重、周期长、时间紧，工序烦琐，整理难度大，移交质量标准高。作为一名有着16年军龄和14年关龄的“老档案人”，此时此刻我发挥转

业军人“特别能吃苦、特别能战斗”的工作作风，践行海关人“政治坚定、业务精通、令行禁止、担当奉献”的纪律部队建设要求，加班加点编写出北京海关档案移交进馆工作操作手册，带领5名小组成员，忍受老旧档案粉尘和文件纸屑对身体的伤害，按照海关总署办公厅制定的分类方法清点移交原始数据并重新立卷，经过长达8个月的奋战，共完成移交进馆档案475卷，合4159件、38947页，生成数据量达85.8GB的电子档案，并开创性地将工作进程同步拍摄成影像资料进行存档、汇报和展示，取得了一次性通过检查验收的好成绩！

文书档案：2019年12月27日，经过8个月的整理期，北京海关向海关总署办公厅顺利移交1999年之前永久文书档案案卷

每一名海关档案人都应当把海关发展的重要时刻和关键节点记录好、保存好，为将来的查考利用、领导决策参考起到“参谋助手”作用。2023年是海关队伍授衔20周年，在这光辉的20周年里，我有幸成为其中的一员，在自己热爱的档案岗位上前行着、经历着、感受着新时代海关纪律部队的严谨与力量，感受着海关关衔的责任与担当！未来的日子，我将以贯彻落实习近平总书记给红其拉甫海关全体关员的重要回信精神为契机，继续以饱满的工作热情坚守在档案战线上，继续为党管档、为国守史、为民服务，以档案人的角色做好海关事业发展的记录者、传承者和宣传者。

综保区里的国门卫士

北京海关 张 曦 谭若君

北京天竺综合保税区（以下简称“天竺综保区”）于2008年获批成立，是全国首个空港型综合保税区。2010年，北京海关所属天竺海关挂牌成立，天竺综保区主卡口“中国海关”四个字和金色关徽相互映衬、熠熠生辉。天竺综保区经历了从无到有、从荒地变高楼的过程，走上了高质量发展的快车道，这其中凝聚着几代天竺海关人的心血，也伴随着几代天竺海关人的成长。当我们翻开记录天竺海关发展历程的珍贵档案，看到一个个“忠诚、干净、担当”的“创业”故事，感受到了新时代海关纪律部队的深刻内涵。

用纪律磨炼队伍

纪律严明是海关队伍的鲜明特质。每逢4月的“内务规范强化月”，天竺海关办公楼下就会响起“稍息，立正”的口令，每一次的队列训练，都会有不同风景。

我们坚持严肃认真开展队列训练，精心筹划学习研讨、队列训练、观摩交流等相关工作，重点对立正敬礼、请示报告进行专题考核，借助队列训练流动红旗评选的方式高标准打造新时代海关纪律部队，养成令行禁止的纪律作风。

我们坚持以上率下加强内务管理，对“三个一”真评真比，重点加强一线窗口、办公秩序、仪容着装、环境卫生、服务基层等方面的管理，不断提升关容风纪、政风行风，规范抓好请示报告、应急值守、保密工作等制度落实。

我们通过环境熏陶推动党建引领，结合开展学习贯彻习近平新时代中国特色社会主义思想主题教育，在队伍建设中突出党性教育和廉政文化元素，用心排演廉政小品、组织趣味比赛等活动，促进作风养成严在日常、融入经常。

照片档案：2022 年 3 月 9 日，北京海关所属天竺海关开展队列训练，外树形象，内强素质，推动各项工作上台阶

用担当托起发展

担当奉献是海关队伍的初心觉悟。在天竺综保区曾经荒无人烟的土地上，天竺海关人不低头、不退缩，豪情满怀、团结协作，一步一步踏实前进，迎难而上，不断打造物流监管的新速度、新成效，支持天竺综保区高质量发展、高水平开放。

我们紧盯政策链畅通，打造“保税 + 仓储”新模式。通过“关长送政策上门”“海关政策进万家”等形式做好分类监管等政策的落地解答工作，使政策供给扩面增效，并深入了解企业在运营过程中遇到的问题，及时给予解决方案。

我们紧盯产业链畅通，支持内外贸一体经营发展。将分类监管业务政策与“两区”建设、中长期产业发展及库位数字化管理、智能卡口秒级验放等多项政策和科技应用相结合，培育区内具有较强创新和竞争能力的优质物流仓储企业。及时跟进企业业务模式运行情况，确保企业健康经营合理化发展。

我们紧盯监管链畅通，扎实提升基础监管工作水平。通过企业 WMS 系统与天竺综保区辅助信息平台联网核查核销，积极运用三级监控指挥中心探索实现无感监管。分类监管企业仓库高清摄像头与三级指挥中心直连对接，确保库门、库台、仓库全景等操作场景海关时时可见，流程全程可追溯，确保仓库备案信息的一致性、货物存放位置的合规性及监管数据的准确性。

用服务优化营商环境

为民服务是海关队伍不变的情怀。在天竺海关报关大厅，每一声“您好，请问办理什么业务”的背后，是全国通关一体化、提前申报、两步申报等通关模式的变革，是秒级放行的便捷，是“一切为了群众”的承诺。

我们成立优化营商环境党员责任区，力促窗口作风提升，想方设法让通关时间再快一点，让企业获得感再强一点，让天竺综保区发展再快一点。

我们深耕“保税 +”模式，全面整合推广 8 大类“保税 +”监管模式，连续 2 年推出支持天竺综保区高质量发展若干措施，促进天竺综保区产业结构升级，加快形成具有首都机场临空经济区特色的产业链条。

我们推出保税仓储、分类监管、分送集报、预检验、税收政策服务包等便利措施，发挥特殊物品保税仓储叠加嵌入式查验平台的优化效能和虹吸效应，医药货物通关效能提高 70%，药品进口规模占全国三分之一。

我们推出“进出渠道多样、仓储功能多样、监管方式多样、担保形式多样、服务措施多样”的“五多”文化保税全产业链监管方案，天竺综保区目前已成为北京市国际文化交流的重要基地，“文化保税助力文物和艺术品贸易全产业链发展”案例入选国家文化出口基地首批创新实践案例。

我们紧紧围绕“免税、保税、跨境电商政策衔接试点”“跨境电商销售医药产品试点”两个全国首创试点，率先试点“线下体验、线上下单”新模式，电商总体增量明显。

我们出台了维修、检测、研发、培训等多个服务贸易保税措施，支持天竺综保区产业转型升级，扶植区内专精特新企业快速发展。2020—2022 年区内研发专利产品 40 余项。

照片档案：2022 年 4 月 13 日，北京海关所属天竺海关关员在报关大厅为企业介绍海关政策，切实提升企业获得感

用忠诚筑牢国门安全防线

忠诚干净是海关队伍的政治本色。天竺综保区内随处可见天竺海关人

忙碌的身影、浸湿的后背和“较真”的精神。不论是年过五十、经验丰富的老关员，还是刚出校门、不知疲倦的新关员，我们心中只有一根准绳：为国把关，绝不含糊。

我们用心构建政治安全、税收安全、生物安全、食品安全、商品质量安全等全链条风险防范体系。稽核查补税入库成倍增长，北京口岸首次检出寄生虫须纤恙螨、连续查获不合格进口医疗器械等货物。

我们积极推进智慧海关建设，率先落地北京关区“基于AI技术的数字身份识别体系”项目，建立艺术品数据库，丰富艺术品监管手段；率先使用AR眼镜，探索“AR眼镜 + 专家后台支持 + 多人多现场”新型属地查检模式；智能卡口秒级验放，日均为试点企业节约往返路程500多千米，库位监管一仓两用，降低企业仓储物流成本20%以上。

我们在2020年大年初三连夜放行北京关区首批进口捐赠防疫物资。组建闭环党员突击队，领导班子连续闭环在岗工作4周，14人次支援旅检一线，3人次支援社区疫情防控工作，推出8项举措，助力企业快速复工复产，为呼吸机等当时紧缺的医疗器械供应零件。

我们在北京冬奥会、冬残奥会期间创立“四专一同”冬奥物资保障工

照片档案：2022年3月18日，北京海关所属天竺海关关员在冬奥车道放行冬奥物资，服务“大国外交”

作机制，开辟快速绿色通道，实现车辆提前备案、数据提前审核、自动识别、极速放行。“以首善标准全力做好北京冬奥会服务保障工作”入选中俄“三智海关”交流案例。

头顶关徽、身扛肩章，是荣耀、更是责任。作为新时代海关纪律部队一员，我们将牢记“身边是战友、身后是祖国”，在强国建设、民族复兴的道路上大步向前；我们将继续团结拼搏、砥砺前行，为筑牢国门安全屏障、助推高质量发展、高水平开放贡献新的力量。

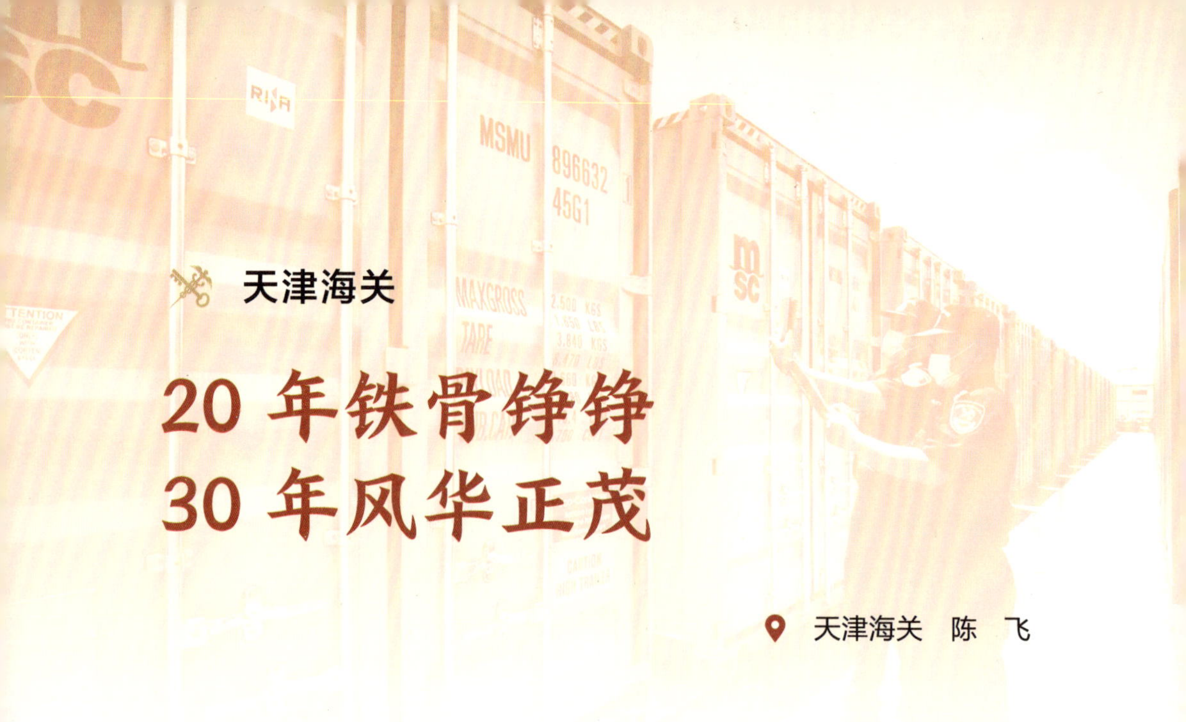

天津海关

20 年铁骨铮铮
30 年风华正茂

天津海关 陈 飞

2023 年是海关队伍授衔 20 周年，恰逢天津海关所属天津保税区海关建关 30 周年。1993 年，天津保税区海关应势建关，扬帆起航；10 年后，年轻的天津保税区海关在海关队伍授衔的激励下，以昂扬向上的精神状态，砥砺前行；进入新时代的 10 年，天津保税区海关在以习近平同志为核心的党中央坚强领导下，昂首阔步，全面履行“铸忠诚、担使命、守国门、促发展、齐奋斗”的海关工作要求，以实际行动为全面建设社会主义现代化国家贡献海关力量。

建关初始 夯根筑基

从档案资料中，我们可以查阅到天津保税区海关于 1993 年 12 月 18 日正式开关运作，管辖区域为天津港保税区，实际监管面积 3.8 平方千米，设办公室、行政财务科、业务科 3 个科室，共 50 名干部职工。建关之初，周围一片荒芜，当时的天津保税区海关办公大楼成了这片区域的地标性建筑。

天津保税区的通关业务始于汽车进口，1994 年监管进口汽车量达到

1.6 万辆，占当年全国保税区汽车进口量的一半。建关后，天津保税区海关税收连年增长，2003 年突破百亿元大关。

1999 年 11 月 25 日，同样在这片土地上，原天津出入境检验检疫局保税区办事处成立，设综合办公室、检验检疫一科、检验检疫二科，人员编制 27 名，守国门、服务区域发展的共同职责使命将天津保税区海关和原天津出入境检验检疫局保税区办事处紧紧联系在一起。

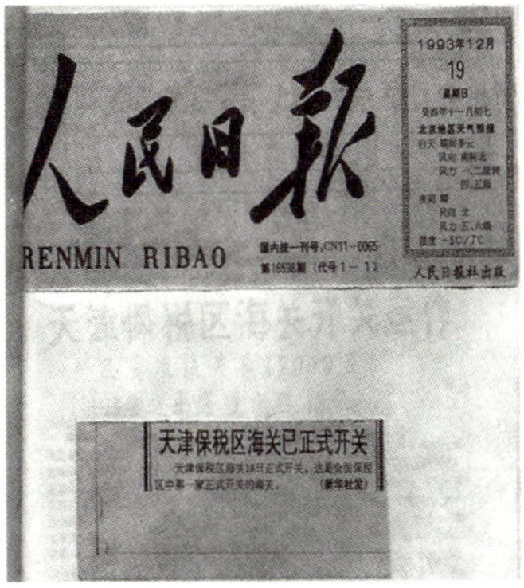
人民日报
RENMIN RIBAO
1993年12月
19
星期日
人民日报社出版
天津保税区海关已正式开关
天津保税区海关18日正式开关。这是全国保税区中第一家正式开关的海关。（新华社发）

实物档案：1993 年 12 月 19 日，《人民日报》头版刊发天津海关所属天津保税区海关开关的新闻报道，新闻中写道这是全国保税区中第一家正式开关的海关

照片档案：1992 年，筹备天津海关所属天津保税区海关时，在天津港保税区土地上搭建的临时办公地点

照片档案：1992 年，天津海关所属天津保税区海关办公楼奠基仪式

照片档案：1993 年 12 月 19 日，天津海关所属天津保税区海关开关时举行升国旗仪式

首授关衔　砥砺前行

2003 年 9 月 12 日，国务院举行授予海关关衔仪式，中国海关正式实行关衔制度，标志着海关队伍建设从此迈上了一个新的台阶。天津保税区海关以实行关衔制度为契机，加强队伍建设，整肃关容风貌，统一内务秩序，规范内部管理。2003 年 9 月 17 日，天津特派办、天津海关举行了授予海关关衔仪式。当时恰逢天津保税区海关建关 10 周年，关区内全体关员身着制服，佩戴关衔，在天津保税区海关海港办公楼前集体合影。

照片档案：2003 年 9 月 17 日，天津海关所属天津保税区海关建关 10 周年暨授衔仪式集体照

自此，天津保税区海关驶入了快速发展的轨道，一个个里程碑式的事件反映出天津保税区不断发展壮大的轨迹。2005 年 3 月，保税物流园区验收合格；同年 5 月，天津港保税区（空港）验收合格，形成了海空两港同步监管格局；2008 年 10 月，天津滨海新区综合保税区验收合格；2009 年 12 月，保税区海关空港办公楼启用。

照片档案：天津海关所属天津保税区海关海港办公楼

照片档案：天津海关所属天津保税区海关空港办公楼

奋进卅载　创新拼搏

2018 年 4 月，根据国务院机构改革方案，出入境检验检疫管理职责和队伍划入海关总署。2019 年 1 月 1 日，新的天津保税区海关成立，拥有 27 个科室、230 名关员，业务门类更加齐全。

当前的天津保税区海关管辖天津港综合保税区（海空两地）、滨海新区综合保税区两个特殊监管区域和空港经济区一个开放型区域，总监管面积达 7.269 平方千米。这里有我国北方最大的粮油、润滑油生产加工基地，有嘉里粮油、中储粮油脂等国内外行业龙头企业。这里是国内重要的工业产业集群区，聚集了 GE、卡特彼勒、捷尔杰等多家世界 500 强高端装备制造企业和生产服务型企业，以及伊利、海鸥等知名民族企业。

30 年砥砺前行、30 年创新竞进，天津保税区海关始终秉持“因区域而立，依区域而兴”的发展理念，深耕细作、笃行实干，在保税区这方热土扎根、发芽、茁壮成长，迎来了厚积薄发、高质量发展的强劲势头，业务量从 1994 年的全年监管进出口货物货值 6.8 亿美元，增长到 2022 年的 174.5 亿美元，实征税款也从 1994 年的 1.97 亿元人民币增长到 2022 年的 209.83 亿元人民币。

展望未来　勇挑重担

审视步入而立之年的天津保税区海关，每一步发展背后都有海关这支纪律部队艰苦奋斗的印记。20年逐浪搏击，勇立改革开放潮头，迎难而上、开拓求新一步一个坚实脚印。20年授衔砥砺前行，肩扛服务高质量发展重任，不忘初心、牢记使命。

一项事业会被铭记，因为其中凝聚着众人的努力和执着；一种精神可以永存，因为有世世代代、生生不息的传承。时间将曾经的辉煌留给历史，也将无限的希望带给未来。站在而立之年的新起点，踔厉奋进的天津保税区海关必将紧抓机遇、追求卓越，在建设新时代中国特色社会主义新海关的实践中展拼搏之风采、书奋进之华章！

海关新篇章：从检验检疫到海关的华丽转身

天津海关　王明智

2018年4月，根据国务院机构改革方案，出入境检验检疫管理职责和队伍划入海关总署，我的身份和职责也随之发生了变化。换上海关制服，最明显的差异是实行海关关衔制度和纪律部队管理。关衔，作为表明海关工作人员身份的标志，是国家给予海关工作人员的荣誉；纪律部队是海关队伍建设最鲜明的特点。2023年是海关关衔制度实行20周年，我也在海关队伍中锤炼了5年，回首过往，自己从“物理加入”向“化学融入”的转变，我深刻认识到，职业身份的变化，自己肩负责任和使命更重的同时，也极大提升了自身的组织纪律性和职业荣誉感。

新海关　新变化　履行新使命

成为海关关员，首先感受到的变化是工作职责和工作内容大幅扩充，海关既要打击走私筑牢国门安全屏障，对货物的质量、安全、卫生状况进行检测，对运输工具进行监管，防止疫情传入传出；也要助推高质量发展和高水平对外开放，为促进对外贸易发展提供高效的服务。这些工作内容的增加和多样化，不仅要求我们具备更全面的知识和技能，也要求我们不断创新和改进工作方式，以适应不断变化的外贸发展需求和经济社会环境。

照片档案：2023 年 7 月 19 日，天津海关关员在天津港海关监管场所对进出境货物开展监管作业

成为海关关员，另一个明显变化，是海关纪律部队建设带来的凝聚力战斗力的提升和精神面貌的焕然一新。全员参与队伍集训，使得我们这些“新兵”培养了优良作风，强化了纪律观念，也迅速与海关队伍融为一体。每年为期一个月的“内务规范强化月”，既有队列纪律、内务规范、仪容着装的强化与规范，更有政治建设、令行禁止、担当奉献的锤炼与锻造。这

照片档案：2023 年 8 月 10 日，天津海关在天宝培训中心举行入关宣誓仪式

样一支海关纪律部队，在经历疫情防控、助企纾困等各种考验后，有效展现了新海关队伍的凝聚力和战斗力，更好树立了海关国门卫士的良好形象。

新岗位　新职责　展现新担当

机构改革，岗位转换，对于参加工作十多年，算不得年轻的我，颇有些“而今迈步从头越”的感觉。告别熟悉的人和事，来到另一个相对陌生的岗位与环境，对大多数人都是一种考验。诚然，有过些许的恐慌与彷徨，但是，角色转换的迫切要求，把守国门的职责使命，不断鞭策着自己奋力前行。

2020 年年初，在新的工作岗位工作刚满一年半，我正常的工作节奏即被突如其来的新冠疫情打断。海关作为政治机关，积极践行“人民至上，

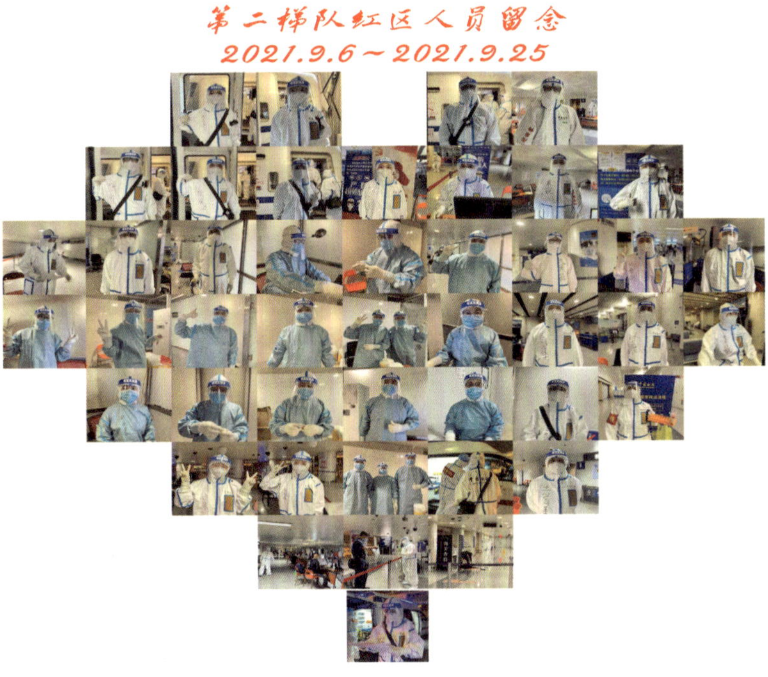

照片档案：2021 年 9 月 21 日，天津海关机场口岸疫情防控工作人员结束一轮工作后留影

生命至上”的理念，在承担口岸疫情防控的同时，积极派员参加下沉社区和复工复产工作，我也有幸投入其中。严冬三九，坚守社区出入口，查验“健康码”，疏散高风险人员。酷暑三伏，深入机场防控一线，阻断疫情传播途径，确保进出口货物正常通关。虽然岗位陌生，也面临各种困难和挑战，但是穿上防护服的那一刻，我意识到这身白衣的厚重与责任，能够对抗疫情，保护人民的生命与安全，这不正是国门卫士应尽的责任吗？在这个职责的背后，是党和人民对我们的信任，我们唯有以饱满的工作热情和高度的责任感履行好自己的职责，方能不负重托。

新形势　新任务　再促新发展

2022 年，振奋人心的党的二十大胜利召开，号召全国人民为全面推进中华民族伟大复兴而团结奋斗。海关总署党委要求海关系统铸忠诚、担使命、守国门、促发展、齐奋斗，凝心聚力开创新时代中国特色社会主义新海关建设新局面。作为海关一员，我深刻认识到：守牢国门安全是强关

照片档案：2022 年 10 月 21 日，天津海关关员在办公楼内开展学习宣传党的二十大精神系列活动

之基，是建设社会主义现代化海关最基本、最重要的职责，也是其他一切工作的前提和基础。面对防范化解重大风险、守护国门生物安全等艰巨复杂的工作任务，面对意识形态、“洋垃圾”、危化品等重点监管领域，我们必须把思想和行动统一到党中央决策部署上来，按照海关总署党委工作要求，团结一心、勇于斗争，方能维护好国家安全和人民利益。

2023 年 9 月 11 日，在海关关衔制度实行 20 周年之际，习近平总书记给红其拉甫海关全体关员亲切回信，对海关系统干部职工更好履行职责使命提出殷切期望，充分体现了习近平总书记对海关的关心厚爱。作为一名海关人，我的内心深感振奋、备受鼓舞、充满骄傲。我要以习近平总书记重要回信为新的起点，切实增强责任感、使命感、荣誉感，持之以恒抓好贯彻落实，以守国门、促发展的实际成效回报习近平总书记的关怀厚爱。我将以海关关衔制度实行 20 周年为新起点，珍惜荣誉，牢记重托，以更加奋发有为的精神风貌当好让党放心、让人民满意的国门卫士，为强国建设、民族复兴积极贡献力量！

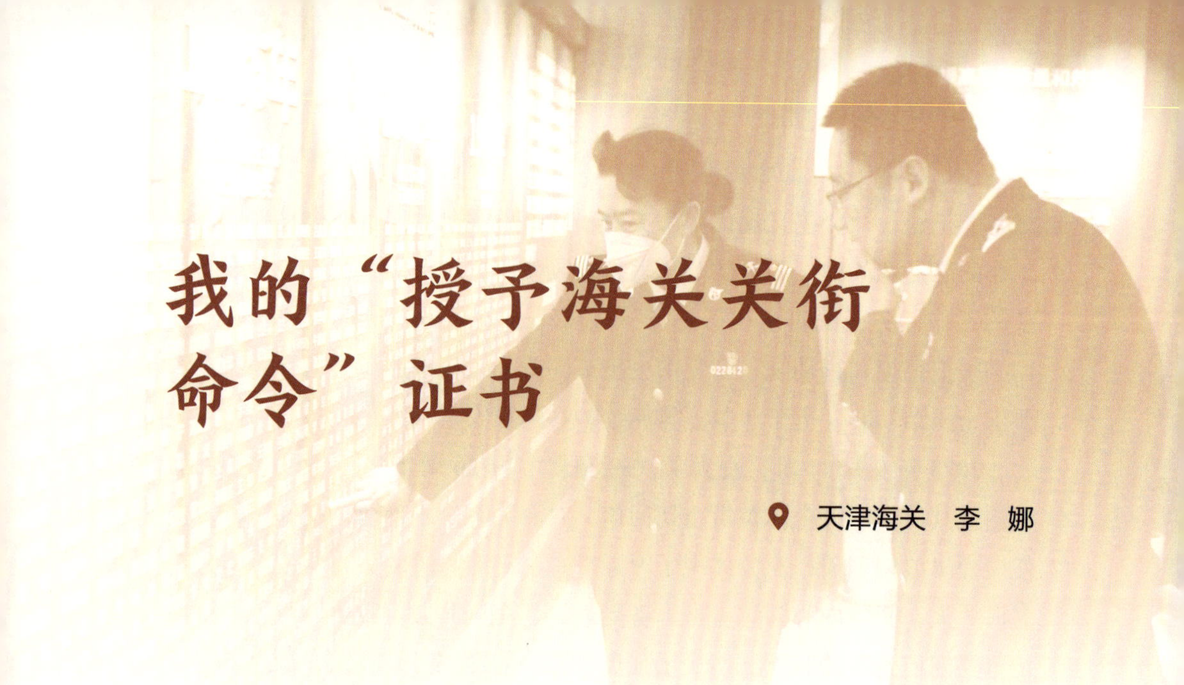

我的“授予海关关衔命令”证书

天津海关　李　娜

从小到大，奖状和证书得了不少，都被我保存在书柜的抽屉里，三层抽屉早就满满当当，但是有三本红色的“授予海关关衔命令”的证书永远放在首层抽屉的显眼处。奖状、证书背后是荣誉过往、是锦绣岁月。

说起授衔命令，时间重回 2003 年。2003 年 2 月 28 日，《中华人民共和国海关关衔条例》经第九届全国人民代表大会常务委员会第三十二次会议审议通过并颁布实施。

2003 年 9 月 15 日，我收到了第一份授衔命令：根据中华人民共和国海关关衔条例的规定，授予李娜一级关务督办关衔。

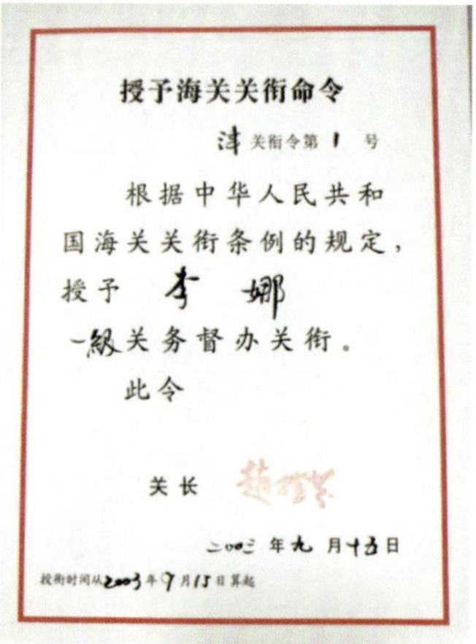

授予海关关衔命令

津关衔令第 1 号

根据中华人民共和国海关关衔条例的规定，授予李娜一级关务督办关衔。

此令

关长

2003 年九月十五日

授衔时间从 2003 年 9 月 15 日算起

实物档案：2003 年 9 月 15 日，李娜收到第一份授衔命令，被授予一级关务督办关衔

那一年我在天津海关所属天津新港海关查验处 H986 工程科从事内勤工作。科室职责是用大型放射机器设备检测集装箱进境货物，主要是检测进口的废旧物资。利用检测设备检查集装箱货物进境情况，目的是提高检查能力和效率，减少人工验货的压力。那时候，海关就在探索建设“智慧海关”与科技力量完美结合的道路上迈开了步伐。

2006 年 4 月 29 日，我收到了第二份

授衔命令：根据中华人民共和国海关关衔条例的规定，授予李娜三级关务督察关衔。

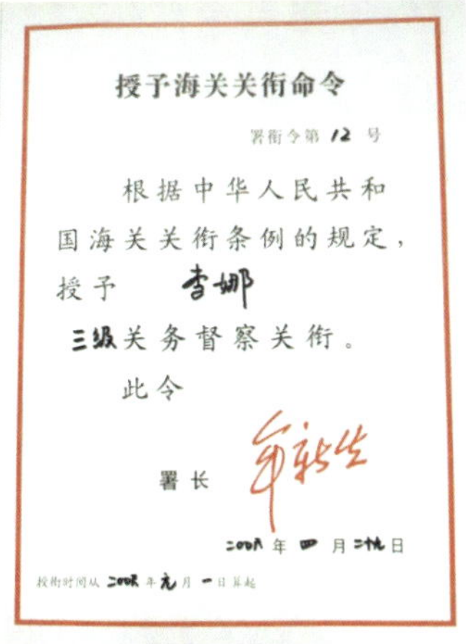

授予海关关衔命令

署衔令第 12 号

根据中华人民共和国海关关衔条例的规定，授予 李娜 三级关务督察关衔。

此令

署长

二〇〇六年四月二十九日

授衔时间从二〇〇六年九月一日算起

实物档案：2006 年 4 月 29 日，李娜收到了第二份授衔命令，被授予三级关务督察关衔

那一年，我在天津新港海关办公室法制科工作，负责签发从天津新港口岸进境的“进口汽车证明书”。天津新港口岸是全国进口汽车的第二大口岸，我记得那一年就签发了 8 万份证书。20 年前，进口的汽车都是燃油车，我一边干一边想，国外进口的车天天在中国大地上跑，我们国家自主生产的汽车啥时候能跑遍世界各地啊？而令人欣慰的是，现在中国自主生产的新能源汽车已经跑遍了世界各地，充分展现了“中国智造”的风采。我们国家在新能源领域取得的举世瞩目的成就，便是发达制造业与科技力量完美结合的最好体现。

2006 年 9 月，天津新港海关举行“纪念 9 · 12 海关授衔 3 周年队列操练展示活动”。那时的我们还年轻，为了在队列操练展示活动中取得好成绩，全体关员积极投入训练中，请武警战士做动作示范，精准规范我们动作的每一个细节。整个夏天，我们每天早上都像军人一样出操训练，重复动作，提升自己的队列形象，强化整体面貌。每次训练回来，汗水湿透了制服，腿疼胳膊酸，真正体会到了夏练三伏的滋味。

照片档案：2006 年 9 月 12 日，天津海关所属天津新港海关开展“纪念 9 · 12 海关授衔 3 周年”队列操练展示活动

当时，大家都有一个共同目标，无论年纪大小，只要站在队列中，都要努力争当最精神、最标准的那一个。下令、听令、动令，行动一致，气势如虹地接受上级领导检阅，充分展现了天津新港海关人的精气神。

2010 年 7 月 1 日，在中国共产党成立 89 周年之际，我收到第三份授衔命令：根据中华人民共和国海关关衔条例的规定，授予李娜二级关务督察关衔。

实物档案：2010 年 7 月 1 日，李娜收到第三份授衔命令，被授予二级关务督察关衔

那一年，我在天津新港海关接单处综合科工作，负责全处 200 人的后勤保障工作。在这个岗位上我一干就是 7 年，这 7 年练就了我在工作中的定力，对工作保持热情，学会沟通，懂得感恩。

接下来的这些年，我们都在海关岗位上日复一日地辛勤耕耘。

2023 年 9 月 12 日晚 7 点，中央电视台在《新闻联播》节目中全文播出了习近平总书记在百忙中给红其拉甫海关全体关员的亲切回信。

我放下手中吃饭的筷子，像小学生听讲一般，默记刚才的内容。

回信充分体现了习近平总书记对海关工作的高度重视，以及对海关系统全体关员的深切关心和殷切期望。

海关关衔制度已实行 20 年。这 20 年来，陆陆续续有很多年轻人加入了海关队伍，为海关队伍注入新鲜血液，他们努力准确把握海关肩负的重要使命，大力建设政治强、水平高、作风硬、纪律严的新时代海关纪律部队，拥有属于自己的一份份“授衔命令”。

如果“授衔命令”是一束光，那就让我们记住这束光。追光的过程，就是你我在并肩奋斗，彼此闪耀，不负青春好时光。

如果“授衔命令”是一封信，那就请全体海关人写好属于自己的信，把信念当作信纸，写满忠诚，听党话，跟党走，履行“人民海关为人民”的光荣使命。

慢慢来，感受花开。生活呀，不是赶路是感受路，是在路上不断成长。

期待我职业生涯中的下一份“授予海关关衔命令”证书。

爷爷的老照片

天津海关　吴　芸

不到 6 岁的小朋友晓晓，很是活泼好动，整个家里都是她的领地，今天她又从书橱里翻出一本老式相册，打开扉页，黑白照片中低矮楼房前那位年轻的叔叔有几分眼熟，这会是谁呢？

忽然，一双温暖的大手将她抱起，原来是爷爷下班了，晓晓献宝一样将相册给爷爷看，爷爷脸上露出宠溺的笑，还夹杂着几分惊喜："小淘气，竟被你找到这么多老照片。"于是，这个晚上，一老一小便窝在客厅的沙发上，一个讲，一个听，老照片的背后，一个个有趣的故事串起了爷爷在海关工作 39 年的职业生涯。

原来照片上那个"年轻叔叔"就是爷爷啊。当时 20 岁出头的王建国正在天津海关调查局门前和同事们一起参加队列训练。照片中的他正在练习踢正步，腰杆挺得笔直。年轻的关员们眼神执着、表情坚毅，接受着海关队伍最严格的"洗礼"。调查局的工作有其特殊性，昼伏夜出是关员们工作的常态，不仅考验专业，更是考验体能。队列训练锤炼出年轻关员们优秀的工作作风和严明的纪律观念，提升了精气神

照片资料：2023 年 9 月的一天，天津海关所属天津南疆海关王建国和其孙女晓晓一起看相册

和战斗力，大家通力合作解决了一个又一个疑难案件的“硬骨头”，将忠诚品格体现到为国把关的具体实践中。

照片档案：2004 年 3 月 18 日，关员们在天津海关原址（现天津海关所属塘沽海关）进行队列训练

相册一页一页从手中划过，忽然一张泛黄的照片吸引了她的注意力，照片中人们都穿着相同的制服，手持红色证书，整齐地肃立在一个明亮的礼堂中。哪个是爷爷呢？晓晓稚嫩的手指划过一张张溢满兴奋的面庞，找到了当时已过而立之年的爷爷，照片中的爷爷笑得很开心，肩上的三杠一星在灯光下熠熠生辉。爷爷告诉她，那是自己首次被授予了关衔。那一年，党和国家决定对海关实行衔级管理制度，这对于加强海关队伍建设、提高执法队伍整体素质具有重要意义，也激发了海关人无限的责任感和自豪感。时任天津海关所属天津开发区海关稽查科副科长的王建国与 1000 余名同事齐聚天津大礼堂，分别被授予二级关务员至二级关务监督等不同级别的海关关衔。

那一天，开启了海关事业新的发展阶段，面对改革开放和经济建设中的新形势、新要求、新考验，中国海关这支纪律部队大步向前，强化政治素质和业务素质、提高服务水平和执法水平，朝政治坚定、业务过硬、值得信赖的目标加速迈进。

“当时的掌声，至今仍然回荡在耳边，这是一种荣誉，更是一种责任。”爷爷的目光掠过珍藏的海关总署集体二等功奖章，坚定地说。

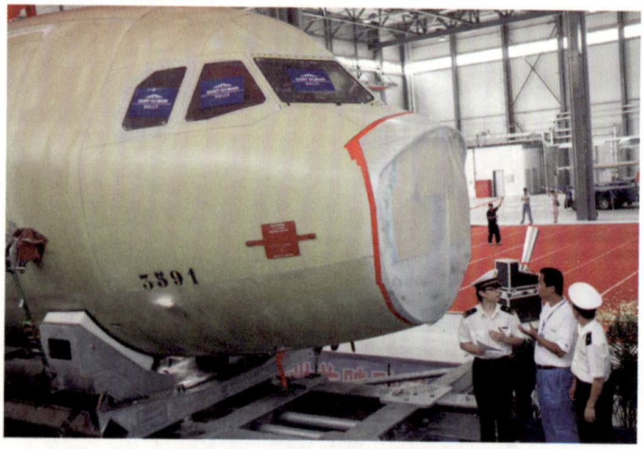

照片档案：2008 年 7 月 25 日，天津海关关员对空中客车（天津）总装有限公司进口的飞机大部件实施查验

“爷爷，你看，是大飞机！”晓晓用手指着照片中的大飞机，这是一张王建国正和同事赴天津市滨海新区综合保税区的空客厂区，采取“货不落地、到厂查验”的监管模式，对空中客车（天津）总装有限公司进口的飞机大部件实施查验的照片。

空客总装线于 2008 年启用，时任天津海关所属天津保税区海关查验科科长的王建国便和同事们针对进口飞机大部件构造精密、单体重量大等特点，“量体裁衣”打造入区和查验流程方案，保障飞机迅速投入整装作业。

“人民海关为人民”是王建国常说的一句话，想群众之所想、急群众之所急、解群众之所难。在这一目标驱动下，海关人主动为企服务、纾困解难，用心用情助力企业发展。

照片档案：2022 年 10 月 19 日，天津海关所属天津南疆海关关员为国际航行船舶换班船员办结卫生检疫手续，保障换班船员的回家路平安顺畅

一张张地翻看着老照片，耳边是小孙女稚嫩的话语，更多的画面涌入了王建国的脑海……

疫情防控“阻击战”中，海关关员们在抗击疫情的国门第一线，白衣执甲、冲锋在前，防疫情、保通关，用对党和人民的绝对忠诚，扛起守护国门安全的责任和使命！

照片档案：2023 年 10 月 12 日，天津海关所属天津南疆海关关员利用“智慧水尺计重平台”进行水尺计重工作

在推进智慧海关建设和“智关强国”行动的浪潮中，“智能审图”“智慧港口建设”“智慧监控平台”等科技手段如雨后春笋般兴起，以数据构建监管“智脑”，进一步提升信息化引领支撑能力，推动对外开放步伐加大加快。王建国现在所在的天津南疆海关关员将现场采集到的观测数据以及船舶基础数据输入“天津海关智慧水尺计重平台”，系统自动提取，并一键生成重量鉴定结果，从货物到港到计算完成不超过 40 分钟，平均每条船提高重量鉴定工作效率 30% 以上。

而加强信息化监管同样实现了对大宗散装铁矿中固体废物的快速筛查。关员们使用移动式固体废物现场排查仪，实现卸货前 100% 固体废物快速筛查，进一步提升海关监管效能。

还有加速能源资源类商品快速通关，释放“两步申报”“船边直提”“抵港直装”政策红利……

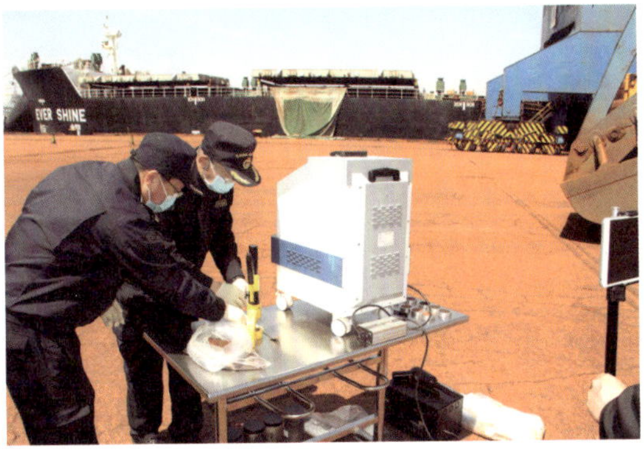

照片档案：2021 年 4 月 28 日，天津海关加强信息化监管实现大宗散装铁矿固体废物快速筛查

相册里的老照片还在那里，但许多熟悉的人和事渐渐地退出了我们的生活或又悄悄地发生改变，新的照片将会增添进来。

2023 年是海关队伍授衔 20 周年，20 年栉风沐雨、20 年斗转星移，忠诚铭刻入骨、信仰历久弥坚。“穿上了这身制服，就要为海关事业尽力。”这是王建国对自己立下的誓言，它既是一个老海关人对海关事业的热爱，也是新时代海关纪律部队中每一位海关人对信仰的坚守。

照片档案：2023 年 4 月 20 日，王建国所在的天津海关所属天津南疆海关物流监控科开展常态化队列训练

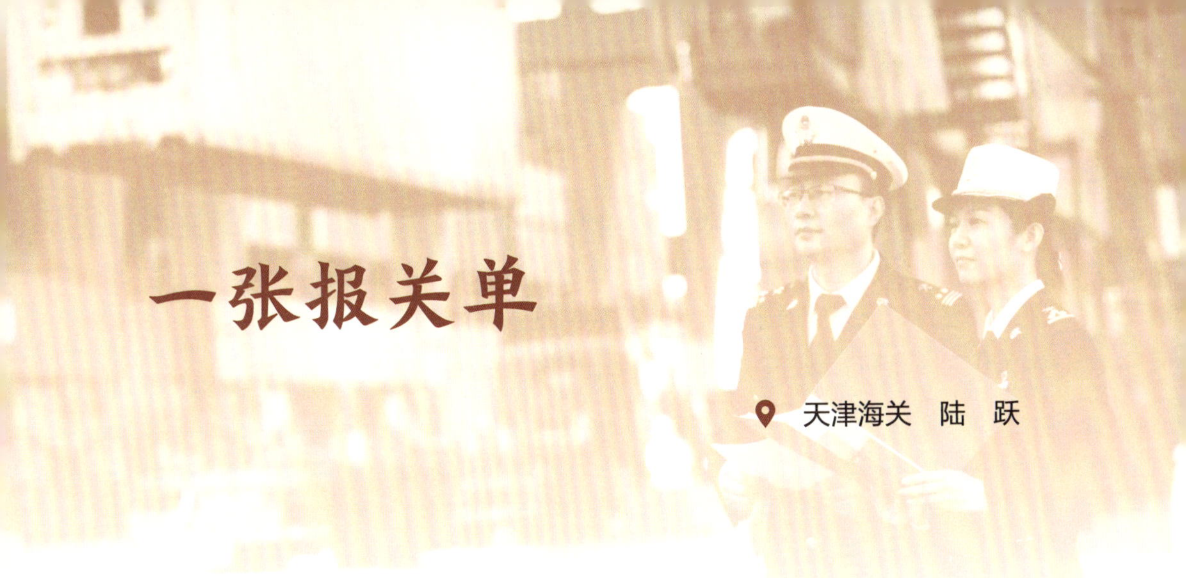

一张报关单

天津海关　陆　跃

2023年，对于每一个海关人来说，都是具有里程碑意义的一年。这一年，是海关队伍关衔制度实行20周年，这支新时代海关纪律部队站到了新的历史起点，我们的新征程由此启航。

我所在的天津海关所属天津新港海关进口综合业务现场是天津海关业务量最大的进口海运通关现场。在这里，我每天接触最多的就是报关单。报关单，是进出口收发货人或其代理人向海关申报货物情况的法律文书，是海关对进出口货物进行全面监控处理的重要依据，也是海关统计的原始资料。我时常会想起档案室里的一张特殊的报关单，这张报关单承载了太多珍贵的回忆。

它静静地存放在中国海关博物馆里。它的申报时间定格在2018年8

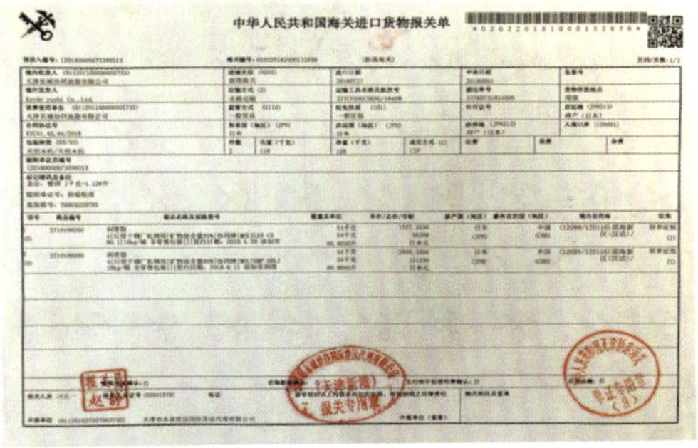
中华人民共和国海关进口货物报关单

实物档案：2018年8月1日，全国海关统一申报后的首票进口报关单

实物档案：2019年2月15日，全国海关统一申报后的首票进口报关单在中国海关博物馆基本陈列展参展证书

月1日零时，海关编号020220181000132836是它独一无二的标志，这票报关单在全国关检融合统一申报系统切换后自天津新港海关第一时间完成通关放行，成为全国海关统一申报后的首票进口报关单，被中国海关博物馆作为藏品和展品进行收藏，永存于中国海关改革发展的史册中。

透过这张特殊报关单，一幅中国海关锐意进取、改革创新的生动画卷在我面前徐徐展开，世界一流现代化海关队伍的建设图景跃然纸上。

科室里的“老”师傅顾郁红，自1988年参加海关工作开始，便投身海运通关现场工作，大家都亲切地称她“顾姐”。提起报关单，顾姐感触颇深。她半开玩笑地说：“我刚参加工作的时候，报关单还是企业手写填报的，关员发现企业报关单申报有误的地方要手工做批注，税单也是关员手工填写的，学审单得先练字，不然都不好意思填单子，那时候通关效率和‘手速’直接挂钩呀！”听到这，我们这些刚来的小同志们都笑了。“再后来，有了H883、H2000通关系统，报关单可以打印了，但还需要纸质单证，业务忙的时候，一个关员一周审过的单子摞起来估计快顶到天花板了。现在好了，通关系统不断升级换代，功能越来越完备了，也可以电子申报了，报关单甚至能‘秒放’，这些放在以前，哪里想得到呢。”顾姐感慨地说。

2012年8月1日，海关总署启动通关作业无纸化改革试点工作。经过多次深化改革成效、扩大试点范围，历时4年多，将适用通关作业无纸化企业范围扩大到所有信用等级企业。采用无纸化通关作业的企业不用再带着纸质单证“开着车、走着路、排着队”到海关业务大厅办理报关手续，只要在办公室通过电脑录入报关单和随附单证的电子数据，轻点鼠标发送就完成了申报，还能在网上查询放行信息，凭电子放行信息放行货物。如今，我们再也见不到当年顶上天花板的报关单“擎天柱”，雨雪大雾天气也不再是通关申报的“拦路虎”，电子数据的跑腿速度把人力和汽车远远甩在了身后，海关通关迈入了“读秒放行”“全程无纸”的时代。

从布满黑色手工字迹的纸质报关单，到自动打印的电子报关单；从用篮子装、筐子提、箱子拉，到足不出户、电脑录入的便捷操作——这是海关以高度的信息化手段为支撑撬动业务改革的成果，也是海关这支纪律部队将高度的责任感、使命感融入简化通关程序、降低企业成本工作的具体体现。

2014年，又发生了一件令人欣喜的大事。北京、天津、石家庄海关启动京津冀海关区域通关一体化改革，三地企业可自主选择向经营单位注册地或货物实际进出境地海关办理业务，告别在属地和港口多地之间往返奔波的历史。随后，通关一体化从京津冀试点向全国铺开，多地通关如同一关，企业在一地报关便可“通天下”。

当时亲身参与过改革的同志们都还依然记得一起学习系统操作、加班开展调试的兴奋和热情。为了应对可能出现的通关新情况，同志们在一起研究梳理业务流程、制订应急预案，经常加班到很晚，尤其是改革启动前夕，几乎一起经历遍了报关大厅的“十二时辰”。大家打趣地说，我们要在实现区域通关一体化之前，率先实现“工作、就餐、住宿一体化”。玩笑归玩笑，政治强、水平高、作风硬、纪律严，这支铁打的队伍在“硬仗”面前可毫不含糊。

2017年7月1日，维斯塔斯风力技术（中国）有限公司通过全国“单一窗口”报关，从企业完成申报到海关放行仅用了22分钟。一张报关单的适用范围从“一地”到“区域”再到全国通关一体化，海关适应开放型经济发展新形势、加快“放管服”改革的进程又迈出了一大步。

2018年4月，根据国务院机构改革方案，出入境检验检疫管理职责和队伍划入海关总署，新时代海关纪律部队进一步壮大，守国门、促发展的动能愈发强大，海关事业进入一个崭新的发展阶段，报关单也迎来了一次“改头换面”。为达到“1+1＞2”的效果，报关单首当其冲进行了全面“瘦身”：原报关单、报检单合并为“一张大表”，货物申报数据项由200余项精简到105项，申报项目大幅减少，接单窗口优化整合，实现了“一口对外、一次申报、一单通关”。

这时，文章开头那张特殊的报关单，也就是关检融合统一申报后的全国首票进口报关单，于2018年8月1日零时诞生了，出生地是天津新港海关。当时放行这票报关单的崔大鹏被大家称为“福将”，这是接单人的一份自豪。

2019年9月20日，根据海关总署部署安排，天津新港海关启动了“两步申报”改革试点，报关单“瘦身”效果更加明显，企业一次性申报全部105个数据项可分两次填报，第一次填报最少仅需9项，大大提高了通关效率。虽然必须申报的项目越来越少，但是海关以推进大数据应用为依托的先进风险管控机制却愈发完善有力。

在繁忙的天津新港海关报关大厅里，每一名海关关员的双肩上都端端正正地佩戴缀钉着金色关衔标识的肩章。在金色关衔的映衬下，一张张报关单，折射出海关队伍从未停止的改革步伐，也折射出海关助推高质量发展、高水平开放，努力当好国门卫士的决心和意志。

中国海关作为继中国人民解放军实行军衔制、中国人民警察实行警衔制之后的第三支实行衔级制度的队伍，我为有幸成为其中一员而自豪。

2023年9月，夏末秋初，临近收获的季节，又一批青春靓丽、意气风发的崭新身影出现在海关队伍中。他们挥洒青春，不惧挑战，磨练本领，迅速成长，盼望着自己被正式授予关衔的那一天。一代又一代海关人用坚守和担当，用智慧和勇气，铸成国门的铜墙铁壁，铸成人民的坚强后盾，铸成发展的源源动力，让双肩上的关衔永远熠熠闪光。

石家庄海关

我愿化作一缕风

——致敬海关关衔制度实行20周年

石家庄海关 徐 銮

我愿化作队列行进中
一缕轻柔的微风
伴随你坚定的步伐
见你身姿挺拔昂首挺胸

我愿化作通关口岸上
一缕清凉的晚风
跟随你忙碌的身影
让你卸下疲惫片刻轻松

我愿化作宣讲现场里
一缕和煦的春风
轻抚你亲切的面容
推动企业克服急难险重

我愿化作警示教育中
一缕正直的清风
约束你规矩方圆
助你拨云见日走出迷踪

我愿化作一缕风
穿越到 20 年前
去看看初授关衔的他们
感受刻骨铭心的激动

我愿化作一缕风
翻开海关历史档案
细数英雄不负江山
横看利剑刺破长空

照片档案：2003 年 9 月 25 日，石家庄海关在河北会堂举办首次授衔仪式，向授衔人员颁发证书

照片档案：2018 年 4 月 12 日，石家庄海关在中国海关管理干部学院组织驻曹妃甸港区办事处、唐山海关、保定海关和沧州海关关员进行队列训练

照片档案：2018 年 12 月 19 日，石家庄海关驻曹妃甸港区办事处关员在曹妃甸区南堡站对首列中欧（曹妃甸—乌兰巴托）集装箱国际班列进行现场监管

我心中的新时代海关纪律部队

石家庄海关　孙爱芹

2023年是海关队伍授衔20周年，二十载岁月峥嵘，二十载初心如磐，二十载精神传承，一代代海关人已将海关纪律部队精神刻进骨子里，融入血液中，落到行动上。

2018年，我转隶到石家庄海关所属衡水海关工作。那时海关纪律部队的概念对于我来说陌生而遥远，以为仅仅是队列训练、内务规范，但当我慢慢进入工作角色后才发现，海关纪律部队不仅仅是一句口号，它体现在我工作中的一言一行、方方面面。从进入海关队伍的那一刻起，我们已

照片档案：2022年4月20日，石家庄海关所属衡水海关组织关员开展队列训练

经开始以海关纪律部队的要求自律、自省，保持海关队伍特有的坚强意志、过硬素质和优良作风。

每天肩扛关徽与关衔，我感受到的不仅是荣誉与梦想，更是一份责任与担当。作为共产党员，是海关纪律部队精神赋予我“铸忠诚”的政治自觉，夯实理论基础，主动担当作为；深入扶贫一线，是海关纪律部队精神赋予我“担使命”的思想自觉，坚决打赢脱贫攻坚战，帮扶村里顺利实现脱贫；回到执法一线，是海关纪律部队精神赋予我“守国门”的行动自觉，防范外来物种入侵，坚决守护国门生物安全；服务对接企业，是海关纪律部队精神赋予我“促发展”的实践自觉，落实惠企措施，助力企业增活力、渡难关；弘扬“三实”文化，是海关纪律部队精神赋予我“齐奋斗”的使命自觉，强化调查研究，服务智慧海关建设和“智关强国”行动。海关纪律部队精神是我前进的不竭动力，指引我在新征程上继续攻坚克难、阔步前行。

2023 年是我进入海关工作的第 6 个年头，也是与海关纪律部队相遇的第 6 个年头。时光见证了我的点滴进步，为我带来了日益加深的职业自豪感和集体归属感，也切实让我感受到新时代海关纪律部队是一种内心认同，是一种责任意识，是一种信念力量。从检验检疫到海关，改变的是制服、身份和岗位，不变的是忠诚、情怀和担当。

肩负新使命，迈向新征程，建功新时代，作为新时代海关纪律部队的一员，“坚决听党指挥、对党绝对忠诚”的信念已深深烙印在我的心中，“锤炼过硬纪律作风，树立可亲、可敬、可靠的海关形象”的要求已时时刻刻融入我的工作、生活中，“践行初心使命、为群众办实事”的责任已成为我终身为之奋斗的目标，我将以更加昂扬奋发的精神面貌和工作状态，在平凡的岗位上谱写新时代凯歌！

佩关衔不忘初心 守国门牢记使命

石家庄海关　王英峰　王　卓　朱　敏　李宗奇

时光漫过水岸，岁月洗涤流年。岁月的长河往往留下许多深刻的回忆。在海关队伍授衔20周年之际，翻开石家庄海关所属保定海关档案里的老照片，一张张照片记录着无限荣光的美好时刻，一张张照片记载着肩负使命的珍贵故事，一张张照片承载着荣誉与责任的历史篇章，这是保定海关“佩关衔不忘初心　守国门牢记使命”的专属记忆。

这张照片记录了首次授衔前保定海关关员开展队列训练的场景。照片中的同志们身姿挺拔、神情坚毅，透露出蓬勃向上、勇争一流的朝气。当

照片档案：2003年7月7日，石家庄海关所属保定海关开展队列训练活动

年，建关只有短短 4 年的保定海关，荣获“全国海关先进集体”荣誉称号，被保定市政府授予当地对外开放最高奖“金玉兰杯”，在队伍建设、业务建设等各个方面取得了优异成绩。

2017 年，党的十九大在北京隆重召开，全国海关系统迅速兴起学习宣传贯彻习近平总书记重要讲话精神、全面学习贯彻落实党的十九大精神的热潮。为进一步营造学习氛围、检验学习成果，石家庄海关组织开展“学习十九大 走进新时代”知识竞赛。保定海关通过层层选拔，派出 3 名政治强、素质高的青年关员参加比赛。3 名同志焚膏继晷、日夜奋战，深研细读党的十九大报告，深入学习习近平新时代中国特色社会主义思想。出征前，3 名青年关员摸着肩头沉甸甸的关徽，看着胸前闪亮的党徽，发出“不辱使命担当、展现保关风采”的保关青年最强音。通过激烈的竞赛角逐，保定海关最终荣获了一等奖。档案里的照片也记录了这荣耀的一刻，也充分展示了保定海关青年矢志不渝跟党走、同心奋进新征程的蓬勃精神风貌。

这张照片拍摄于 2019 年，这一年是海关队伍授衔第 16 年，也是机构改革后全面深度融合的开局之年。

这一年，保定海关迎来了新面孔，注入了新活力，组成了新队伍，展

照片档案：出入境检验检疫管理职责和队伍划入海关后，2019 年 4 月 16 日石家庄海关所属保定海关在机关大院组织第一次队列训练

现出崭新的精神面貌和昂扬的奋斗姿态。原本属于两个单位的人员共同开启新征程。这一年，全国海关全员培训持续推进，全面深度融合的号角有力吹响，全关人员分批前往中国海关管理干部学院接受了系统专业的培训，对新海关、新形势、新任务有了更深刻的了解。这一年，沉甸甸的关徽又增添了新的力量，保关人从此扛起了新的责任与使命。这一年，有太多的新变化、新机遇，同时也带来了许多新挑战、新任务。

保定海关顺应新形势，勇担新使命，众志成城，迎难而上，以“时时放心不下”的责任感和“时不我待”的紧迫感，深入贯彻落实习近平总书记重要指示批示精神，深度服务京津冀协同发展战略，积极支持高标准高质量建设雄安新区，在努力推动党中央各项重大决策部署落地见效的道路上扎实向前；他们忠诚履职，奋楫笃行，以良好的工作态度和扎实的工作作风，充分融入保定建设品质之城的远大目标，积极服务地方经济发展，助推保定对外开放水平迈上新台阶；他们不忘初心、牢记使命，践行“政治坚定、业务精通、令行禁止、担当奉献”的要求，以勤勤恳恳的工作提升监管效能和服务水平，用实实在在的成绩擦亮肩上的关徽；他们中涌现出一批先进典型，先后有 4 个支部被石家庄海关评为先进基层党组织，3 个支部被石家庄海关评为党建（培育）品牌支部，5 名同志被石家庄海关评为优秀共产党员、优秀党务工作者，2 名同志分别荣获石家庄海关先进工作者、“党务之星”荣誉称号。

志不求易者成，事不避难者进。值此海关队伍授衔 20 周年之际，保定海关将继续保持“力争上游”的干劲和“水滴石穿”的韧劲，以过硬的纪律作风，履职尽责，奋发向上，为建设让党中央放心、让人民群众满意的中国特色社会主义现代化海关贡献力量。

太原海关

衔衔相接　共守国门

太原海关　郭弘泰

档案承载历史，档案见证发展。在档案里，海关关员的肩章，从来都不是一个静止的状态，每一次变化都有独特的含义。颜色的变化，代表着职业身份的转变；星花数量的变化，代表着工作年限和经验的提升；横杠条数的变化，代表着责任担子的增强。五等十三级的关衔制度，看似沉默的肩章，是有温度、有气息的存在，贴近它、展开它、抚摸它，你会听得到火车轮船繁忙的汽笛声，看得见海关人披星戴月地通关查验……这是海关人奋斗过的青春历程的见证。

这是一对代表着上海海关学院学生身份的蓝肩章，是上海海关学院学子入校时从老师手中接过的。那时大部分上海海关学院学子只单纯觉得能拥有大部分高校所没有的制服是一件很幸运的事，却不会想到那一刻就已经站在了职业生涯的起点。课前的队列训练，强健了体魄、整肃了形象；海关专业知识的系统学习，梳理出了海关业务知识框架、明确了业务工作的方向；海关系统的跟班

照片资料：上海海关学院学生佩戴蓝肩章

实习，勾勒出了未来工作的场景、坚定了为国把关的理想信念。“致知、力行、慎独、忠诚”的校训，伴随着上海海关学院学子搏击风浪，扬帆起航。

这是一对代表着正式授衔成为海关关员的黑肩章，是新关员试用期满考核通过后从领导手中接过的。从那一刻起，新关员一年的试用期工作得到了组织的肯定；从那一刻起，新关员也开始独自承担一些业务工作。虽已开始独当一面，但是好多工作只知其然却不知其所以然，新关员只能一边学习一边摸索经验。渐渐地，新关员知识越来越丰富，业务越来越熟练，肩上星花也随之不断增多。

这是一对代表着有更多工作经验和深厚资历的“三杠三星”肩章，是入关近30年的同事所佩戴的。说起首次授衔活动，她至今仍能回忆起当时庄严的仪式和自己心中满满的荣誉感，仿佛就在昨天，历历在目。她颇有感慨地说，海关队伍授衔后，业务现场指挥更加有力，通关效率大幅提升，队伍建设日趋规范。转眼20年过去了，自己从一位青春少女变成了知心大姐，但授衔所带来的荣誉感和责任感，常常让她忘记自己的年龄，激励着她和身边同事共同履行海关职责，认真做好监管与服务，努力当好国门卫士，为国把关。

照片资料：海关关员转正后佩戴黑肩章（一级关务员）

照片资料：海关关员佩戴“三杠三星”肩章（一级关务督察）

大树的年轮，记载着生命的历程，感受着世事的变迁。肩章的更替，记载着关衔的晋升，见证着奋斗的青春。五等十三级的海关关衔，都是海关人在每个阶段、每个位置、每个日夜奉献青春与热血的缩影，衔衔相接，共守国门。未来的海关人，必将牢记习近平总书记给红其拉甫海关全体关员的重要回信中的殷殷嘱托，肩扛关徽、披荆斩棘，狠抓落实推进，主动服务和融入国家发展战略，不断深化改革创新，优化监管模式，以高水平对外开放推动高质量发展。

大同海关授衔 20 年

太原海关　王凌云

山西大同市地处晋冀蒙三省区交界，作为“一带一路”丝路走廊上的节点城市、山西对接京津冀融合环渤海的门户，自古以来就被誉为“北方锁钥”。太原海关所属大同海关便坐落于这座雄伟的内陆城市。2002 年，在中国加入世界贸易组织的第一年，大同海关正式开关。仅仅一年后，就迎来了国家授予海关关衔的历史时刻，中国海关从此成为继中国人民解放军实行军衔、中国人民警察实行警衔后，第三支实行衔级制度的队伍，这让大同海关的关员们感到非常自豪，也充满了荣誉感和使命感。20 年来，在扩大对外开放的浪潮中，大同海关人自觉担当使命，为扩大对外开放、助力经济发展添砖加瓦。20 年来，一页页档案忠实记载着大同海关

照片档案：2002 年 10 月 27 日，太原海关所属大同海关正式开关并举行开关仪式

的点滴变化与发展。

2003年，授衔之后大同海关的同志们佩戴上了全新的关衔，执行统一的内务规范。“小王，你的肩章戴得不对呀！我帮你调整一下吧。”“小李，你们办公室内务不够规范啊，快按内务规范整理整理吧。”关员们主动以整顿内务秩序为契机加强内部管理，响应海关总署要求开展“增强使命感，树立新形象”专题教育，优化纪律作风，抓好队伍建设，努力提升执法人员外在形象、依法行政水平和防范风险能力。

照片档案：2004年4月23日，太原海关所属大同海关组织关员在办公楼前开展队列训练，规范站姿、行走、礼仪行为

建关初期，大同海关立足本职，结合实际，积极应对我国加入世界贸易组织后对大同市外贸经济发展带来的机遇和挑战，主动为企业提供最新的便利政策，帮助企业提高通关效率，加大打私力度，以实际行动助推外贸快速增长。2009年，面对全球金融危机带来的严峻经济形势，大同海关积极贯彻落实国家支持扩大内需促进经济增长的各项措施，提供个性化服务帮助辖区进出口企业缓解资金压力、提高通关效率。进入新时代，大同海关经历了从通关无纸化改革到区域通关一体化再到全国通关一体化一系列通关业务改革，持续优化口岸营商环境，推进中国国际贸易单一窗口建设，推进落实关检合作“一次申报、一次查验、一次放行”通关模式，帮助企业享受改革红利。

从2013年首次开放临时航空口岸，到如今航空口岸对外开放通过国家口岸办验收组验收，大同海关助力大同市扛起“融入京津冀、打造桥头堡”使命重任；支持“特”“优”农产品战略，帮助“大同黄花”接连开拓新的国际市场，支持地方农产品区域公用品牌“大同好粮”发展，助力乡村振兴；服务地方参与共建“一带一路”，为企业开拓出口新路径和新模式，主要出口药品、机电设备、羊毛等，让“大同制造”搭乘中欧班列走出国门。随着2018年国家机构改革后海关职能变更，大同海关贯彻新发展理念，助力大同市对外开放平台建设，服务建设进口肉类指定查验

照片档案：2020年7月28日，太原海关所属大同海关关员对山西省首次出口韩国的食用干黄粉虫实施检验检疫

照片档案：2022年2月25日，太原海关所属大同海关派员对辖区首批出口冻黄花菜实施出口前监管

场、保税物流中心（B 型）、国家杂粮检疫检测重点实验室、跨境电商综合试验区、晋北肉类进出口平台等，在促进对外开放上发挥了更大作用。

2020 年年初，面对突如其来的新冠疫情，大同海关全体关员令行禁止，不惧感染风险，坚守岗位，用忠诚诠释了新时代海关纪律部队的责任担当。郭永红是一名在国门一线工作多年、经验丰富的海关“老兵”，她第一时间主动请缨，带领大同海关一行 8 人，首批驰援太原机场海关。从 2020 年 3 月起，不管严寒酷暑，她都主动承担着最多的任务，流调组、采样组、登机组，最困难、最危险的地方总有她的身影。多个岗位的工作，让她被称为“抗疫多面手”，而“一丝不苟”“专业”也成为她的代名词。工作中，为了能多节约一套防护服，她必须控制喝水和进食，因为防护服一穿就是六七个小时，每次脱掉闷热的防护服，头发、衣服都早已湿透。作为一名冲上防疫一线的“逆行者”，郭永红曾经连续作战 60 天。3 年来，她多轮次奋战在抗疫一线共计 200 余天，保障入境航班 50 余架次。大同海关积极派员投身抗疫一线，新冠疫情期间共派出 180 多人次支援太原机场入境航班新冠疫情防控，3 人获得“太原海关抗击新冠疫情先进个人”。同时，大同海关还全力支持企业复工复产，针对不同企业落实“一企一策”，帮助企业拓展市场，帮助企业报关人员网上办理通关手续等，为新冠疫情期间促进辖区外贸稳增长做出贡献。

展望未来，大同海关将以习近平总书记给红其拉甫海关全体关员的重要回信精神为指引，心怀“国之大者”，践行铸忠诚、担使命、守国门、促发展、齐奋斗，勇挑重担、主动作为，当好让党放心、让人民满意的国门卫士，为强国建设、民族复兴积极贡献力量。

寻找答案

太原海关　高　洋

2015 年 7 月，我通过国家公务员考试光荣地加入海关队伍。初入海关，只知道中国海关是继中国人民解放军实行军衔、中国人民警察实行警衔后，第三支实行衔级制度的队伍。摸着肩上金灿灿的关徽，除了感觉到骄傲和自豪，对海关这支纪律部队尚没有更深刻的认识。

后来，我参加了为期 3 个月的初任培训，才真正体会到这支队伍特殊的“气质”。初任培训刚开始是军训，从小到大经历过多次军训的我，切实感受到这次军训的特别之处。我在脑中寻找所有的细节，“稍息、立正、跨立……敬礼!”对，是敬礼！这正是和以往军训不同的地方。彼时秦皇岛 40 摄氏度的高温烘烤好像给这节课加上了特别的注脚，新时代海关纪律部队到底是什么？训练场地上查验服上汗水凝固成的盐渍、一双双通红稚嫩脸庞上坚毅不服输的目光，仿佛就是答案。

照片档案：2016 年 5 月 3 日，太原海关所属运城海关开关后第一次举行升国旗仪式

在太原海关所属运城海关工作的这些年，一件件发生在我身边的大事要事，都详细记录在运城海关的档案里，都在生动形象地诠释着答案。一直在寻找的答案逐渐在我心中变得具体、清晰、明确。

专业高效

在太原海关所属运城海关综合业务科科长靳斌斌的身上，我得到了答案：新时代海关纪律部队是用专业高效的业务积淀、为民服务的使命初心，守护进出口企业参与外贸经济、共享互联互通的梦想。

2003 年入关的靳斌斌是大家公认的“行业大拿”，在海关执法一线，总是有他冲锋在前的身影。时值《区域全面经济伙伴关系协定》（RCEP）政策落地，他通过现场一对一教学、电话调研等多种形式，为进出口企业深入解读 RCEP 原产地政策，重点宣传 RCEP 进口享惠政策、如何办理 RCEP 原产地证书等，引导企业正确认识 RCEP 高标准开放下带来的机遇与竞争，发挥好 RCEP 的综合效应。在他的努力下，运城海关签发了山西省首份 RCEP 原产地证书，并分别被《山西日报》、《山西经济日报》、山西电视台、运城电视台、学习强国等多家新闻媒体报道，收到了良好的社会效果。

照片档案：2022 年 1 月 1 日，太原海关所属运城海关签发山西省首份 RCEP 原产地证书

担当奉献

在运城市水果出口的成绩单上，我得到了答案：新时代海关纪律部队是用披星戴月的奉献和责无旁贷的担当，守护果业发展、果农增收、乡村振兴的梦想。

中国是世界第一大水果生产国。2020 年以来，运城市新鲜水果出口量、出口额均占山西水果出口的90%以上。运城作为传统农业大市，果园、包装厂县域分布广，因而运城海关查检科又被称为“车上的科室”。在水果出口成绩单的背后，运城海关查检科是当之无愧的“中坚力量”。

照片档案：2023年5月19日，太原海关所属运城海关查检科关员开展国门生物安全监测

为确保时令水果抢“鲜”出口，这支队伍为企业出谋划策，千方百计加速度、提效能。他们设立鲜活易腐农食产品属地查检绿色通道，实行优先查检和“5+2”预约查检；全面上线“属地查检”系统，对未抽中批次机审快放，对抽中查验批次，企业自主预约查验时间，优化查验效能；联合地方果业部门上线海关查检预约小程序，实现预约查验、随机派员、路线规划等功能，提升查检效率、提高关企沟通效率。作为太原海关首个出口水果属地查检“互联网+”作业方式试点，开展试点作业3个月，经测算试点查检量由20~30批增加至60批，效率提升2倍，真正实现“随报随检、随检随放”，获得试点企业一致认可。他们积极助推“南果”平台建设，推动农产品检验检疫检测体系建成，获得资质能力认证检测覆盖全部出口水果检测项目。服务山西（运城）国际果品交易博览会，搭建对接共建“一带一路”国家（地区）和全球主要贸易国家的开放窗口。助力运城市打造“立足运城、辐射全国、放眼世界、买卖全球”的山西运城农产

品出口平台，全面提升运城优质特色农产品、果品的国内国际影响力和竞争力。

2015 年运城苹果代表中国首次出口美国；2016 年运城油桃代表中国首次出口澳大利亚；2020 年运城鲜枣代表中国首次出口美国；2021 年运城西瓜首次实现出口……运城水果一步步敲开了 75 个国家和地区的市场大门，打通了国内国际双循环，成为中国农业深度参与国际化竞争的一支产业力量。

令行禁止

在争取运城市航空口岸开放的历程中，我得到了答案：新时代海关纪律部队是用令行禁止、攻坚克难，守护家乡人民实现家门口出国、联通全世界的梦想。

2017 年，运城海关接到了一个任务：落实国家口岸开放“十三五”规划要求，保障完成首航监管任务。此时的运城海关成立不足一年，没有设立旅检科，没有一个人执行过一次旅检监管。时间紧、任务重，人人都不在旅检科，人人又都是旅检人。运城海关全员分两批次赴太原机场海关开展跟班作业，努力学习规章制度、业务操作流程，24 小时待命，跟随太原机场海关同志一起开展旅检业务。在这“特种兵”式的集训背后，第一份岗位操作汇编、第一套业务流程规范、第一次旅客风险研判、第一次桌面推演，各项准备工作的完成既紧锣密鼓又井然有序。

照片档案：2017 年 6 月 22 日，太原海关所属运城海关关员执行运城—香港首航监管任务

终于，2017 年 6 月 22 日，运城海关圆满完成运

城—香港首航监管任务，看到第一趟航班出境旅客脸上的兴奋，大家感受到了这份工作的获得感和满足感。运城海关举全关之力，白天在办公室开展审单、加贸、减免税、稽查各项业务，夜晚到机场进行航班监管保障，在日常工作中积极摸索，边干边学，加班加点，主动发扬能吃苦、能战斗的精神，保障口岸临开平稳运行。运行仅半年时间，2018 年 1 月 4 日运城机场临时开放的进出境人数已满足申请航空口岸正式开放所要求的年出入境人员数量标准。2017 年 6 月至 2020 年 1 月，运城航空口岸相继申请临时开放共计 6 次。目前，运城航空口岸正式开放已进入冲刺阶段，在顺利通过国家验收后，将为运城对外开放开辟新通道、增加新引擎。

关衔是每一个海关人的光荣和梦想。海关队伍授衔 20 年来，海关人是在一次次查验监管中、在一次次审理报关单中、在一次次旅检作业中……在每一个平常、平凡的时刻，用实际行动为新时代海关纪律部队加注着详细的“答案”。我也按照答案的指引，在海关这个大家庭中，努力、快速、健康地成长、成才。2023 年 9 月 11 日，习近平总书记给红其拉甫海关全体关员的重要回信深深地激励和鼓舞着每一位海关人。在国庆假期过后的第一天，我在国旗下敬礼时，又回想起初任培训时学习敬礼的那些片段，那敬礼是对“当好让党放心、让人民满意的国门卫士”庄严而郑重的承诺！

照片档案：2023 年 9 月 13 日，太原海关所属运城海关党总支组织开展“弘扬海关队伍优良作风，当好让党放心让人民满意的国门卫士”主题党日活动

呼和浩特海关

红色边关的守望

呼和浩特海关　武建梅

时间真是神奇，回头望时，海关队伍授衔已20年，恍如一瞬间。20年前，作为首批被授衔的新关员，我怀着忐忑心情，带着把守国门的豪情来到位于边境小城的呼和浩特海关所属二连海关。当时，我刚从海关总署天津武清培训基地培训归来，楼前红色条幅上的大字“天下海关一家人”仿佛还在眼前，第一次穿上海关制服的骄傲和雀跃还未散去。20年后，守国门的初心依旧，但鬓间不觉已生华发。

此时，我正读着习近平总书记写给红其拉甫海关全体关员的重要回信，心情久久不能平静。我所在的二连浩特口岸自然条件极为恶劣：春秋两季风沙弥漫，夏季高温少雨，最高温度达43摄氏度。冬季干燥严寒，最低温度达零下30多摄氏度，年蒸发量是降水量的20多倍。尽管目前饮用水已经基本解决，但缺水现象仍时有发生，水质也较差，含氟及硬度非常高，部分指标不符合饮用标准。大漠孤烟，沙尘暴虐，一代又一代的边关人却义无反顾扎根边疆，无

照片档案：1957年11月29日，呼尔浩特海关所属二连海关第一批边关建设者的“全家福”

怨无悔。档案记录了他们的情怀、他们的信念，记录着他们数十年如一日守护着祖国的北大门。

1956年的1月3日，中蒙苏三国国际铁路联运正式通车，边关第一代守卫者们也乘坐火车自满洲里相继奔赴二连浩特口岸。

20世纪90年代，二连海关只有少量自制的检查设备，进出境车辆只能依靠关员“用耳朵听、用肉眼看、用双手摸”的人工查验模式进行检查。自1992年二连浩特公路口岸开放以来进出口岸的蒙古国“嘎斯69”车辆增多，小铁棍逐渐成为关员们的“查验神器”，他们总结出了“一看二听三辨”的工作方法判断是否有夹藏。每遇有强沙尘暴袭击口岸，海关的小伙子们出去查验时就手拉着手，互相看不到对方的脸，只顾拿着那根小铁棒，奋力穿梭在来自蒙古国的“嘎斯69”之间，爬车，查验，敲轮胎。查完这辆，扶着车站稳了，又互相拽着，走向下一辆……

照片档案：2003年9月25日，呼和浩特海关所属二连海关关员在强沙尘暴中开展进口木材查验作业

2003年的秋天，海关迎来了跨时代的变化，经国务院批准，中国海关正式实行关衔制度，成为继中国人民解放军实行军衔、中国人民警察实行警衔后，第三支实行衔级制度的队伍。授衔以后，海关先后开展了“外

树形象”和“内强素质”建设，持续推进岗位练兵和技能比武。而边关的发展也迎来大跨步时代，从“小铁棒”查验到“H986”机检，从火车头拉来的边境小站到中欧班列“绿色通道”，从纸质单证到通关无纸化……

照片档案：2023 年 8 月 22 日，呼和浩特海关所属二连海关关员监管中欧班列

习近平总书记说过：“伟大梦想不是等得来、喊得来的，而是拼出来、干出来的。我们现在所处的，是一个船到中流浪更急、人到半山路更陡的时候，是一个愈进愈难、愈进愈险而又不进则退、非进不可的时候。”回首海关队伍授衔 20 年，回望边关风雨路程，一代代二连海关人满怀着对伟大祖国最深沉的爱，肩负为国把关的神圣使命，无限忠诚，无私奉献，这就是我们的情怀，我们的信念。作为新时代海关人，我们更要增强使命感责任感，坚定理想信念、苦练战斗本领，勇于攻坚克难，深入学习贯彻习近平总书记给红其拉甫海关全体关员的重要回信精神，坚决完成总书记交给我们的光荣使命——当好让党放心、让人民满意的国门卫士，为强国建设、民族复兴积极贡献力量！

回响

呼和浩特海关　李　伟

癸卯初秋，念重要回信，字里行间深情厚爱、殷殷重托，感无上光荣、倍受鼓舞。吾辈以兰台为基、秉笔直书，为党管档、为国守史、为民服务。回首海关队伍授衔20年，呼关人矗大漠戈壁、望苍茫草原，忠诚守国门、砥砺促发展，不禁心潮澎湃、伫立以泣，作此篇以抒踔厉奋发之志。

沐浴在阳光下
我们守望北疆
忠诚是我们的底色
总有一个声音为我们指引方向
我们铭记在心
不负韶华永远澎湃着青春力量
追寻着先辈的荣光
不畏道阻路漫长
因为我们有坚定如铁的理想

战斗在风沙中
我们守卫国门
担当是我们的使命
总有一种追求闪耀着真理光芒
我们不忘初心

为山河大地带来烂漫的朝阳
赓续着南湖的航向
不畏浮云遮望眼
因为我们有江山人民的信仰

扎根在草原上
我们守护一方
奉献是我们的职责
总有一份关怀令你我热泪盈眶
我们关衔在肩
牢记嘱托不负殷殷期望
书写着新时代的华章
不畏万里关山路
因为我们有民族复兴的梦想

照片档案：2023 年 5 月 18 日，一列中欧班列在呼和浩特海关所属二连海关辖区入境

照片档案：2023 年 10 月 7 日，呼和浩特海关所属额济纳海关举行升国旗仪式

韶华守边关　忠诚担使命

呼和浩特海关　额尔敦

“一年一场风，从春刮到冬，立夏不起尘，起尘活埋人”“天上不飞鸟，地上不长草”，提起地处祖国西北边陲的内蒙古阿拉善盟额济纳旗，人们总会想起这样几句在当地流传的俗语。额济纳旗因其恶劣的自然环境，让人们谈之色变、避之不及。但是，我热爱这片土地，在平凡的岗位上，我和同事们并肩作战，耐艰辛、守清贫、抗诱惑、经风险，用一颗赤子之心谱写出守关戍边、无悔奋斗的最美赞歌！

走出家乡、跳出穷窝是一代代西部偏远地区家长和孩子的梦想。在父母的培养及自身的努力拼搏下，1994年我以优异的成绩考入辽宁大学，成为当时阿拉善盟屈指可数的进入高等学府的学生。在所有人看来，我已经拿到了进入大城市工作的“入场券”，从此可以走出这个偏远小镇。然而，让人没想到的是，我从重点大学毕业后，没有选择到更好的城市工作，却反其道而行，毅然选择从繁华走向偏远，选择参军回到离家有600多千米的额济纳旗做了一名边防军人。

20世纪90年代的策克口岸建设初期，那个被称为“生命禁区”的黑水城，“黄沙遮蔽日，荒凉不见人”。我现在回想起去额济纳旗路上的三天三夜，仍历历在目。记得我走到一半时就差点不想去了，感觉好像到了与世隔绝的地方。但是想到自己是一名军人，不应该逃避就又咬牙坚持下去。就这样，我开启了在额济纳旗长达20年之久的边关之旅，几张老照片档案也记录了我的工作点滴。

20年间，我先后在策克出入境边防检查站、原额济纳出入境检验检疫局、呼和浩特海关所属额济纳海关工作。20年间，我迎来了一批又一

照片档案：2013 年 4 月 15 日，额尔敦（左一）在达来呼布镇向群众宣传国门生物安全知识

批的新朋友，又送走了一批又一批的老同事，很多比我到额济纳旗时间晚的同事都调离了这个遥远而艰苦的地方，而为了心中的那份热爱与执着，我一直坚守着，持续奋战在边关一线，戎装虽换，初心不改，牢牢守住国门。

择一事终一生，不为繁华易匠心。几十年如一日，踏踏实实、默默无闻地做好一项忍受孤独与挑战的工作，是挺难的，尤其是在每个岗位都能满怀热情地去做，无疑是难上加难。

从出入境边防检查到动植物检疫，再到海关监管通关等岗位，虽然工作角色在不停地变换，但始终不变的是走在前、干在前、做表率的拼搏奉献之心。2019 年，我因工作需要被组织抽调到呼和浩特海关所属阿拉善海关参与筹建工作，终于结束了与妻子长期分居的“苦日子”。阿拉善海关机构筹建工作任务艰巨、时间紧迫，我主要负责对外联络和海关业务相关工作。为了保质保量按时完成筹建任务，那一段时间我没日没夜地加班，有时候工作到凌晨就直接在办公室休息。

照片档案：2020 年 12 月 30 日，额尔敦（右一）参加呼和浩特海关所属阿拉善海关挂牌成立仪式

2021 年，我任阿拉善海关综合业务科副科长，同时也是阿拉善海关驻高新区监管组的一员。阿拉善海关驻高新区监管组，负责阿拉善海关辖区 15.3 万平方千米内的进出口危险品检验监管工作。

驻地到企业最远的450千米，最近的133千米，查验路程非常长，有时开车往返就要耗费10多个小时。一周5天，基本上天天奔波在路上。我主要负责出口危险品及其包装检验监管工作，加班已是常态，错过饭点更是经常发生。一天中最热的时间，我仍然在防护服的包裹下，在堆放危险品的仓库中执行查验任务，汗水在防护服内流淌，戴着手套的手早已经被泡白，衣服被汗水湿透并布满雪白的盐渍，一天下来身上已散发出阵阵汗味，但我从未抱怨过。

阿拉善海关成立以后，我转为负责阿拉善海关后勤管理工作。后勤工作琐碎繁杂，但是“后勤不后，小事不小”，我的工作常常是全关干部职工“急难愁盼”的切身问题，必须始终坚持不懈抓好服务保障，力求事事有着落、件件有回复，才能解决好全体关员的“操心事和烦心事”，真正服务于民。

勇气和力量并不是与生俱来的，只是源于责任罢了。把责任铭记于心，把奉献付诸于行。2023年是海关队伍授衔20周年，也是我职业生涯第25年，从军装到海关制服，从军衔到关衔，身份在变，角色在变，不变的是对党和人民的忠诚，不变的是为国把关的初心，既然选择了海关这份职业，头顶关徽，肩扛关衔，便只顾风雨兼程，容不得半点懈怠。寒来暑往，岁月如梭，在一次次岗位交迭、工作变更中，我默默耕耘、无怨无悔，对工作的热爱已成为我人生意义的一部分。而在一次次舍家奉献、逐梦前行中，也铸就了我不畏艰险、迎难而上、守关卫国的赤胆忠心。

档案里的关衔故事

呼和浩特海关 李 伟 亢美燕

一张照片的故事

在呼和浩特海关档案库房的照片档案中，保存着一张特别的大合照——《呼和浩特海关首授海关关衔留念》。

2003 年 9 月 26 日这一天，时任海关总署署长牟新生、时任内蒙古自治区党委书记储波等领导参加了呼和浩特海关首授关衔仪式，为来自呼和浩特海关机关及两个隶属海关的 104 名关员代表颁发了授予关衔命令书。当年，呼和浩特海关共有 236 人符合授衔条件，分别被授予从一级关务监督到一级关务员 4 档 10 级关衔，并被颁发授衔命令证书。

照片档案：2003 年 9 月 26 日，呼和浩特海关 104 名关员代表在呼和浩特市新城宾馆首次被授予海关关衔

2003年10月21日，呼和浩特海关上报呼和浩特海关关于首次授予海关关衔工作开展情况的报告，从政策宣讲、授衔人员基本情况摸底、首授人员测算评定、授衔仪式组织策划等方面，进行深入分析总结。至此，呼和浩特海关圆满完成了关区首授关衔这一具有历史使命感的重要任务。这标志着呼和浩特海关队伍正规化、规范化建设进入了一个全新的阶段。此后，呼和浩特海关坚持用海关纪律部队的理念、作风、标准，锤炼出一支把关水平高、服务能力优、社会形象好的海关队伍。

一段历史的讲述

实物档案：2002年1月12日，呼和浩特海关所属二连海关收集到的蒙古国海关关员腰带、徽章

2001年12月24日，海关总署向广东分署及包括呼和浩特海关在内的5个直属海关下发了收集周边国家和地区海关衔级制度资料的通知，要求各单位配合收集与我国有定期会晤关系的周边国家和地区海关的衔级制度，研究建立我国海关衔级制度。

呼和浩特海关所属二连海关经多方努力，详细收集了蒙古国海关在衔级设置方面的详细资料，包括职级设置、关衔的授予和批准权限，晋升关系、关衔职级和行政级别的关系及整套的肩章实物和照片。随后呼和浩特海关将所收集的资料和实物报送海关总署，为关衔制度的建立提供参考。

一枚肩章的责任

实行关衔制度是海关队伍建设的一件大事，也是海关系统广大关员盼望已久的一件好事。佩戴关衔，不仅是一种荣誉，更重要的是一份责任。20个春秋，二十载风雨，呼和浩特海关将巨大荣誉转化为强大动力，稳步提升国门安全保障能力，持续促进外贸保稳提质，切实将锻造国门卫士的生动实践转化为新时代海关事业发展的坚强保障，续写薪火相传的光荣，努力在新征程上推动高质量发展取得新成效。

历史迈进新的20年。下一步，呼和浩特海关将持续以习近平新时代中国特色社会主义思想为指导，铸忠诚、担使命、守国门、促发展、齐奋斗，以“求实、扎实、朴实”的海关文化，激发凝聚力和战斗力，为中国特色社会主义现代化海关建设贡献边关力量。

廿载春秋 共创“徽”煌

满洲里海关 张馨桐

2023年正值海关队伍授衔20周年。二十载勠力同心，我们与时代同行，走遍千山万水，道尽千言万语，不变的是“为国把关”的使命职责；二十载担当奉献，我们与祖国共进，想尽千方百计，历尽千辛万苦，不变的是“强关有我”的铮铮誓言。

对于海关的最初印象，既是源自闪亮的关徽，金钥匙与商神杖交相辉映，神圣、庄重、威严，仿佛在诉说着“为国把关”的使命光荣，亦在诠释着“对外贸易”的发展繁荣。肩章上那一抹闪亮中，凝聚着一代代海关

照片档案：2023年5月4日，满洲里海关关警员在海关大楼前举行升国旗仪式

人守国门、促发展的理想信念。而当我翻阅授衔20年来的一张张照片档案时，共创“徽”煌则是我对海关的再认识。它是“老关新貌、边关自强”的把关之“徽”，是提高监管效能、筑牢安全屏障的监管之“徽”，是作风过硬、令行禁止的纪律之“徽”，亦是助企纾困、保稳提质的服务之“徽”。

国门有我，把关之“徽”

17年前，伴随着额布都格口岸开放，满洲里海关所属额布都格海关也正式开关，将口岸打造成为中蒙俄经济走廊和“丝绸之路经济带”的重要枢纽地及对蒙古国开放的重要桥头堡，也成为额布都格海关人的神圣使命。仰望星空，北疆国门上闪亮的国徽无时不在激励着海关人要时刻牢记“老关新貌、边关自强”的奋斗目标，扎根北疆、脚踏实地，踏上为国把关的漫漫征途。边关虽远，亦断不开边关人与党中央的心连心。寒冬虽冷，却挡不住边关人对党对国的一腔热忱。因为我们头顶国徽、肩佩关徽，这就是海关人的“把关之徽”。

卫国为民，监管之“徽”

额布都格口岸是对蒙开放的重要窗口、共建“一带一路”中蒙俄经济走廊的重要支点，也是我作为一名海关人梦开始的地方。站在口岸界河桥上驻足远眺，是一望无际的呼伦贝尔大草原，在短暂的夏日里它满目苍翠、广袤无垠，在漫长的冬日里它白雪覆盖、极目荒原。每年到了12月下旬，呼伦贝尔地区会出现极寒天气，气温骤降，最低温度低于零下40摄氏度。在口岸监管区内，海关关员却不畏严寒保障原油进口通道畅通，一辆辆油罐车接续驶入，中方“甩挂”作业人员严格按照程序作业，接驳车头、互换车体、防疫消毒，查验作业的关员眉毛上均结出了厚厚的冰霜。海关人在远离中心城市的草原深处坚守，扎根雪域边疆的国门一线，与严寒、暴雪、疾风为伴。在日复一日的坚守中，我们始终坚持严的基调强化正风肃纪，塑造整齐划一、昂扬向上的关容风纪，以严实作风树立国门卫士的良好形象，用涓滴之力汇聚成攻坚克难的磅礴伟力，用海关人的监管之“徽”，筑牢北疆国门第一道安全防线。

忠诚担当，纪律之“徽”

授衔二十载，实干铸关魂。我们坚决贯彻落实海关总署党委提出的“响应、呼应、反应”运行机制，以建设上下贯通、执行有力的组织体系推动各项事业高质量发展。无论四季变迁，无论风雨兼程，我们始终用纪律部队的理念管理队伍，用纪律部队的作风锤炼队伍，用纪律部队的标准检验队伍，致力于打造一支政治强、水平高、作风硬、纪律严的高素质边关干部队伍，当好让党放心、让人民满意的国门卫士。行进与立定间，英姿飒爽，每一步都是气势昂扬；敬礼与礼毕间，整齐划一，每一次都是作风优良。我们始终坚持站在红旗下，守在关徽前，行动看号令，一切听指挥，用纪律之“徽”铸就边关人的强大凝聚力和向心力。

照片档案：2023 年 4 月 20 日，满洲里海关所属额布都格海关邀请边防检查站警员在口岸旅检楼前指导队列训练

照片档案：2023 年 5 月 4 日，满洲里海关关警员在海关大楼前开展队列训练活动

担当奉献，服务之“徽”

北纬 48 度的阳光下，在报关大厅的门口，“入境舱单已申报，请审核”“两步申报已完成，货物申请提离”……电脑屏幕上的中国国际贸易单一窗口界面，实时提示着通关环节状态进程。在此起彼伏的电话铃声中，海关关员给行政相对人快速专业准确的答复，是惠企利民的温情服务。从智能卡口刷卡到进境货物申报单填制、登临检查记录签名，再到联系货代公司补充手续，我们采用指导教学式通关服务模式，将海关窗口打造成温暖驿站；我们以“无纸化通关、无接触申报、零延时验放”保稳保畅，助推高水平开放；我们出台优化营商环境 25 条细化措施，推动建立亲清关商关系，助力外贸稳规模优结构，服务外贸高质量发展。在“强关有我”的赛道上奋力奔跑，打通助企纾困的“最后一公里”，跑出为民服务的“通关加速度”。

请党放心、国门有我。2023 年 9 月 11 日，习近平总书记给红其拉甫海关全体关员回信，对海关系统干部职工更好履行职责使命提出殷切期望。作为一名海关人，理应身体力行，自觉把习近平总书记的重要回信精神转化为做好工作的强大激励和不竭动力。头顶关徽，我们用责任谱写“人民海关为人民”的奋斗华章；肩扛关衔，我们用实干践行“国之大者”的使命担当。新时代海关人将以习近平总书记给红其拉甫海关全体关员的重要回信为新的起点，牢记重托、感恩奋进，助推高质量发展、高水平开放，当好让党放心、让人民满意的国门卫士，为强国建设、民族复兴积极贡献力量！

大连海关

关于我们的三首歌

大连海关　李辉林

我叫李辉林，亲历了 2003 年的首次授予海关关衔仪式，见证了 20 年海关队伍建设的全过程，这期间还有十几年直接从事海关纪律部队建设工作。在海关队伍授衔 20 周年这个历史节点上，我一边查阅这 20 年来的档案，笔下记录着这 20 年来的光荣历程，脑海中响起了自创的 3 首歌曲，它们分别创作于不同的时间，却同样歌颂着海关人走过的这段不平凡的岁月。

难忘的首授仪式

2003 年 9 月 20 日上午 9 点，大连海关首次“授予海关关衔仪式”在原人民路办公楼 4 楼礼堂举行。我非常荣幸地被大连海关党组确定为现场更换关衔仪式指挥员。当主持人宣布“更换海关关衔”后，我郑重地走上主席台左侧面向台下清晰明确地下达口令：全体起立、整理着装、坐下、互换关衔、停、全体起立、整理着装、坐下。随着口令声，台下关员两人一组互助摘下原肩章，佩戴上崭新的关衔肩章，干脆利落，整齐划一，整个动作在 1 分钟内完成。

仪式结束后，关员们纷纷到主席台合影留念。不少女关员到一楼大厅“整容镜”前不停地照镜子，相互整理，脸上洋溢着甜美笑容。我看到了这个场景心有感触，立即回到办公室写下了歌词《我是快乐的女关员》，记录下这美好的时刻，也从一个侧面反映出广大关员在授衔后的喜悦心情：

暖融融的风儿吹拂着脸庞
明亮亮的镜前不住地端量
不是咱爱沉醉，不是在描浓妆
耀眼的金星扛在了肩上

妈妈给了咱英姿飒爽
咱打开心扉尽情欢畅
妈妈给了咱无上荣光
带着它走山川笑傲海洋

照片档案：2003 年 9 月 20 日，大连海关举行授予海关关衔仪式

外树形象的“大考”

2007 年元旦过后，全国海关开展外树形象大检查，海关总署组织内

务规范检查组对直属海关单位内务秩序、仪容仪表、队列训练进行综合检查评比。大连海关财务处、大连海关所属大连经济技术开发区海关被选中，我再次被指定为机关代表队队列指挥员。通过与代表队刻苦训练磨合，最终我们圆满地完成了迎接海关总署外树形象大检查的工作任务，为此，我荣获了个人三等功。我又以歌词的形式记录下了这难忘的时刻：

国门挺立关徽亮
神圣庄严照关装
关容风纪要严整
威武奔放更阳光

仪容仪表展形象
标识佩戴守规章
队列整齐士气旺
精神振奋坚如钢

照片档案：2006 年 11 月 20 日，大连海关为迎接海关总署内务规范检查开展队列训练

内强素质的苦练

2015年元旦过后，海关总署在京举行内强素质岗位大练兵比武竞赛，大连海关H986、机场机检、12360服务热线等3支代表队参赛，经过前期刻苦学习培训，我关这3支代表队全部突破预赛进入海关总署决赛，也成为全国海关唯一一个3支代表队全部进入海关总署总决赛的直属海关单位。

H986代表队由大窑湾海关3名同志组成，表现尤为突出，在抢答环节十分不利的情况下，他们在风险题环节全力拼搏，大获全胜。最后，我们与另一个直属海关代表队争夺第二名，一道抢答题决胜负，我们代表队没有气馁，没有被前面抢答环节的失误所影响，顺利抢答成功，获得了第二名，为此次比赛划上了一个圆满的句号。比赛结束后，这3支代表队的7名同志分别荣获了个人三等功。

就在这次大比武最关键阶段，我创作了《我们是准军事化纪律部队》这首歌（之后稍做了修改）：

政治坚定是我们的保证
业务精通是我们的作风
值得信赖是我们的愿景
垂直领导时刻牢记在心中

外树形象关容关貌严整
内强素质岗位苦练精兵
建设准军事化纪律部队
提振精气神，豪迈海关情

令行禁止是我们的号令
担当奉献是我们的征程
崇法尚廉是我们的传统
衔级荣誉时刻铭记在心中

外化于行步履执着坚定
内化于魂锤炼铁骨铮铮
建设准军事化纪律部队
国门壮国威，雄关展雄风

无愧五星红旗
不负肩上金徽

大连海关　安健甄

有这样一群年轻人，他们对国旗有着别样的情感。他们的责任，是在升国旗仪式上，让五星红旗伴着庄严的国歌，神圣而肃穆地升起。他们，就是大连海关所属金石滩海关国旗队的关员们。

在海关队伍授衔 20 周年之际，让我们翻开档案，开启一段历史记忆，走近这群特殊的关员，倾听他们护卫国旗的故事。

我的心与五星红旗紧紧相连

他叫张磊，在金石滩海关升国旗仪式中，担任了 5 年的队列口令员。

张磊知道，口令员是整个队列的“灵魂”。队列一令一动，是否整齐划一，都要听口令员的指令。“口令员不仅要在队列行进时下达正确的指令，还要求声音浑厚、吐字清晰。”张磊说，他在担任口令员时，经常会把嗓子喊哑，甚至一度发声困难，每次训练后，他都要服用润喉药。

作为一名军转干部，每当看到整齐的队列，看到鲜红的国旗，张磊就会想到自己在部队的难忘岁月，提醒自己时刻以一名军人的标准要求自己。

“国旗是国家的象征，身着海关制服，与神圣的国旗站在一起，内心的自豪感无法用语言来表达。”张磊说，“在升国旗仪式上，当全场肃立，大家的目光追随着冉冉升起的国旗，那一刻，我真切地感到，我的心与五星红旗紧紧相连。”

站在国旗旁，就要做到最好

他叫杨修远，在金石滩海关升国旗仪式中，担任了 3 年的护旗手。担当护旗手让他心里感受到了强烈的荣誉感。

杨修远回忆道，升国旗训练的要求十分严格，每一个步姿动作都要做到位。盛夏时，大家训练正步仅仅走了十多米，就已经汗流浃背。而每一次训练，大家都要在起始线和旗杆之间来回走、来回练。不仅如此，由于护旗手需要单手握持国旗，杨修远刚开始练习行进时，手脚不协调，稍不注意就会出现步调错误。他总是在别人结束训练后再给自己加练，踏实走好每一步，把步幅步调变成了本能的肌肉记忆。杨修远说：“穿上海关制服，站在国旗旁，就一定要做到最好。”

国歌的每一个音符，在我心里都有一个高度

他叫朱厚权，在金石滩海关升国旗仪式中，担任了 9 年的升旗手。对他来说，担任升旗手时最大的困难就是要控制好升国旗时拉绳和递绳的速度，需要与护旗手和口令员默契配合。

为了在国歌结束的一瞬间让国旗到达顶端，朱厚权付出了不少汗水与心血。他常常利用自己的休息时间，一边播放国歌，一边拉动绳子，把拉绳的节奏深深印刻在脑中和手中，确保国旗分秒不差到达顶端。朱厚权说：“国歌的每一个音符，在我心里都有一个高度。”

照片档案：2021 年 10 月 8 日，大连海关所属金石滩海关国旗队在金石滩海关办公楼前举行升国旗仪式

需要我的时候，我可以出现在任意位置

他叫娄宝军，在金石滩海关升国旗仪式中，担任了 3 年的预备队员。对他来说，责任就是时刻保持最佳的状态，随时可以替补上场。

为了应对正式队员因身体、工作等原因无法参加升国旗仪式，金石滩海关国旗队还招募了几名预备队员，娄宝军就是其中之一。作为预备队员，最难的就是要熟悉每一个位置的动作要领，娄宝军在每次训练中，都要细心观察正式队员的动作和节奏，经常性地按照不同位置进行模拟演练，训练需要付出的时间和汗水，一点也不比正式队员少。娄宝军说："作为一名预备队员，我要时刻做好准备，需要我的时候，我可以出现在任意位置。"

金石滩海关的国旗队队员一直在不断更新中，但定期训练始终保持不变。每次训练，他们都要先站军姿，然后再练习正步、齐步走，以及立定、敬礼等动作，整个训练要持续半天时间。正步的步幅标准是每步 75 厘米。为了统一步幅，张磊会在地上划线，先是每个人分别按照地上划定的标准进行步伐练习，再到一个排面，最后是整个队列一起配合练习。而为了统一抬腿高度，队员们站成一排，踢腿在离地25厘米的地方定住，提升腿部力量和团队协同性，所有队员的动作整齐划一，在侧面看，整个排面必须浑然一体……

照片档案：2018年4月25日，原大连海关驻保税区办事处国旗队开展训练

海关队伍授衔已20年，在这20年间，纪律部队的管理和要求加强了海关的作风建设，增强了海关关员的荣誉感、自豪感及自我约束力，对树立良好海关形象起到了极大促进作用。20年间，从大连保税区海关、大连海关驻保税区办事处到金石滩海关，机构名称随海关整体工作的需要在不断更迭，但国旗队的传统一直持续至今，关员们行为素质不断提升，从队列、着装、行为举止、精神风貌等方面，都展现出海关纪律部队优良作风，关员们也日益坚定了肩头的责任和义务！

海关新人话授衔

大连海关　杨雨森

我叫杨雨森，是大连海关所属大连周水子机场海关2023年新入关的关员。刚入关的我对一切都充满新奇，在活动参与中，我努力感受、努力思考、努力学习。“纪律部队”是什么，海关档案是什么，又记录了什么样的历史与传承，我的认识或有些许稚嫩，因为对还没有衔级的海关新人来说，“追逐他、融入他、成为他”是一个自我成长的过程。

2023年9月11日，习近平总书记给红其拉甫海关全体关员的重要回信振奋了每一位海关人。廿载风雨，二十芳华。海关从首次授衔时的斗志昂扬到如今的砥砺奋进，我也带着书生的稚气从校门走进海关，憧憬而渴望……

政治过硬，生生不息的生命力

初进海关时，大连周水子机场海关的宣传展板深深吸引了我的目光。展板上面展示着各个科室为加强政治机关和清廉海关建设所开展的各项工作，以及党员先锋队在新冠疫情之下的默默坚守与付出。一幅幅生动的画面，一个个认真工作的身影，政治过硬、生生不息就是我对海关最初的印象。

2023年9月12日，我很荣幸地参与了在海关总署举办的海关队伍授衔20周年队列展示活动。集训前单位前辈告诫我要认真对待此次集训展演，集训时总指挥同志也一直强调我们需要从政治高度看待本次任务。什么才叫做从政治高度看待问题呢？“政治高度应该就是告诉我们要认真对待这次队列训练吧。”新入关的我如是想。而当我在海关总署一楼大厅参观《回眸二十载 奋进新征程》的海关队伍授衔 20 周年主题展，目睹海关队伍授衔 20 年来的风风雨雨；在中国海关博物馆参观了件件宝贵展品，见证了我国海关历经风霜后的脱胎换骨，见证了每一位海关人在工作岗位的坚守，才切身感受到海关的根脉是来自于历史、立足于人民、服务于发展。档案无声，历史有痕。这是自西周有记载以来的文化传承，是清末国家主权丧失后的不甘屈辱，是新中国成立后的扬眉吐气，更是授衔 20 年来的忠诚担当。正是这一切铸就了海关政治过硬的不朽底色，更铸就了海关生生不息的传承与关魂。习近平总书记在回信中期望我们每一位同志要胸怀“国之大者”，每念于此，我才慢慢明白海关为什么要走好“第一方阵”，因为我们要当好让党放心、让人民满意的国门卫士，为强国建设、民族复兴积极贡献力量。

忠诚铸骨，敢打必胜的意志力

参加此次队列展示活动，让我对“令行禁止、纪律严明”这张海关队伍的烫金名片有了更深的感悟和体会。从初秋艳阳下的军姿到夜晚路灯下浸透衣背的汗水，从白天展演训练的专注到熄灯休息时的疲惫，从站得发麻的双腿到被蚊虫叮咬后红肿的皮肤，我们所展示的每一个队列动作，踢出的每一步正步，展现的每一秒精气神，都代表着在祖国各个口岸、各个

照片档案：2023 年 9 月 12 日，海关队伍授衔 20 周年队列展示活动训练剪影

海关默默付出的万千海关关员，都彰显着20年来一代代海关人的不懈奋斗。只有拥有铁一般的忠诚意志才能守好祖国的大门，才能践行好忠心向党、坚守国门的庄重承诺和把关为民、提质增效的使命担当。

团结一心，众志成城的凝聚力

新关员对很多工作的理解都还有很大的局限性。入关前，对于海关的印象只有庄严、神圣而不可侵犯，直到自己亲身参与海关工作才发现海关也有充满温情与细腻的一面。在旅检时，面对旅客因不了解有关法律而违规携带两大箱生鱼子酱入境，同事们在执法的同时为旅客普及法律知识和国家生物安全的重要性。“谁执法谁普法”也是我学到的重要一课。在查验与综合业务部门，如何查看X光机、检查报关单、帮助企业解难纾困成为必修课。在前辈们的言传身教下，我们不再是盯着X光机却只能看见花花绿绿的“萌新”，不再是面对报关单却仿佛天书不知从何下手的小白。海关的工作与精神在“传帮带”中获得了传承，团结而充满活力。生活中，前辈们对远离家乡的我的关心也是无微不至的。临集训前缺少礼帽，同事及时援助；集训时因天气炎热水土不服，马上拿到了及时配发的药物……这些都是属于海关的温柔，都于细微处展现着海关人的凝聚力、团结一心。

从锦绣江南的古运河畔到日新月异的北方都市，家人教导我好男儿志在四方，学校教导我立本求真才能日新致远，海关教导我“铸忠诚、担使命、守国门、促发展、齐奋斗”。从家门到校门再到守护国门，少年终要褪去稚气，扛起祖国交予我们的使命。作为一名海关新人，更需要时刻谨记习近平总书记在对红其拉甫海关全体关员重要回信中的殷殷嘱托，努力为守好祖国的大门，为助力高质量发展与高水平开放贡献力量。

沈阳海关

国门一线守护者的忠诚与奉献

沈阳海关　杨明宇

2023 年是海关关衔制度实行 20 周年，海关队伍里，有这样一群人以忠诚为本，以担当为责，守护国门安全，服务人民利益，彰显海关形象。他们是海关队伍授衔 20 周年的见证者、参与者、受益者，孙辉就是他们中的一员。

照片档案：2023 年 8 月 9 日，沈阳海关所属辽中海关孙辉（右一）在沈阳中欧班列集结中心运用工业内窥镜开展海关监管

孙辉的海关之路始于 2004 年，那时候她刚刚大学毕业，通过了国家公务员考试，成为沈阳海关的一名新人。那一年，也是海关关衔制度实行的第二年。看到身边同事们肩上的关衔，她也感到无比的骄傲和荣耀，还有厚重的责任和使命——做一名合格的海关人，为国家和人民服务。

2023 年是孙辉进入沈阳海关的第 20 个年头。作为投身中欧班列（沈阳）监管服务的“元老”之一，同事们常称她为“铁娘子”。近 20 年的光阴，孙辉一直坚守在国门一线，见证了中国海关在纪律部队建设方面取得的丰硕成果，也经历了中国海关在应对各种风险挑战方面展现的忠诚、干净、担当。她说：“我很幸运能够成为这支队伍的一员，我很自豪能够与这支队伍共同成长，我很感激这支队伍给我提供了一个展示自己、实现自己人生抱负的舞台。”

孙辉不仅是一名优秀的海关关员，也是一名勇于创新的先行者。她曾经参与辽中海关推行的中欧班列集装箱“智眼探查”监管新模式试点工作。这一模式运用工业内窥镜辅助开展中欧班列集装箱查验，通过图像实时回传、过程同步记录等功能，实现集装箱狭窄区域的夹藏夹杂检查和大型机械设备的底部空腔检查，能够有效地打击走私、夹藏等违法行为，不仅提高了查验效率和精准度，还节约了吊装费用和时间，为中欧班列货主企业“减负”。孙辉说：“我们会不断探索新技术、新方法、新模式，为中欧班列提供更优质的监管服务。”在孙辉的工作环境中，大风、骤雨、严寒、暴晒都是常有的事。不是没有调整岗位的机会，但孙辉不愿意离开。她说：“想到有这么多的‘中国造’，会沿着这条‘丝绸之路’被送到万里之外的欧洲，又有这么多的进口商品，通过中欧班列走进我们的千家万户，我就觉得我的工作非常有意义。”

在孙辉和同事们的努力下，沈阳中欧班列“越跑越快”，班列数、货运量、货值都实现了快速增长。2023 年上半年，中欧班列（沈阳）共计开行 424 列，货运量 39.31 万吨，集装箱 3.48 万箱，同比分别增长 42.76%、55.26%、42.79%。

孙辉是海关队伍授衔 20 周年的见证者，也是海关队伍授衔 20 周年的参与者，更是海关队伍授衔 20 周年的受益者。她说：“我很荣幸能够成为一名有关衔的海关人，我深深感受到了海关是一支政治强、作风硬、纪律严的纪律部队。我也非常感谢海关给我提供了一个展示自己、实现自己的平台。我将继续坚守岗位，履行职责，为中国海关建设世界一流现代化海关做出更大贡献。”

孙辉只是全国海关系统数以万计海关关员的一个缩影。在我们身边，无数默默奉献的海关关员用自己的忠诚和担当，为维护国家主权和安全，为促进国际贸易和合作，为服务国家发展和战略，为保障人民生活和福祉，做出了不可替代的贡献。他们是新时代的“铁娘子”“铁汉子”，他们是新时代的“钢铁长城”。未来，他们将以海关队伍授衔20周年为契机，以习近平总书记给红其拉甫海关全体关员的重要回信为指引，进一步增强政治意识、大局意识、核心意识、看齐意识，进一步提高业务水平、专业水平、创新水平、服务水平，进一步强化作风建设、纪律建设、廉政建设，努力把中国海关建设成为党和人民信赖的忠诚卫士、国家发展的重要推动力。

邂　逅

沈阳海关　周姣娇

2023 年，是我与海关“邂逅”的第 6 个年头。从中华人民共和国阜新海关的正式揭牌起，我从最初对海关纪律部队概念的懵懵懂懂，到现在已将其精神刻进骨子里、融入血液中、落实在行动上。一些人、一些事在与海关邂逅的岁月里留下了弥足珍贵的印记，而这些印记又一张张、一页页留在了档案里。

邂逅关键词一：站军姿

2019 年 4 月，内务规范强化月如期而至。为了规范队列训练，沈阳海关所属阜新海关请来了阜新市消防支队的教员。在调整了队伍排列以后，教官宣布：“先练 10 分钟站军姿！”看到大家的表现不达标，他便逐一将问题挑明纠正：双眼平视前方，两手紧贴裤缝，脚跟靠拢，脚尖分开 60 度，“一动不能动！”我们就这样一动不动地站着，虽然春末夏初的空气中还夹存着一丝凉意，太阳也不算火辣，但汗水还是慢慢沁湿了制服。小腿、双膝、双肩、脖子、腰依次酸麻胀痛，不受控制，贴着裤缝的手心直冒汗，我从来没有感觉过 10 分钟竟然如此漫长，看着教官不时扫过的目光，作为队列中的“少壮派”，我只能咬紧牙关用意念鼓励自己坚持住，当教官喊出那句“休息”时，我心中大喊“谢天谢地终于结束了”。再看看大家，仿佛得到“特赦令”一样，纷纷踢着腿、伸着腰、摇着脖子，往四周散开。“真累人啊！”这是我第一次参加队列训练时的感想，但随着稍息立正、停止间转法、脱帽戴帽、齐步正步走等训练项目的不断深入，站军姿相比之下就成了最简单的内容。

照片档案：2019 年 4 月 15 日，沈阳海关所属阜新海关邀请阜新市消防支队教员指导规范队列训练

邂逅关键词二：进境种猪监管

2022 年，7 车，27 箱，11 份解剖报告，涉及 11 种疾病的 1388 份样品，2350 项次检测……这是 588 头法国进口种猪顺利通过为期 45 天的进境隔离检疫监管，如期获准放行的相关数据。这些数据见证了阜新海关人在切实守护国门生物安全的同时，服务国家种业振兴计划，推动辽宁省生猪产业升级，助推企业享受税收优惠政策红利，有力促进地方经济发展所做的努力。

自从了解到阜新双汇牧业提出在阜新市彰武县建设进境种猪隔离检疫场的需求以后，阜新海关积极沟通联系相关部门，主动作为，精准帮扶，点对点为企业提供法律法规、政策、技术等多方面咨询，积极推动隔离场规范建设，助推阜新双汇牧业种猪隔离场顺利通过海关总署验收，成功获得隔离场使用证，成为沈阳关区首家进境种猪隔离场。

种猪进境前，阜新海关共召开了 7 次关长办公会，研讨前期准备、

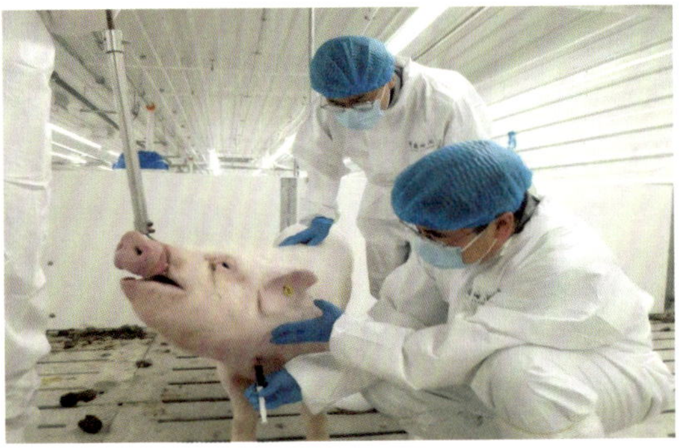

照片档案：2022 年 8 月 15 日，沈阳海关所属阜新海关高级兽医官岳峰团队仅用一天半的时间就完成了 588 头种猪血清、全血、鼻拭子、粪拭子共计 1388 个样品的采集工作

登临检疫、接运监管、隔离检疫直至出证放行的流程，包括应急处置措施在内的具体细节，共计修改 18 次《进境种猪隔离检疫工作方案》，确保全流程各环节检疫监管到位有效。提前实地勘验运输线路，就可能发生的极端天气做出安全运输评估，按应急处置预案做好路线调整准备，确保途中运输安全。

随着隔离场驻场工作小组进驻，为期 45 天的 24 小时驻守隔离场工作正式开始。驻守期间，阜新海关驻场的 4 名关员克服了隔离场条件差、气味臭等不利因素，顺利完成进境种猪隔离检疫任务。高级兽医官岳峰更是带着一条伤腿，完成了“三伏天”连续驻场 45 天的艰巨任务，同时带领团队仅用一天半的时间就完成了 588 头种猪血清、全血、鼻拭子、粪拭子共计 1388 个样品的采集工作，驻场结束接到他的时候，他全身混杂着汗味、猪血的腥味和猪粪尿的臊臭味，鼻梁上架着一副断了一条腿的眼镜，让人既佩服又心疼。但这样的形象就是对海关人赤诚、担当和奉献的最好诠释！

邂逅关键词三：出水的查验服

2023 年的夏天来得比以往要早一些，高温酷热让人难受，大家都笑着说“要靠空调续命”，离开空调房在户外待上十几分钟就会使人胸闷气短、汗流浃背。

“好的，没问题，我们明天准时进厂检验，请放心。”一天下午，我路过查检科时听到邱丽妍科长的说话声，就顺势拐进了查检科办公室。“明天还要去查验吗？天气预报明天38摄氏度呢。”我问道。“下厂！”邱科长斩钉截铁地说，“企业的船到了，一天也不能耽搁，要不然会产生额外费用的。走，我去你们办公室申请用车。”说着她就大步流星往外走……

随着阜新市氟化工园区产业的集群化和进出境危险品检验模式改革，阜新地区的危险品进出口量持续攀升，查检科几乎每天都要下厂查验，即使是极端高温天气也不例外。查验人员要根据查验产品情况，按照要求穿戴防护服、防护面罩等防护用具，遇到上百件大批量桶装危险品时，需要长时间在炎热环境下作业，往往这家查验结束，又马不停蹄地赶往下一家。一次查验回来，我看到他们的查验帽湿透了，手套里的手被汗水泡白了，脱下的查验服马上就要滴出水了，他们擦擦汗，顾不得休息，便迅速坐在电脑前开始拟制证书……

照片档案：2013年9月7日，沈阳海关所属阜新海关查检关员克服高温、臭气等恶劣条件对入境盐湿牛皮进行检验

2023年1月—8月，阜新海关检验检疫进出口货物607批次，同比增长14.53%，检验危险货物及其包装457批次，不合格20批次，真正把安全隐患扼杀在萌芽状态。

20年岁月峥嵘，20年风华正茂。阜新海关先后获得全国文明单位、阜新市优化营商环境助企纾困先进集体等多项荣誉称号，用自己的行动诠释了新时代海关纪律部队坚守初心的绝对忠诚、令行禁止的过硬作风、勤学善思的高强本领、全心为民的担当奉献、无畏艰难的自我超越。

20年迈步又从头，当我站在关容镜前，看到在阳光下熠熠生辉的肩章，心中的自豪感油然而生，肩上的责任与义务也愈感沉甸。远处，我的战友们正迎着朝霞走来，新的一天工作即将开始，阜新海关的故事正在续写……

“老杨”和他的海关情怀

沈阳海关　张江旭　郑壹鸣

“老杨”是谁？如果你来到沈阳海关所属锦州海关驻港口办事处问起，你就会惊讶地发现，海关关员、进出口企业人员都对他无比熟悉、赞不绝口，“老杨”似乎无处不在，但他又确确实实是默默坚守在港口国门的海关普通一员。他曾是在关校求学的“小鲜肉”——首批从秦皇岛海关学校毕业；也曾是戍守边关的“小白杨”——在茫茫草原上守护国门 13 年；更曾是驻守海港的“雄鹰”——凭借火眼金睛查发近亿元的走私案件。37 年的海关岁月赋予了他瘦削的脸庞和坚毅的性格，也给予了他笔直的腰杆和优良的作风。档案如实记录了“老杨”的故事和他的海关“情怀”，如果你了解了“老杨”的故事，你也会亲切地拍拍 58 岁依旧坚守在国门一线的他，热情地叫他一声“老杨”。

有一种情怀是对党忠诚的决心

“老杨”的大名叫杨旭东。1987 年 7 月，“老杨”还是“小杨”，刚从海关总署秦皇岛海关学校毕业的他走到了人生选择的路口，面对毕业去向，充满朝气、富有梦想的他，心里同你我经历过的一样，“我该去哪里？我该干什么？我要怎么做？”对未来的许多困惑萦绕在他的心头。此时，“听党指挥跟党走，与党和国家、与民族和人民同呼吸、共命运”成为影响他最深的信仰，“到艰苦的地方去，到祖国和人民需要的地方去”，最终他做出了遵循内心的选择！

二连浩特冬季漫长寒冷，年均气温 3.4 摄氏度左右，暴雪、冰雹、大风、沙尘等灾害天气时常光顾。伴随着国务院批准二连浩特为甲类开放城市，二连浩特外贸业务高速发展，海关急需补充人才，“小杨”扛起铺盖卷义无反顾地来到这个边疆城市，一干就是 13 年。风沙磨糙了他的皮肤，但他无怨无悔，只因那里是祖国和人民需要他的地方。

2003 年 9 月，国务院举行授予海关关衔仪式，这时的“小杨”已经担任了副科长的职务，他摘掉旧肩章，换上了带有关衔的新肩章。变换的是肩章，不变的是初心，“听党指挥、对党忠诚”早已成为他铭刻内心的责任担当。2005 年，他再一次听从党的召唤，来到了更需要他的地方——沈阳海关所属锦州海关。锦州港作为中国纬度最高的国际商港，进出口贸易量大，硬件简陋，条件艰苦，监管难度大。在这里，他担负起更重的担子，先后任查验科科长、物流监控科科长、驻港口办事处副主任，这一待又是 16 年。

“到党和人民最需要的地方去”，成为他的忠贞不渝的信仰。新冠疫情发生后，已担任锦州海关港前党总支书记的“老杨”坚决扛起政治责任，连夜带领全体党员签字上交了“请战书”，迅速组织港前党总支成立党员突击队，“全天候 24 小时”值班值守，疫情期间排查入境船舶 900 多艘次、船员 18000 多人次，顺利完成了 112 艘次 1500 多人次中国籍船员的换班检疫监管，用行动交上了一份合格的抗疫答卷。

有一种情怀是为国把关的坚守

锦州港纬度高，风浪大，进口货物多为矿产品、原油、粮食等大宗散货，货物露天堆放，四季扬尘，环境极其恶劣，并伴随着夏季酷暑高温、冬季风雪寒潮的侵袭。尽管面对重重困难，“老杨”没有丝毫畏难和气馁，主动钻研业务，积极思考监管水平提高的种种方法，办事处最晚熄灯的肯定是他的办公室。经过一番努力，他带领科室同志们创新性提出了“分罐验放”“海上申报”“延伸查验”等通关便利化服务举措，用行动积极推动锦州港“单一窗口”建设和“三互”大通关建设，助力锦州港成为过境口岸，详细指导锦州港建设了保税功能区。十几年间，锦州港口岸的外贸经济水平实现了跨越式的发展，年度监管进出境货运量和进出口货物贸易值均大幅增长。

在服务发展的同时，“老杨”同样坚守着国门的安全防线，他口中最常和同志们说的一句话就是“没有离开政治的业务，也没有离开业务的政治”，他告诉科里的同志：“我们要突破单纯的业务思维，站在讲政治的高度上聚焦主责主业，牢固树立总体国家安全观，国门安全国家就安全，国家安全人民就安全。”

从不熟悉业务到业务能手、业务专家，“老杨”一步步走了过来，出色的业务知识和洞察力，使他练就了“火眼金睛”。2014 年 11 月，某企业出口热轧卷板，在查验的过程中，他敏锐地发现其中存在违规的蛛丝马迹，随着他抽丝剥茧，深入调查，一起伪报品名骗取出口退税案浮出水面，涉及案值达 8576 万元。案件查获后，“老杨”荣立个人三等功。多年来，在“老杨”和同志们的共同努力下，锦州海关驻港口办事处查获多起涉及走私违规案件，其中更是包括走私固体废物、走私冻品、走私油品等大案要案，先后多次立功和受到嘉奖。

照片档案：2014 年 11 月，沈阳海关所属锦州海关杨旭东（左一）在锦州港监管场地查验，与同事们查获一起出口热轧卷板涉嫌伪报品名骗取出口退税案件，案值 8576 万元

有一种情怀是纪律作风的秉持

2022年8月，习近平总书记在辽宁考察的第一站，来到锦州辽沈战役纪念馆。在英烈馆内，总书记驻足在一面“仁义之师”的锦旗前，重温了背后的故事。辽沈战役期间，锦州乡间的苹果已经熟了，行军路过的解放军战士虽然饥渴难耐，却一个都没有摘。铁的纪律，暖了老百姓的心。总书记说：“毛主席说：‘不吃是很高尚的，而吃了是很卑鄙的，因为这是人民的苹果’。这样的苹果，我们现在也不能吃。”

在“老杨”的口中，“锦州的苹果”已经数不清有多少次出现。2019—2021年期间，“老杨”担任锦州海关驻港口办事处党总支书记，他每年都要给同志们上一堂生动的廉政党课，而“锦州的苹果”更是每一次都会在党课中出镜。

老一辈革命先烈不吃百姓苹果的高尚精神始终影响着“老杨”，他依托海关队伍建设，以行动培育践行着“求实、扎实、朴实”的海关文化。他组织党员学习党纪党规、纪律规定，带领大家一起参观“辽沈战役纪念馆”“塔山阻击战纪念馆”等周边红色资源，教育党员干部要对党忠诚、听党指挥，弘扬爱国主义精神，发扬艰苦奋斗、戒骄戒躁的优良作风。

而他自己本人更是“令行禁止”的坚定执行者。他已经数不清有多少次拒绝了企业老板的吃请和礼品，每次都是板着个脸将他们拒之门外。但更让企业老板惊讶和敬佩的是，拒绝了吃请和礼品的他却主动走进港区企业“送政策上门”，不断推动辖区企业“问题清零”。他通过积极推动“一次申报、一次查验”“进口矿产品先放后检”“船边直提”“抵港直装”等各项改革措施，有效降低企业物流成本，提升口岸作业效率。对此他总是笑着说：“我是海关关员，为人民服务是我的宗旨，不吃人民的苹果更是我的底线！”

照片档案：2019 年 10 月，沈阳海关所属锦州海关杨旭东（右一）在锦州港开展常态化“送政策上门”工作，深入港区企业调研，了解企业发展难题，有针对性帮扶企业解决问题，助力企业发展

有一种情怀是对海关工作的热爱

“关徽上金色的商神杖和钥匙是党和人民赋予我们的权力，更是赋予我们的责任，我把这份责任戴在了我的肩膀上，我将为它奉献终身。”2021 年 7 月，“老杨”卸任了驻港口办事处副主任，虽然不再担任领导职务，但是他却没有停下脚步，依旧在平凡的岗位上发光发热，默默地坚守着他的初心和使命。

2022 年，海关总署吹响了“智慧海关”的建设号角，这时的“老杨”已经 57 岁，但由于海关事业有需要，他喊出“退岗不褪色”“若有战、召必回”的响亮口号，再一次走上了工作一线。他凭借着近 20 年的海港工作经验和对业务的深入理解，立足锦州港口岸实际，创造性地提出多项创新举措，帮助科室完成多项改革，助力“智慧海关”建设取得有力推进。

他提出了锦州港外贸散货堆场科学优化整合方案，针对货物品种、疏港方式灵活选择堆场区域，减少货物二次倒运带来的运输成本和货物损耗。通过重新定位布局，锦州港外贸堆场面积由原来的 45 万平方米增加至 90 万平方米，货物仓储能力提升 61%。不仅如此，“老杨”还参与重新规划锦州港外贸卡口工作，通过重新规划卡口位置，加装电子识别设备，依托5G、大数据、北斗地理信息等技术搭建锦州港物流监管平台，从而实现车辆信息联网互通，使得车辆放行效率较以往提升120%，每天通行车辆约3000辆，不但大幅缩减了货物的运输时间，还能提高日运载量，使得货物运输周期缩短，更好地保障了企业的生产经营。此时，老杨的脸上洋溢着幸福的笑容，他说："卡口放行效率是老问题了，一直不知道怎么解决，现在的新技术真是厉害，成功解决这个老难题，真是太好啦！"

有一种情怀是无私奉献的赤诚

工作中的他充分诠释着共产党人担当奉献的无私精神，生活中的他也是个"学雷锋"的好榜样。时间回到2005年，"老杨"到锦州海关查验科任副科长主持工作。到了查验科后，"老杨"得知科室的冯文友从1995年开始便资助当地一名因早年家境变故，没有生活来源，面临辍学谋生的小学三年级学生李红。这一善举一做便是10年之久，2004年，冯文友全力资助李红参加高考，李红也十分争气地以611分的好成绩考入吉林大学计算机工程专业，而收入并不高的冯文友也面临着资助吃力的困境。这件事让"老杨"十分感动，他毫不犹豫，立刻参与进来，并发挥科长的"头雁"作用，号召科室全体同志共同出力。在"老杨"的带动下，这个属于一个人的善举变成了一个集体的共同奉献，科室全体同志共同资助李红的大学开销。在查验科全体同志的关心帮助下，李红同学又以优异的成绩获得吉林大学公派留学新加坡南洋理工大学的机会。查验科全体同志的无私付出改变了一个贫苦孩子的一生，其事迹先后在《中国青年报》等各大媒体传颂，成为锦州海关全体同志学习的榜样事迹。冯文友更因此被评为全国海关学雷锋先进个人。这件事现在提起来，"老杨"还满面幸福地说："能参与这样的事，十分有意义、有价值。"

如今"老杨"即将退休，可是锦州港区海关监管场所却每天都还会出现那个亲切的背影。顺着这个背影的方向，你看，又一群青春、可爱、阳光的新时代海关人踏上了新的征程。

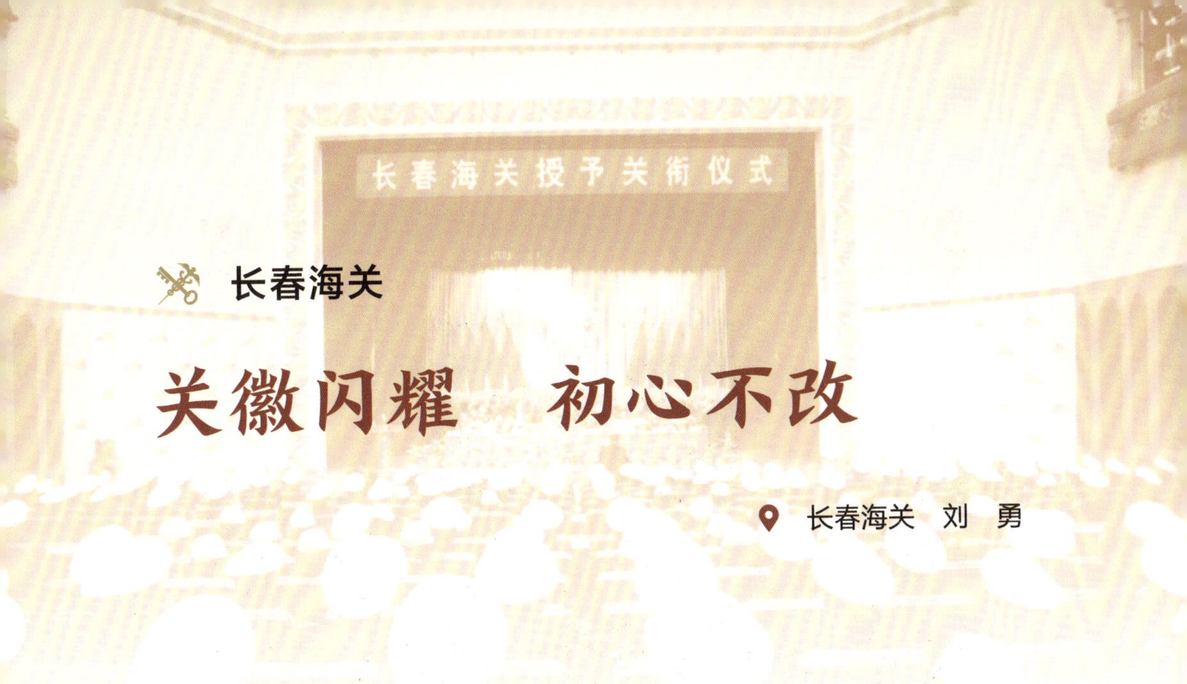

长春海关

关徽闪耀　初心不改

长春海关　刘　勇

1997 年 7 月 1 日，在党的生日这一天，在香港回到祖国母亲怀抱的历史性时刻，在举国欢庆中，我光荣地加入了海关队伍。站在图们江畔国境桥边，身穿关服，肩上闪亮亮的关徽从此贯穿在我生命的印记里。岁月荏苒，初心不改，肩章更迭，责任不变。那年的国旗之鲜艳、国歌之嘹亮、关徽之闪耀，在驻守边关的 20 余年里，一直激励着我、鼓舞着我，我和我的同事们在海关改革与发展的实践中努力当先锋、做表率，用海关人的忠诚、坚毅、勇敢为关徽增光添彩，也在海关档案里留下了浓墨重彩的一笔。

授衔记忆

2003 年，我光荣地参加了长春海关所属延吉海关的首次授予海关关衔仪式。从关长手中接过红色的授衔命令证书的那一刻，我心潮澎湃、热血沸腾。我和我的战友们互相佩戴新式肩章，动作小心、神情庄重。凝望着肩上的三级关务督办关衔，我深深知道，我们是中华人民共和国的第三支授衔队伍，肩负着海关的荣誉与辉煌、职责与使命，关衔必将永远承载着海关人的信仰与传承。

照片档案：2003 年 9 月 23 日，长春海关在长春南湖宾馆举行授予关衔仪式

照片档案：2003 年 9 月 23 日，长春海关在长春南湖宾馆举行授予关衔仪式，现场关员们互相佩戴关衔

青春记忆

海关人的青春，如果有颜色，那一定是关徽金；海关人的坚守，如果有深度，那一定是纪律铸就。最让我记忆深刻的就是队列训练，整齐的队伍，昂扬的士气，猎猎红旗下的挺拔之姿，散发着青春朝气的海关关员，迈着整齐划一的步伐，喊着信念坚定的口号，那如虹的气势，便是一道亮丽的风景线。从此，我们肩并着肩、背靠着背，成为同事、战友、伙伴，互正衣冠、互相鼓励，许下了海关人严守国门的坚定承诺，至此风雨兼程，同舟共济。

照片档案：2015 年 8 月 22 日，长春海关在长春光华学院体育场开展队列训练成果展示

口岸记忆

中朝边境三合口岸始终是我魂牵梦绕的地方，那山、那水、那桥见证了我驻守边关的身影。在那里，那些可亲可敬的海关前辈教会我如何成为一名合格的海关关员；在那里，我融入了边关生活，扎根基层，努力奋斗；在那里，春夏秋冬看边疆，风霜雨雪守国门；在那里，我逐渐成长为海关业务骨干、一线科长。

照片档案：2009 年 12 月 25 日，长春海关关员在三合口岸对车辆实施检查

战“疫”记忆

2019 年 12 月，新冠疫情突然而至，我和我的战友们变成了“大白”。我所在的延吉海关驻机场办事处综合业务科，只有 3 个人，我们除了要保障每日所需疫情防控物资、关员吃穿住行，夜深人静之时，还要协助整理往返旅客、流调、出勤、卫生监督、物资调配等系列文件资料。这些文件资料的整理归档，形成了疫情防控专题档案和资料汇编，不仅留下了珍贵的记录，也为日后相关工作提供了有价值的参考。

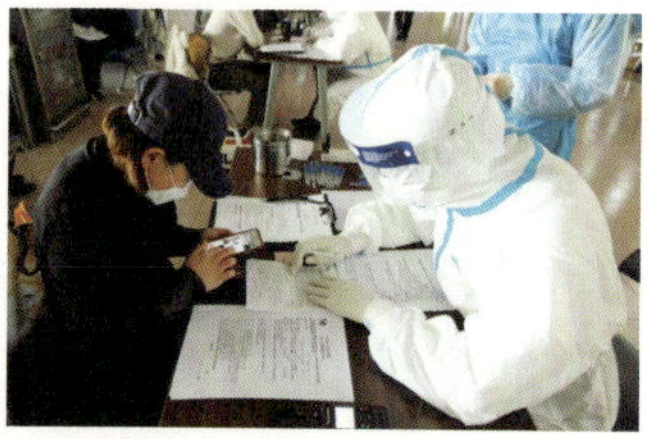

照片档案：2020 年 3 月 6 日，长春海关所属延吉机场海关关员引导入境旅客填写健康申明卡

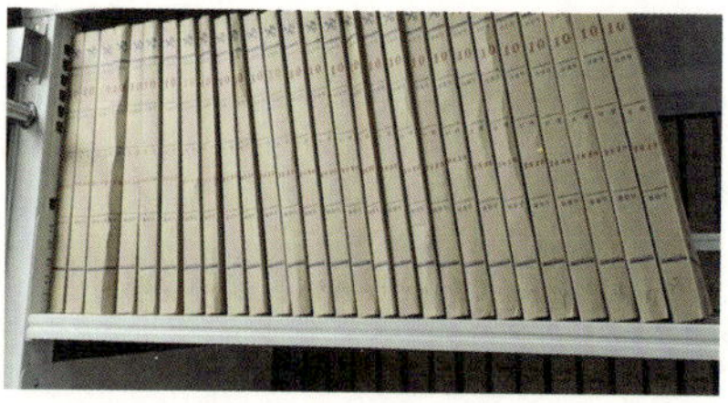

专题档案：2020 年疫情防控资料

新关记忆

2020 年年底，我调入刚刚成立 4 个月的长春海关所属长白山海关。新建关、人员少、基础弱是这个新成立海关所面临的实际情况。我和我的同事们克服困难、脚踏实地，用执着和热情投入到各项工作中，逐步建立健全各项规章制度，梳理辖区监管场所相关规范性文件百余份，确保各项工作有章可循、规范有序。

时光荏苒，岁月如梭。如今的我站在长白山上，望着正在建设中的双目峰公路口岸。20 年忠诚履职、守护国门；下一个 20 年，我们依旧初心不改、勇毅前行。

照片档案：2020 年 8 月 17 日，长春海关所属长白山海关举行开关揭牌仪式

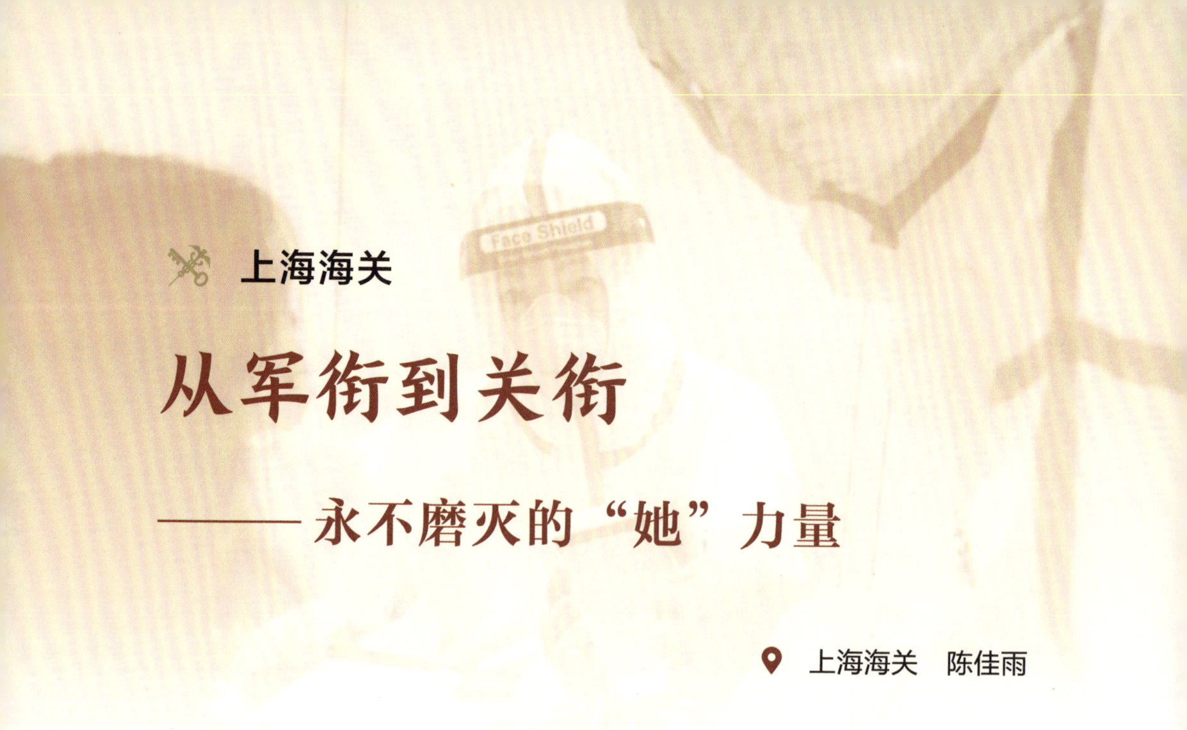

上海海关

从军衔到关衔

——永不磨灭的“她”力量

上海海关 陈佳雨

在海关队伍中，有这样一群“她”，承担着“半边天”的责任与使命，在各自的岗位上执着地坚守，向所有人展现着当代女性的无限可能。今天我们档案故事里的主人公，就是她们其中的一员——上海海关所属莘庄海关企业管理科关员钱挺，一位与新时代海关纪律部队共成长的女关员。

启程，从军衔到关衔的蜕变

2004年盛夏，钱挺从军队转业至海关，先后从事接单、保证金、放行、审价、属地纳税人管理等工作，通过近20年的刻苦钻研和耐心打磨，她早已成为业务上的“老法师”、科室里的“顶梁柱”，先后获得“优秀共产党员”“三八红旗手”“五讲先锋”等荣誉称号。

谈起海关初印象，她感慨万分：“虽然错过了2003年的关衔首授，但这些年看着海关队伍的内涵不断丰富、素质不断提升，我倍受鼓舞，在追求进步的路上步履更加坚定。”

19年来，她始终初心如磐、使命如炬，以关衔之光点燃信仰之灯、照亮实践之路，向着“政治强、水平高、作风硬、纪律严”的海关纪律部队目标不断迈进。

照片档案：2019年4月8日，钱挺（前排左四）在上海海关所属莘庄海关参与队列训练

奉献，引领队伍建设的航向

2020年春节，面对突如其来的新冠疫情，听闻莘庄海关防疫小组支援前线的召集令，钱挺来不及考虑自己的安全，第一时间主动请缨，匆匆安顿好家中备战高考的女儿，便奔赴浦东机场防疫工作的最前线，承担起一名党员、海关关员的责任与使命。

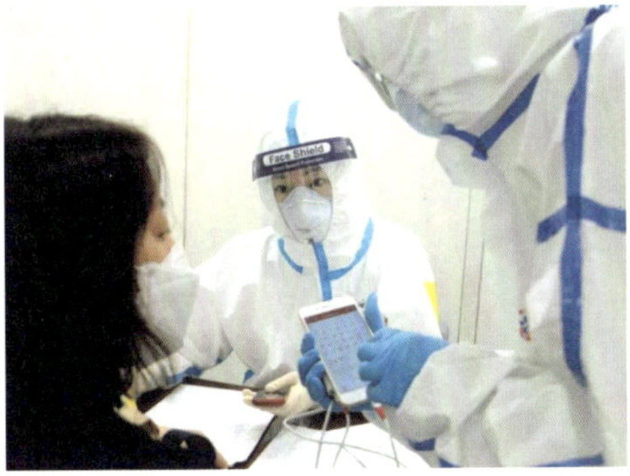

照片档案：2020年2月8日，上海浦东国际机场抗疫支援一线，钱挺在卫生检疫测温通道前核对每一位入境旅客的健康申报卡

大年初五，已经记不清是第几架入境航班了，钱挺站在卫生检疫测温通道前核对每一

位入境旅客的健康申报卡。这时，突然有个五六岁的小男孩拉住了她的衣襟，说了句“阿姨辛苦了”。望着小旅客真诚的目光，那一刻，钱挺突然忍不住红了眼眶，蹲下身对小男孩发自肺腑地说：“不辛苦，欢迎回家。”

巾帼不让须眉，红颜更胜儿郎。疫情防控主战场上，钱挺用实际行动为新时代海关纪律部队写下了最生动的注脚，用“若有战、召必回”的高昂激情，书写着海关人守护国门的忠诚、干净、担当，也用心中的无私大爱，彰显了女性面对困难时的无穷力量。

精进，于细微处彰显素养

2023 年是钱挺与海关这支纪律部队“邂逅”的第 19 个年头，她仍怀抱“捧着一颗心来、不带半根草去”的初心，视工作为生活意义、生命光彩的重要组成部分，把“人民海关为人民”的精神作为工作的出发点和落脚点。

面对辖区企业的多样化需求，她将风险管理理念和属地纳税人管理工作相融合，针对本关区内涉及特殊关系和特许权使用费补税的 9 家企业，因地制宜宣传海关的法规政策和补税依据，指导企业积极配合海关持续性按时做好“双特”补税，牢牢树立可亲、可敬、可靠的海关形象。在不断提升自己业务水平的同时，钱挺还积极协助领导做好各项日常工作。同时，她还以乐观向上、勤奋严谨的精神和态度影响带动身边其他同志，鼓励大家迎难而上、克服困难。

照片档案：2019 年 4 月 30 日，钱挺在上海海关所属莘庄海关服务窗口为辖区企业耐心讲解海关通关政策规定

在窗口，她细心讲解、微笑服务，构成了海关形象最美的底色；在科室，她精益求精、刻苦钻研，践行着“内强素质”的根

本要求。入关廿载，钱挺把“求实、扎实、朴实”的海关文化贯穿工作始终，展现出新时代海关纪律部队的良好精神风貌。

二十载岁月如歌，二十载砥砺奋进，新时代海关纪律部队的优良作风已深深融入钱挺的血脉，所谓巾帼不让须眉，像“她”一样的海关女关员还有千千万万。“她们”始终坚信，肩上金灿灿的横杠和星花，不仅是荣誉与梦想，也是一份责任与担当，更是“她们”所钟爱并愿意为之奋斗一生的事业。

20 年只争朝夕 数春秋不负韶华

上海海关　黄静雯

一个再平常不过的工作日早晨，上海海关所属外港海关行财科科长孙昱的手机上突然跳出一条信息：“领导！江湖救急！我看海关首授关衔后第二年您就入关了，也算经历了海关队伍授衔这近 20 年，能不能给我讲讲您在外港海关这些年呢?”看到问题，孙昱乐了，思绪瞬间回到了 20 年前，记忆里的一张张档案老照片浮现在脑海中，从“一杠三”到“三杠二”，他和海关一起成长的点点滴滴……

少年怀壮志

照片档案：2004 年 8 月，上海海关新进关员初任培训时在军训基地合影留念

刚出大学校门的孙昱，还未脱去大学生的青涩稚气，初任培训时就听说了“授衔”这两个字。当时，带教老师对他说，你们是第一批刚进海关就幸运地遇上授衔的关员，大家发出“哇”的一声，老师又郑重地说，我们可

是继中国人民解放军实行军衔、中国人民警察实行警衔后，第三支实行衔级制度的队伍，大家一定要珍惜这份荣誉。孙昱心里莫名兴奋又期待，感到自己马上就要和保家卫国的铁血军人一样，也可以把好祖国的大门！为期两周的军训让在学校象牙塔里待久的他们累得直不起腰，但大家都咬牙坚持了下来，等军训结束，“整个人精气神都不一样了”——那是一份沉甸甸的使命感压在肩头。培训结束后，孙昱被分到外港海关通关二科，随后又轮岗到查验四科。第一次去查验场地时，他只觉得被铺天盖地的集装箱包围了，一组查验关员每天要查五六十票，并需要手工填写查验记录单。如此巨大的查验量，每天忙得脚不沾地才能干完活。这是孙昱对海关的初印象。

青年当有为

2008 年北京奥运会举办之际，孙昱从“一杠三”（一级关务员）晋升到“两杠一”（三级关务督办）。满怀着衔级晋升的荣誉感和对祖国初次举办奥运会的自豪感，他在查验一线干劲满满，凭借一丝不苟的工作作风、细致入微的观察能力，很快就跟随老同志一起查获了侵犯奥林匹克标志知识产权的标签 20 万个，该案例被评为 2008 年查获知识产权侵权十大典型案例。在晋升“两杠二”（二级关务督办）前夕，他又赶上了上海世界博览会，并以其“走心”“暖心”的服务态度，被授予“世博服务风采奖”。他刻苦钻研业务“勤修内功”，获得上海海关查验技能比武大赛亚军，连续两届主持上海海

照片档案：2008 年 8 月，孙昱（左一）在上海海关所属外港海关参与查获侵犯奥林匹克标志知识产权大案

关技能比武大赛。与时代同频共振，与海关一起成长，回忆往昔，他忍不住感慨："我也算生逢其时吧。"

临近晋升"两杠三"（一级关务督办）之际，正逢以风险管理为核心的新一轮海关监管制度改革，查验量有所减少，但查获愈发精准，查验关员的工作效率也更高了。他肩上这一颗星的晋升，见证了海关监管效率的又一次飞跃、为国把关能力的进一步提升。与此同时，他被选为了外港海关团委书记，并主动报名到上海海关对口帮扶的安徽寿县金钥匙希望学校支教，在支教中，他辛勤工作，尽自己所能帮助孩子们拓宽视野，用自己的一言一行影响着他们，为他们打开了通往外界的一扇窗。

照片档案：2013年9月，孙昱在上海海关对口帮扶的安徽寿县金钥匙希望学校支教

建功新时代

"三杠一"（三级关务督察）时的孙昱，已经在外港海关办公室工作了，从一线业务骨干，到团委青年带头人，再到办公综合负责人，他在不同岗位践行着对关徽的誓言、对关衔的责任。那时的查验环境已经今非昔比，外港海关全面建立起了查验平台，再也不用像当初一样在露天场地冒着日晒雨淋查验。彼时也正逢机构改革关检融合，这是我国口岸管理体制一次脱胎换骨的变革。自2018年4月20日起，出入境检验检疫系统统一以海关名义对外开展工作，一线旅检、查验和窗口岗位要统一上岗、统一着海关制服、统一佩戴关衔。那时作为办公室副主任，他积极协调沟通相关事宜，确保新海关各项制度在外港海关高效落地，他肩上增加的这条

杠，映照了融合之后“新时代新海关”的新气象。

奋进新征程

中国共产党成立100周年时，孙昱参与上海海关庆祝中国共产党成立100周年原创话剧《百年回响》演出，作为一名党员，他用自己的方式向党的百岁生日献礼。时光飞逝，去年刚晋升为“三杠二”（二级关务督察）的他已经不再有当年的懵懂稚气，这一颗熠熠生辉的星，照耀着他逆行出征、守卫国门的前路。新冠疫情防控期间他多次支援口岸出入境船舶监管和人员检疫“14+7+7”战场，又在静态管控期间主动请缨成为“外港突击队”的一员，义无反顾地坚守在封闭管理一线，度过了难忘的60个日日夜夜，离开之际，他忍不住在朋友圈写下心中感受，“祝愿归来已是凯歌高奏之时，届时登高望远，共品这江海暖风中的浩然畅快！”

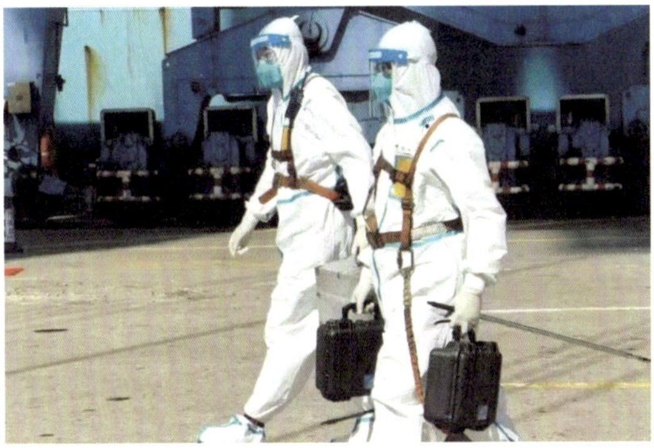

照片档案：2021年9月，孙昱（左一）在上海海关所属外港海关全副武装披挂上阵准备登轮检疫

20年岁月，弹指一挥间。从“一杠三”到“三杠二”，每一条杠、每一颗星的增加，都见证了孙昱从朝气蓬勃的大学生、到风华正茂的青年骨干、再到独当一面的行家里手的成长与蜕变，也折射出海关融入时代大潮下的忠诚、干净、担当。这是新时代海关纪律部队强烈的自我要求，也是海关关衔荣耀激励下的海关人守国门、促发展的不悔誓言。孙昱与海关共成长，他也和身边的同事一样，还将继续见证智慧海关建设如火如荼，见证“智关强国”行动方兴未艾，见证海关事业蓬勃发展和伟大祖国繁荣昌盛。

雄关如铁，再踏征程！

回望在红其拉甫海关工作的岁月

上海海关　陈洪平

2023 年 9 月 11 日，正在新疆休假探亲的我在浏览时事新闻时，突然一条醒目的消息跃入我的眼帘，题目是《习近平给红其拉甫海关全体关员的回信》。我第一时间怀着激动的心情从头到尾一字不落地读了一遍又一遍，回信字里行间饱含着习近平总书记对红其拉甫海关全体关员和坚守国门一线海关干部职工的深情厚爱，对海关工作的高度重视和殷切期望。一种责任感、使命感、荣誉感在我内心油然而生。2023 年也恰逢海关队伍授衔 20 周年，当年在红其拉甫海关工作和生活的场景就像放电影一样，一幕一幕浮现在眼前，我的心情久久不能平静。

1999 年，我从新疆大学毕业，通过公务员考试被乌鲁木齐海关录取。在入关培训期间，我就了解到红其拉甫海关已连续十多年被评为关区先进集体，多位关员荣获全国及自治区级的先进个人，红其拉甫海关可以说是乌鲁木齐关区的一面旗帜，是一个光荣的优秀的集体。我当时就下定决心一定要去红其拉甫海关历练自己，于是主动提出申请要求去红其拉甫海关工作。入关培训后，我如愿地被分配到红其拉甫海关，并先后在旅检科和查验科工作。

红其拉甫海关地处祖国西部边陲平均海拔 4000 米的帕米尔高原，距离南疆重镇喀什市 300 千米，距离首府乌鲁木齐 1800 千米，距离中国—巴基斯坦第 7 号界碑 120 千米。“帕米尔”在塔吉克语中的含义是“世界屋脊”，被称为万山之祖、万水之源，史称葱岭。“红其拉甫”在波斯语中意为“死亡之谷”。这里常年白雪皑皑，“天上无飞鸟，地上不长草，风吹石头跑，氧气吃不饱”，是对红其拉甫自然环境的真实写照。全年无霜期仅 82 天，年平均气温零下 2 摄氏度，冬天最低可达零下 40 多摄氏度，空气含氧量不足平原地区的 50%，被生物学家称为“生命禁区”。就是在这里，一代代红其拉甫海关人，兢兢业业、无私奉献，为国把关，践行着对党忠诚、为民服务的誓言。

红其拉甫海关严酷的工作环境，对我这样的年轻人是非常大的考验，我还记得在红其拉甫海关工作的前几年，自己一度萌生了退却的想法，毕竟，如果在环境更好的地方工作，可以自己每天的工作轻松一些。正当这种想法开始在我脑中萌芽之时，2003 年 9 月 12 日，我们在红其拉甫海关满怀着激情，一同收看了国务院隆重举行授予海关关衔仪式的电视直播。看到海关队伍成为继人民解放军实行军衔、人民警察实行警衔后，第三支实行衔级制度的队伍，我发自内心感到无比自豪，那些萌生出的退意，被满腔的荣誉感消融。我现在还能记得当时党和国家领导人对海关提出的要求，要求我们守护国家经济大门、做维护国家经济利益的钢铁长城！

在红其拉甫简陋的环境里，我们也举行了属于自己的授衔仪式。所有红其拉甫海关的同志们在佩戴上自己的关衔后，都流露出了自豪的神情，大家深受激励。在授衔仪式上，在场的所有人一同高唱国歌，兴奋的神情溢于言表，即便是 20 年后的今天，这些场景仍历历在目。这次授衔仪式充分激励了红其拉甫海关所有同志发扬“艰苦不怕吃苦，缺氧不缺精神，苦干不苦熬，苦中有作为”的精神，也支撑着我在艰苦的环境中，以高昂的斗志继续为国把关。

“艰苦不怕吃苦，缺氧不缺精神”体现了红其拉甫海关人忠诚可靠的政治品格和奉献精神。每一个初到红其拉甫海关的同志都要经历“三重磨难”——缺氧、严寒、强紫外线。记得我刚到红其拉甫海关的第一周，睡觉就成了难题，每天晚上差不多一个小时就要醒一次，头痛欲裂，能连续睡上几个小时成了一种奢望。一周下来，我口腔溃疡，嘴唇发紫，脸色发青蜕皮，胸闷气短，头重脚轻，身心俱疲。我们一同上山的 11 名新关员，有的上吐下泻，有的因缺氧被送医抢救。正是由于这样极度恶劣的自

照片档案：2002年11月，在红其拉甫海关工作的关员陈洪平在新疆塔什库尔干自治县为塔吉克族孩子辅导功课

然环境，我曾一度担心自己挺不下去。但看着身边的老关员、老前辈，如在红其拉甫海关干了20多年患上脑萎缩的白清云老关长、有工作了10多年无法照顾家庭的米力干副关长等许许多多老同志，想想他们在山上干了那么多年，他们对红其拉甫海关爱得是那么深沉。他们凭借着顽强的毅力、坚定的信念和积极乐观的精神坚守在红其拉甫，在他们身上红其拉甫海关的“四特”精神得到了淋漓尽致的体现，也正是这种精神激励和鼓舞着一代又一代年轻关员义无反顾前赴后继地把自己的青春和热血奉献给了红其拉甫，使“四特”精神得以传承和发扬光大并赋予了新的时代内涵。

“苦干不苦熬，苦中有作为”体现了红其拉甫海关人恪守天职、永争一流的责任意识和担当精神。记得曾经有一位领导到红其拉甫海关调研后，感慨道：“在红其拉甫海关工作的每一位同志，哪怕你们每天什么都不干，只要能在这儿待下去，就是英雄，就是一种奉献。”红其拉甫海关人并没有以苦卖苦，裹足不前，而是以苦为乐、以苦为荣，把这种苦难当成磨刀石、试金石，磨炼自己，成就自己。一位曾在红其拉甫海关工作了13年的老关员在离开红其拉甫海关时留下一句话，可以说是代表了广大红其拉甫海关人的心声，“我来红其拉甫海关从来不后悔。生活中，吃苦是一种心态，人只要心里不苦，其实什么都感觉不苦。”

红其拉甫口岸是丝绸之路古道之咽喉，是我国与巴基斯坦唯一的陆路通道。虽然红其拉甫海关年度监管量不大，业务数据不显赫，但是每个在现场的关员都在承受巨大的责任和压力。因为红其拉甫海关所处的塔什库尔干塔吉克自治县与巴基斯坦、阿富汗等国家接壤，毗邻世界三大毒品产地之一的“金新月”地区，又常年处在反恐维稳的前线，走私与反走私、偷渡与反偷渡的尖锐较量长期存在。巴方最近的苏斯特口岸与我方联检厅有近 230 千米路程，关员半夜两三点验放旅客是家常便饭，极度疲劳和“严防死守”的使命考验着关员们的意志品质。在这样极端严酷的形势和环境下，红其拉甫海关人经受住了考验，敢于发声亮剑，彰显了红其拉甫海关人的血性本色。

虽然现在我已经离开红其拉甫海关很多年了，但作为曾经其中的一员，我为能把宝贵的青春年华和满腔热血挥洒在这片神圣的土地上感到无比的骄傲和自豪。在红其拉甫海关的这段艰苦而难忘的磨炼经历，已成为我人生中最为宝贵的精神财富，让我受益终生、永生难忘。

老章的肩章

上海海关 章 磊

老章有一个珍藏的大盒子，里面放满了旧肩章，从还未授衔的麦穗关徽到“三杠两星”。这一大盒肩章对老章来说，是珍贵的实物档案，代表了满满的回忆。

实物档案：老章的肩章盒里，留存着他在授衔路上的满满回忆

老章叫章磊，出生在革命老区，在军工厂的大院里长大，从小就对肩上戴杠杠星星的人有一种天然的亲近和向往。临近大学毕业时，有一天，学校里贴起了海关招考国家公务员的海报，那海报上笔挺的制服和闪亮的关徽顿时满足了一个对肩章有期待的少年的所有梦想。那时的老章，不，还是称小章吧！那时的小章毅然决定报考海关。幸运的是，他梦想成真了。2001 年，小章考入上海海关，如愿成为一名海关关员，尽管制服还没发，但他感觉自己离着肩章梦又近了一步。

入关培训有 3 个月的集中军训。一群新关员顶着烈日，向左、向右、向后转，齐步、跑步、正步走，会歌、会操，同吃、同住，个个晒成酱油色。但就是这样的日子却让同届的同事彼此间亲如兄弟，培养出战友一般的感情和信任。

2003年，上海海关所属浦东国际机场海关旅检处旅检二科最年轻的关员小章突然听到了一个大消息，海关要授衔了！中国海关将是继中国人民解放军实行军衔、中国人民警察实行警衔后，第三支实行衔级制度的队伍。小章兴奋极了，到处和人分享，很多亲戚朋友替他开心，却很少有人能真正明白在小章心里，这种前所未有的荣誉感和归属感。很多人都说他很傻，他也不想多解释，毕竟每个人的想法和热爱是不一样的。

授衔仪式很隆重，所有关员身着制服，头戴礼帽，依次入座。随着指挥员的一声“更换肩章”，整个礼堂的每个人都为身边的战友戴上授衔的肩章，那场面每次回想起都让人激动。小章首次授衔为一级关务员，“一杠三星”，也就是后来被俗称的“一毛三”。刚戴上新关衔，小章的心里是满满的骄傲，特意穿着制服拍了照片寄给远方的父母，父母的回复很简洁却很重要：“帅！”

20年的海关生涯中，队列、敬礼、内务规范、令行禁止，已经成了刻在骨子里的条件反射。小章成了老章，关衔从一级关务员变成了二级关务督察，肩章从“一杠三星”到了“三杠两星”，老章也成长为上海海关所属虹桥机场海关旅检二科科长。老章收集了每一个时期的肩章，一路走来，这些肩章见证了他从青涩走向成熟，也记录了他经历的点点滴滴。老章看着身边年轻的同志从略显生涩到逐渐稳重，有时候也在想关衔制度带来的影响到底有哪些。仅仅是肩章吗？仅仅是彰显不同吗？显然不是！

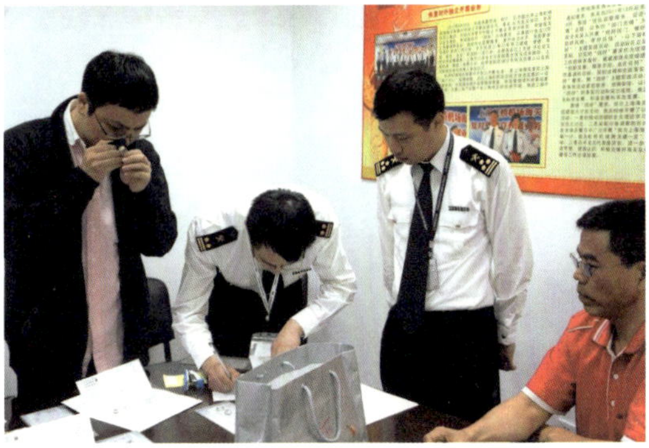

照片档案：2012年5月，章磊（右二）在查获进境钻石走私案的鉴定现场

2020年，新冠疫情突如其来，一下子打破了新年的祥和安宁。面对来势汹汹的疫情，老章和同事们纷纷请战，逆行而上。一夜之间，黑衣换

白袍，拎包进机场。党员先锋队和各级领导首当其冲，坚守国门一线，“身边是战友，身后是国门”。这一刻，像极了1998年抗洪救灾中冲锋在前、泥巴裹满裤腿的人民子弟兵。这就是一支招之能战、战之能胜的队伍！原来，和他一样“傻”的人这么多。

老章深深地感受到，这就是关魂。海关用20年的关衔制度建设，铸就了坚实可靠的国门之盾，这是“政治坚强、业务过硬、值得信赖”的锤炼，是“首战用我，用我必胜”的担当，是“我是中国人，守卫中国门”的承诺，是一场潜移默化的洗礼和蜕变。老章很开心，他喜欢这种氛围，这种归属感。

又是一个周一，老章面对着更衣室的镜子，戴好肩章、戴好工号、戴好党徽，整理着装，出发！

生命中的每一次敬礼

上海海关　张黎辉

2004 年，我大学毕业进入海关，在沪太路上“好八连”的营地参加初任培训。当时一遍又一遍地学习着敬礼的动作，并不知道这将是我未来海关职业生涯中不断出现的标准动作。

初任培训结业后，我被分配到了上海海关所属吴淞海关查验三科，有一次到上海海关参加全关大会，看着台上的领导讲话前后都要郑重地起立敬礼，让我倍感庄重而威严。

2009 年，我到海关总署参加集中工作，第一次与全国各地海关的同行们交流，虽然大家地域不同，甚至有些语言上的“障碍”，但当来到正式会议的会场上，整齐的制服，齐刷刷的敬礼动作，让我第一次有了“天下海关是一家”的触动。

2013 年，上海海关外滩四楼指挥中心的大屏幕上，时任国务院副总理汪洋正在海关总署指挥大厅通过视频监控系统与上海海关所属外高桥港区海关查验场地上现场作业的一线关员连线通话。这时，只见一位现场查验关员大步迈出，立正、敬礼、报告，动作标准有力，声音洪亮如钟。我不由得为我们的青年关员喝彩，心中充满了自豪与骄傲。

2014 年 5 月 23 日，上海自由贸易试验区外高桥综合服务大厅，作为海关窗口工作人员，我站得笔挺，敬礼的手绷得笔直，向来此考察的习近平总书记致以海关人崇高的敬意。那一刻的敬礼，令我终生难忘。

2017 年五四青年节，作为上海海关自由贸易试验区“先行者”青年突击队的一员，我与同事郑重走上“聚青春力量 助改革攻坚”上海市市级机关系统纪念建团 95 周年主题活动的讲台，一个标准的敬礼后，娓娓道来，讲述一群海关青年践行“唯改革者进，唯创新者强，唯改革创新者胜”的故事……

2018 年 11 月，我参加了上海市“新时代 新气象 新作为”百姓宣讲团，在东华大学、吴淞中学的讲台上，向同学们讲述了上海海关沿着习近平总书记的指引全力推进海关监管服务改革创新的故事，结束时我的敬礼伴随着热烈的掌声，职业荣誉感满怀于心。

2019 年 6 月，在上海海关第七届运动会开幕式上，作为升旗手，我拉动手中的旗绳，目光随着鲜红的国旗慢慢上扬……国旗升到顶端，绑牢旗绳后，我举起右手，那是光荣的敬礼。

照片档案：2019 年 6 月 2 日，张黎辉（中）作为升旗手在上海海关学院参加上海海关第七届运动会开幕式升国旗仪式

2023 年 6 月 23 日，我带着孩子来到她盼望已久的北京，当沿着天安门西侧的楼梯，慢慢走上城楼，一面面五星红旗在风中飒飒作响，我不由自主地停下脚步，调整站姿，抬头行注目礼，右手缓缓举起呈敬礼姿势。我望着红旗，孩子看着我，那一刻，我们共同致敬伟大祖国。

生命中的每一次敬礼，背后蕴含的是新时代海关纪律部队建设对我这一生的深远改变。每一个看似简单的敬礼，都饱含着我对海关工作的热爱，对忠于职守、为国把关的骄傲。2023年是海关关衔制度实行20周年，9月11日习近平总书记给红其拉甫海关全体关员的回信鼓舞、激励着每一位海关人。而我，也会始终牢记习近平总书记对海关人的殷殷嘱托，继续用实际行动向我所热爱的海关事业，敬礼！

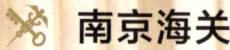

南京海关

回望肩上荣光 见证廿载初心

南京海关 刘 斌

翻开南京海关所属南通海关的照片档案，就会发现海关人的身影出现在服务推进高质量发展、高水平对外开放的每一个角落：开展实地调研，现场办公帮助企业解决难点问题；签发江苏首份对印度尼西亚 RCEP 原产地证书；助力南通首条定期洲际货运航线开通；推进“船边直提”“抵港

照片档案：2004 年 4 月 8 日，南京海关所属南通海关关员在训练基地进行队列训练

直装”改革，持续优化货物装卸、存储监管流程，进一步探索“嵌入式”查验和“顺势监管”模式，提升口岸集疏运效率；开辟“绿色通道”，进出口食品、农产品享受随到随查、即查即放等红利；随着企业集团加工贸易监管改革扩面增效，实现成员企业间保税货物和设备自由流转……这是海关工作的剪影，也是海关队伍恪尽职守、担当奉献的体现。听党指挥，绝对忠诚是我们的本色；改革创新，攻坚克难是我们的使命；闻令而动，令行禁止是我们的作风。

照片档案：2015 年 9 月 16 日，南京关区首单以市场采购贸易方式申报出口的货物在南京海关所属南通海关顺利通关

一个普通的工作日，南通海关检疫人员例行登上靠泊的外轮进行检疫，因为这艘船装载的是水泥熟料，一般情况下检疫风险会比较小，但夹板两侧装载原木专用的栅栏还是引起了他们的注意。检疫人员用镊子轻轻撕开栅栏上的蛛网，果然发现有一只躲在黑暗角落中的蜘蛛。检疫人员翻开蜘蛛肚皮，赫然出现一个红色的沙漏印记，是“褐寡妇”！经实验室鉴定，这次截获的几何寇蛛是“褐寡妇”蜘蛛的一种，能分泌毒性强的神经毒素，一旦传入我国，将对生态环境和人民健康安全带来巨大危害。而海关，正是阻挡外来有害生物进入我国的第一道关卡。伴随着智慧海关建设，南通海关监测预警团

照片档案：2019 年 11 月 1 日，南京海关所属南通海关工作人员对外轮进行检疫

队也不断壮大，他们依托“云擎”系统，努力探索大数据等技术应用，加强截获与监测数据的分析，建立“境外 + 口岸 + 境内”“三位一体”早期预警机制。同时，他们还加强对重点区域的定期监测，与地方农林部门建立协作机制，通过联防联控共同阻击外来生物入侵，防止有害生物入境传播扩散。

以梦为马，不负韶华。抗击新冠疫情、检疫进出境运输工具、加强儿童产品和卫生用品等进口高风险商品监管、开展打击进出口危险品伪瞒报专项行动……因为热爱，南通海关人辛苦奔波历练意志情操；因为责任，南通海关人在平凡的岗位上书写淡泊情怀；因为执着，南通海关人用真诚微笑演绎人生希望。肩上的关衔不只是简单的几杠几星，更是担当与责任，使命与承诺。

在海关队伍授衔 20 周年之际，习近平总书记在百忙之中专门给红其拉甫海关全体关员亲切回信，是全国海关最高的荣誉、无上的光荣，这既是对海关队伍授衔 20 年来队伍建设的认可，更为海关人的前行指明了方向。回望过去，廿载积淀凝聚，展望未来，绘就梦想蓝图。

苏州记忆

南京海关　赵苑辉　戴舜生

2011 年 10 月，海关总署在苏州召开党组扩大会议，会议期间组织召开准军事化纪律部队建设现场汇报会，全体会议代表观摩了南京海关所属苏州海关准军事化纪律部队建设成果，会后研究印发了《2011—2015 年准军事化海关纪律部队建设指导意见》，首次提出要突出“内涵学军”，学习人民军队思想建党、政治建军的优良传统，掀起“内外兼修”“形神兼备”的新热潮。

这是海关实行关衔制度后的一件大事。为此，笔者找到了当年活动的参与者、亲历者，通过他们的口述，让我们一窥当年现场会的火热，感受那团结与凝聚、纪律与责任、拼搏与奋斗交织的一幕幕。

百炼成钢，重在日常

周文琦（当年队列会操的排头兵，现任苏州海关驻相城办事处综合科一级主办）：

2011 年“十一”假期过后，我接到通知，紧急赶赴苏州海关参加队列集训，为期一个月，周末不放假，这是我入关以来单次队列训练时间最长的一次。这一个月的集训，深刻磨炼了我的意志，我的队列水平也提高很快，而且形成了肌肉记忆。负责培训的教官是部队转业干部，非常专业也非常规范，看到我们的表现不达标，他们会将问题挑明纠正：“双眼平视前方，两手紧贴裤缝，脚跟靠拢，脚尖分开 60 度，一动不能动!”

照片档案：2011 年 10 月 28 日，海关总署党组扩大会议在苏州召开，全体会议代表现场观摩南京海关所属苏州海关的队列会操

教官的要求非常严格，我们就这样一动不动地站在操场上，尽管“十一”后初秋的天气已有了些许凉意，但我们还是能感觉到汗水慢慢浸湿了制服，率先感到胀痛的是小腿，随后紧绷的双膝后部开始酸麻僵硬，手心开始冒汗，双肩与脖子也逐渐感到酸痛难耐，这种滋味我一生都忘不了，果然站军姿最能磨炼一个人的意志！在 10 月 28 日当天，海关总署领导来到了高新区通关中心，现场观看了我们的会操表演，各直属海关关长都在观摩我们的队列方阵，我们当时在队列表演中加上了步伐变换的难度，我认为当时我们的队列应该走得很好，因为周边掌声雷动，好评如潮。

养兵千日，用兵一时

周筱玉（当年现场讲解词的撰稿人，现任苏州海关驻相城办事处核查科科长）：

根据安排，我主要承担了现场汇报展板的制作和现场讲解词撰稿工作。当时时间紧任务重，我和同事协同作战，和广告公司反复沟通，熬了几个大夜，从文案策划、亮点提炼、图片挑选、版面布局等多方面精心打磨，讲解词也数易其稿，力求能在有限的时间和空间里，集中直观展现苏州海关准军事化纪律部队建设的优秀成果。记忆中，那一周左右时间加班最密集，也算是一次对自己的压力测试。所谓“养兵千日用兵一时”，面对急难重任，主动跳出舒适区，勇于在反复打破中激发新的灵感与活力，在高质量拿出工作成果的同时，我的个人综合能力也得到了锻炼，未来面对挑战的信心底气也更足了。我想这可能也正是海关准军事化纪律部队建设的价值意义吧。

照片档案：2011 年 10 月 28 日，海关总署党组扩大会议全体会议代表在南京海关所属苏州海关通关中心听取准军事化纪律部队建设成果汇报

闻令而动，众志成城

陈飞（《苏州海关业务标准化操作规范》的编写者，现任苏州海关驻相城办事处核销二科科长）：

我当时还在南京海关所属昆山海关，接到通知后，我和同事们迅速组成攻坚小组，专门编写《苏州海关业务标准化操作规范》。当时正值南京海关将制度规范建设作为 2011 年关区“规范管理年”的重中之重，在总关各职能部门的指导下，我们集中力量攻坚克难，不断翻阅文件材料，召开了数个碰头会、研讨会，分头行动又统一组稿。该操作规范共 10 个分册，110 万字，涉及海关业务执法领域 100 个岗位，体系完整统一，内容详细务实，在之后的数年间，一直成为关员们手头案头便于查阅的工具书和作业指导书，也是新关员和岗位交流调整人员的上岗培训教科书。工作组专门嘉奖表扬了所有参与者，我觉得这在我的工作经历中是非常有意义的一件事，也让我对准军事化纪律部队建设的看法更加深入，作为准军事化纪律部队的一员，要闻令而动、令行禁止，上级有部署，我们就要有行动，集中智慧和力量就能众志成城。

内强素质，恪尽职守

戴舜生（“科室1231工作法”宣传片制作者和展示平台讲解者，现任苏州海关驻虎丘办事处综合科科长）：

我有幸全程参与会议筹备并承担宣传片制作和系统讲解任务，感到无比自豪，记忆最深刻的是，“内涵学军”成为这次汇报会的新亮点新特色，尤其是我们自主形成了具有苏州海关基层管理经验和自身特点的“科室1231工作法”，进一步突出了“以规范管理为中心”的准军事化纪律部队建设特色做法，并提炼总结了一套“苏州经验”在全国海关系统推广。“科室1231工作法”即：规范执法一条线，队伍建设两手抓，坚持开好三个会，窗口建设树品牌。从海关基层建设最基础的组织细胞入手，告诉科长科室管理“管什么、怎么管”的问题，用规范统一的工作方法来强化科室建设，该工作法依托我们自主开发的准军事化建设管理平台进行日常管理，用信息化手段推动准军事化纪律部队建设。记得当时现场汇报展示的时候，海关总署领导在观摩过程中，提出在现场随机找一个科室看看具体落实情况，于是来到了稽查处常规稽查科进行现场查看，我们随行工作人员的心都提到了嗓子眼，大家心里都在默念一个问题：“他的记录齐全吗?”与此同时，只见当时的科长陆祥明不慌不忙地打开平台页面，点击“每日晨会”模块，上面清晰地记载着当天的科室晨会记录，署领导仔细地看过相关记录后，认为苏州海关的科室基础工作是扎实有效的，各项管理举措是落实到位的，不由地称赞：“确实做到了!”大家悬着的一颗心这才落了下来。在现场会召开后，“科室1231工作法”成为基层基础建设

照片档案：2011 年 10 月 28 日，在海关总署党组扩大会议现场汇报会上，戴舜生介绍南京海关所属苏州海关准军事化纪律部队建设平台情况

的品牌，在全国海关系统产生了广泛影响，使苏州海关长期以来所形成的敢为人先、不畏困难、勇于探索、创造特色的文化理念得到了传承。这段经历也对我影响深远，明白了海关准军事化纪律部队建设不仅仅是队列训练那么简单，还要上下贯通、执行有力，基层科室的规范管理也是不可忽视的重要组成部分。

通过几位参与者的口述，我们仿佛又回到了 12 年前汇报会的现场，亲历那激动人心的时刻。这次汇报会集中展示了苏州海关准军事化纪律部队建设的丰硕成果，为 8 年前的海关队伍授衔加上了一个大大的感叹号，也为 12 年后今天的新时代海关纪律部队建设画上了一个稳稳的破折号！

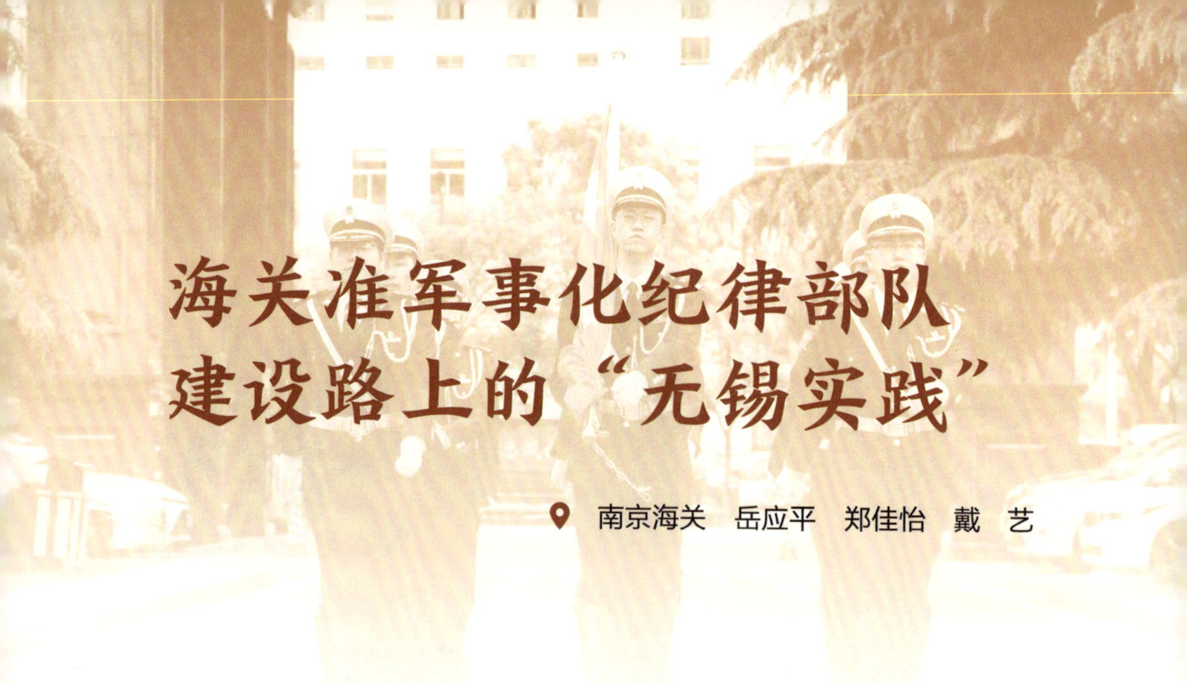

海关准军事化纪律部队建设路上的“无锡实践”

南京海关　岳应平　郑佳怡　戴　艺

2023 年是海关关衔制度实行 20 周年，为还原南京海关所属无锡海关准军事化纪律部队建设历程，我们翻阅了无锡海关 2003 年至 2005 年的档案记录，采访了建设初期的诸多亲历者，查证了相关文献资料，无锡海关准军事化纪律部队建设的故事渐渐清晰浮现。

探索，始于 2003

无锡海关对准军事化纪律部队建设的探索与实践，要从 2003 年讲起。

2003 年 2 月 28 日，《中华人民共和国海关关衔条例》在第九届全国人民代表大会常务委员会第三十二次会议上获得通过，中国海关成为我国继中国人民解放军、中国人民警察之后实行衔级制度的第三支队伍，建设海关准军事化纪律部队的要求势在必行。

无锡海关党组反复研讨，决定将准军事化纪律部队建设作为无锡海关基层组织建设的重要内容，提出“把无锡海关建设成为南京海关关区准军事化纪律部队示范单位”的目标，率先迈出了探索建设准军事化纪律部队的步伐。

2003 年 4 月，无锡海关成立准军事化建设领导小组，确定关长为第一责任人，并在人事政工科设立“‘准军’建设办公室”，明确组织架构和相关职能，为后续准军事化建设起好步提供了组织保障。

照片档案：2003 年，南京海关所属无锡海关率先迈出探索建设准军事化纪律部队的步伐

万丈高台，始于一石。当月，无锡海关就组织全关近百名 55 周岁以下的关员，到驻锡武警 181 师教导队进行为期 10 天的封闭式军训，深入体验制度严密、纪律严明、作风严谨、军容严整、管理严格的军营生活，为下一步实行准军事化管理奠定了良好基础。

照片档案：2003 年 4 月，南京海关所属无锡海关关员在武警某教导队开展封闭式军训

同时，无锡海关以实行关衔制度、加强基层建设为契机，借鉴部队内务条令规定，认真研究制定了《无锡海关礼仪、内务管理规范》《无锡海关办公大楼管理规定汇编》等 2 大类 20 项制度，至此，无锡海关准军事化纪律部队建设初具雏形。

出列，接受检验

2003年9月12日，国务院举行授予海关关衔仪式。同年9月19日，无锡海关在该关大礼堂举行“无锡海关授予关衔仪式”，首次被授予关衔的82名关员参加仪式。

照片档案：2003年9月19日，南京海关所属无锡海关举行授予关衔仪式

照片档案：2003年9月19日，南京海关所属无锡海关关员在授予关衔仪式上互相佩戴关衔

2003年年底，鉴于无锡海关在海关准军事化纪律部队建设作出的一系列有益探索和积极尝试，海关总署决定在无锡海关召开全国海关基层建设汇报会，检验并推广无锡海关准军事化建设经验。

为高标准完成海关总署赋予的这一光荣而艰巨的任务，无锡海关党组要求利用2004年春节前后的2个月时间，组织以内务整理、作风整顿、队列演示等为主要内容的强化训练。同时，为群策群力、集思广益，党组决定在无锡海关军转干部中征集强化训练实施方案。

曾在武警部队任团副政委的军转干部沈万荣拟制的方案脱颖而出，他也被从业务部门抽调至人事政工科，专职从事准军事化建设成果汇报的筹划与实施工作，成了无锡海关准军事化建设的“先锋官”。

按照关领导的部署，沈万荣从“建制”与“整形”两手抓起，牵头制订、出台了《队列训练与考核验收实施方案》《经常性内务督查实施办法》《无锡海关接受署领导检阅及队列演示方案》《关员日常养成训练及检查实施办法》及一系列配套实施细则。

无锡海关先后从部队请来10多名教官，带领大家利用休息时间和节

照片档案：2004 年 1 月，南京海关所属无锡海关开展队列训练

假日开展训练，又将 8 名队列骨干送到部队教导队，让他们在大熔炉里经磨炼、受熏陶、练技能，打造出南京关区首支队列示范标兵队。

随着《无锡海关准军事化建设教学片》和《无锡海关准军事化建设巡礼》拍制完成，无锡海关已经列好队形，只待检阅。

千锤百炼，锋芒展露。2004 年 2 月，全国海关基层建设汇报会如期

照片档案：2004 年 2 月，全国海关基层建设汇报会在原海关总署教育培训基地（无锡）召开

在原海关总署教育培训基地（无锡）召开，无锡海关集中进行了准军事化建设成果展示，署领导及与会代表给予高度评价：一流海关，一流水平！

随后，南京关区在无锡海关召开现场观摩会，全面推广无锡海关经验做法，关区各隶属海关，天津、青岛、深圳、重庆等 10 多个直属海关纷纷前来学习交流，系统内外相关网页、刊物等多次登载无锡海关准军事化建设的文章。

“无锡经验”迅速在关区乃至全国海关得到认可与推广。

新华日报
XINHUA DAILY
重要新闻
为进出口企业制作便捷通关“套餐”
南京海关力推“352”措施
国际商报
口岸周刊/海关
南京海关
基层建设谱新篇
南京海关加强基层建设

实物档案：2004 年 2 月 24 日、25 日，新闻媒体报道南京海关所属无锡海关准军事化建设成果的文章

坚持，永无止境

面对闪亮的荣耀，无锡海关并没有止步不前。

经过反复研讨，全关达成共识：绝不能片面地把准军事化建设理解为队列训练和封闭式管理。准军事化建设就是要借鉴和参照军队的管理理念与手段，结合海关自身的实际与特点，强化海关内部管理并把它作为强化队伍建设的基本任务长期坚持下去。

2004 年，无锡海关以强化训练和规范举止为重点，突出对“形似”的锻造与规范，相继出台《经常性内务督查实施办法》《关于建立经常性教育培训考核机制的实施意见》《队列训练规范》《思想政治工作规范》《海关工作人员日常行为规范及考核办法》等一系列文件。

同时，进一步学习人民军队开展思想政治工作的好传统、好办法，通过专题教育制度、关员思想分析制度、谈心制度、月学习制度、日讲评制度、以老带新帮教制度等的建立和完善，确保思想政治工作开展经常化、细微化、实效化。

2005 年 6 月，无锡海关被海关总署确定为全国海关准军事化纪律部队建设试点单位。

百尺竿头，更进一步。站在新的起点，无锡海关认为“不能因为我关准军事化建设起步较早、并取得了一定成效，就沾沾自喜”，要将海关总署关于试点工作的要求与本关实际相结合，以创新的精神去开拓和丰富准军事化纪律部队建设的内涵。

2005 年 7 月 21 日，无锡海关依照海关总署《2004—2010 年建设准军事化海关纪律部队的指导意见》，结合 3 年来在准军事化建设上的实践与探索，并借鉴其他海关的有益做法，制订下发了《无锡海关准军事化纪律部队建设实施方案（试行）》。

该方案的出台，标志着无锡海关对建设准军事化纪律部队建设的探索与实践开始步入成熟。

在此基础上，无锡海关还开创性地引入 ISO9000 质量管理体系，进一步规范内部秩序与执法行为，借鉴军队组训方法，着力提高队伍的业务素质，建立工作例会、专项检查、定期会操、监察督导、信息交流、岗位练兵六项制度，确保准军事化纪律部队建设工作始终沿着良性发展的轨道前进。2005 年 11 月，全国海关“准军事化海关纪律部队建设试点工作会议”在福州海关召开。无锡海关作为隶属海关代表在会上作了经验介绍，其中一些观点和做法被海关总署随后制订的《建设准军事化海关纪律部队指导方案》采纳，再次为全国海关准军事化纪律部队建设工作贡献了宝贵的“无锡经验”。

照片档案：2005年11月，南京海关所属无锡海关作为隶属海关代表参加在福州举办的全国海关准军事化海关纪律部队建设试点工作总结交流会

任重道远，策马扬鞭。2018年4月，根据国务院机构改革方案，出入境检验检疫管理职责及队伍划入海关总署，海关队伍发展壮大，无锡海关围绕“内强素质、外树形象”，持续扎实推进准军事化纪律部队建设。在全关范围打造9个内务规范“样板间”，强化办公秩序、仪容着装、环境卫生、服务基层等管理，以点带面，全面提升内务规范执行成效。通过选拔，成立由18人组成的无锡海关仪仗队，定期组织训练，承担升国旗任务并进行队列展示，集中展现准军事化纪律部队建设成果，提振队伍精气神。

20年来，在准军事化纪律部队建设的道路上，无锡海关一直在探索中实践，在实践中沉淀。作为全国文明单位，无锡海关连续11年获得无锡市“为民服务示范窗口”和“为民服务先进标兵”，连续多年被评为“江苏省文明口岸先进单位”，无锡海关报关厅2019年获评、2022年复评“全国青年文明号”，“翼展”党建平台2020年6月被海关总署授予“海关基层党建示范品牌”。

这是无锡海关准军事化纪律部队建设的剪影，也是全国海关准军事化纪律部队建设的缩影！

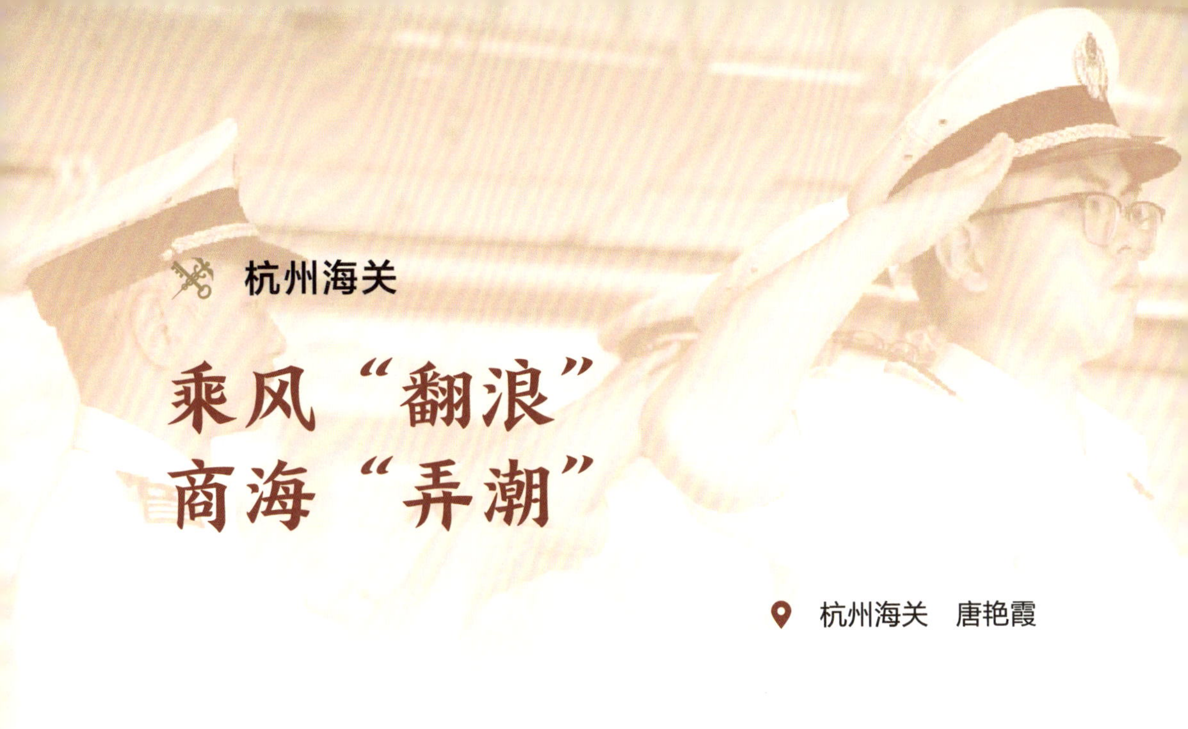

杭州海关

乘风“翻浪”商海“弄潮”

杭州海关 唐艳霞

2023年9月11日，习近平总书记给红其拉甫海关全体关员重要回信，对海关系统干部职工更好履行职责使命提出了殷切期望。

“小商品、大市场，再造新辉煌!”2023年9月20日，习近平总书记到浙江省义乌市义乌国际商贸城考察时，传递出共促发展提振信心的鲜明信号。在习近平总书记的关心关怀下，“买卖全球”的义乌正向世界讲述着新时代中国的商贸传奇。

在这场传奇中，有“日均发送超3000万件快递”的庞大数据，有从“义新欧”裹挟的世界风到“直播村”不熄的长明灯。而对参与其中的杭州海关所属义乌海关来说，义乌市对外贸易发展的大合奏，离不开海关节奏鲜明的鼓点，海关通过自身的发展折射出义乌共同富裕的历史进程。让我们揭开一页页档案，见证义乌海关的发展历程，见证义乌大地的沧桑巨变。

授衔初期：胚胎孕育向阳花

“鸡毛换糖咯……”在20世纪80年代的大街小巷中，义乌货郎以“百样生意挑两肩，一副糖担十八变”的模样，打响了商贸的“第一枪”。在那个物资匮乏的年代，义乌的小商小贩为了生计，挑着担子走南闯北，用红糖、草纸、针线、纽扣等低廉物品，换居民家中的鸡毛等废品以获取微利，这个时候的义乌并没有将经商之手“伸”出城市，海关也只出现在口岸。

如果义乌未“嗅”到机会，那未来在内陆县市设立海关的传奇，也可能淹没在历史长河中。进入21世纪，义乌抓准中国加入世界贸易组织这一时机，积极实施“买全球货、卖全球货”的国际性商贸城市发展战略，在德国、日本等多个国家设立办事处，义乌对外贸易掀开华丽篇章。金华海关驻义乌办事处的成立，实现了义乌辖区海关业务的从无到有。这时候距离海关队伍授衔还有1年，义乌办事处的关员们也无法预料，未来他们将迎来海关的“肩上改革”，这一改革也促使在义乌的海关队伍快速成长。

“义乌外贸的成长速度真的太快了，那时在义乌的海关机构可以说是被这股强大的势头推着走。”义乌海关办公室四级高级主办马旭晶是如今关里为数不多的经历过在义乌设立海关机构的关员。作为亲历者的她，经历了海关队伍授衔前后的变化，自然明白“成长”的诸多烦恼。据她回忆，当时义乌国际商贸城发展迅速，快速推动着义乌步入第五代市场时代。作为义乌对外贸易的“把关口与服务者”，当时致力于义乌地方经济发展的海关机构，努力用各种改革、创新做好对外贸易服务。恰在此时，“授衔”助推对外贸易服务进一步优化的篇章正在悄然翻开。

改革的“帆船”很快就被推上“浪尖”。2003年，谁也没想到这一年会成为义乌对外贸易和海关机构双向“催化”过程中举足轻重的一年。这一年，义乌国际物流中心的启用让义乌的外贸物流体量极速增长，对外贸易迈上了新的台阶；这一年，海关也迎来光荣而神圣的授予关衔仪式，加速了海关队伍的茁壮成长。

内心的变化是当时在义乌的海关关员们的“共性”，他们坚信，海关队伍授衔后的纪律部队建设和义乌这个外贸“膏腴之地”的相互碰撞，必然会给当时的义乌海关业务带来充足的“养料”。果然，随着义乌小商品出口量的日益增长，海关关员们动力十足，以时不我待的紧迫感推动海关业务改革；以只争朝夕的奋斗精神，实现义乌小商品监管的科技赋能和高效通关，初步打通义乌属地报关通道。小商品集装箱量从2002年的0.9万标箱，飙升至2004年的12.6万标箱。

在胚胎中孕育的向阳花，充满着开拓创新的精神，种下永不言败的种子。海关人授衔后，在当时一日千里的义乌“商海”中，义不容辞地担起打通小商品出口通道的历史使命，为义乌后续对外贸易产业蓬勃发展奠定了良好的基础。

照片档案：2023年9月7日，杭州海关所属义乌海关关员开展队列展示活动

授衔10年：大棚里的初生小牛犊

义乌从一个浙江中部曾经的贫困县，一跃成为中国改革的“模范生”和社会主义市场经济最典型的区域成功样本，为内陆县级市海关的设立增加了强劲的助推力。2009年，杭州海关设立关区首个位于县级市的隶属海关，义乌海关从此正式开启了它在义乌这片商海中“翻浪”“弄潮”的历程。

“啪”地一声响，2012年9月28日，义乌海关业务大厅内，关员拿起鲜红的验讫章，盖在一张报关单上。2165票、3732标箱！义乌海关又一个单日业务量纪录诞生了。天色暗下来，报关员陆续离开，近百平方米的大厅终于安静了。收起印章，监管通关科放行转关组的同事们，甩甩胳膊，因持续高强度工作而绷紧的心也逐渐放松下来。

不过，这样的场景在第2年就悄然改变了。2013年是海关队伍授衔10周年，10年对于一个孩子来讲，仍显稚嫩，但对于义乌海关来说，经历了大刀阔斧的改革，感受过波涛汹涌的商海浪潮，已经是淬火成钢铸成铁军。这一年，“无纸化通关改革”横空出世，义乌海关在全国范围内率先开展了转关无纸化改革，自主研发转关申报单自动审核放行程序并在全国推广。费时费力的印章，被计算机替代，结束了“集贸市场”式的办公模式，义乌小商品出口迎来了“高速”通关时代。

在授衔10多年的时间里，刚在各种改革中初显成效的义乌海关，又要在对外贸易的“轨道”上开始“铆钉”。在“跳出浙江发展浙江”发展战略的引领下，“义新欧”班列拉响了对外贸易的发展“汽笛”，义乌海关的关员也拿起了护航的“把手”，把实打实的“安全钉子”，一颗颗嵌入对外贸易发展轨道上。

“每位海关关员都深深懂得，佩戴关衔不仅仅是一种荣誉，更重要的是一种责任。所做的一切，都要同肩上佩戴的关衔相称，都要对国家对人民负责，做人民放心的国门卫士。”义乌海关监管二科的关员李青春说他永远记得在2003年的首次授衔仪式上，党和国家领导人对海关提出的殷切期望。作为“老关员”的他，每天看着一趟趟“义新欧”班列鸣笛而出，遥想2000多年前的丝路驼铃响，变成了如今嘹亮的汽笛声，作为守航人，更觉得义不容辞。李青春说，义乌海关的成长不容易，关员的成长也历经风雨、改革和机遇。但在此过程中，关员们以肩上的关衔为激励，经历了一段又一段的奋斗时光。

2014年到现在，李青春坚守的“义新欧”班列从第1条线路到第18条线路，运输网络逐步完善，辐射效应日益凸显。“义新欧”中欧班列取得进出口货物贸易额连续9年增长的亮眼成绩，也得益于包括李青春在内的全体义乌海关人夜以继日的坚守和不断的创新。

授衔 10 年来，初生牛犊般的敢作敢为，让海关人有了铁一般的意志和钢一般的毅力，促使海关人在义乌这片贸易热土上，勇立潮头，为当地贸易改革、对外发展助力。

照片档案：2020 年 9 月 24 日，杭州海关所属义乌海关关员对中欧班列货物进行监管

授衔 20 年：意气风发的壮年

10 余年肩上芳华，倏忽即逝，授衔 20 周年的海关队伍意气风发。在义乌海关大楼的海关主题展厅内，一张张图片、一段段影像、一帧帧动图，无一不展现着义乌海关队伍授衔以来的改革成果和精神面貌。

而回忆起 20 年前的授衔，那一代海关人至今记忆犹新："大家都心情激动、互相佩戴肩章，对着镜子反复练习敬礼姿势。"各单位部门干部职工都忙着用镜头记录下难忘的"海关一日"。细细想来，授衔后的 20 年光阴里的每一次阔步向前，都在为那天延续属于海关的荣光。

现在，一张张电子报关单带着源源不断的小商品从义乌出发奔赴世界

照片档案：2022 年 8 月 4 日，杭州海关所属义乌海关组织关员开展队列强化训练，统一规范敬礼、站姿等队列动作要领

各个角落。走到义乌铁路口岸，也能感受到在关员护航下的汽笛喧嚣、烟尘滚滚的繁华。可背后，每一张报关单的“出世”都蕴藏了授衔以来义乌海关一次又一次破釜沉舟的改革，每一列中欧班列都满载着义乌海关人的热情、负责和担当。他们以授衔的荣光为起点，不断延伸海关的使命，为义乌外贸扫清“路上雪”、为义乌商品出国“扶马而上”。

多年的探索创新，义乌海关将改革红利和制度优势拓展、辐射到全市，以“关通天下”的担当作为，推动义乌贸易伙伴遍及全球。未来，义乌海关还将延续授衔的激情和奋斗昂扬的姿态，持续释放“意气风发”的精气神，以闻鸡起舞、日夜兼程的奋斗姿态，浇灌义乌欣欣向荣的“开放之花”。

关徽照亮初心

杭州海关 兰 磊

2023 年是海关关衔制度实行 20 周年。9 月 11 日，习近平总书记给红其拉甫海关全体关员的重要回信，在海关系统引起巨大反响。海关系统人人都洋溢着自豪之情，充满着感恩之心，焕发着奋斗之志！

一遍遍读着习近平总书记的重要回信，我的思绪不禁回到了 20 年前。2003 年 9 月 12 日，国务院隆重举行了海关首授关衔仪式。20 年来，我们把“垂直管理”刻入骨髓、融入血脉，“令行禁止”成为每一个海关人的基本行为规范；我们把“内强素质、外树形象”作为根本抓手，全方位、多层次开展岗位练兵和形象建设。

岁月如歌，档案留痕。杭州海关所属钱江海关档案里，一份份档案展示了这一段海关纪律部队建设的辉煌历史演进，也反映了海关事业发展带来的丰硕成果。

奋楫笃行担使命

习近平总书记给红其拉甫海关全体关员的重要回信全文 218 个字，字字千钧！这段时间，在学习重要回信过程中，钱江海关的基层关员围绕“我们肩头的重量”展开了热议和思考。

面对 17 克的关徽，我们的关员说：“关徽在前，使命在肩，我们将肩负着嘱托和期许，不断向前。”

身扛 15 千克的核防护装备，2 千克的查验工具箱，我们的关员说：

“沉甸甸的重量，伴随我日渐沉稳，帮助我履行守国门、促发展的职责使命。”

携带56克的“身份证”——行政执法证，206克的“护身符”——执法记录仪，我们的关员说：“它的重量，是责任，更是一线执法人员不断学习不断提升的积累。”

整理一份312克的稽查档案，我们的关员说：“一本本档案，一页页案卷，蕴藏着海关规范企业经营、打击违法行为的决心。”

连续12年荣获“红旗窗口”称号的市民中心窗口柜台前，放置着为群众准备的550克的瓶装矿泉水，我们的关员说：“希望通过一丝丝的清凉，不断增加‘让人民满意’的分量。”

打印一份7克的原产地证书，我们的关员说：“原产地证书分量最轻，但效力很重，它被称为外贸出口‘纸黄金’。”

2023年“内务规范强化月”期间，钱江海关组织开展了“战狼集训营”。烽火四月、狼烟四起，油彩、雨水和汗水混杂的脸庞背后，是我们“团队、责任、担当”的内核，19分钟的实况视频分两批在全关播放，引起了集体共鸣，很多同志看得热泪盈眶，激发了全关上下“齐奋斗”的意志和情怀。

照片档案：2023年“内务规范强化月”期间，杭州海关所属钱江海关组织开展培养团队意识和体能训练的“战狼集训”

亚运火炬熊熊燃烧，运动员在赛场上拼搏奋斗，钱江海关则以最硬核的作风确保在马匹监管、物资通关和食品安全等领域交出满意答卷，当好让党放心、让人民满意的国门卫士。

近年来，我们以打造“全面过硬、全域建强”的纪律队伍为目标，切实强化“整体建设”，牢固树立“内外兼修”，更加突出“以人为本”，以海关纪律部队建设的扎实推进，为各项事业发展打下坚实的基础。

从成立至今，短短 4 年多来，钱江海关累计荣获国家级荣誉 10 项，署级荣誉 12 项，省部级荣誉 27 项，关区级荣誉 225 项。班子考核连续 2 年取得优秀，纪律部队建设和海关事业发展收获满满。钱江海关全体同志守正初心，用奋斗和实干扛牢“红船边的海关”的使命担当。

逐梦未来建新功

习近平总书记给红其拉甫海关全体关员的重要回信为我们做好新时代海关工作提供了根本遵循。关徽闪耀，我们站在海关队伍授衔 20 周年新的历史起点。

我们将以忠诚为魂，以纪律为纲，以本领为要，以文化为本，以荣誉为灯，深入持续推进新时代海关纪律部队建设走深走实。

我们将集全关之智，深度融入智慧海关建设。在跨境电商、智慧邮检等领域积极探索数字化、智能化应用场景搭建。

我们将汇全关之力，全面践行“智关强国”行动。以“功成不必在我”

照片档案：2023 年杭州亚运会期间，杭州海关所属钱江海关设立“亚运专窗”，全力保障杭州亚运会进出口物资高效顺畅通关

的情怀和“功成必定有我”的担当，用基层的“智慧之火”点亮“智关强国”行动之光。

肩上梦华二十载，无悔身为海关人！

我们将赓续初心，以梦为马，不负韶华！

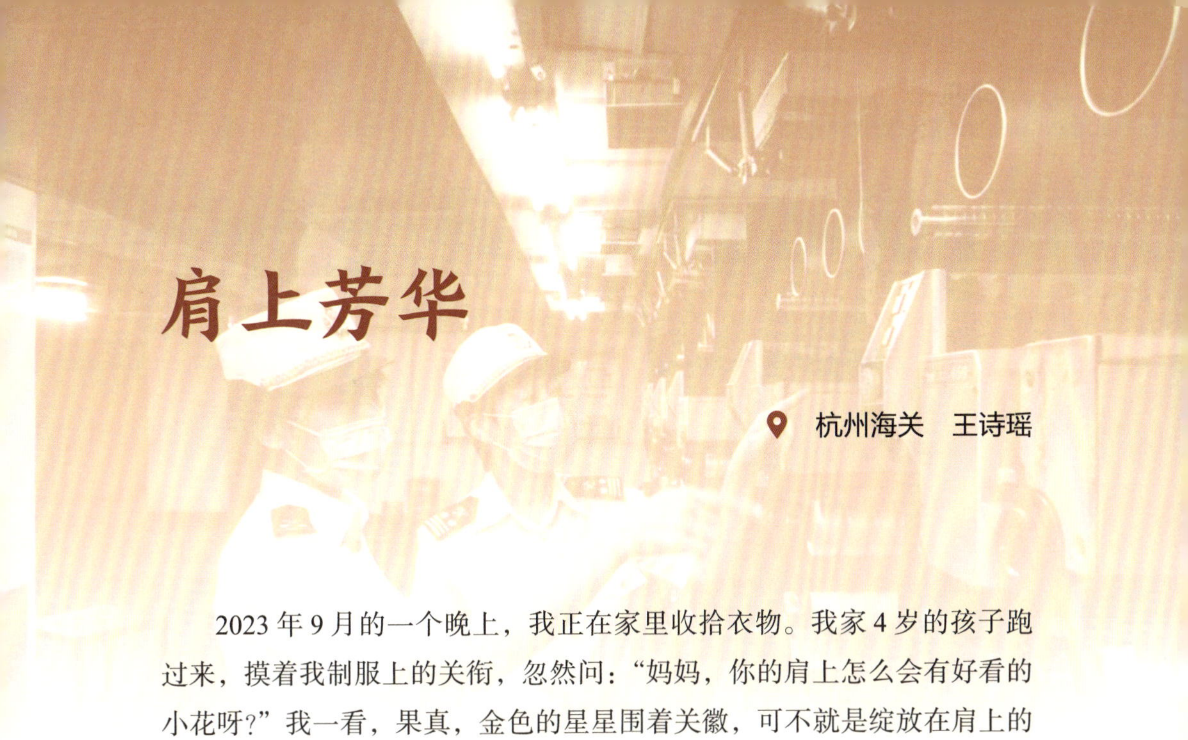

肩上芳华

杭州海关　王诗瑶

2023 年 9 月的一个晚上，我正在家里收拾衣物。我家 4 岁的孩子跑过来，摸着我制服上的关衔，忽然问：“妈妈，你的肩上怎么会有好看的小花呀？”我一看，果真，金色的星星围着关徽，可不就是绽放在肩上的芳华吗？

花开不言，芳华烁烁。今天，我且采撷其中几朵，与诸君分享。

向心播种——我的初向往

2023 年 3 月，在整理杭州海关所属温州海关 50 周年历史档案资料时，我看到了一段新闻报道影像，是关于 2003 年温州海关全体关员参加首次授衔活动时的记录。这段影像把我的记忆拉回到过去。那时候，我还是一名初中生，我清晰记得父亲看了报纸上温州海关授衔仪式的报道后，对我笑着说：“爷爷有军衔，爸爸有警衔，你以后会不会戴上关衔呢？”这芳华，萌芽在每个海关人肩头，也悄悄播种在我心里。

2023 年 9 月 11 日，在海关关衔制度实行 20 周年之际，习近平总书记在写给红其拉甫海关全体关员的重要回信中强调，海关担负着守国门、促发展的职责使命，做好海关工作意义重大。

习近平总书记的重要回信字字千钧。我想，当年的海关关员佩戴新授的关衔，意味着新的形象、新的面貌，更意味着从那时起，海关人就肩负着更大、更重要的职责使命。

实物档案：2003 年 9 月 25 日，《温州日报》《温州商报》《温州都市报》等主流报业媒体对杭州海关所属温州海关首次授衔仪式进行报道

向下扎根——我的成长

父亲与我的戏言竟然幸运地成为现实，我于 2011 年进入海关工作，经过初任培训后，如愿佩戴上了嵌有金色关徽的黑色肩章。载着肩上的花骨朵，也带着对海关人职责使命的懵懂认识，我来到了温州海关报关厅。

照片档案：2011 年 9 月，2011 级杭州海关新录用公务员参加初任培训集体会操后合影留念

望着忙碌的大厅，我陷入思考，一个“菜鸟”如何能快速地成长为一名业务精通的合格关员？当时网络上正流行利用碎片时间“微学习”，于是，我给自己制订了“微成长”计划：5 分钟预习，列一列今天要做什么；5 分钟学习，翻一翻最新的文件；5 分钟复盘，想一想应该如何把工作处理得更好。功底要扎实，文件要吃透，问题要跟进……我逐渐明白，先要业务精，才能立住自身，担好肩头的责任。

肩上的花骨朵，已向下扎根，记录了我从“我不会”到“我能行”的成长过程。

向外生长——我“不在岗”

随着时间推移，我晋衔为三级关务督办，肩章也变成了“二杠一星”。身边人对我的称呼也不再是小王，随着更多年轻的同事入关，开始有新同事跟着我学习，他们叫我王老师。有一天，一名报关员突然问我：“王老师，最近大楼里都没看见你呀？”

其实，随着工作经历的累积，我已意识到，要做一个本领过硬的海关青年绝不能纸上谈兵，更不能单枪匹马。如何打造一个能干事能成事的青年团队？我和青年关员们走出办公室这方寸之间，走向企业、厂房、车间，去把每个问题调研好，把每个困难解决好，还走向社区、街道、地方政府，去把正能量传递出来，去把助推发展的重任承担起来。我们一直在岗，到处都是我们的办公室。

肩上芳华，已蓬勃生长，见证了“我能行”到“我们行”的转变。

照片档案：2022 年 7 月 20 日，王诗瑶（左）和同事赴华峰集团开展保税监管业务调研

向阳绽放——齐奋斗的我们

“叮叮叮……”从两周前开始，在我们名为“温关青年”的团委微信群里，信息的提示音就没有停过。这次，不是我这个团委书记组织了什么喜闻乐见的主题团日活动，而是我在群里发了一则关于招募支援温州机场亚运保障工作志愿者的通知。

在发出这条信息之前，我的心情是忐忑的，支援工作强度高压力大，还覆盖了所有的法定节假日，会有人报名吗？

然而结果出乎我的意料，这是我组织团的活动以来，响应最为积极的一次，短短 4 个小时，全关就有三分之二的青年主动要求参加。印象最深的是身在外地出差的青年关员对我说：“书记，我先预报名，随时听组织的安排。”

照片档案：2023 年 9 月 6 日，杭州海关所属温州海关举行支援亚运保障人员出征仪式

此时，我们肩上的芳华，已伸展出坚实的枝蔓，见证了“我们行”到“齐奋斗”的进步。

我不是一个恋旧的人，但是对每一枚肩章都格外珍视，晋衔后换下来的肩章也都好好珍藏。因为在我看来，肩上芳华陪我经历了挫折，也伴我渡过难关，参与了我所有平凡又动听的海关故事。它是我加入海关队伍后的第一个挚友，陪伴我，鼓励我，它更是一位良师，监督我，鞭策我。

愿这肩上芳华，伴君前行，一路生花。

莫干山下的老黄牛

杭州海关　周　彬　赵亚运

2023年，是中国海关关衔制度实行20周年。

海关关衔意味着什么？是荣誉还是责任？在我的同事黄江那里，我找到了答案。

黄江，是杭州海关所属湖州海关驻德清办事处业务一科的科长。不知不觉间，黄江已经在海关一线查验岗位奋斗了近20年，他的衔级也从当初的二级关务督办晋升到了如今的二级关务督察。接下来，让我们翻开档案，讲一讲黄江关衔晋升的故事吧。

走下讲台　穿上关服——初定报国之志

初次见面，你一定会惊讶于黄江的满头白发，还有爽朗的笑声。同事们亲切地给他取了一个绰号——老黄牛。大学毕业后，黄江走上三尺讲台，成为一名中专化学老师。后来，“不安分”的他决定继续深造，先是考上了研究生，后来，年轻的他被熠熠生辉的商神手杖和金钥匙所吸引，成为一名海关关员。从此，海关便多了一名忠诚担当的国门卫士。

跟其他海关人一样，黄江在进入海关这个大家庭后，深刻感知到海关守国门、促发展的职责使命，并立下了为国为民守好国门的志向。他进入海关的这一年，是海关实行关衔制度的第3年。这一年，他的衔级被定为二级关务督办。

在他刚授衔的那会儿，别人曾羡慕地问他感觉如何，凝视着那由一枚关徽、二道横杠和二枚星花组成的肩章，他说，感觉又轻又重。

为什么这么说？

他说，戴在身上感觉不到什么重量，和一身制服融为一体。但心里感觉责任重大，沉甸甸的。

一副关衔，重量不足身体重量的千分之一，但它所蕴含的意义却无比厚重，因为它承载着的是国家和人民的信任和嘱托。我相信，每一位海关人，都能感知到它特有的神圣含义。而黄江，也没有辜负这一份信任和嘱托，扎根基层一线，默默奉献他的青春年华。

当你被授衔的那一刻，就意味着同时接受了为国把关的职责使命，这是黄江对关衔意义的最初体会。

照片档案：2011 年 12 月 15 日上午，杭州海关所属湖州海关组织开展队列会操比赛，第一队列排头为黄江

临“危”受命　勇挑重担——促进外贸发展

随着安吉县外贸经济的飞速发展，在安吉县设立海关监管点势在必

行。安吉港海关监管点成立之初，工作繁杂，人手紧张，急需一个懂查验业务又能适应艰苦条件的同志来负责查验工作。于是，组织上委派黄江到这里开展工作。

刚开始，安吉港并不为当地进出口企业所熟知，于是，黄江以“山沟沟里开出万吨轮”为目标，实地走访一家家当地外贸企业，向企业宣传安吉港的功能和海关通关一体化改革等政策。为了让当地外贸企业享受“家门口”的通关便利，他忙起来经常是连轴转。

安吉椅业的出口量占到全国的30%，并处于高速增长阶段。为保证满载货物的集装箱能够及时进港，黄江和他的同事坚持执行24小时预约通关政策，几乎每天都要等到晚上九十点钟，只要还有一个企业需要报关，他们就不会拖延到第二天。那些日子，黄江都是选择住在单位，周六日也常常加班加点，忙到深夜。

功夫不负有心人，他用热情走遍安吉山沟沟里的每一个乡镇，用坚持迎来了一票又一票报关单，送走了一艘又一艘开往世界各地的货轮。随着业务快速增长，那一年他和同事在安吉监管的集装箱达到了2万标箱，排成一列可达118千米，相当于湖州至安吉一个来回。如今，安吉港已发展成为湖州最繁忙的外贸通关口岸之一。

不久之后，黄江的关衔晋升，多出了一枚星花。此刻的他也体会到了肩上挂着那枚关徽的关衔更深一层的含义：勇挑重担，冲锋在前。

实物档案：2013年12月12日，安吉川达物流有限公司向杭州海关所属湖州海关监控查验科赠送“公正执法 恪尽职守 高效服务 无私奉献”的锦旗

兢兢业业　不忘初心——守好国门安全

17年的光阴，他从风华正茂的青年关员到两鬓斑白的老科长，工作岗位已经多次调整，不变的是肩上熠熠生辉的金色关徽和内心深处的初心使命。

“我在查验一线工作快17年了，查验工作没有任何捷径，必须认认真真、脚踏实地，在干中学，在学中干。”被问起长期坚守一线的体会时，黄江这样说。

他始终牢记监管是海关最基本最重要的职责，作为一名经验丰富的查验老兵，黄江在日常工作中注重积累，不断总结提高进出口商品数据风险分析技能。他曾查获多起进口危化品不合格情事，多次截获外来有害生物，也曾查获多起重大走私违规案件。

“细心一点，国家和人民的利益就能少损失一点”“多学一点，自己的成长进步才能快一点”。工作之余，他经常提醒自己，要承担起肩负的责任，因为查验中任何一个小的疏忽大意，都可能对国家和人民的财产造成损失。过硬的专业知识和长期的工作经验练就了他一双“火眼金睛”。在一次极为平常的查验中，他凭借自己的化工专业知识，敏锐地发现查验的货物和企业申报的货物在性状、颜色、质地等方面存在细微的差别，最终顺藤摸瓜查获一起化工品伪报案件，为国家挽回经济损失6000多万元。“打铁还需自身硬。”他常常告诫年轻人，“趁着年轻就要多学习，增长本领和才干，才能实现人生价值。”

查验工作也是对他体力和意志的双重考验。在地表温度五六十摄氏度的水泥场地上奔走，在被阳光炙烤又闷又热、散发着异味的集装箱里查验，已成为家常便饭。深蓝色的查验服上总是会清晰地留下汗水晒干后白色的盐渍，每个夏季过后，黄江的肤色总黑了“八度”。

辛苦的奋斗换来了丰硕的成果。黄江的关衔从关务督办晋升到了关务督察，肩章有了“三道横杠”。这也让他成就了自己，成为一名经验丰富的查验专家。

此时，关衔对他来说意味着什么？他说：是坚持，是肯定，是荣誉！

照片档案：2022 年 9 月 13 日上午，黄江（右一）和同事对出口宠物用品猫爬架进行现场查验

恪尽职守　俯首为民——甘为孺子牛

作为一名共产党员，作为一名基层公务员，恪尽职守，甘于奉献，是本分也是职责，黄江正是这样做的。

湖州海关驻德清办事处位于德清县，依傍着莫干山，辖区内企业分布分散，路途崎岖，查验量较大，黄江每天有将近一半的时间都是在车上度过的。为了更好地利用时间，黄江的很多业务准备工作都是在车上完成的，他笑称自己最早享受了“移动办公”的便利。尽管常年患有高血压，长时间的坐车有时会导致他血压升高，甚至头晕目眩，他也总是稍事休息后便继续工作，就像一头不知疲倦的老黄牛。

对于黄江来说，最大的心愿还是让企业得到实惠。他将“我为群众办实事”实践活动融入日常工作，在对某家电企业进口的燃气热水器进行目的地查检时，了解到企业进口量大、货物货值高，常常被仓储成本偏高的问题困扰。对此，黄江多次上门了解企业具体物流流向，向企业负责人详细介绍德清保税物流中心的保税物流平台作用和相关政策，为企业提

照片档案：2023年1月18日，黄江（左一）和同事在德清多功能港区海关监管场所开展场所巡查

供“一企一策”入区帮扶计划。最终，该企业430台进口热水器产品进入保税物流中心，节约成本数万元。

如今的他，已成为二级关务督察，肩上的肩章是“三道横杠”和“二枚星花”。伴随晋升，肩章“一路生花”，对于关衔他又有了新的认识：这是来自党和人民的信任，是自我人生价值的体现。

作为一名一线查验科长，黄江的脚步遍及湖州三县两区，用他的实际行动诠释着新时代海关人的责任与担当。阳光下，那副黑底烫金的关衔肩章，在他的肩膀上，折射出耀眼的光……

这就是我的同事黄江的真实故事，虽然平凡，但令人感动。

星光闪耀

杭州海关　顾承峰

2023 年 9 月 12 日，我在杭州海关纪检干部能力培训班上满怀激动地学习了习近平总书记给红其拉甫海关全体关员的重要回信，全文 218 个字，每个字都是至高无上的荣誉，每个字都深深地刻进海关人的心里。12 年前的这一天，我从部队转业进入海关。这次，我想用三组符号，来述说我心中的海关。

从“≠”到“=”

初到海关，从军衔到关衔，看着相似，但对我来讲，却是一个大写的“不等于”。但当我一步步融入海关后，却又发现，原来有很多的相等处。

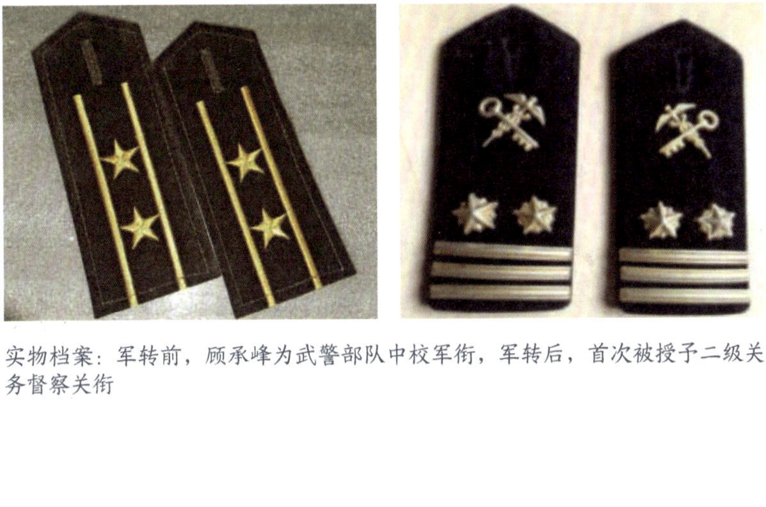

实物档案：军转前，顾承峰为武警部队中校军衔，军转后，首次被授予二级关务督察关衔

照片档案：2011年6月21日，时任武警湖州市支队副支队长的顾承峰在部队执行任务中

照片档案：2021年5月10日，顾承峰作为队列教练员为杭州海关所属钱江海关队列教员授课

我的海关生涯是从机场旅检开始的。旅检关员的辛苦，只有体会过的才知道。每次国际航班出发、到达都是一场小型“战斗”，快速判图、开箱、查验、处置，每位关员都成了一部停不下来的机器，但大家始终团结协作、并肩作战。2016年9月，G20峰会在杭州召开，20国集团政要齐聚杭州，旅检现场迎来了大战考验。这是一项重大的政治任务，我所在的杭州海关所属萧山机场海关举行了出征誓师大会，全体关员整齐列队，面对国旗庄严宣誓，每个人的脸上、眼里都写满了坚毅。当我作为指挥员面向队列下达口令的那个时刻，仿佛又回到了那个激情燃烧的部队岁月。最终，全关上下团结奋战8昼夜，以敢打必胜的决心、最高最严的标准和最美最好的形象，圆满完成任务。

后来，我又先后在杭州海关、杭州海关所属钱江海关的政工部门工作，多次参与关区的重大活动，从G20峰会到疫情防控工作，再到杭州第19届亚运会亚运安保，在每一项工作中，我都看到一支忠诚、干净、

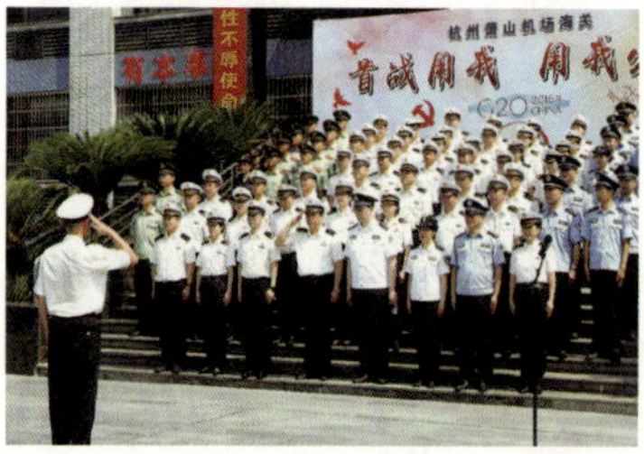

照片档案：2016年9月18日，杭州海关所属杭州萧山机场海关组织G20峰会出征誓师大会，顾承峰为指挥员

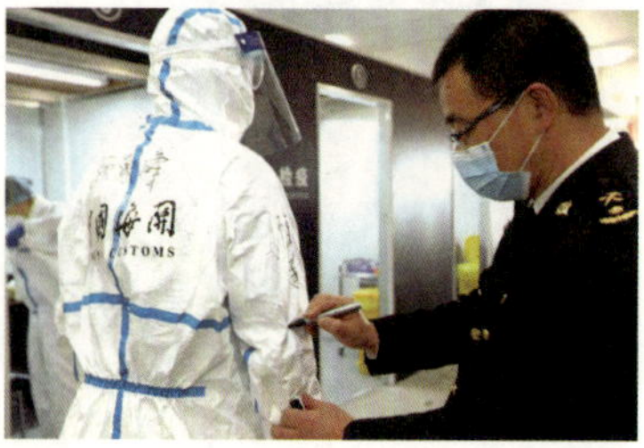

照片档案：2020年4月18日，顾承峰（左一）报名参加杭州海关所属杭州萧山机场海关旅检疫情防控工作

担当的纪律部队，感受到团结友爱、亲密无间的同志情感！

从“<”到“>”

纪律面前没有大小，是我在担任队列训练教练员过程中的感悟。

2018 年 8 月，我被抽调到海关总署，担任海关总署机关队列训练的军训教官。我带的三批学员，都是司局级以上领导干部，其中还有两位署领导。刚开始，我非常担忧这个“小兵”训“将军”的活儿不好干，但让我意外的是领导们不但没有摆架子、出难题，还一个比一个亲切，一个比一个认真。印象最深的是：有一位领导，收操了还拉着我出小操，反复练习敬礼动作，直到标准了才满意。两位署领导在公务繁忙的情况下，全程坚持与全体人员一起，完成了所有课目的训练。直到今天，当时的场景如在眼前，并一直深深地感动着我，也激励着我，这是我入关以来上过的最生动的一堂党课。

海关总署机关的率先垂范，为全国海关树立了样板。之后，无论我组织钱江海关的队列训练，还是负责关区的教练工作，我都有了最大的底气，因为队列训练里没有大小，只有纪律！

照片档案：2023 年 4 月 13 日，顾承峰与杭州海关队列教练员在嘉兴南湖革命纪念馆前宣誓

从“∈”到“∞”

我用∈来表达个体与集体间的从属关系，以∞代表使命传承和无限美好的前景。

2016年起，我作为兼职教师，多次参与海关总署和杭州海关新关员的初任培训，主要讲职业精神和心理建设。每一堂课，我都会以心换心，努力用党性来唤起他们的爱党、爱国、爱关之情，用真心来诠释海关职业精神，用真诚与大家交流互动，被新同志亲切地称为“最温暖的老师”。我深知，只有为他们种下精神信仰的种子，他们才能从政治上、思想上入关，他们的心才真正属于海关。作为新时代海关纪律部队的一员，我时刻铭记：每个人都是一心向党的一面红旗，无论做什么，都要胸怀国之大者！无论在哪里，都要坚决听从组织的召唤。国门卫士的眼里，没有困难，只有信念！

2023年是海关队伍授衔20周年，在我看来，关衔上的金色五星，象征着勇敢、坚韧、荣耀、文明及不息的传承。我坚信，新时代的杭州海关人，一定会坚定传承“红船边的海关”的光荣使命，将习近平总书记的重要回信精神，融化为守国门、促发展的职责使命，汇聚成强国建设、民族复兴的磅礴力量，让关衔上的星光与荣耀永远闪亮。

海关与我的四部曲

杭州海关　邓　蕾

第一部曲：不爱红装爱“武”装

外婆家的墙上，挂着一个很大的相框，正对着外婆休息时躺着的老藤椅。相框里有团团圆圆的家庭大合照、小舅舅戴着大红花的参军入伍照、小姨的工作照、大侄子的满月照……这些照片都对外婆有着十分重要而特殊的意义。

我也在相框里占着一个位置，那是我穿着海关制服的敬礼照。拍照的时候，我才刚刚入关，是第一次领到配发的全套制服。我和同宿舍的小姐妹都有点激动，趁着周末将所有的制服样式全都试了一遍，咔嚓咔嚓拍了很多照片。十多年前，家里的长辈都还没有用上微信，可是我迫不及待地想要让他们看到自己上班时的模样。于是，我将照片冲洗了两套，一套自己留念，一套寄送回家，想着妈妈也一定会为我感到骄傲。放假回家看望外婆的时候，我把自己留念的这套照片带去给老人家看看，不想却被外婆“抢”走了她最看重的

照片资料：2022年9月，邓蕾在自己首次授衔的第10年又一次拍摄了制服形象照，更新了外婆的相框

一张，后来还让我给她补齐了全套。

照片里的我，身穿秋季黑制服，头戴关帽，对着镜头认真而庄重地敬礼，动作标准，眼眸却很生涩，带着初入海关的好奇与懵懂。那时的我，刚刚经历初任培训，对于海关“纪律部队”这个概念记得很牢，却还没有完全理解其中的含义，只是默默提醒自己身为海关一员，要严格遵守内务规范，永远保持昂扬的精神面貌。

海关与我的第一部曲，是制服好看，人也很帅；是英姿飒爽，蓬勃向上！

第二部曲：责任感在心底生根发芽

一转眼我结束了新关员轮岗实习，被分配到杭州海关所属绍兴海关监管通关科，从事进出口通关业务，每天面对来来往往的报关员，审核单证、签字盖章，回答各式各样的业务咨询。一直以来，海关都在致力于改革，以回应时代之变、人民所需。我们作为基层海关一线关员，是改革落地的“最后一公里”，承担着答疑解惑、纾困解难的重要职责。我看到过企业因为系统对接不上延误船期而焦躁不安，是海关关员第一时间联系协调帮助解决了问题；看到过企业因为对新的归类政策不了解而担心忧愁，最终在海关关员耐心细致的讲解下打消了疑虑；看到过外国旅客因为语言不通不知道办理流程导致行李物品长期滞留口岸，是海关关员一边用着翻译软件讲解通关知识，一边手把手帮助他解了燃眉之急；看到过新开的报关行担心初来乍到被区别

照片档案：2022 年 8 月，杭州海关所属绍兴海关关员顶着夏日骄阳，深入辖区企业开展危化品检验监管作业

对待的忐忑不安，是海关关员一视同仁“管得住通得快”给他们吃下定心丸……我在窗口的时间不长，却将“首问负责”“一次性告知”“微笑”“耐心”“高效”等词语牢牢记在了心里。

慢慢地，我才明白，并不是穿上制服就是海关合格的一员，更要在日常工作中时时刻刻扛起责任、守牢底线，要把“人民海关为人民”的理念深深根植于心，才能不负头顶闪耀的关徽。

海关与我的第二部曲，是眼中有光，肩上有责；是热情服务，严守底线！

第三部曲：努力终会有回报

很快随着岗位调整，我离开了业务一线，成为办公室信息和法治条线上的一员。新的岗位往往意味着新的挑战，综合岗位的要求是站着能说、坐下能写，关心关注关里的大事小情，反应快、思维活，时刻在线、闻令而动。坦白说，刚刚调岗的那段日子，我经常因为承压能力不够，躲在办公室偷偷抹眼泪。有时候是因为绞尽脑汁写出的信息稿件被退回，有时候是因为懊恼自己的敏感度不够而错失优质选题，有时候是因为想不出好的法治宣传手段……

照片档案：2022 年 7 月，邓蕾在“政治机关青年说”主题演讲比赛中获得二等奖

沮丧的日子不长，我想新手就该有新手的自觉，能力有短板就补齐短板；稿件被退回，就重新再写；选题抓不住，就从提高针对性、敏感性入手；点子想不到，就学习借鉴。他山之石，也可攻玉。慢慢地，我的信息通过率、新闻稿见报率越来

越高，调岗当年还被评为“浙江省政务信息工作先进个人”。此外，在关区法治工作比武竞赛中历经初赛、复赛、决赛重重关卡，取得第三名的好成绩，被评为“浙江省青年岗位能手”。

我深知荣誉并不代表什么，但的确让当时的我更加明白了努力的重要性，也体会到了收获的喜悦。我身边有很多人，他们干一行爱一行专一行，有的在企业认证岗位上深耕多年成为全国海关业务骨干；有的跨专业钻研税收归类成为关区首屈一指的税管专家；有的年年都在政策研究领域拿奖；有的因为新媒体制作能力突出总被各个部门抢来抢去……

海关与我的第三部曲，是时不我待，舍我其谁；是夺旗争先，誓争一流！

第四部曲：我们都是收信人

之后，我又调岗到了人事政工科。7 年来，我经历了机构改革、公务员职务职级并行、新冠疫情防控等很多国家“大”事，也经历了市场采购贸易方式试点落户绍兴、绍兴综保区封关运作、中欧班列“柯桥号”开通等绍关“要”事。要论对这 7 年最深刻的印象，应该就是无论何时何地，关员们奋勇前进的身影带给我的感动吧。

年底工作总结里短短的一句“市场采购贸易方式试点落户绍兴”，背后凝结着多少关员的心血和汗水，有屡次进行系统调试的沮丧和再来一次的努力，有因为场站容量过小导致集装箱周转过慢引起的埋怨和关员心里的委屈，有夏日酷热、冬日严寒的作业考验，有侵犯知识产权、夹藏危险品的风险……业务是新的，考验是新的，成效也是新的！

“绍兴综合保税区顺利封关运作”的新闻通稿概括不了从筹建到落地期间的种种艰辛，薄薄的一张“高级认证企业证书”也诉说不了培育时一次又一次的推倒重来，简单的税号变更是反复调研屡次建言献策的结果，美丽的鲜切花枝出口背后是与台风争分夺秒的紧张……

照片档案：2022 年 11 月，中欧班列“柯桥号”正式开通运行，“国际纺都”成功开辟出口快速运输“新丝路”

在海关关衔制度实行 20 周年之际，习近平总书记给红其拉甫海关全体关员的重要回信，明确了海关守国门、促发展的职责使命，提出了当好让党放心、让人民满意的国门卫士目标要求，对海关服务强国建设、民族复兴提出殷切期望。一纸书信，关怀万千，殷殷嘱托，饱含深情。同是海关人，同为收信人，我为红其拉甫海关“特别能吃苦、特别能忍耐、特别能战斗、特别能奉献”的精神而感动，也因身为一名光荣的国门卫士而骄傲。“国门有我，请党放心”，无论是白雪皑皑的广袤边疆，还是烟雨蒙蒙的如画江南，我们都将以“收信人”的姿态，展现“答信人”的担当，以实际行动当好让党放心、让人民满意的国门卫士！

海关与我的第四部曲，是牢记嘱托，感恩奋进；是国门有我，请党放心！从 2003 到 2023，海关的授衔历程已走过 20 年；从 2011 到 2023，我的海关岁月已有 12 载。如果说岁月如歌，那么我相信，在未来的时光里，“关”与我的多重奏必将奏响更美的旋律！

宁波海关

“董”你的 20 年

宁波海关　谢婷婷　钱炫宇　符星龙

他叫董利胜，现在大家都叫他“老董”，曾经，大家都叫他“小董”。

相遇 1995

那年，他 25 岁，肩上的军衔变成了海关肩章。

“小董”从部队转业到宁波海关，被分配到宁波海关监管通关处驻北仑办事处（宁波海关所属北仑海关的前身），从事船舶监管工作。这是他第一次踏上北仑这片土地，由此开始了与北仑海关的不解之缘。原为解放军划船队队员的“小董”告别了赛场，投入新的“战斗”中，这里没有了赛艇、船桨，取而代之的是轮船、集装箱和一杆签字笔，初来乍到的他又开始了“新兵”生涯。船舶检查业务不懂，怎么办？学！“小董”翻阅以前的检查记录，一个个术语、

照片档案：1997 年 1 月 12 日，海关“新兵”董利胜登轮开展船舶检查

一个个检查要点，对照着学，不明白的地方，本着“打破砂锅问到底”的精神，追着老关员问，黏着老关员学。学习、实践、再学习，从什么都不懂，到了然于胸，“小董”的肩章变了，不变的是初心。

相知 2003

那年，他 33 岁，肩章上有了关衔。

2003 年，对于“小董”来说，是意义非凡的一年。这一年，中国海关正式实行关衔制度，中国海关成为继中国人民解放军实行军衔、中国人民警察实行警衔后，第三支实行衔级制度的队伍。那一天，“小董”特地起了个大早，将身上的制服理了再理，头上的帽子调了又调，一切都力求完美。授衔命令宣读后，“小董”摘下了旧肩章，换上了新肩章，三级关务督办关衔！“小董”说，那一刻周围的同事们都洋溢着笑容，自己心里也非常激动。除了开心，还有一种责任感、使命感涌上心头，感觉肩上的担子更重了，现在回想起来，那一天的情景还历历在目。

随着业务的不断发展，北仑海关已经成为一个业务门类齐全的综合性海关，“小董”离开了他熟悉的船舶监管岗位，来到了出口科。出口科的日常工作是繁忙的，身边是成摞成摞的单证，耳边是“啪啪”不停的盖章声。“小董”就是在这样的环境下开始了审单工作，他是宁波海关最早的一批审单关员之一。“非典”期间，关员们戴着口罩和手套，坚持工作，“小董”作为一名有着 13 年党龄的年轻关员，“战斗”在最前线，和他的同事们始终坚守着岗位，没

照片档案：2003 年 1 月 8 日，董利胜在宁波海关所属北仑海关出口科工作，是宁波海关最早的审单关员之一

有丝毫退缩。他是无数审单人敢于担当的缩影，透过手头厚厚的报关单，他们见证了中国经济的腾飞。

相守 2007

那年，他 37 岁，一级关务督办关衔。

2007 年，“小董”又换岗位了，肩上扛着“两杠三星”，他从出口科来到了监管科，也就是北仑海关查验科室的前身。这一年，“小董”37 岁了，渐渐的有人开始见面叫他“老董”。这让他突然意识到自己已经在海关工作了 12 个年头，身边更年轻的人越来越多，他已经成了科室里真正的“老人”。可是，“老董”觉得自己还是当年刚入关的那个年轻壮小伙，整天还是乐呵呵的，完成日常查验的同时，通过言传身教的方式带领年轻同事快速成长。

2008 年，对中国来说是极不平凡的一年，这一年亿万人民期盼已久的北京奥运会举办了，运动员们在奥运赛场上奋勇拼搏，志愿者们在赛场周边热情服务，而“老董”和身边的小张、小刘们一起，也在绿色通道里保驾护航，默默为北京奥运会的成功举办贡献力量。党员“老董”勇挑重担，带着同事们一起不畏酷暑、不畏困苦，加班加点巡查、细查细验货物，坚决将风险挡在国门之外，让通关高效便捷，让口岸安全有序。矿石码头、穿山码头留下了“老董”巡查的身影，查验场地洒下了“老董”的滴滴汗水。他是一名普通的查验人，但他立足本职岗位，守国门、促发展，在不同的赛道上，为祖国增光添彩！

相忆 2010

那年，他 40 岁，三级关务督察关衔。

2010 年，随着肩章上的横杠、星花逐渐增多，“老董”迈入了不惑之年，早上洗漱照镜子时，“老董”看到他的头上长出了第一根白发。这一年，上海世界博览会召开，作为一名有着20年党龄的老党员，“老董”又一次“战斗”在最前线。“老董”和身边的同事们投入到没日没夜的上海世界博览会安保工作中，只不过这次身边的同事已经换成了小王、小李们，也正是由于“老董”和小王、小李们的辛勤努力，这一年北仑海关荣立“海关总署世博安保工作集体二等功”，辛勤的努力获得认可，他和同事们觉得十分自豪。关徽闪耀，见证了他们作为海关人的使命担当。

照片档案：2010年5月26日，董利胜（前排中间）在宁波海关所属北仑海关升国旗仪式上担任升旗手

继续2023

今年，他53岁，二级关务督察关衔。

不知不觉，“老董”从一头黑发到丝丝白发，从青春少年到中年大叔，细数起来“老董”到海关工作已28个年头，授衔也已20个年头。尽管“老董”已经离开了业务的第一线，但是他依然“战斗”在海关工作的前沿。身边的年轻同事变成了小钱、小戴们，可是“老董”还是原来“小董”的精神状态，兢兢业业地做着本职工作，需要挺身而出的时候毫不犹豫。

从军衔到关衔，初心不改，笃行实干。董利胜亲历了海关队伍授衔20年来海关事业的蓬勃发展，见证了海关人为实现中国梦所作的不懈努力！未来无限美好，因为我们有无数个“小董”“老董”，他们努力按照“铸忠诚、担使命、守国门、促发展、齐奋斗”工作要求接续奋斗，意气风发，干劲十足。

照片档案：2023年5月26日，初心不改，董利胜始终牢记国旗下的庄严承诺：为海关事业奋斗终身！

关徽在港城闪耀

宁波海关　范菽芬

2003 年 9 月的港城，繁花似锦。开放的宁波迎来了第五届中国浙江投资贸易洽谈会和第二届中国国际日用消费品博览会。

此时的宁波海关，同样也是喜事临门。每一位关员的脸上都洋溢着喜悦的笑容，他们将被首次授予关衔。

记录这些喜事的文书、照片被保存在宁波海关档案库房。如今翻阅这些珍贵档案，仿佛回到了那一年的 9 月。

授衔准备

海关总署召开全国海关关衔工作会议后，宁波海关准确把握会议精神，充分认识关衔评定授予的复杂性和艰巨性，周密部署，精心实施。

2003 年 7 月 29 日，宁波海关开设“关衔工作专栏”，专题宣传关衔制度，在关区内统一思想，提高认识。

2003 年 8 月 4 日，宁波海关成立首次评定授予关衔工作领导小组，下设会务、联络、宣传等工作组，并在各单位、各部门设立关衔评定工作联络员，自上而下迅速建立首次授衔工作网络，为首次授衔工作提供强有力的组织保障。

授衔仪式举行前，工作组成员深入各隶属海关、办事处及各部门，检查各单位的授衔礼仪和议程的培训成果，组织上台接受授衔命令证书的人员进行集中培训和训练，联系地方政府参加仪式，逐项讨论授衔仪

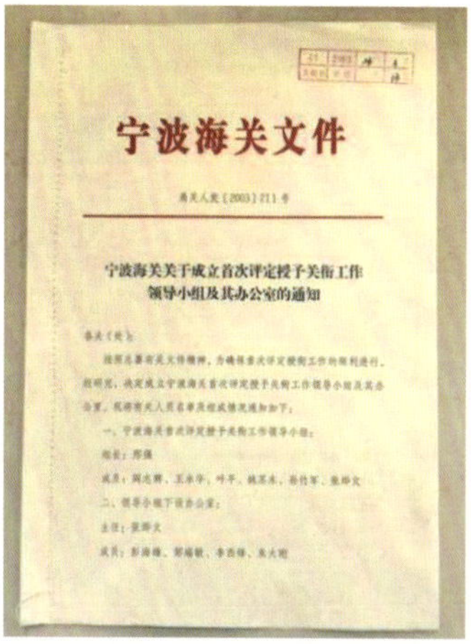
宁波海关文件

宁波海关关于成立首次评定授予关衔工作领导小组及其办公室的通知

文书档案：宁波海关成立首次评定授予关衔工作领导小组及其办公室的文件

式工作方案，研究对外宣传计划和内部教育方案，确保授衔仪式取得理想效果。同时，工作组坚持高标准、严要求，自我加压，在认真学习文件的基础上，主动加班加点，按照预定进度保质保量完成各项工作。从授衔摸底、确定被授衔人员名单、申报完成评定工作到制订、实施授衔仪式准备工作方案，工作人员面对大量琐碎繁杂的工作，始终以“对组织负责，对每一位同志负责”的态度，坚持做到不擅自解释文件、不随意扩大范围，严格按规定办事，对一时无法确定的问题，及时向海关总署请示，细致准确地做好各项工作。整个授衔过程共查阅人事档案1000多人次，形成组织鉴定材料423份。

首次评定授予关衔工作领导小组在研究后确定宁波关区全体干部职工参加授衔仪式，关区内各单位积极组织观看礼仪培训和授衔议程录像，邀请部队教官进行礼仪培训和集中演练。全体关员充分认识到本次授衔仪式的重要意义，表现出空前的热情，服从指挥，积极配合，以主人翁的精神和姿态积极参与授衔工作。

授衔仪式

根据《首次评定授予关衔办法》及《实施〈首次评定授予关衔办法〉若干问题的意见》对首次评定授予关衔范围的界定，宁波海关确定关衔首授人员423人。

2003年9月12日，在国务院举行的授予海关关衔仪式上，宁波海关3名人员被授予二级关务监督关衔。

2003年9月29日，宁波海关授予关衔仪式在宁波市人民大会堂隆重举行。420 名海关关员被授予三级关务监督及以下关衔，其中三级关务监督 5 人、一级关务督察 22 人、二级关务督察 45 人、三级关务督察 64 人、一级关务督办 51 人、二级关务督办 65 人、三级关务督办 121 人、一级关务员 47 人。29 名代表上主席台接受了授衔命令证书。

照片档案：2003 年 9 月 29 日，宁波海关首次授予关衔仪式在宁波市人民大会堂举行

照片档案：2003 年 9 月 29 日，在宁波海关首次授予关衔仪式上，关员们互相佩戴关衔肩章

整个授衔仪式隆重、庄严，在入场、授衔、退场三个阶段全体关员始终保持昂扬的精神风貌。全体关员按照事先公告的《宁波海关授予关衔仪式议程》，着装齐整，列队进场，按照划定区域就座。全体关员严格按照要求规范一举一动，严格听从口令指挥，步调整齐，精神焕发，斗志昂扬。授衔仪式进一步增强了海关关员的荣誉感和使命感，树立了崭新的海关形象。

队伍建设见成效

2003年9月，以授衔为契机，宁波海关全面贯彻落实《海关内务规范》，开展海关队列动作训练，进一步整肃关容风貌。组织全体关员观看《海关队列动作训练教学片》，并结合《海关内务规范》规定，根据录像中的礼仪要领和宁波海关授予关衔仪式议程的要求，以部门为单元对关衔礼仪和授衔仪式议程进行反复演练。

照片档案：2003年10月1日，宁波海关机场办事处关员佩戴关衔上岗，检查出境旅客行李

2004年，宁波海关继续深入贯彻落实《海关内务规范》，制定职能管理量化标准，实行抽查和普查相结合、专项检查和日常检查相结合的方式，加强对《海关内务规范》贯彻落实情况的督促检查。组织全员军训27天，参训人员543人，进一步规范关员的队列动作及相关礼仪，全面提升海关干部队伍规范化管理水平。

丰硕果实

春华秋实，岁物丰成。宁波海关以海关队伍授衔为契机和动力，不断强化监管、优化服务，特别是积极参与推动智慧海关建设和“智关强国”行动，以新时代海关纪律部队建设助推宁波海关守国门、促发展。

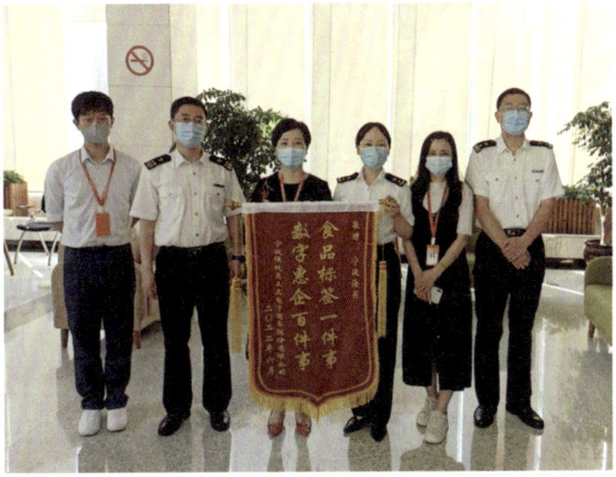

实物档案：2022 年 6 月 17 日，宁波海关收到企业赠送的“食品标签一件事　数字惠企百件事”锦旗

照片档案：2022 年 10 月 31 日晚，宁波海关所属杭州湾新区海关做好跨境电商“双 11”网购保税零售进口监管

2022 年 6 月 29 日，宁波海关自主研发的智慧化平台——“食品标签一件事”正式上线“浙里办”，该平台集进口食品标签查询、制作、咨询、审核等功能于一体，成为全国海关系统首个上线的数字化改革项目。消费者可通过“浙里办”智能识别进口食品标签信息，一站式了解对应的消费者注意事项，准确获取商品的基本信息、物流信息和报关申报信息进行溯源。企业则可以通过“浙里办”免费制作中文食品标签、提请海关审核食品标签，省去了递送纸质资料的环节，全流程可实现非接触式运转。

2022 年 7 月 1 日，宁波海关首创的“跨境电商网购保税进口包裹出区嵌入式监管”作为宁波自由贸易试验区创新举措成功通过海关总署备案。该模式通过建立宁波海关跨境贸易电子商务通关管理系统与宁波“跨境购”通关服务平台数据互联通道，优化布控查验指令触发方式，将对包裹的实货监管嵌入跨境电商生产作业流程，在企业分拣流水线上触发布控查验指令，0.2 秒即可完成快递面单扫描并对查验包裹进行精准分拣，实现对未布控查验包裹零干扰，提升包裹整体出区通关效率。该模式在跨境电商平台的各个促销活动中大展拳脚，快递包裹最快实现当日送达。

2022 年 10 月 22 日是个周六，一辆满载着太阳能板等光伏产品的集卡车正缓缓通过 H986 设备，几分钟后图像便传输到宁波海关机检审像中心，机检查验科加班的审图关员根据智能审图系统给出的结论快速完成查验，顺利放行该票货物。智能审图系统为机检查验提供了科技赋能，大幅提升了通关效率，真正做到进出口货物“管得住、放得开、通得快”。

照片档案：2022 年 10 月 22 日，一辆满载着货物的集卡车正缓慢通过 H986 设备

照片档案：2023 年 4 月，全球最大的集装箱船“地中海伊琳娜”（MSCIRINA）号首靠穿山港区

2023 年 4 月初，新晋全球最大的集装箱船“地中海伊琳娜”（MSCIRINA）号首靠穿山港区，其最大堆箱层数 25 层，相当于 22 层楼的高度，再次刷新了挂靠宁波舟山港超大型船舶的历史纪录。码头上，数台桥吊伸出巨臂，以最饱满的热情迎接“最大船”的港口首靠。不远处，宁波海关关员们早已待命，借助海关“智慧物流”应用，对船舶及集装箱申报、船用物料起卸添加等业务实行无纸化办理，为船舶启航打开了一

条“绿色通道”。其后，装载着4000余个标箱智能家电、太阳能设备等“中国智造”的巨轮顺利起航，远渡重洋前往巴塞罗那、巴伦西亚等欧洲城市，踏上了连接欧亚大陆的21世纪海上丝绸之路。宁波海关始终坚持数字赋能，将“智慧海关”与“智慧港口”联动对接，充分发挥智能审图等科技的支撑作用，将顺势监管嵌入口岸物流，实现了码头作业信息和海关监管放行信息的高效对接。

浩瀚东海，万顷碧波，风帆正扬，征程未已。宁波海关深入学习贯彻习近平总书记给红其拉甫海关全体关员的重要回信精神，深切感悟思想伟力，砥砺初心使命，以澎湃的激情、昂扬的斗志激荡发展热潮，推动知行合一出成效，将焕发出来的学习、工作热情转化为攻坚克难、干事创业的强大动力，金钥匙、商神杖的关徽，必将闪耀出更加绚丽的光彩。

千锤百炼锻造让党放心、让人民满意的国门卫士

宁波海关　叶　玮

2018年5月14日—29日，随着海关总署一声号令，宁波海关队伍集训工作随即吹响了“集结号”，锤炼队伍、整顿作风，外树形象、内强素质。原检验检疫局机关和事业单位的474名学员陆续开展了共6期的集训，原各分支局480名干部职工在属地同时展开集训。新血液注入新海关，新战友共同守国门、促发展。随着机构改革不断深入，那年参加集训的那些同志们、战友们，对肩上扛着的海关关衔所代表的含义认识更加深刻。一张张照片，一卷卷档案，都生动记录着时代的责任和使命。

照片档案：2018年5月14日，机构改革后宁波海关第一期队伍集训在宁波海关文体中心开展

用忠诚铸造为国奉献的钢筋铁骨

对党忠诚的拳拳之心，化作勇担使命的殷殷之志。“忠诚”不在空洞的口号里，而在克服困难的一举一动里。面对服装、场地、教官等诸多因素的制约，宁波海关高度重视，专题研讨、认真组织、全力保障，领导干部身先士卒，率先垂范，以普通学员的身份参训。全体干部职工无论年龄大小，除个别孕期、身患重疾的干部职工外一律参训，一些大病初愈和年龄偏大的干部职工也主动要求参与。训练中教官严把动作细节，学员刻苦用心训练。训练、就餐、休息，全部都以真正军人的标准来严格要求，既强调严肃正规，又充满热血豪情，将队伍人心牢牢凝聚在一起。

千锤百炼之下，一支对党忠诚、为国奉献、勇担使命的新时代海关干部队伍大步向前。

照片档案：2018年5月14日，参加第一期队伍集训的关员正在认真观看内务规范教学影片

照片档案：2018年5月14日，参加第一期队伍集训的关员们正在认真训练

用实干凝聚团结奋斗的海关力量

将集训的成果及时转化为干事创业的动力，切实发挥职能作用，突出实际实用实效，服务发展大局。机构改革后，宁波海关全体干部职工始终胸怀“国之大者”，牢记使命，履职尽责，他们有的投身在阻击疫情的第一线，筑起口岸疫情防控的钢铁长城；有的扎根于打击违法的最基层，构

建防范化解风险的安全格局。宁波海关以新时代海关纪律部队建设为抓手，锻造让党放心、让人民满意的国门卫士，用担当实干的精神严守国门安全，促进地方经济发展，为推进中国式现代化贡献海关力量，努力交出一份无愧习近平总书记嘱托、无愧人民群众期望、无愧时代呼唤的答卷。

照片档案：2022 年 5 月 1 日，“五一”长假期间宁波海关关员对入境船舶开展登临检疫

照片档案：2023 年 1 月 27 日，春节期间宁波海关加班查验保通关

这里是中国海关 755 监管艇

宁波海关　郑凯燕

在宁波海关档案室，存放着一份中国海关 755 船艇的交接书及随附材料："甲方于 2015 年 6 月 10 日对 80T-2 号（舷号：中国海关 755）进行了实船交接，自此，该船体所有权由乙方转移至甲方。" 755 艇是于 2015 年入列宁波海关服役的新一代海关监管艇，用于执行码头、锚地的巡查、监管任务。它动力强劲、装备先进，在守卫国门中发挥了巨大的作用。它的搭档则是宁波海关所属大榭海关物流监管四科、航海技术专业毕业的李杉。

照片档案：2015 年 6 月 16 日，宁波海关关区监管艇 80T-2 号（舷号：中国海关 755）列装仪式，准备试航

照片档案：2023年4月27日，宁波海关关区监管艇80T-2号（舷号：中国海关755）出航前，李杉开展备航检查

自2003年进入海关工作至今，李杉见证了海关队伍授衔20年以来的风雨兼程，也始终牢记新时代海关纪律部队的政治底色，更用实际行动诠释作风优良、本领过硬的忠诚担当。李杉曾是海上缉私处一名闻令而动的打私骨干，也曾在稽查条线上屡创佳绩，曾荣获个人三等功。从2015年接艇至今，他以艇为家，用自己的热情和专业技术，努力把船艇管理做到完美、做到极致，成为守护国门的尖兵利器。细细数来，他与这位“老伙计”已经结下了8年的不解之缘。机舱里每个阀门的位置、驾驶室里每个按钮的作用，他都如数家珍。曾一起感受过凌晨3点的大海，也时刻准备着，守护一湾港口的深蓝。

齐奋斗　冲在防台一线

2015年6月，中国海关755艇建造完毕，李杉作为工作人员前往珠海船厂接船列装。刚刚熟悉不久，李杉和他的监管艇便遇到了强台风“灿鸿”的考验。这是李杉第一次独立制订防台计划，凭借专业素养和敏锐观察，他第一时间确定靠泊防台的方案，紧锣密鼓地做好防台准备：人员驻守，缆绳加固，机舱设备检查，挂图作战稳固推进！风雨里，李杉和同事们打配合、共坚守，监管艇顶住了超强台风的考验。

关键时刻冲得上，平常时候扛得住。为严格落实监管艇管理办法，李杉强调“艇不离人”。他和同事们主动制定了明确的值班勤务制度，确保监管艇码头常年有人驻守，将安全生产责任细化到人。“艇不离人”的背后是这支队伍对令行禁止的诠释，是扎根新时代海关纪律部队沃土孕育的花结出的果。

照片档案：2015 年 7 月 10 日，台风“灿鸿”登陆前，李杉和同事们抓紧加固缆绳，做好船艇防台准备

守国门　挺在监管前沿

宁波舟山港每天都有上千艘船舶穿梭来往。船舶近距离挨靠、船供物料是海关对入境国际航行船舶监管的重点。除了物流监控指挥中心远程监控以外，监管艇更是配合现场巡查监管的“利器”。

主艇配有执法记录仪，方便第一时间回传巡查记录，李杉和同事们则通过物流单兵实时接收指挥中心指令。每次出航，李杉都严阵以待，出航前明确具体任务、出航要求和检查重点，现场巡查时采取锚地跟船、定点监控等方式做到海关监管无盲区，把“一丝不苟”刻进了骨子里。8 年来，监管艇累计出航 100 余次，航程达 2300 海里，威慑作用明显，守卫国门安全毫不含糊。

铸忠诚　干在工作实处

在李杉的办公桌抽屉里，整齐摆放着监管艇日常维护的工作记录：每月两次的出航作业、一年一次的驻坞检验、年度油料补给……这些关键节点构成李杉的工作日常。

最让李杉印象深刻的是2022年年中的驻坞检验，根据涨潮时间，船艇进船坞完成靠泊已经是凌晨。“就像汽车需要按时年检，验船师对船艇的检验更加严格，小到海底门上的截止阀，大到发动机引擎，都需要细细排查。从进船坞、检验、整改到出船坞，至少要耗费一周的时间。”李杉熟练地介绍着驻坞检验的整个过程，他知道船艇安全是第一要务，再怎么小心都不为过。“出坞在即，同样不能放松，需要进行气密和水密排查，确保船艇安全航行。”他执着于海关事业，忠诚履职，做深做实做细日常工作，就像钉子一般牢牢守在一线，始终心无旁骛、敬业奉献。

照片档案：2023年4月27日，宁波海关关区监管艇80T-2号（舷号：中国海关755）上，李杉（右一）和同事对机舱开展检查

从业廿载，初心不改；守护深蓝，使命必达。从青葱少年到两鬓斑白，不变的是维护国门安全的笃定、对船艇岗位的热爱以及见证宁波口岸发展而充盈内心的自豪。心在一艺，其艺必工；心在一职，其职必举。也正是李杉的这份笃定、热爱和自豪，让肩上的关衔更加熠熠生辉。

合肥海关

海关队伍授衔与授课

合肥海关　许宗茂

1995年3月，我从县政府调入海关，次年10月任合肥海关所属黄山海关关长。2000年10月任合肥海关副关长（正处级），次年6月调任副厅级，2013年年底从巡视员岗位退休。在长期的工作中，我形成了持之以恒记日志的习惯。

作为海关一名退休老同志，喜悉习近平总书记于2023年9月11日给红其拉甫海关全体关员回信，对海关系统干部职工更好履行职责使命提出了殷切期望，并亲切指出："今年是海关关衔制度实行20周年，借此机会向海关系统全体同志致以诚挚的问候！"

在认真学习领会习近平总书记重要回信精神的同时，我的思绪、情感也被带回到亲身参与海关队伍授衔、授课的那些过往，封藏在时光深处的情景再一次被开启，日志里的点点滴滴在字里行间重新鲜活、绽放。回忆起20年前的这段难忘经历，仍让人心潮起伏，感叹不已。

授　衔

合肥海关正式启动海关队伍授衔工作是以2003年7月28日召开全关区首次评定授予关衔动员大会为标志的。会上，时任合肥海关党组书记、关长郑跃声传达了全国海关关衔工作会议精神，全面部署关区首次关衔评授工作。9月16日上午，合肥海关召开党组会议，讨论通过《合肥海关授予关衔仪式实施方案》，决定关区首次授衔仪式于2003年9月20日上午在合肥稻香楼宾馆举行。具体要求是：准备工作要细，各项要求要严，确保授衔仪式办得圆满成功。为慎重、保险起见，9月16日下午召开总关各部门、各隶属海关主要负责人参加的授衔仪式预备会，就授衔仪式准备工作和队列训练、着装等提出严格要求；9月20日上午9点之前，以总关各部门、各隶属海关为单位，在仪式现场进行了预演。

“万事俱备，只欠东风。”9月20日上午10点半，“合肥海关授予关衔仪式”正式举行。时任安徽省副省长文海英、合肥海关关长郑跃声为海关关员颁发关衔命令证书，时任安徽省省长王金山接见了合肥海关首次授衔全体人员并讲话。

照片档案：2003年9月20日，时任安徽省省长王金山接见合肥海关首次授衔全体人员并讲话

据合肥海关档案记述，王金山省长在讲话中充分肯定并高度评价了合肥海关在队伍建设和业务建设中所取得的成绩，同时对全体海关关员提出要求：一是要始终坚持以邓小平理论和“三个代表”重要思想为指导，贯彻落实“依法行政，为国把关，服务经济，促进发展”的工作方针，切实加强自身队伍建设；二是要始终坚持学习提高，全面增强政治和业务素质，忠实履行好国家和法律赋予的神圣职责；三是要始终坚持积极主动地服务经济，不断强化把关意识、全局意识和服务意识。另据《安徽省志·海关志》记载：合肥海关共首授关衔254人，其中被国务院授予二级关务监督3人，被海关总署授予三级关务监督9人、一级关务督察20人、二级关务督察19人、三级关务督察37人，被合肥海关授予一级关务督办43人、二级关务督办49人、三级关务督办60人、一级关务员13人、二级关务员1人。

令人记忆犹新的是，按照关党组分工，我负责整个授衔仪式的会务组织和安排工作。为充分展现海关队伍内强素质、外树形象的成果，会期前后四天，我全神贯注，忙忙碌碌，事无巨细，百不失一，不敢有半点马虎。俗话说，台上三分钟，台下十年功，合肥关区的授予关衔仪式取得圆满成功，而仪式一结束我也累倒了。

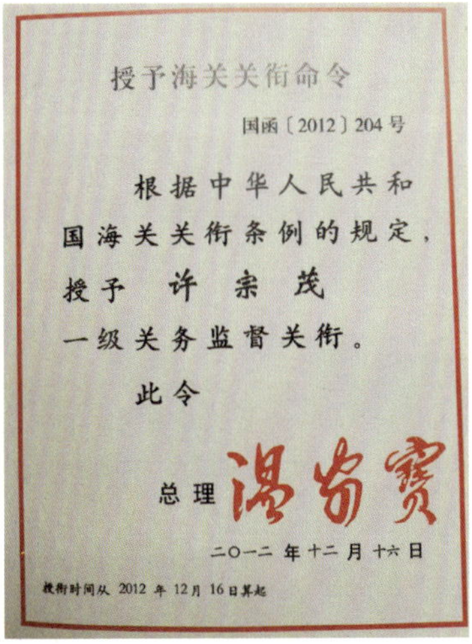
授予海关关衔命令

国函〔2012〕204号

根据中华人民共和国海关关衔条例的规定，授予 许宗茂 一级关务监督关衔。

此令

总理 温家宝

二〇一二年十二月十六日

授衔时间从2012年12月16日算起

实物档案：2012年12月，时任合肥海关副关长许宗茂被授予一级关务监督关衔

首授关衔仪式当日，时任安徽省副省长文海英给我颁发三级关务监督任命证书。随着海关关龄增加及职务调整，我又先后荣幸地被授予二级、一级关务监督关衔。无巧不成书，我完成此稿时正是9月20日的首授关衔纪念日。二十载岁月如白驹过隙，作为首授关衔的拥有者、参与者，这段回忆弥足珍贵。

授　课

2003年2月，《中华人民共和国海关关衔条例》经第九届全国人民代表大会常务委员会第三十二次会议审议通过并颁布实施。其中第十六条规定："关务员晋升关务督办，关务督办晋升关务督察，关务督察晋升关务监督，经培训合格后，方可晋升。"2006年11月，全国海关全面实施《海关关衔晋升培训办法（试行）》，坚持"凡晋必训"原则，不参加培训者不得晋衔，保证拟晋升衔级人员参训率达到100%。晋衔培训主要为内务规范训练和体能达标训练，通过科学制定量化的日常管理考核指标，加强培训组织管理；围绕海关纪律部队建设，深化培训内容，进一步培养参训关员的职业道德、团队精神、依法行政观念、文明服务意识，提高海关业

务知识水平。可谓：工欲善其事，必先利其器。

自2008年9月起，我多次参与海关系统关务督察晋升关务监督关衔（俗称“处长晋衔班”）的授课任务。通过查阅日志，2008年9月至2009年11月，我共授课5次，主题是“海关职业意识与道德”；2019年11月至2023年5月，我共授课9次，其间有5次受新冠疫情的影响采取了线上讲座的方式。关检融合以来，新时代新海关在新征程中开始扬帆起航，晋升关务监督的人数逐渐增加，参训人数从2019年11月8日的136名增加到2023年5月14日的350名。

照片档案：2020年9月，原合肥海关副关长许宗茂在上海海关学院为处长晋衔班授课

随着授课的不断深入，我的课件内容也在不断调整完善，主要有两个版块。一是《海关记忆与红色传承》，力求把中国海关历史碎片拼接起来，唤醒受众对过往海关记忆的共鸣。因为海关历史是海关发展的真实记录，是前人各种知识经验的汇总。深入了解海关历史，有助于“读史以明鉴，察古以知今”，增强文化自信，热爱自己的职业。不能因为忘记来路，而丢失了归程。二是《红色文化·红耀海关》。文化是民族的血脉，作为海关人，应当学习和了解海关文化，特别是海关特色文化、海关革命斗争史，展示海关文化独特魅力。同时，以社会主义核心价值观为引领，弘扬

照片资料：2021 年 1 月 26 日，原合肥海关副关长许宗茂授课及使用的《海关记忆与红色传承》课件提纲

红色文化，凸显新时代爱国主义精神的主题和主线，进一步学习了解红色文化的基本内涵、时代价值、革命精神等，力求情感上的自觉认同和行动上的努力实践。

在处长晋衔班上，有两点我是逢课必强调的：第一，实行关衔制度，是海关履行职责、提高队伍素质的需要，是增强海关人责任感和进取精神的重要举措；第二，关衔是表明关员身份的称号和标志，肩上佩戴关衔既是荣誉，更是责任。需要铭记于心、付诸于行！珍惜荣誉就要常修为政之德、常思贪欲之害、常怀纪律之心。强化责任必须谋其政、尽其责、成其事。

作为一名海关退休人员，能够为关衔晋升培训做些力所能及的工作，既是荣誉，也是责任，更是教学相长、提高自身修养的加油站。令我感动和欣喜的是，处长晋衔班的所有学员精神状态、个人素质都非常好，每次连续 3 个小时的课程，参训人员都能做到全程投入、聚精会神。唯其小，始见其大。

感恩岁月、记载美好，铭记历史才能开创未来。在海关队伍授衔 20 周年这个历史节点上，习近平总书记给红其拉甫海关全体关员亲切回信，为做好新时代新征程海关工作提供了根本遵循，为加强海关队伍建设明确了目标要求，具有十分重要的意义。我们要牢记嘱托、团结奋进，弘扬优良作风，着力建设世界一流现代化海关队伍，当好让党放心、让人民满意的国门卫士。

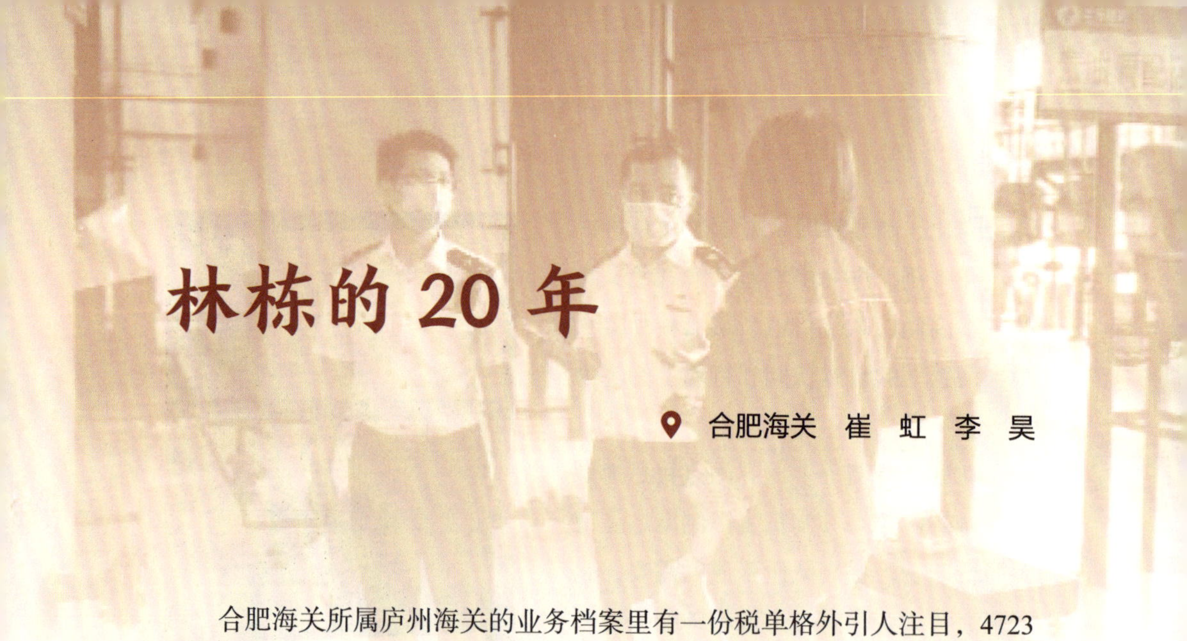

林栋的 20 年

合肥海关 崔 虹 李 昊

合肥海关所属庐州海关的业务档案里有一份税单格外引人注目，4723万元的补税额，这是当时合肥海关建关以来最大的单笔追缴税款。每逢提起这件事，作为当时参与这次追缴税款的稽查组成员之一，合肥海关所属庐州海关稽核查科科长林栋都感到非常自豪。

海关首授关衔的 2003 年，林栋进入合肥海关工作。20 年来，随着海关纪律部队建设不断深入推进，林栋的衔级也越来越高，他也从初出茅庐的海关新人成长为雷厉风行的基层干部，从一名青涩的年轻党员成长为政治成熟的支部书记。

出发，寻找关衔的意义

“人就是活那么几个瞬间。首次戴上关衔的那一天别提多激动了，一辈子也忘不了！”回忆起首次授衔的情景，林栋至今还是抑制不住的激动。

肩上的关衔就是担当的责任，到底怎样才算配得上这身制服，怎样才算落实好纪律部队建设的要求，报关大厅里不到 1 平方米的小小工作台成为他探求答案的起点。那时他负责办理加工贸易手册，在当时的监管模式下，企业需拿着属地海关核准的纸质材料去口岸海关办理清关业务，一套流程办完往往要两三个工作日。为了给企业节约通关时间，他给辖区内200 多家加工贸易企业做出了“今日事今日毕”的承诺。

“当时信息化水平不高，我们经常下午才能搞好材料提交申请，即便

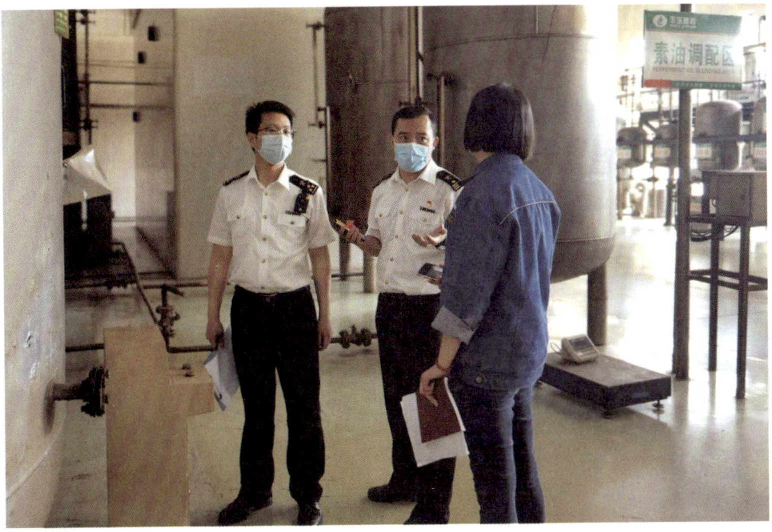

照片档案：2021 年 5 月 21 日，林栋（左二）带队前往安徽丰乐香料有限责任公司开展稽查

这么迟，晚上 6 点前都能拿到他审批好的材料。”安徽合力叉车有限公司外贸负责人张斌总是笑着回忆那段时光。

为了兑现承诺，林栋几乎天天都在加班，出类拔萃的业务能力、耐心细致的工作态度、善于换位思考的责任心让他成为加贸企业最信赖的窗口人员。2008 年他荣获合肥海关“先进个人”称号，同年晋升三级关务督办。此时萦绕在他心头的问题也有了答案，“关衔不仅是荣誉，更是责任，无论在哪里，踏实肯干、积极钻研，工作做细、做实、做深，才能配得上这身制服，配得上肩上的关衔。”

成长，扛起关衔的重量

入关 20 年间，林栋在不同的岗位上锻炼过，伴随着关衔的晋升，他也成了大家公认的“跨界能手”。2016 年，他被调整至稽查岗位，当时，合肥海关将特许权使用费专项工作作为稽查工作的重点攻关项目，如何查发漏报、如何分摊计税、如何加强相关政策的普及和引导都是全新的课题。领导在业务研讨会上问："谁愿意啃硬骨头，拔硬钉子？"作为稽查新兵的林栋主动请缨："没有什么难题是攻不破的，工作组算上我一个。"

理论知识不够，他就在政策法规库里搜索答案；查发经验不足，他就在上万条进出口数据中抽丝剥茧；合理分摊不会，他就主动联系兄弟海关打破砂锅问到底。功夫不负有心人，他带领的稽查组在对某企业特许权使用费专项稽查中追征税款 4723 万元，当时这也成为合肥海关自建关以来最大的单笔追缴税款。2018 年他因工作表现突出荣获合肥海关嘉奖，同年他也晋升为三级关务督察。

"林栋是海关纪律部队锻造出来的'稽查利剑'，总能'劈开'稽查工作中遇到的一切障碍。"这是大家对他的评价。

奉献，擦亮关衔的底色

肩扛关徽代表担当奉献，衔级越高责任越大。2021 年 8 月，林栋远在金寨老家的母亲生病住院。此时正值合肥海关所属庐州海关稽核查科组建不久，业务千头万绪。作为科长的他白天奋战在稽查一线，晚上守在母亲床前，从老家到单位，每天需乘高铁往返近 300 千米。科里同事知道后都说："林科，你这样太辛苦，请几天假吧。"他却轻描淡写地说："没事，我扛得过来，不能耽误工作。"2022 年，林栋被授予二级关务督察关衔，此时正值国内新冠疫情，单位启动了闭环管理的应急预案，为了照顾科室同志，他主动请缨坚

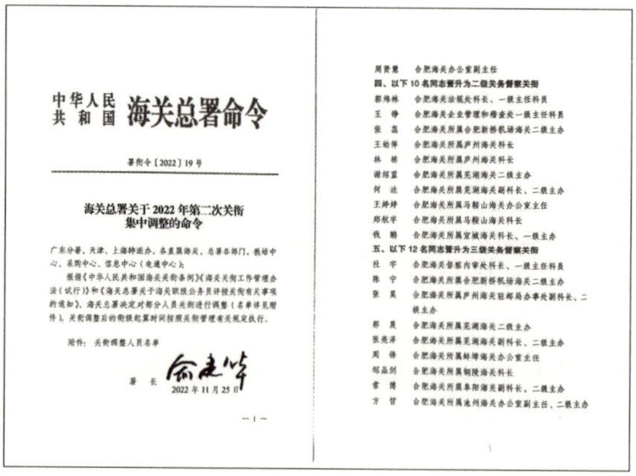
中华人民共和国海关总署命令

署衔令〔2022〕19 号

海关总署关于 2022 年第二次关衔集中调整的命令

广东分署、天津、上海特派办，各直属海关，总署各部门，教培中心、采购中心、信息中心（电通中心）：

根据《中华人民共和国海关关衔条例》《海关关衔工作管理办法（试行）》和《海关总署关于海关职级公务员评授关衔有关事项的通知》，海关总署决定对部分人员关衔进行调整（名单详见附件），关衔调整后的衔级起算时间按照关衔管理有关规定执行。

附件：关衔调整人员名单

署　长

2022 年 11 月 25 日

— 1 —

周贵慧　合肥海关办公室副主任

四、以下 10 名同志晋升为二级关务督察关衔

郭玮林　合肥海关法规处科长、一级主任科员

王　静　合肥海关企业管理和稽查处一级主任科员

张　磊　合肥海关所属合肥新桥机场海关二级主办

王劲锋　合肥海关所属庐州海关科长

林　栋　合肥海关所属庐州海关科长

谢绍重　合肥海关所属芜湖海关二级主办

何　达　合肥海关所属芜湖海关副科长、二级主办

王婷婷　合肥海关所属马鞍山海关办公室主任

郑航宇　合肥海关所属马鞍山海关科长

钱　鹏　合肥海关所属宣城海关科长、一级主办

五、以下 12 名同志晋升为三级关务督察关衔

杜　宇　合肥海关督察内审处科长、一级主任科员

陈　宁　合肥海关所属合肥新桥机场海关二级主办

张　昊　合肥海关所属庐州海关驻邮局办事处副科长、二级主办

郝　晨　合肥海关所属芜湖海关二级主办

张尧泽　合肥海关所属芜湖海关副科长、二级主办

周　锋　合肥海关所属蚌埠海关办公室主任

邬晶剑　合肥海关所属铜陵海关科长

常　博　合肥海关所属阜阳海关副科长、二级主办

方　哲　合肥海关所属池州海关办公室副主任、二级主办

文书档案：2022 年 11 月 25 日，林栋被授予二级关务督察关衔的授衔命令

守岗位。得知自己家小区也即将被封闭时，他义无反顾地住到了单位，这一住就是 10 天。在他的坚守之下，疫情期间的科室工作依旧保持正常的运转。同事问他：“为啥‘吃亏’的总是你?”他指了指肩膀上已然是“三杠两星”的关衔说：“我关衔比你们高，当然要扛得比你们多才行。”

20 年如一日，新时代海关纪律部队优良作风是他成长进步的保障，恪尽职守、担当奉献的精神已深深融入他的血脉。“纪律部队建设不光是着装举止、精神面貌，更是信念力量、担当使命。把业务千方百计做精，把事业认认真真干好，当好让党放心、让人民满意的国门卫士，才是我们最大的追求。”林栋如是说。

福州海关

忠诚履职　勇毅前行

——福州海关统计人的 20 年

福州海关　黄明娟　李　琳

2023 年是海关队伍授衔 20 周年。20 年初心不改、勇毅前行，20 年忠诚履职、守护国门。从档案里回顾福州海关统计工作与海关纪律部队建设并肩走过的 20 年，从“数字管家”到“参谋助手”，从“数库”到“智库”，福州海关统计人不忘初心、牢记使命，以严谨的工作态度、扎实的工作作风描绘着福建经济发展和社会进步的轨迹。海关统计人助力并见证着福建外贸的跨越式发展，唱响了从外贸大省向外贸强省转变的华彩乐章。

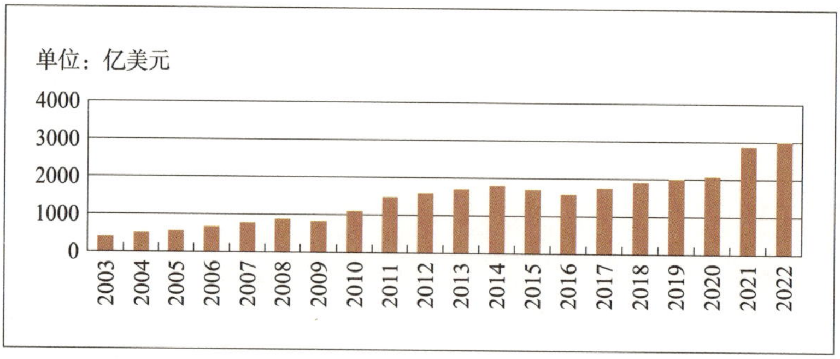

文书档案：2003—2022 年，福建省外贸进出口值统计表

（数据来源：福州海关）

稳舵奋楫，精准发力争上游

2003 年 9 月 12 日，国务院授予海关关衔仪式在人民大会堂隆重举行，中国海关成为继中国人民解放军实行军衔、中国人民警察实行警衔后，第三支实行衔级制度的队伍。海关统计队伍以“政治坚强、业务过硬、值得信赖”12 字要求为标准，奋力建设一支高素质的统计队伍。彼时，福建省积极实施科技兴贸战略，随着全省外贸的快速发展，了解进出口数据、分析外贸形势、研判贸易风险成为各级领导的迫切需求。福州海关统计部门主动转变思路，精准发力，推动统计工作由简单的数据累加、简单的文字分析走向了多角度、多层面的深度分析研究，由简单的信息提供发展到跟踪外贸形势、研判进出口领域新动向，为各级领导提供决策依据的“晴雨表”。

2006 年，《中华人民共和国海关统计条例》正式实施，海关统计工作在国家宏观决策中的重要作用更加突出，服务经济和社会发展成为每一个福州海关统计人铭记的责任。

劈波斩浪，服务发展立潮头

“道阻且长，行则将至。”2007 年，海关总署召开全国准军事化纪律部队建设现场会，确立了以规范执法为重点的准军事化建设思路，把准军事化纪律部队建设推向深入。2008 年，时值海关队伍授衔 5 周年，福州海关逐步完善队伍管理、业务基础、廉政建设等各项工作制度，打造高质量的海关纪律部队，为促进地方经济全面协调持续发展贡献海关力量。这一年，全球金融危机爆发，福州海关统计人迅速建立并启动进出口监测预警应急机制，为上级部门掌握外贸走势提供更加及时的参考。

2012 年，福州海关启动出口经理人网络问卷调查，预测出口未来变化；开展进口货物使用去向调查工作，为建立我国非竞争型投入产出模型和官方贸易增加值数据库提供数据支持。

2015年，福州海关推行通关一体化，企业可通过“单一窗口”进行线上申报，实行电子智能审核，“报关厅时代”结束。随着报关单结构调整等改革的推进，统计指标体系不断完善，海关统计作业流程不断优化。福州海关统计人以实际行动，全力以赴，为促进外贸稳增长做出了应有的贡献。

2017年，福建省外贸进出口重回正增长通道，当年进出口值同比增长9.1%，在全国外贸进出口总值中占比上升至4.2%。

扬帆远航，行稳致远再出发

2019年，福州海关大力开展政治强、水平高、作风硬、纪律严的准军事化纪律部队建设，不断取得新进展新成效，队伍管理水平、把关服务能力、良好社会形象全面提升，为推动海关改革发展、服务中国式现代化建设提供了坚强有力的保障。在机构改革背景下，海关统计被赋予了全新的职责和使命，“数据+研究”的新职能定位要求海关统计从战略性、前瞻性和实用性等方面，深入开展分析研究，做好数据解读，积极建言献策，提供“第一手”真实可靠的统计研究决策支持。统计队伍坚持用纪律部队标准锤炼队伍，有力促进关检全面整合融合，推动思想认识一致、业务规范统一、队伍整齐划一。

2020年，面对突如其来的新冠疫情，福州海关统计队伍令行禁止，主动担当，以最坚决的态度、最迅速的行动、最有力的举措努力落实党中央决策部署，做好福建省外贸领域抗疫工作的“雷达兵”，承担起疫情防控物资数据统计和监测预警任务，先后向省市相关单位报送出口疫情防控物资数据600余次，审核进出口疫情防控物资数据4000余条，撰写新冠疫情对外贸的影响等分析报告85篇，为上级领导精准掌握进口疫情防控物资信息和科学决策提供有力支持。

2021年，福州海关统计队伍开展新能源汽车、茶叶、水产品等专项调研，组织企业开展问卷调查，赴企业开展实地调研，了解企业生产经营情况和困难建议，协调解决企业诉求，企业反响热烈；开展统计服务，为福建省商务厅、统计局等部门提供数据百余次、数据报表数百份；围绕我国加入《区域全面经济伙伴关系协定》（RCEP）和《全面与进步跨太平洋伙伴关系协定》（CPTPP）协议框架等重大宏观决策、疫情对福建省经济影响、“十四五”发展规划、对金砖国家贸易、中欧班列等热点问题主动开展前瞻性、战略性、实用性研究；成立“福建省口岸规划发展”“促进福建省产业发展”等课题组，走访相关部门和企业，力求为福建发展出谋划策。

2022 年，福建省外贸再创辉煌，货物贸易进出口值 1.98 万亿元人民币，达到历史最高值。

羡子年少正得路，有如扶桑初日升。海关统计扎根数据之壤，始终与国家外贸发展同频共振，站在向着第二个百年奋斗目标勇毅迈进的新起点上，海关统计亦正值大好时光，充满无限希望。福州海关统计人将牢记使命，胸怀“国之大者”，不断提高政治判断力、政治领悟力、政治执行力，保持积极向上的心态，围绕“数据＋研究”，锲而不舍、一以贯之，用细致统计和专业分析敲击时代音键，奏响华美乐章。

厦门海关

二十载筚路蓝缕 九万里风鹏正举

厦门海关 殷冷媛 张家倩

在厦门空港口岸活跃着这样一支海关队伍，它与航空维修产业相伴相生，海关实行关衔制度的20年，便是它以锐意创新的精神深耕新型产业发展沃土的20年。时光流转，这支队伍始终保持着“忠诚、干净、担当”的本色，在坚守国门、服务开放的道路上勇毅前行，在厦门航空经济的产业蓝图上留下了海关队伍的浓墨重彩。它，就是厦门海关所属厦门机场海关航维保税科。

照片档案：1993年7月，厦门太古飞机工程有限公司在厦门岛北部的这片养鸭塘上奠基

翻开2004年的厦门海关档案，彼时刚升格为隶属海关的厦门机场海关成立了由6名关员组成的保税科，进驻厦门太古飞机工程有限公司，全面对接航空维修相关的各项监管业务，这便是航维保税科的前身。2021年，航空维修监管科和保税科合并后定名为厦门机场海关航维保税科。

都说铁打的营盘流水的兵。多年来，阵地上的人换了一茬又一茬，阵地的名称变了又变。然而不变的，是一代代厦门机场海关航维人创新先行的初心。2015 年，跨通关、保税、物流、旅检等多业务条线的飞机维修一体化监管制度推出，使厦门航空维修产业在全国声名大噪，厦门海关也成了各兄弟海关竞相学习的对象。2018 年，厦门海关率先在全国开展“海关特殊监管区域外航空保税维修”试点，厦门机场海关航维人提出了多项关键问题及对应解决方案，力促区外保税维修全国性政策顺利出台。同年，他们推动厦门航空正式开启机上保税配餐业务，降低了洲际航线运营成本。2022 年，他们推出的航空维修生态环保监管系列举措入选当年生态环境部案例汇编……在新时代海关纪律部队建设中，航维保税科始终坚持用创新传承淬炼队伍本色，不断创新探索更适合本地航空维修产业的监管模式，积极为厦门航空产业提质效、促发展出谋划策，推动厦门航空维修产业从无到有、由弱到强。时至今日，曾经的“鸭塘”已经集聚了厦门太古飞机工程有限公司、新科宇航有限公司等一批世界顶尖的航空维修企业，建成了全国首屈一指、国际知名的全球一站式航空维修基地。

2022 年 12 月，一则“国产新一代喷气式客机 ARJ21 首次出口海外”的新闻引发了航维保税科“党员工作室”团队的思考。国产民机特别是国产大飞机是我国战略性新兴产业的重要组成部分，海关该如何助力国产民机有效利用“双循环”来提升国际商誉和竞争力？带着问题，该科室扎扎实实开展调研。很快，一篇关于国产民机国际航材保障的调研报告应运而生。

照片档案：2023 年 6 月 27 日，厦门海关所属厦门机场海关航维保税科关员到航空维修企业开展实地调研和监管

航维保税科始终牢记海关纪律部队“为人民服务”的宗旨，坚持以“把关为民”为出发点、以“我为群众办实事”为抓

手，用改革的思维认真答题。他们积极主动深入产业一线，在新型产业的改革试验田里摸索，用脚步丈量产业发展的每一方寸，坚持目标导向、问题导向、效果导向，解决实际工作中的难点、堵点、痛点。他们针对航材税率倒挂等问题积极向上反映诉求，助推进口航材从“分类降税”到“全面免税”，政策红利惠及全国。叠加“出境加工”与“外发加工”，他们为厦门太古飞机工程有限公司量身定制“零部件制造外发出境加工”的业务监管模式，支持厦门一站式航空维修基地产业链向制造端延伸。疫情期间，他们针对性地提出进境维修货物坏损件直通送修等监管措施，助力企业转“危”为“机”，一揽子促稳提质、助企纾困的举措助力厦门航空维修产业按下了全面复苏的加速键。

2023 年是厦门航空维修产业 30 周年，这一年中的第 100 架飞机的到来，比 2022 年足足提早了 2 个月。“海关结合我们航空维修产业的特质，针对性推出区外保税维修等监管举措，帮助我们轻装上阵。”厦门太古飞机工程有限公司关务经理孙立说，“和传统模式相比，采用区外保税维修模式开展进境飞机维修业务，每年可为我们节约 10 亿元的银行授信额度占用以及超过百万元的其他各项相关费用。”

这是企业的心声。自中国（福建）自由贸易试验区厦门片区挂牌以来，航维保税科推出的各项监管创新举措为企业节约各类成本累计超 5 亿元，推动产业总营收从 10 年前的 22.64 亿元跃升至 2019 年巅峰时期的 90.27 亿元。他们以推动产业高质量发展为落脚点，致力于将落实好总体国家安全观与推动产业转型升级协同推进，多次在进境维修飞机上查获毒品、弹药等违禁品，全面推动各类航空维修企业将境外业务模式升级为区外保税维修，简化通关手续，助力厦门航空维修境外业务全速发展。

急难险重面前，党员先锋模范展现出的担当，也是新时代海关纪律部队品格的传承。2020 年新冠疫情来袭，张华强、李文作为航维保税科的老党员，第一时间响应组织号召投入抗疫一线，在旅检调度组倒班奋战了近 600 个日日夜夜。“支援旅检抗疫的第 583 天，圆满完成任务，做好回归原岗位的准备。”2021 年 10 月 23 日，即将结束抗疫支援工作的张华强在工作日志中写道。

党支部坚强的战斗堡垒作用在这里发挥得淋漓尽致。在支部带领下，科室不断强化作风养成，形成“求实、扎实、朴实”的科室文化氛围。即便科室人员平均年龄已达48岁，厦门机场海关奉献、专业、奋斗、协作的精神依旧在这里擦出活力与希望的火花，引领着每一个人在“忠诚、干净、担当”的新时代海关纪律部队建设道路上成为更好的自己。他们以厦门机场海关党委获评“全国先进基层党组织”为契机，充分发挥“领头雁”作用，落实厦门机场海关“3+1+1”片区党建责任制，创新提炼“航维工作法”，推进支部联创共建，带动片区6个党支部获评“四强”党支部，形成创先争优的良好氛围。他们先后获得福建省“五一先锋号”、厦门市“工人先锋号”、厦门海关先进集体、厦门海关先进基层党组织、厦门海关“四强”党支部等荣誉称号，“航保先锋”党建品牌入选厦门海关基层党建培育品牌。

照片档案：2022年11月29日，厦门海关为福建省“五一先锋号”集体厦门机场海关航维保税科授牌

就是这样一支队伍，“人人都是骨干”，又“人人都是学员”。“身在这个集体能让你感受到什么是‘工作使我快乐’。”航维保税科关员们如是说。生病时，科长带着大家第一时间为你送去温暖；遇到麻烦了，大家

帮你出谋划策；工作意见相左了，没关系，理解万岁和真知灼见总能演绎出和谐的乐章。这支队伍承载着希望的火花，传递了家的温度，更赋予了新时代海关纪律部队建设更深刻而温情的含义。

海关队伍授衔20年，我们踔厉奋发，笃行不怠；我们风华正茂，斗志昂扬。在实现海关现代化的道路上，我们勇毅前行，怀抱梦想又脚踏实地，敢想敢为又善作善成，必将在新时代新征程的画卷上，再添属于新时代海关纪律部队的流光溢彩。

夯实队伍建设基础 锻造过硬基层海关

厦门海关　洪迫迁　徐维娜　王立强

历史上有些年岁注定不平凡，让人无法忘记。

2003 年 9 月，全国海关统一佩戴关衔，以崭新的形象展现在人民面前，海关队伍全面实施海关关衔制度管理，成为推进海关干部队伍正规化、规范化建设的重大措施，是中国海关发展道路上的重要里程碑。

档案记载，2004 年年初，厦门海关驻东渡码头办事处经批准升格为正处级海关，东渡海关从此开启了纪律部队建设的新征程。20 年来，东渡海关不忘职责使命，将海关纪律部队要求注入思想深处，融入血脉灵魂，努力打造一支“政治坚定、业务精通、令行禁止、担当奉献”的国门“铁军”。

政治坚定是最鲜明的风采

2006 年，东渡海关首次成立准军事化纪律部队领导小组，坚持内涵学军，大力弘扬海关文化，建设改造队列训练场，坚持每年开展队列训练，不断提升队伍管理整体水平。20 年来，东渡海关以高度的政治责任感、坚定坚决的态度、严谨务实的“铁军”作风、迅速有力的行动狠抓基层党组织建设工作，党组织战斗功能持续强化，关区党建工作全面进步。2023 年，东渡海关开展“精・品”党建品牌提升行动，培育打造了 17 个特色支部党建品牌，实现“一支部一品牌”。其中，查验一科党支部被评为全国基层党建示范品牌；打造"'订单式'纾困惠民服务模式"和"冷链查验场摄录系统改造工程"，获评厦门海关"我为群众办实事"优秀项目；涌现出十佳青年公仆林坚、审价归类专家戴函军、捐资助学公益典型陈辉龙、造血干细胞捐献者刘颖、"百名优秀执法一线科长"王泽雄等标杆人物。

照片档案：2022 年 10 月，厦门海关所属东渡海关通过小组集训、精准单训等形式在队列训练场开展内务规范强化活动

业务精通是最过硬的基石

东渡海关勇于变革、自我突破，职能设置更加贴近业务改革的需要，真正做到集中力量办大事。2017 年，在隶属海关功能化改造中，东渡海关综合服务窗口以抖擞的精神和全新的姿态成为东渡海关对外服务和形象展示的亮丽"招牌"。2023 年，综合服务窗口再一次全面升级，成为福建省首个自由贸易试验区花园式窗口，运用数字赋能政务服务，实现高频事项全程网办、掌上办，提供"进一扇门、取一个号、到一扇窗、办多项事"的"一站式服务"。

照片档案：2023 年 4 月，升级改造后的厦门海关所属东渡海关新型政务服务窗口正式启用

令行禁止是最亮丽的底色

2020 年年初，面对新冠疫情的突然来袭，东渡海关坚决响应党中央号召，坚定执行海关总署党委要求，用绝对忠诚和专业精神坚决守牢外防输入第一道防线。有人放弃了春节与家人的团聚时刻，有人错过了孩子出生的幸福时刻，一批 95 后的年轻人真诚地向关党委提交了连续封闭奋战 28 天的请愿书。他们坚持心中对党的信念、对国家的忠诚，舍小家顾大家，筑起口岸坚固的疫情防控堤坝。他们建成了福建省首个水路货运口岸出入境人员卫生检疫工作室，检出 2021 年度福建省水运口岸最大规模聚集性新冠阳性感染病例，率先从一批厄瓜多尔进口的冻南美白虾的外包装样本中检出新冠病毒核酸阳性，自主研发的病毒采检机器人以及冷链查验场查验摄录系统等科技抗“疫”利器，得到了国务院督导组、海关总署和地方各界的充分肯定。

海关总署：从厄瓜多尔冻虾外包装检出新冠病毒核酸阳性

央视网 | 2020年07月10日 19:14

央视网消息：在今天（10日）下午召开的国务院联防联控机制新闻发布会上，海关总署相关负责人通报，为防范新冠肺炎疫情通过进口冷链食品传入，全国海关抽样检测进口冷链食品样本227934个。7月3日大连海关和厦门海关分别从厄瓜多尔注册的三家企业生产的冻南美白虾外包装样本中检出新冠病毒核酸阳性。

照片资料：2020 年 7 月 10 日，海关总署通报厦门海关从一批厄瓜多尔进口的冻南美白虾的外包装样本中检出新冠病毒核酸阳性

担当奉献是最厚重的使命

要建设与中国国际地位相称、同国家安全与发展利益相适应的强大海关队伍以及监管服务机制，守好一门、把好一关、服务好一方，明白姓什么、为了谁、干什么、怎么干，显得尤为重要。

海关队伍授衔20年来，东渡海关敢于在打击“洋垃圾”、濒危物种、疫苗、水客、涉税商品等走私行动中亮剑，勇于在坚决防范非洲猪瘟等疫病输入，阻截人类传染病、检疫性生物入侵等行动中铸盾。2006年，东渡海关与缉私部门联合经营，破获一起走私国家保护野生动物案，查获走私巨蜥、穿山甲、大壁虎等国家级珍贵保护动物7100余只。2018年关检业务融合以后，东渡成为厦门关区查获“洋垃圾”案件数量最大且种类最多的口岸。2018年，东渡海关获评四部委联合授予的“打击虚开骗税违法犯罪两年专项行动成绩突出集体”；2022年，获评司法部颁发的“全国行政执法先进集体”……所有的这些，都只是零光片羽。责任在肩，关徽是国家给予的神圣使命，关衔是我们沉甸甸的责任担当。

照片档案：2020年12月，厦门海关所属东渡海关在货运渠道查获文物走私出境案

20年的海关队伍授衔历程，如同一幅壮丽多彩的恢宏画卷。东渡海关始终高举党的旗帜，使命在肩，阔步向前。如今的我们，以梦为马，不负韶华。党的二十大为我们指明了未来发展的目标和方向，习近平总书记给红其拉甫海关全体关员的重要回信更加坚定了我们的理想和信念。东渡海关将立足当下、脚踏实地，用汗水浇灌脚下的路，用拼搏铸就心中的梦，用热爱点燃眼里的光，踔厉奋发，勇毅前行。

是荣耀　更是责任

厦门海关　黄雅菁

2023 年是海关关衔制度实行 20 周年，20 年的峥嵘岁月留下了一段段历久弥新的回忆，特别是进入新时代以来，在以习近平同志为核心的党中央坚强领导下，海关队伍建设不断取得新进展新成效。而我，何其有幸成为这闪耀关徽里的微光，见证着这些赤诚不变的初心。

我是 2001 年通过国家公务员考试进入海关工作的。记得我入关面试时有一道题目：如何看待着统一制服和彰显年轻人个性之间的矛盾。具体的回答我已记不太清楚，只记得坚定表达了“不爱红装爱武装”的向往。海关是当时为数不多的着制服、戴肩章的公务员队伍之一。制服的严肃帅气，对于年轻的我，有着无以言表的吸引力。

那时候还没有内务规范，对着装的规定也没有明确，我们常常在下班后穿着制服外出。一群富有朝气又穿着制服的年轻人很吸人眼球，常有人过来询问：“你们是什么单位的？这制服可真好看！”我们当中总有人骄傲地回答：“我们是海关。”职业的自豪感因一身帅气的制服油然而生。

2003 年 9 月 21 日，是所有厦门海关人铭记在心的大日子。这一天，厦门海关在厦门市人民会堂举行授予关衔仪式。我们的肩章上除了关徽还多了横杠和星花。海关队伍从普通的公务员队伍转变成了衔级队伍。从此，内涵学军、内务规范、队列训练、体能测试成为刻入海关队伍的 DNA，我们的海关制服除了帅气，更是增添了新的荣耀和责任。

当我戴上授衔后的肩章，站在旅检通道上的时候，我的腰挺得比往常更直，精神更加饱满。经常进出境的旅客看着跟原来一样又好像有些不一样的我们，忍不住说：“你们变得更精神更帅气了。”是啊，经过队列训练

照片档案：2020年2月11日，黄雅菁在邮件监管工作中与邮政企业人员进行仓库盘点

的我们，纪律更严明了，身姿更笔直了，动作更利落了。那些年，每天半小时的队列训练，每月一次的内务规范检查，每年一次的队列会操、体能测试，让我在不知不觉中、举手投足间都带上了些“军人”风范。即使在不穿制服的时候，也总有人问我是不是军人，虽然脸上云淡风轻地予以否认，但在心底却是有那么一丝骄傲悄然滋长。

2008年，作为支援北京海关奥运监管的一员，当我穿着熨烫整齐的制服，佩戴金灿灿的肩章站在首都机场的旅检通道上，迎接着摩肩接踵的旅客、记者和运动员的时候，祖国繁荣富强的自豪感、国门卫士的光荣感、守护国门安全的责任感，一瞬间都涌上了心头。这个时候，我肩上的关衔，不仅仅是一个符号，更是我们海关人的精神图腾。有一次执勤的时候，一位白发苍苍的老人突然在我身边驻足，带着些不确定地问：“请问，你是中国海关吗？”“是。请问您需要什么帮助？”老人摇摇头，颇为激动地说：“我，我是台湾来的，也曾经是海关关员。一下飞机，看到你穿着制服，站得这么笔直精神，这是祖国的国门啊，这么英姿飒爽。我很高兴，很自豪，祖国大陆有你们很好，祖国万岁！”看着激动到落泪的老人，沉甸甸的荣耀和责任瞬间充盈了我的心，我甚至能感觉到自己的眼里也闪着泪光。面对老人，我立正站好，举手敬礼：“祖国欢迎您，北京欢迎您！”虽然已经过去15年了，但这一刻的画面，这一次的敬礼，这一刻的心潮澎湃，在我的脑海里始终记忆犹新。

2020年，新冠疫情肆虐全球，在生命安全受到威胁的时候，选择回家是人的本能，祖国是所有在境外中国人的坚强后盾，是他们的家。海关人就是在家门口迎接他们的人，我们愿意用自己的坚守为他们铺就回家的路。我，曾经的旅检人，也投身其中。记忆最深的是 2020 年的 3 月 19 日，厦门高崎国际机场进境航班 11 架次，入境旅客 1907 人，这一天是海关执行对所有入境人员百分百核酸检测、流行病学调查的第一天。这一个班次，我的工作时长是 27 个小时。那段时间，我不记得熬了多少夜，有时候甚至不知道候机楼外面是白天还是黑夜。我不敢照镜子，因为我知道，我的脸上满是油光和佩戴口罩留下的痕迹。但是，只要站在通道上，我就一定要挺直腰，因为那一刻我便是国门，我代表着祖国。当我对走过通道的旅客说一声："欢迎回家"，收获他们惊喜笑脸的时候，身体的疲累就不算什么了。有一次，做完最后一名旅客的流行病调查，我已经在流调台上工作超过 10 个小时，声音哑了，腿也麻了，只想赶紧脱下身上的"大白"，好好洗个热水澡，瘫一会儿。正在这时，那名旅客突然站了起来，对着我深深鞠了个躬，说："谢谢！谢谢你们守护我们回家的路。"我的眼泪立刻就流了下来，随即起身对她回敬了一个礼，那一刻，身体的疲惫早已烟消云散，留下的只有深深的自豪和满足。

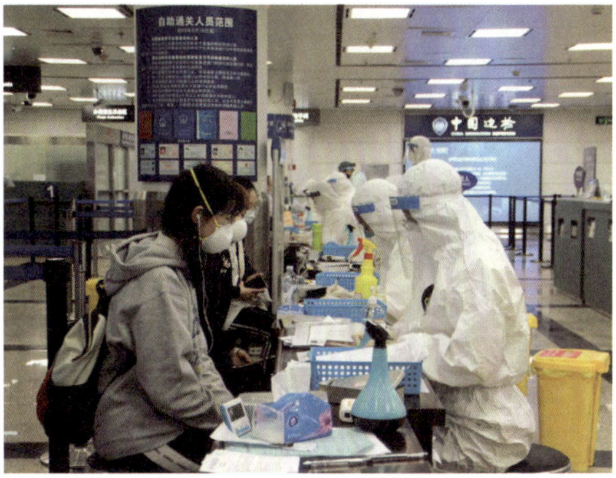

照片档案：2020 年 3 月 19 日，黄雅菁踊跃报名增援旅检一线，为进境旅客开展流行病调查

守护人民健康，守护国门安全，海关人义不容辞。这是没有军令的阵地，这是没有硝烟的战场，不需要动员，不需要呼吁，一个又一个，一群又一群的海关人，夜以继日，前仆后继。旅检现场、病毒检测室、零下 20 摄氏度的冻库里，到处都有他们可爱的身影。新冠疫情三年的坚守，海关人践行了"人民海关为人民"的理念，展现了钢铁意志和良好的精神面貌。这三年是对我们这支新时代海关纪律部队的考试和验收。我想，我们给出了漂亮的答卷，不负祖国和人民的重托。

感谢信

厦门邮局海关：

新年伊始，我们谨向贵关全体干部职工致以最诚挚的新春问候和美好祝福！

自武汉发生新型冠状病毒肺炎疫情以来，邮局海关坚决贯彻习近平总书记重要指示精神，认真落实做好进口抗击疫情物资的快速通关服务的要求，牢记“做好疫情防控工作直接关系人民生命安全和身体健康”初心和使命，全力全心全速全方位全时段保障防疫物资通关顺畅，让党旗在防控疫情斗争第一线高高飘扬。

在此关键时刻，贵关邮递科黄雅菁同志第一时间伸出援助之手，克服防疫物资紧缺物流不畅等困难，向我关捐赠普通医用口罩1000个。这份雪中送炭的情谊为我们打赢这场没有硝烟的战“疫”注入了强大的信心和力量，充分体现了“全国海关是一家”的袍泽情谊。在此，谨向黄雅菁同志表示衷心的感谢，致以崇高的敬意！

我们坚信，在以习近平同志为核心的党中央的坚强领导下，在总署党委的统一部署和科学指挥下，在全国海关的共同努力下，我们一定能够打赢疫情防控阻击战！

长江暖风起，碧天白鹭飞；江海携奔腾，同盼春来归。

再次致谢并祝贵关干部职工身体康健，工作顺利！

武汉邮局海关

2020年2月17日

实物档案：2020年2月17日，武汉海关所属武汉邮局海关发来感谢信，对黄雅菁捐赠1000个自费购买的医用口罩表示感谢

时光荏苒，我入关已经22年，海关队伍授衔也已有20年。每一个工作日，我仍旧如20年前刚授衔时一样，严格按内务规范要求整理着装；每一次的队列训练，我都像第一次参加军训一般，刻苦训练，全心投入；每一项工作，我仍像刚入关时那样充满热忱，认真对待。展示国门形象的荣耀、守护国门安全的责任，也一点一滴地渗透到我的心里，慢慢内化成自身的一种意识和行为习惯。

授衔廿载守国门 淬炼心中“一抹红”

厦门海关 胡梦羲 游锦洲 苏晓珍

初夏，清晨的第一缕阳光从“主席山”岩顶透出，穿过古田会议会址背后的彩眉岭，照在古田镇上。90多年前，一支红色革命队伍，在这里探索出了“思想建党、政治建军”的光辉道路……

照片档案：2021年11月24日，厦门海关所属龙岩海关干部职工在古田会议会址开展主题党日活动

厦门海关所属龙岩海关就坐落在这片红色圣地上。一直以来，龙岩海关人汲取着古田会议精神养分，深刻感悟“坚持党对军队的绝对领导”，将党和国家对海关“政治坚强”要求融入海关纪律部队建设的血液中。在

古田会议会址前，他们迎着朝阳，面向党旗重温入党誓词；在新泉整训旧址内，他们聆听红军时期政治工作方法，体会“思想指挥行动”的道理，深刻领悟海关纪律部队建设内涵；在监管一线、业务窗口，他们用最规范的执法、最温情的服务，展现海关人令行禁止、纪律严明的优良作风。我们的档案用它最朴实的方式记录着这一切。

照片档案：2021 年 6 月 29 日，厦门海关所属龙岩海关干部职工在古田会议会址前重温入党誓词

照片档案：2022 年 3 月 6 日，厦门海关所属龙岩海关干部职工在新泉整训纪念馆开展主题党日活动

照片档案：2023 年 6 月 28 日，厦门海关所属龙岩海关开展出口比利时食用菌脆片现场查验工作

作为“旗帜鲜明讲政治”的纪律部队，为涵养干部职工“千磨万击还坚劲”的毅力、“乱云飞渡仍从容”的定力、“欲与天公试比高”的魄力、“越是艰险越向前”的能力，龙岩海关创建了“党员思想淬炼馆”。在这

个基层首创的学习淬炼场所，你能找到几乎所有正式出版的习近平新时代中国特色社会主义思想系列丛书。“每周，我都会来这里坐上很长一段时间，与大家一起学习交流、谈心得感悟。”人事政工科苏晓珍说，“身处八闽大地，站在这片红色的热土之上，光辉思想让我心潮澎湃，书里榜样力量鼓舞着我奋斗前行。”

“挽住云河洗天青，闽山闽水物华新”，党员思想淬炼馆注入思想之伟力，淬炼出一支一心为民、全心为党、同心为国的新时代海关纪律队伍。每一个龙岩海关人在守国门、促发展中践行初心使命，诠释对党忠诚。

2020 年的春节，大概是游锦洲最难忘的一个春节。当年全国首批进境种猪将于腊月运抵龙岩，需要海关关员驻场隔离检疫 45 天，这意味着要在隔离场过年。事关国门安全，涉及民生大事，作为龙岩海关唯一的高级签证兽医官，游锦洲安顿好刚做完手术出院在家休养的父亲和怀着 8 个月身孕的妻子，闻令而动，主动请缨：“我来负责进境种猪隔离检疫工作!”种猪进境前 10 天，他和另一位驻场兽医出发进驻位于大山深处的隔离场。一路上，他用笔在本子上罗列进驻后的事项：企业人员培训、监督做好消毒、种猪进场前的各项准备工作……车子抵达目的地，他便忙碌了起来。

转眼已是种猪进境的第 6 天，为了能尽早完成疫病检测，及时发现并处置不合格动物，当天内完成整批 1000 头种猪的采血任务。他从天刚亮就开始组织采样人员，检查核对采样工器具、采样登记表、样品保存箱……动物粪便和饲料的热气与冬日的严寒交织在一起，在他的眼镜片上蒙上了一层白雾。不到 6 个小时，整

照片档案：2020 年 1 月 14 日，游锦洲对进境隔离检疫种猪开展采血抽样

批种猪采血工作全部完成，隔离场企业管理人员和货主纷纷竖起大拇指，“海关关员不怕苦不怕累！”

出于生物安全考虑，隔离场吃、住、行有诸多限制，大山里的冬天又格外寒冷。除夕那天，家人给游锦洲打来电话，他笑着说：“不要担心，我这里一切都好。”仔细询问了父亲和妻子的情况后，他就匆忙挂了电话，转身揉了揉泛红的眼眶，又开始了新一天的巡查……隔离结束那天正是元宵佳节，他提着行李走在回家路上，看着华灯初上、万家灯火，想着这些健康安全的“二师兄”后续投入繁殖生产，将极大改良龙岩乃至全国猪群品种，提升繁殖性能，促进生猪养殖业高质量发展，心中感慨又充实。

闽西大山深处的龙岩，依山向海却没有直接出口口岸，打通出口通道一直是老区人民心之所盼。2022 年新年伊始，龙岩市提出从古田开行中欧班列的设想，为此龙岩海关专门设立工作专班，迅速组织开展工作。任务下达就是命令，胡小林和他的同事们投入了长达 3 个月的“攻坚战”。他们加班加点，从可行性分析，到场站选址建设，再到海关监管能力配置……一项项工作紧张有序推进。4 月下旬的一天，距离班列首发只剩不到一周，只要做好最后的网络对接联调就大功告成了，大家都松了一口气。但是意外突然发生，根据最新规定要求，原有的数据连接方式因不符合安全规范需要推倒重来。时间紧迫，问题不解决海关监管就只能“两眼一抹黑”，甚至班列都无法正常发运！所有人都焦急万分。胡小林发挥专业优势，与建设方、运营商一道摸着石头过河，一起设计方案、部署现场、反复测试，“连轴转”成了常态。经过 4 天不分昼夜

照片档案：2022 年 4 月 29 日，厦门海关所属龙岩海关监管中欧班列（红古田号）首发，老区人民的期盼终于成真

的奋战，终于成功啃下了这块硬骨头。2022 年 4 月 29 日，胡小林和同事们目送着首发的中欧班列（红古田号）渐行渐远，肩上的关徽在阳光下熠熠生辉。

随着时代的发展，龙岩也正逐渐焕发出新的生机与活力，而龙岩海关的每一个“他”和“她”，按照新时代海关纪律部队要求，浇铸政治忠诚，扛起使命担当，厚植“三实”文化，奋力淬炼出那一抹亮丽的红。

南昌海关

20 年，用心接力并肩前行

——两代海关人的记忆

南昌海关　罗羽琨

20 年，足够一个新生儿从咿呀学语到长大成人；20 年，足够一个青年从懵懂冲动到成熟稳重。20 年，光阴似箭，岁月如梭，肩上的关徽陪伴着我们共同走过。

照片档案：1988 年 12 月 20 日，南昌海关审单岗位关员周艳艳指导首次报关企业填写报关单

我是一名海关档案员，正值海关关衔制度实行 20 周年，我来到档案室翻起了当年那些档案资料和照片。突然，在一张泛黄的老照片上，我发现了一个年轻却又熟悉的身影。

她，就是我的妈妈呀！我欣喜又骄傲，思绪瞬间被拉回到了过去的那些时光……

2003 年，妈妈成为首批授衔关员

2003 年，我 9 岁，也是我的妈妈周艳艳在南昌海关人教处工作的第 10 个年头，她是南昌海关建关以来最早的一批海关关员之一。身着一套笔挺的海关制服，英姿飒爽，关里、家里两头不停地忙碌，是年幼的我对她的全部印象。在我的记忆中，这一年的她异常繁忙，她参与了南昌海关首次授衔的各项准备工作。她说，授衔不仅是第一次，更意味着海关队伍开启了崭新的一页。时间紧、任务重，容不得半点马虎和差池。在那个办公系统还不完备的年代里，各种文件起草、上会讨论、请示汇报、礼仪培训、摸底、调档、测算衔级，每个环节都需要慎之又慎，每个细节都必须严格把关。这些工作，她与同事们连续加了一个多月的班才完成。她说，虽然加班加点是常态，但大家都干劲十足，因为作为海关队伍的一员，大家都对这项荣誉充满了期待，都希望尽自己最大的努力，早点把这件大事完成，早日佩戴上关衔。2003 年 9 月 16 日，她如愿成为南昌海关首批授衔关员。回忆起正式佩戴上海关关衔的那一刻，她说："作为第一批授衔的海关人，心里的那份自豪感油然而生，让我觉得所有的付出都是值得的。"

她们这一代海关人，风里来，雨里去，为海关的发展奉献了自己最宝贵的青春，一路陪伴着海关成长。她和同事们始终牢记身为海关关员应当肩负的职责与担当，始终坚守入关时的那份初心与使命，始终坚持以纪律部队的标准要求自己。在年复一年、日复一日的不懈奋斗中，江西省的外贸有了质的飞跃，全省进出口总值从 2003 年的 209.4 亿元增长至 2022 年的 6624.8 亿元；江西省也从仅有 1 个出口加工区发展成为拥有 5 大综合保税区的内陆开放型经济试验区。

2016 年，我第一次被授予海关关衔

长大后，我便成了她。2016 年，我也如愿转正为一名海关关员。作为军属，从小跟着爸爸在部队耳濡目染，每次看到整齐划一的队列训练，

每次听到清脆响亮的口令都让我觉得十分亲切。作为海关关员子女，妈妈和她同事们那身帅气的海关制服更是年幼的我心中最帅的造型。还记得第一次被授予关衔时，是妈妈亲自给我佩戴的肩章，她语重心长地对我说："戴上这个象征着纪律部队的肩章，就要承担起属于海关关员的使命与担当，这是作为一名国门卫士所必须担负起的责任。从这一刻起，你已经不再是犯了错还有机会改正的学生了，你做的每一笔业务，服务的每一家企业，都非常重要。你需要不断地自主学习，不断地提高业务能力，不断地充实知识储备，只有这样才能成长为一名合格的海关关员。"这是妈妈对待工作的态度，也是我始终牢记的"入职第一课"。

也是这一年，我第一次接触到海关业务。当我第一次在报关大厅独立完成加工贸易手册备案初审业务时，意识到我的操作将直接影响企业价值千万的进出口贸易时，我的耳畔响起了妈妈对我的叮咛嘱托，从那时起我真切地感受到海关关衔沉甸甸的重量，真切地感受到"依法行政、为国把关"不仅仅是一句简单的口号，更是全体海关人的一份责任与担当。

照片档案：2018年6月11日，周艳艳、罗羽琨作为南昌海关两代海关人代表，一同参加南昌海关建关30周年纪念活动

2023 年，授衔 20 周年之际，习近平总书记给我们回信

2023 年，是海关队伍授衔 20 周年，也是我加入海关队伍的第 8 年。作为一名青年关员，令行禁止、担当奉献的作风逐渐浸入我的生活，支撑着我走过了更换岗位的磨合期，走过了面对新形势的茫然期，走过了新冠疫情袭来时的无措期。每当我在工作中遇到解不开的难题时，妈妈总是会鼓励我，提醒我要牢记自己是新时代海关纪律部队的一员，作为一名战士，要迎难而上，攻坚克难，绝不能在战场上丢盔卸甲，轻言放弃。

在海关队伍授衔 20 周年之际，习近平总书记给红其拉甫海关全体关员的重要回信让我感到无比振奋。习近平总书记的回信字字千钧，饱含深情，寓意深远，振奋人心，体现了对全体海关关员的深切关怀。

我们都是光荣的收信人！作为一名海关关员，我将始终不断提高政治站位，强化政治担当，提升政治能力，落实政治责任，守国门、促发展，坚决当好让党放心、让人民满意的国门卫士，努力为强国建设、民族复兴贡献自己的力量。

2003 年，我们永远铭记；2023 年，我们继续向前！

青岛海关

档案见证国门卫士 岁月淬炼关衔光辉

——青岛海关队伍授予关衔 20 周年档案记忆

青岛海关 曹 智 江 琳 侯发全 高 卓 李 舜 尉 然

2023 年，金秋九月，“青岛海关队伍授予关衔 20 周年”主题展览展板前，围满了驻足参观的领导和同事。

照片档案：2023 年 9 月 14 日，青岛海关党委班子成员在二楼大厅参观青岛海关队伍授予关衔 20 周年主题展览

看着青岛海关中山路办公区二楼大厅布满的展板，看着一张张富有年代感的照片，仿佛打开了一本穿越时空的书册，写满了青岛海关队伍授予关衔 20 年来的一段段往事。历史以档案的形式，生动地重现在大家眼前。

关衔首授：万象更新

时间回到2003年9月28日。亲历过那段光荣历史的人都知道，这一天，青岛海关在机关礼堂隆重举行授予关衔仪式。但是，相信很多人已经不记得，主席台的上方是醒目的“青岛海关授予关衔仪式”横幅，金色的关徽端正地悬挂在主席台后方，熠熠生辉。527名关员代表整齐端坐，他们不知道的是，一顶顶微微上扬的礼帽，已经道出了他们彼时昂扬的心情。

照片档案：2003年9月28日，青岛海关举办授予关衔仪式

照片档案：2003年9月28日，在青岛海关队伍授衔仪式上青岛海关关员互相佩戴关衔

授衔命令宣读完毕，关员们两人一组，互相佩戴带有衔级标志的肩章。许多年轻关员看到这张照片时，才知道当时是这样的安排、这样的情景，一边恍然大悟，一边羡慕不已，不由自主地看一眼自己的肩章，只觉得肩上忽然就重了几分。而照片中的“主人公”们看到这张照片时，思绪瞬间被拉回到2003年的授衔现场，指尖仿佛又有了初次轻抚肩头星花时的颤抖，心里也再次涌起那股油然而生的荣誉感、责任感、使命感。

看着照片，一位“老同志”回忆说，当时关员们按照指挥，列队顺序走上主席台，双手郑重接过关领导颁发的关衔命令证书。那一刻，他们就将党和人民的殷切期望接到了手里，将守国门、促发展职责使命担在了肩头。这张首批授衔的527名同志的集体起立合影中，每个人都身姿笔挺，神情庄重，他们深知肩上的关衔，代表的不仅仅是信任，更是责任；不仅仅是荣誉，更是使命。如今20年过去，照片中的很多人已经离开了工作岗位，曾经年轻的脸庞也有了岁月的痕迹。他们说，本来有点回忆不起来当时自己坐的位置了，看到这张照片，竟然一下子就可以准确指出，那一片模糊的“小白点”中，哪个是曾经的自己。他们还说，幸好有这一张张泛黄的照片，是它们记录下海关历史上这一闪光的瞬间，讲述着、传承着海关人不变的初心和接续的努力。

照片档案：2003年9月28日，青岛海关首批527名授衔关员代表在大礼堂合影

岗位练兵：规范建设

时间的齿轮转动到2004年。这一年，是青岛海关迈出准军事化海关纪律部队建设第一步的一年，也是为推广青岛海关经验到全国积蓄力量的一年。

2004年年初，青岛海关就在思考，在全面建设准军事化海关纪律部队的路上，怎样才能体现青岛海关所长，走出青岛海关特色。经过反复研究，青岛海关决心从基础着眼、从基层着手，探索制定一套符合现代海关发展规律，适应青岛海关自身特点，规范化、标准化、长效化的管理机制。就这样，《青岛关区（基层）海关岗位操作手册》（以下简称《手册》）应运而生。

“说起来容易做起来难。”在展览现场，一位曾经参与《手册》制定的同志，指着前后几个版本、花花绿绿的《手册》说，当时青岛海关抽调各业务条线骨干力量组建专班，以档案为依据、以岗位为单元，以“学习培训、练兵比武、规范操作、督审检查、典型引路”5个方面为切入点，将不同时期、不同部门的数千个文件制度汇总、梳理、筛选、整合、修订，力求既要完备，能“包罗万象”；又要精炼，能“随身携带”。不记得蹲了多久的业务现场，数不清熬过多少个不眠之夜，经过一轮轮讨论、一层层审议，《手册》终于成功问世，并成为全国海关首部业务操作规范。

实物档案：2004年，青岛关区（基层）海关岗位操作手册

“《手册》的研究制定和推广实施，除了我们的努力工作，还离不开海关总署的亲切关怀和大力支持。”另一位同志感慨地说道，时任海关总署署长牟新生在青岛海关调研工作时指出，青岛海关的做法，对于海关执法统一，特别是一线监管工作的规范统一，具有重要意义，要把这件事情抓到底。正是有了领导的关心和鼓励，我们干起活来才能事半功倍。

2006年4月11日—12日，青岛海关在龙口召开《手册》学用现场会，龙口海关关员展示了学用《手册》试点的成果。海关总署、上海特派办有关代表及青岛海关各部门单位人员共100余人参加了现场会，一致评价《手册》实用、管用、好用。

2007年4月26日，全国海关准军事化纪律部队建设工作会议在青岛

照片档案：2007 年 4 月 26 日，全国海关准军事化纪律部队建设工作会议在青岛召开

召开。总署各部门主要负责同志、各直属海关关长、政治部主任等 140 余人参加会议。青岛海关作大会发言，介绍学习、应用《手册》情况，并由 24 名关员通过现场提问考查、岗位业务技能演示的方式进行汇报，充分展现出海关关员扎实的业务素质和优良的风姿风貌，给与会代表留下深刻印象。从此，以《手册》为载体的青岛海关经验在全国海关全面推广实施。

时光荏苒，青岛海关全员学用《手册》那段激情燃烧的岁月，已经成为过往，这些曾经耳熟能详的故事，有一天也许会变得鲜为人知。但是，档案里记录着它们！在档案发黄的纸页里，《手册》的制定与实施，将永远作为那一代青岛海关人勇于探索、不懈努力的见证，激励后来者继续发扬“见红旗就扛，见第一就争”的青岛海关精神，在新时代海关纪律部队建设的道路上，向前走、不停步。

关检融合：再续新篇

时间来到 2018 年 4 月，根据国务院机构改革方案，出入境检验检疫管理职责和队伍划入海关总署。这是海关组织机构的又一次重大变革。如何才能让两支原本“既熟悉又陌生”的队伍快速融合，进而为业务的深度融合提供助力？青岛海关结合实际、迅速行动，以全力打造“忠诚、干净、担当”的新时代海关纪律部队为突破口，确保“1+1”产生聚合质变效应。

照片档案：2018 年 10 月，机构改革后青岛海关开展准军事化集训

队列训练是青岛海关关检融合之后的重要一课。照片中，一列列着装规范统一的关员，一个个整齐划一的动作。大家都是一样的咬紧牙关拔军姿、一样的顶着烈日流汗水，都是一样的新时代新海关的光荣一员！

除了队列训练，青岛海关还严格执行《海关内务规范》，每年 4 月集中开展“内务规范强化月”活动；注重仪式教育，规范着装、仪容、礼节；严肃工作纪律，加强内务督察。通过强化纪律作风养成，青岛海关队伍精神风貌焕然一新，凝聚力和战斗力得到有效提升。

锐意进取：快速发展

时间来到 2023 年。展览中，一组“青岛海关精准施策，服务港口企业保稳提质”的照片吸引了很多同事。讲解员指着一封港口集团给青岛海关的信函，向大家介绍道，青岛海关为更好地服务企业，推动前湾港区 9 个环节 58 项系统建设改造，解决代码不统一制约泊位资源高效利用的瓶颈难题，经港口测算，每年可为企业节省通关物流成本 1400 余万元，为港口节约码头空泊损失费5000万元。港口集团专门致函青岛海关，称“帮助我们办了一件梦寐以求的大事”。

照片档案：2023年3月，青岛海关关员在青岛港服务港口企业

讲解员继续介绍道，2023年以来，青岛海关紧紧围绕“铸忠诚、担使命、守国门、促发展、齐奋斗”工作要求，全面落实“12个必”重点工作和“1+1+6”重点任务，坚持政治走前列、业务站排头、服务树品牌、队伍创一流、全面建新功。大力推动智慧海关建设和“智关强国”行动，承办15个、参与43个署级业务场景项目，同步推进13个关级特色项目建设，车辆轨迹信息智能分析、海关税款联网退还、“数e通”关员便捷助手、智慧物流等多个项目已取得明显成效。

为深入践行“海关为民”理念，青岛海关围绕支持民营企业发展主动思考，出台了15条措施，常态化开展“关企面对面”活动，开门纳谏、广开言路。一时间，一场自上而下、轰轰烈烈的“关企面对面”活动在青岛关区遍地开花并结出了丰硕的果实。截至2023年9月，青岛关区共组织“关企面对面”活动42次，听取并现场回应471家企业提出的400个问题，在关区形成了“各关齐努力，百花竞相开”的关企沟通新氛围，进一步畅通关企沟通渠道，做到企有所呼、关有所应，助力企业纾困解难，促进外贸保稳提质，服务经济高质量发展，树立了可亲、可敬、可靠的海关形象。

看完整个展览，很多人久久驻足，没有离去。一张张照片的背后，是一段段鲜活的往事。每一次定格，都记录下青岛海关这支新时代海关纪律部队的点点滴滴。串在一起，就是展览的主题——“档案鉴证国门卫士，岁月淬炼关衔光辉”。

新的征程：继往开来

2023 年 9 月 11 日，这是海关历史上具有里程碑意义的日子。在海关队伍实行衔级管理制度 20 周年的前夕，习近平总书记在百忙中给红其拉甫海关全体关员回信，强调海关担负着守国门、促发展的职责使命，做好海关工作意义重大。

“当好让党放心、让人民满意的国门卫士，这是习近平总书记的殷切期望，为我们做好下一步工作指明了方向。”在青岛海关传达学习习近平总书记给红其拉甫海关全体关员重要回信精神专题会议上，党委书记、关长沈扬表示。他要求青岛海关全体干部职工，必须始终牢记习近平总书记的嘱托，在维护国门安全、推进智慧海关建设、服务高质量发展和高水平开放上主动担当作为，深化改革、优化服务、助企增效。

船舶检疫监管战线的“钢铁尖兵”

青岛海关　刘淑霞　孙成功

青岛海关所属青岛大港海关查检五科，是青岛口岸进出境船舶检疫监管战线上的一支“钢铁尖兵”。多年来，他们以习近平新时代中国特色社会主义思想为指导，践行“铸忠诚、担使命、守国门、促发展、齐奋斗”的海关工作要求，踔厉奋发、勇毅前行，圆满完成了口岸疫情防控、重大国际赛事保障、重要节庆活动监管服务等各项任务。一张张照片、一件件实物展现出新时代海关纪律部队的靓丽风采。

口岸疫情防控彰显“勇担当”

照片档案：2020 年 10 月 1 日国庆期间，青岛海关所属青岛大港海关“青年党员抗疫突击队”赴锚地登临“YUN TONG”轮开展入境船舶检疫

船舶卫生检疫是青岛大港海关查检五科的核心职责，新冠疫情暴发后，他们第一时间成立“青年党员抗疫突击队”，支部书记喊出“我是书记跟我上”的口号，发扬纪律部队作风，向疫而行，勇于担当，为国门安全筑起牢

固的“红色防线”。

实物档案：2021 年 1 月，青岛海关所属青岛大港海关查检五科获评“青岛海关抗击新冠肺炎疫情先进集体”称号

他们舍弃与家人团聚的时光，抗严寒斗酷暑、不分昼夜地战斗在码头防疫一线，坚持“24 小时全天候”服务，船舶随到随检，确保通关“零延时”。新冠疫情严峻的时刻，他们率先进入“14+7+7”封闭管理模式，历经 31 轮次的集中封闭管理，坚守住了国门一线，做到了“打胜仗、零感染”。他们严格落实“三查三排一转运”要求，累计检疫船舶 7207 艘次、船员 148229 人次，船舶卫生检疫岗获评青岛海关“规范执法示范岗”，科室获评“青岛海关抗击新冠肺炎疫情先进集体”称号，3 人次获得海关总署通报表扬。

他们自主研制并启用青岛海港口岸首个可移动式检疫方舱，在全国率先开展“无接触式入境卫生检疫”模式改革试点，打造的“远程检疫 + 无接触采样 + 远程监控”检疫模式，被海关总署列为“海关监管创新举措”备案项目并推广。

保障重大活动展现“硬作风”

青岛是举办重大国际赛事、节会活动等的理想之地，先后举办了上海合作组织峰会、中国人民解放军海军建军节、“亚帆联杯”青岛国际帆船赛等重大活动。青岛大港海关查检五科充分发扬海关纪律部队的过硬作风，圆满完成了各项重大活动服务保障工作。

2019 年 4 月，中国海军成立 70 周年多国海军活动在青岛举办。面对大型国际活动，科室人员团结一心、坚守岗位，活动期间吃住在单位，累

照片档案：2019 年 4 月 29 日，中国海军成立 70 周年多国海军活动期间，青岛海关所属青岛大港海关查检五科关员向来访军舰官兵讲解我国卫生检疫要求

了就在椅子上歇会儿、困了就在沙发上凑合一宿。在他们的坚守和努力下，多国海军活动服务保障工作圆满完成，青岛大港海关被青岛市委、市政府评为“海军成立 70 周年多国海军活动服务保障工作先进单位”，1 名同志获评先进个人。

青岛大港是“向阳红”号、“科学”号等科考船的母港，深海科考作业活动频繁。新冠疫情期间，青岛大港海关查检五科与地方政府建立联防联控机制，创新为“科考母港”量身打造高效检疫服务模式，保证了科考船员及队员的正常换班，让科考队员感受到家的温暖。

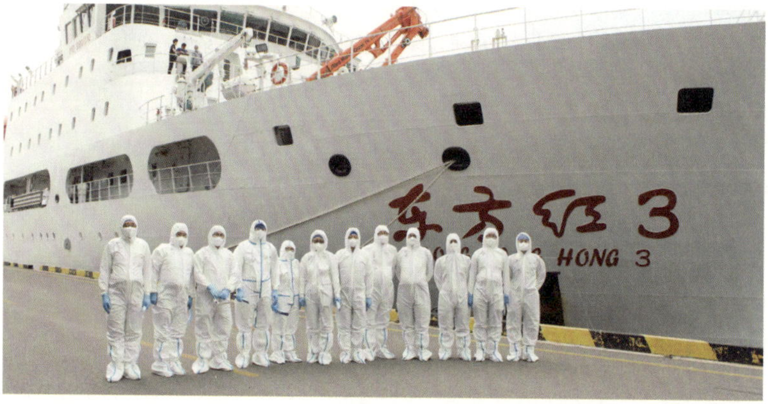

照片档案：2020 年 7 月 15 日，新冠疫情期间，青岛海关所属青岛大港海关查检五科全体同志准备登临“东方红 3”号开展入境船舶检疫

锤炼过硬作风树立“新形象”

青岛大港海关查检五科不断探索新时代海关纪律部队建设的新路径，

及时发现新问题、解决新矛盾，使队伍“精气神”得到全面提升。2022年，该科获评青岛海关“四强”党支部，支部品牌“海港‘疫障’队”获评青岛海关党建培育品牌。

他们树立“迎难而上、敢于担当、勇于创新、注重协同、追求卓越、争创一流”的品牌形象，刻苦钻研专业技能，精益求精，获得青岛海关“口岸新冠肺炎卫生检疫岗位技能竞赛”团体二等奖；创新检疫监管模式、严防境外疫情输入，工作事迹获得《新闻联播》跟踪报道；强化科室管理，加强正向激励，其先进典型形象在《学习强国》栏目广泛宣传；不惧危险，迎难而上，协助查办外籍船舶走私毒品案，查获可卡因215千克，3人荣立三等功。

启航新时代，奋进新征程。青岛大港海关查检五科将以海关关衔制度实行20周年为新的起点，全面落实习近平总书记给红其拉甫海关全体关员的重要回信精神，坚决筑牢国门安全屏障，助推高质量发展、高水平开放，当好让党放心、让人民满意的国门卫士。

记忆·钢铁长城

青岛海关　乔俊杰

翻开印制于2004年秋天的《青岛海关书法美术摄影作品集》(以下简称《作品集》),仿佛又回到20年前的如歌岁月里。

那一年,正逢伟大祖国迎来55周年华诞,也恰逢中国海关授予关衔1周年。

很有幸,《作品集》的第一幅美术作品,是我创作的中国画《钢铁长城》。在略显稚涩的笔墨和线条中,一支肩扛国旗、精神振奋的海关纪律部队,正在步履坚定地整齐行进中。画面上有一段自题书法,“二〇〇三年九月十二日,胡锦涛总书记在接见海关高级关衔人员及先进集体和先进工作者代表时的讲话中指出,海关是守护国家经济大门、维护国家经济利益的钢铁长城”。

实物档案:《青岛海关书法美术摄影作品集》

自儿时起,画所见所闻,记所思所感,是我的最大乐事和兴趣。但在紧张的海关工作中,鲜有时间投入创作。2003年是海关改革发展的一个“里程碑”。中国海关成为继中国人民解放军实行军衔、中国人民警察实行警衔后,第三支实行衔级制度的队伍。而我,也正是从这年开始利用业余时间尝试研习中国写意画。关衔首授仪式赋予了海关队伍光荣而神圣的使命。于是,我也就有了中国画《钢铁长城》的思想激荡和创作孕育。从写意技法上看，《钢铁长城》的笔墨稍显稚嫩，但从那时起，我的内心有了一股满满的信心和力量。此后，在“内强素质、外树形象”的海关纪律部队建设历程中，在青岛海关服务山东开放经济发展的改革洪流中，在青岛海关所属石岛海关口岸通航、迁址更名、监管服务等变迁发展中，我一边全身心投入火热的海关事业，一边用画笔进行着酣畅的写意记录。

实物档案：中国画《钢铁长城》

2007年，全国海关准军事化纪律部队建设工作会议在青岛召开，在青岛海关广大干部职工岗位练兵和技能比武的浓厚氛围中，我怀着对全员岗位练兵的敬佩之情，创作了油画《英姿》；2007年，定格石岛海关年轻女关员在关容镜前整理着装准备上岗的一瞬间，我创作了油画《灿烂朝霞伴我成长》；2008年，结合整理“孔繁森式的人民公仆”——时任青岛海关副关长兼缉私局局长周正的先进事迹材料，我创作了中国画《缉私警察的日记》……随着新时代海关纪律部队建设的不断推进，我的作品也相继诞生。

实物档案：油画《英姿》

2011年，海关总署制定了《2011—2015年准军事化海关纪律部队建设指导意见》，首次提出要突出“内涵”式学军。作为一名具体从事海关纪律部队建设工作的基层海关政工干部，我在满怀喜悦迎接党的十八大的日子里，在不断领悟海关纪律部队建设内涵的工作实践中，也有了《风雪通关路》的孕育和创作。

而2012年前后，我的水墨人物画作品开始渐得“意境之趣”。因此，这幅作品画面大幅留白，一名年轻海关关员意气风发地行走在港口中、穿

实物档案：中国画《风雪通关路》

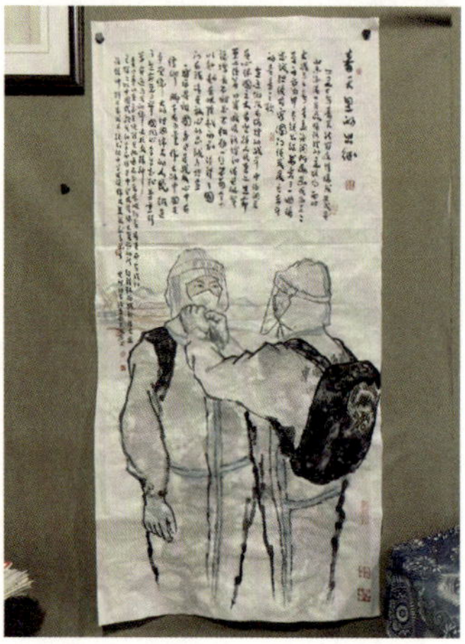

实物档案：中国画《春天里的出征》

越在风雪里，并题记了一段记录口岸现场海关关员真实工作状态的书法："在助推山东半岛蓝色经济区建设中，青岛关区广大关员心怀大局、恪尽职守，优化口岸通关环境，不论寒来暑往，不论冬去春来，书写了一曲海关关员的青春奉献之歌。"继《青岛海关书法美术摄影作品集》之后，2012年的秋天，我创作的中国画《风雪通关路》被《山东省直机关喜迎党的十八大书法美术摄影作品集》收录，并获全省省直机关美术作品一等奖。

随着关检全面融合深入推进，海关不仅要履行好《海关法》所赋予的四大职能，而且要切实履行把好口岸公共卫生安全、重大疫情防控、国门生物安全、进出口商品质量安全、进出口食品安全等新职责，海关维护国门安全的任务比任何时候都要艰巨繁重。

在前行中，往日的《钢铁长城》，已经定格成岁月记忆；而《钢铁长城》系列作品之延续，我也有很多计划。比如，2020年，我萌生了创作《出征——国门战"疫"》系列的想法；2021年，我着手准备《利剑——国门利剑打击走私行动》系列；2022年，我策划构思《筑篱——国门生物安全守护》系列，等等。守国门职责不容我懈怠，促发展使命不容我分神。疫情防控的三年多来，有太多的感动在我心中环绕，有许多的笔墨在我心中流淌，那胸怀"国之大者"和赤子之心的请战书，那年轻的脸上被防护口罩留下的深深勒痕，那攀爬高高舷梯汗流浃背的身影，那别离妻儿毅然出征的坚定，那与企业共渡难关共克时艰的时刻，都深深地镌刻在我心里。我常常想：这，不就是新时代海关纪律部队跨越 20 年时空的品质烙印吗？这，不就是《钢铁长城》系列作品跨越 20 年的再延续吗？

从 2003，到 2023，岁月依旧烂漫，长城更加巍峨。

感恩海关岁月，感恩笔墨时光。

是热爱　是使命
是一生的坚守

——一名海关“老兵”的故事

青岛海关　于庆华

在海关关衔制度实行20周年之际，习近平总书记给红其拉甫海关全体关员亲切回信，这是全国海关最高的荣誉、无上的光荣。学习习近平总书记重要回信精神让我倍受鼓舞。从我2009年穿上海关制服，到现在已经是第14个年头。14年来，从初任培训担任阅兵方阵标兵，到4年后受聘关区队列指挥员，再到4年后在相关岗位工作，我在海关“队列行进”中洒下了收获的汗水，留下了难忘的印记。

照片档案：2019年9月21日，于庆华（前排左一）在青岛海关第八届职工运动会开幕式上担任查验服方队标兵

一个不经意却改变一生的起点

2009 年 7 月，带着对海关的憧憬，我和来自 5 个关区 150 余名新关员一道，来到海军航空工程学院青岛分院，开始了为期 72 天的初任培训。我们上的第一课就是军训，而这一课一上就是整整一个月。一个月后，一个原本有些新鲜的词汇已经深深地刻在每一个新关员的心里——“纪律”。是的，我们从那一刻开始牢记，海关是一支纪律部队。

两个月以后，培训进入尾声，一个“重磅”消息传来——初任培训结业典礼将举行阅兵式！男女各 1 个方队，每个方队各 2 名标兵。其中一名标兵由毕业于警校并且在校期间多次担任标兵的男生担任，而我则幸运地成了另一名标兵。教官宣布决定时，我虽感到兴奋，觉得一个月全力以赴的训练表现有了回报，但心中也清楚地知道，跟“专业人士”搭档，我必须加倍努力。

最后两周的阅兵集训，我拼了！每走一次分列式，别人还没出汗，我身上的藏蓝色短袖查验服就因为浸透汗水变成了“藏青色”；每次喊正步、齐步变换的“1、2”口令，我的声音总是最响亮的；每天训练结束，中午、晚上我都会拉着教官加练，一天不落……最后的阅兵仪式，终于取得圆满成功！

从那时起，“不怕吃苦、付出一切、勇争第一”成为我心中对海关队伍作风的定义，而第一次“标兵”的经历，成为一个不经意却改变我一生的起点。

一座写满历史却直击心灵的“殿堂”

同每一个新到青岛海关所属烟台海关工作的海关关员一样，我到海关报到的第一站就是“烟台海关关史展”。走进烟台海关办公大楼 24 楼的这个展室，迎面看到的就是 2003 年国务院举行授予海关关衔仪式后，时任党和国家领导人接见首批海关高级关衔人员及海关系统先进集体和先进

照片档案：2021 年 6 月 23 日，于庆华（右一）在青岛海关所属烟台海关关史展作讲解

工作者代表的巨幅照片。从那时起，中国海关成为继中国人民解放军实行军衔、中国人民警察实行警衔后，第三支实行衔级制度的队伍。授衔，成为海关队伍建设历程上的一座里程碑。

在关史展室里，写满了烟台海关从“中国共产党领导下的第一个人民海关”开始，到“新中国海关干部的摇篮”，再到荣获全国海关先进集体、全国文明单位等称号一路走来的光荣历史。从 1945 年 6 名海关关员身穿军装接管帝国主义把持的“东海关”，到 6 名烈士为争取烟台二次解放献出宝贵的生命，再到烟台海关建关 60 周年庆祝大会举行盛大仪式，关史展成为我沉浸式感悟海关历程的“神圣殿堂”。

后来，我很荣幸地担任烟台海关关史展的讲解员，为到访的一批批观众讲解烟台海关的红色文化。每次讲解，我都满怀“人民海关第一关”的自豪感和“擎旗自有后来人”的使命感。我告诉自己，海关人的神圣职责，要用一生去践行。

每年三次集体走心的“集结”

2017 年，我开始在烟台海关作风建设相关岗位上工作。每月一次的内务督察，4 月的“内务规范强化月”，不定期全员集训，日常窗口行风建设……能够满腔热忱地投身自己热爱的工作，我是幸运的。而其中有一项工作最打动我，那就是升国旗仪式。

烟台海关办公大楼位处三条主干道的交汇之处，升国旗仪式就在紧邻马路的楼前空地举行。每年元旦、五一、十一假期后的第一个工作日早晨，海关人早早集结，身穿制服、头戴礼帽，整个队伍面向国旗、背对马路，而我作为指挥员，面向队伍也面向马路。于是，我看到在海关队伍集结过程中，路过的人们纷纷止步，驻足“围观”。“这是海关！要升国旗了！”耳边传来小声的赞叹。

“升国旗，奏国歌，向国旗——敬礼！”口令下达，全体关员整齐敬礼的同时，驻足的人们也集体向国旗行注目礼，整个画面定格在国歌奏响、国旗升起的时刻。这样的画面总是让我心潮澎湃，就像是定期上演的一场集体走心的“集结”。而这场“集结”在完成爱国主义教育的同时，也向人民群众展现了海关人的作风形象。

照片档案：2019 年 1 月 2 日，于庆华（右一）指挥青岛海关所属烟台海关升国旗仪式

一次出人意料却心服口服的“包圆儿”

2018 年 4 月，根据海关总署统一部署，青岛海关组织开展集训，要求全员参训、全面覆盖。我作为关区集训指挥员参与组织青岛海关机关人员的训练，要在训练基地封闭 12 天。当时我爱人已有 5 个月的身孕需要照顾，对于异地封闭我心有顾虑，但是我爱人给了我最大的支持，她说指挥员最应该做的就是“服从命令”。

基地集结以后才知道，其余 12 名指挥员几乎清一色的军转干部，又是跟“专业人士”同台竞技，我暗下决心，“不怕吃苦、付出一切、勇争第一”！当时的训练安排每期 3 天，每名指挥员每期负责 1 个班，印象最深刻的是第二期，我负责训练的是“女子班”。在训前动员时，我认真地对大家说：“虽然我不是军转教官，但是我会全力以赴，我坚信‘女子班’一定会给集训队带来大大的惊喜！”

令我感动的是，全体女队员跟大家一起，在烈日暴晒的操场上坚持训练，没有一个掉队，也没有一个叫苦，反而更专注、更用心。很快到了最后的队列会操环节，所有的目光都聚焦在“女子班”，仿佛在说“看看这些‘柔弱’的女同志能练成什么样”。伴随着队列会操的结束，现场爆发出持久热烈的掌声，成功了！总教官宣布，第二期集训标兵班级、标兵个人、标兵宿舍全部花落“女子班”，实现了全部三面红旗的“包圆儿”！

照片档案：2023 年 4 月 23 日，于庆华（左一）担任青岛海关所属烟台海关驻邮局办事处队列训练指挥员

从那以后，经常有人问我：“你是从哪个部队转业的?”我想这个问题是对我作为指挥员最大的褒奖。我意识到，“崇尚荣誉、追求荣誉、珍惜荣誉”是海关纪律部队建设带给每一位海关关员的价值追求。

春华秋实二十载，勇毅前行向未来。时光荏苒，我走上了新的工作岗位，但海关作风已在我身上刻下深深的烙印。从一幅幅老照片，一张张档案文件，一次次队列训练，一场场红色教育中，我再次重温自己在海关纪律部队建设中走过的历程，时刻鞭策自己，要牢记嘱托，感恩奋进，当好让党放心、让人民满意的国门卫士，为海关事业发展贡献力量。

他们的回忆

——退休干部眼中的授衔 20 年

青岛海关　李　静　王文强

这是一群青岛海关所属烟台海关的退休干部，他们是烟台海关历史的书写者，亲历了海关队伍授衔 20 年的光荣时刻，心中依然珍藏着那段美好的回忆。

队列训练如回军营

于卿良是烟台海关原副关长，是一名军转干部。2003 年时他在烟台海关驻经济技术开发区办事处工作。他常说，队列训练时关员们刻苦训练的场景至今难忘。

照片档案：2004 年 5 月，青岛海关所属烟台海关全体关员分批开展军事训练

当时的驻开发区办事处有 30 多名关员，年龄、性别、身体条件的差异给训练带来了很多困难。为高标准完成军训任务，他们邀请了地方武警

战士来指挥训练。为了不影响日常工作，关员们只能利用休息时间加班加点训练。功夫不负有心人，几个月的挥汗如雨，他们军姿挺拔了，步伐整齐了，最终顺利通过了青岛海关的考核验收。武警指挥官感慨地说："真没想到大家都这么能吃苦，真没想到训练效果能这么好！"

于卿良回忆说："海关关员的精神风貌让我仿佛回到了离别十几年的军营，那一幕让我激动万分、记忆深刻。"

一声敬礼荡起涟漪

2003 年 9 月 28 日，青岛海关隆重举行关衔首授仪式。裴玉堂作为关员代表到青岛参加了关衔首授仪式。"时隔 20 年了，"裴玉堂回忆道，"关衔首授仪式上那声'敬礼'一直回荡在我脑海里。"

照片档案：2003 年 9 月 28 日，青岛海关队伍授衔仪式现场

当日的青岛海关礼堂灯火辉煌，关员们精神抖擞。在台下互相佩戴肩章后，授衔关员列队依次登上主席台，由关领导颁发授衔命令证书。裴玉堂是他所在队列的指挥员，当大家精神饱满、步调一致，用最好的状态面

对关领导站定时，裴玉堂一声“敬礼”的口令响彻会场。“那是我第一次喊敬礼，也是记忆最深刻的一次敬礼。口令响起的同时，我的眼眶就湿润了，举起的手掌在帽檐边轻微地颤抖着。在海关工作20多年来的情景如电影画面般在我眼前闪过。我看到了年轻时候的自己和那群英姿勃发的同事，看到了我们冒着严寒酷暑奔赴在查验打私的第一线、不分昼夜坚守在服务经济的最前沿。授衔队伍的荣誉来之不易，多少人为之付出了青春、汗水，乃至生命，我们可不能辱没了肩上的这份责任啊！这礼是敬给这身海关制服、是敬给肩上的海关关衔、更是敬给每一位为海关事业无私奉献的海关人的。这声‘敬礼’让我的职业自豪感、荣誉感油然而生，也让我一生难以忘怀。”裴玉堂激动地说。

戴上肩章担起责任

乐存亮曾是一名中国人民解放军海军战士，是祖国海上大门的守护者。1986年2月，他响应国家号召从部队转业来到烟台海关工作，离开了把守17年的祖国东海防线，继续守卫着国家的经济大门。

2003年9月，乐存亮被授予海关二级关务督察。当带着衔级的肩章佩戴在他的肩膀上时，他说：“从军人到关员，再次拥有衔级，我真切感受到了肩上那份沉甸甸的责任。”

那时，乐存亮在烟台海关驻出口加工区办事处负责参与筹备地方的一场大型博览会。为了成功举办该博览会，烟台海关组织全体关员开展了系列学习活动，学礼仪常识、学行为规范、学法律法规、学涉外知识，做文明热情东道主；开展“我为博览会添光彩”活动，加强“文明窗口”建设，从关风、关貌、关容抓起，从关员办理的每一项业务、做出的每一句答复做起，积极推行文明服务用语，要求人人熟记会用；开展烟台海关职业道德教育活动，增强关员爱岗敬业意识，教育关员遵纪守法、爱岗敬业，抵御各种诱惑，经受任何考验；积极宣传海关政策和法规，为企业举办海关知识专题讲座，发放征求意见表，帮助企业解决具体问题。

“圆满完成博览会各项准备工作，不仅扭转了之前社会上对海关的一些偏见，也树立了海关良好的社会形象。”乐存亮回忆说。

2023 年是海关关衔制度实行 20 周年，海关业务、队伍各方面都发生了巨大变化。海关业务门类随着时代变化与日俱增，人员素质随着队伍建设日渐提高，但不变的是一代代海关关员始终听党号令，为国把关，为民服务，初心不变，责任在肩，使命必达。

学用手册出实招 岗位练兵勇争先

青岛海关　姜　昊

2023年是海关关衔制度实行20周年。关衔制度实行以来，全国海关不负使命，担当有为，坚持内强素质、外树形象，以对党和人民忠诚可靠、堪当时代重任的精神风貌，不断推动新时代海关纪律部队建设向纵深发展，涌现出了以红其拉甫海关为代表的一大批先进典型、先进事迹。档案也忠实记录了青岛海关所属龙口海关以全员学用《岗位操作手册》为抓手，在基层队伍建设路上不懈探索的故事。

照片档案：2003年10月8日，青岛海关所属龙口海关全体关员首次佩戴关衔合影留念

2004年，为贯彻落实海关总署《海关基层建设纲要》要求，青岛海关制定实施了首版《青岛关区（基层）海关岗位操作手册》(以下简称《手册》)，统一关区各业务现场的操作流程和执法尺度、提高执法质量和管理效能。《手册》的制定与实施改变了海关岗位工作经验通过文件学习、师带徒、口口相传等方式传承的模式，为更好落实队伍管理要求、规范作业模式、统一执法尺度提供了实践经验。

2005年初，青岛海关在龙口海关部署开展学用手册的试点工作，积极探索以学用手册推动队伍基层建设达标的实现路径。

2005年5月，海关总署召开全国海关基层建设达标试点工作会议，确定了11个单位为全国海关基层建设达标试点单位。其中，龙口海关与大连海关所属鲅鱼圈海关共同承担了“规范关员行为”的试点任务。青岛海关随即明确要求试点海关把开展海关总署基层建设达标试点和关区学用手册试点紧密结合，通过学习《手册》、开展岗位练兵等活动，使广大关员熟练背诵和应用《手册》，不折不扣地贯彻《手册》，统一执法尺度和操作规范，提高执法水平和工作效率，最终实现规范关员行为的要求。

试点工作起步时并不是一帆风顺的。在得知要求全体关员对本岗位操作规范“熟记、背诵”的情况后，很多关员对此议论纷纷。针对部分关员的不理解、不认同，龙口海关积极发挥党员和科长的示范带头作用，开展扎实细致的思想动员工作，使全体关员逐渐认识和理解学用手册对于规范管理的重要意义，为试点工作的顺利开展奠定了坚实的基础。

同时，龙口海关也曾有过短暂的迷茫，对“规范关员行为”的切入点和路径并不是十分清晰。鲅鱼圈海关围绕内务规范以及关员的行为、举止、仪容、仪表等“外树形象”方面已经探索出很成功的经验，照搬经验显然不是试点目的。在青岛海关的全力指导下，龙口海关最终确立了围绕“规范关员行为”这条主线，把“规范关员执法行为”作为试点活动的着力点。

此后，龙口海关全关动员，采取有效措施，着力提升手册学用效果。一方面，坚持以“壮士断腕”的决心，对过去业务岗位操作中不规范的做法和习惯进行全面查摆纠正，按照手册要求，从每一份手册、每一张单证、每一个签字、每一个盖章等细节抓起，切实在程序上、实体上做到全面规范关员执法行为；另一方面，坚持以“舍我其谁”的勇气，发挥全员智慧，创造性地开展全员培训、岗位练兵、纠偏查错、绩效考核、奖惩激励等形式多样的工作，逐步探索构建起适合自身情况的有效保障机制，取得了明显效果。在当年的基层建设达标考核中，龙口海关有 4 项业务指标进入关区前 6 名，获青岛海关基层考核体系实施以来的最好成绩。

值得一提的是，在试点过程中龙口海关涌现出了不少感人的事迹，至今仍让人记忆犹新。参加背诵手册年龄最大的关员是张建林，45 岁的他每天晚上都要背四五个小时，真正做到了“干什么、学什么、精什么”，为其他关员树立了榜样；还有很多关员无论白天工作再怎么忙，每天晚上都要挤出时间集中复习背过的内容，无论再怎么累，也要坚持把当天的背诵任务完成，早上天不亮就起床背诵，节假日、周末都想方设法抽出时间背诵，就是在上班的班车上，也要利用点滴时间把手册默背一遍……背诵只是手段，关键是让岗位知识“入脑、入心”，然后应用到具体工作中，规范管理，提高效率，真正做到了手册学习不流于形式。

2006 年 4 月 11 日至 12 日，青岛海关在龙口召开学习贯彻《手册》现场会，展示关员手册学用成果。海关总署、上海特派办有关代表及青岛海关各部门单位人员共 100 余人参加。会上听取了龙口海关学习贯彻手册情况汇报，观看了龙口海关试点情况的宣传片，并以现场随机抽取关员回答问题的方式展示关员学习手册的效果。龙口海关关员对本岗位知识“一

照片档案：2006 年 4 月 11 日，青岛海关在龙口召开关区学习贯彻《岗位操作手册》现场会

照片档案：2006 年 4 月 11 日，现场会上，青岛海关所属龙口海关关员对本岗位知识“一口清”“问不倒”的风姿风貌，给与会代表留下了深刻印象

照片档案：2006年11月23日，青岛海关所属龙口海关组织开展队列训练，展现海关队伍良好形象

口清”“问不倒”的风姿风貌，给与会代表留下了深刻印象。

2007年1月，龙口海关关员在海关总署党组扩大会上进行演示，得到署领导的充分肯定，经验做法在全国海关得到推广，有效地发挥了示范导向作用。龙口海关以学用手册为抓手，持续推进海关队伍建设向纵深发展，先后获得“全国海关系统先进集体”“全国海关先进基层党组织”“全国青年文明号”等荣誉称号。

时光荏苒，那段激情燃烧的岁月已经过去了近20年的时间。当年在舞台上神采奕奕展示技能、展现风采的那一批关员，很多都已经光荣退休。但这段令人难忘的经历，给龙口海关留下了一笔不可磨灭的宝贵财富，激励着一代又一代龙口海关人薪火相传，牢记初心使命，在神圣关徽的照耀下继续奋进。

2023年9月11日，习近平总书记给红其拉甫海关全体关员亲切回信，向海关系统全体同志致以诚挚的问候，对海关系统干部职工更好履行职责使命提出殷切期望。习近平总书记的重要回信，是对海关工作最大的褒奖，同时也为海关奋进新征程、建功新时代指明了前进方向、提供了根本遵循。下一步，龙口海关全体干部职工将时刻感念习近平总书记亲切关怀，始终铭记习近平总书记亲切嘱托，闻令而动，遵令而行，守卫国门安全，服务经济发展，为强国建设、民族复兴贡献海关力量。

与关衔同龄

——档案里的黄岛海关队伍授衔20年记

青岛海关 高 卓 金 雷

人的一生，会走过很多地方，遇见很多人，发生很多故事，其中多数如潺潺溪水从记忆中溜走，不留一点儿痕迹。但是，总有那么一些瞬间让你感动、让你铭记、让你顿悟使命与担当。2003年海关队伍实行关衔制度，是海关历史上的重要一页。20年后，2023年9月11日，习近平总书记给红其拉甫海关全体关员的重要回信，在海关档案中又留下了一个难忘的高光时刻。

照片档案：2023年9月12日，当年关衔授予仪式上的关员在查检一线守护国门

翻开一件件珍藏的档案，让我们回溯青岛海关所属黄岛海关队伍建设20年来的精彩瞬间。

与关衔“同龄”的队伍

首授关衔那一年，恰逢青岛港西移不久，老港区70多条国际航线、每月300多个班轮、40余家船东、十几家场站、数以千计的代理和货主所构成的庞大的集装箱运输网络，全部西移到前湾港。

同年5月，青岛海关大港审放处、大港查验处、开发区海关、保税区海关、前湾港海关5个处级单位的近400名关员迅速集结，组建成一支新的队伍，黄岛海关正式成立。黄岛海关很快成为当时沿海九省中最大的海运口岸海关监管现场，工作时段人头攒动、忙碌异常。这支与关衔“同龄”的队伍自诞生之日起就将关衔视作荣誉，更视作严明的纪律、良好的作风和巨大的责任。这里，就是锤炼党性、锻炼干部的练兵场。

照片档案：2002年的青岛前湾港码头

照片档案：2004年，青岛海关所属黄岛海关繁忙的业务现场

那时的码头查验区没有办公楼，关员们只好挤在用集装箱改成的办公室里，冬天北风凛冽、寒气刺骨，夏天烈日炙烤、闷热难当。查验人员经常查验到深夜甚至凌晨，再回到办公室改造成的简易宿舍。当时黄岛和青岛市区之间没有隧道，更没有地铁，关员们住在黄岛，每周只有一趟回青岛市区的班车，而大雾天时常高速封闭，轮渡停

航，经常不能陪护年幼的孩子，无法照顾病弱的父母。但所有关员用付出和坚守展现了最光辉的精神风貌，用忘我和担当塑造了国门卫士的形象。

永不磨灭的番号——“女子查验队”

黄岛海关查检一处，一个职责、地址和名称从未变过的部门，小伙伴们私下称之为“永不磨灭的番号”！20 年来，这里是黄岛海关的查检主阵地，月均查检 1300 余票、2000 多自然箱，酷暑严寒、风霜雪雨，艰苦奋斗历程每天都在这里上演。

在“永不磨灭的番号”里有一道最靓丽的风景，那就是“女子查验队”。“女子查验队”所在的查验区地处青岛前湾港北港区，是黄岛海关最繁忙的集装箱查验场地，是业务最繁重的地方，也是海关离企业最近的第一线。虽然皮肤经受不住风吹日晒，但查检岗位上的姐妹们以超乎常人的黝黑标记了海关纪律部队的肤色，也给肩头上闪闪的关衔增添了一抹亮色。

照片档案：2016 年 3 月 14 日，青岛海关所属黄岛海关“女子查验队”合影

走近“女子查验队”，你会发现当年青春靓丽的小姑娘，如今也都是 40 岁出头的宝妈了。穿防护服、着隔离衣、钻集装箱、闻化工品味道、

点发丝看火焰、跑危化品仓库……，她们样样在行，毫不含糊。集中式智能查验、查验全程录证、无接触查验等改革举措有她们的付出；“云港通”智慧查验、“先期机检，船边直提”、“区关港联合创新实验室”有她们的智慧；“蓝天行动”打击“洋垃圾”入境、打击侵权守护大国形象有她们的汗水，她们用坚毅与温柔、耐心与细致、责任和担当，筑起一面美丽坚固的国门之盾。

港口西迁大潮中黄岛海关的成长和“女子查验队”的风采，是海关队伍授衔20年的缩影，也是历史的回忆。海关队伍授衔20年以来，黄岛海关建成了港区18道进出分离式电子闸口；助力青岛港建成亚洲首个真正意义上的全自动化集装箱码头；推进大通关改革，实现“有纸申报、电子放行”的通关模式；上线“云港通”智慧查验平台，打造出全新的口岸智慧查验模式；建成6万平方米封闭式查验区和推动H986集装箱检查系统不断迭代；统合智慧监管手段，现场“看得更全”“认得更准”“辨得更快”。黄岛海关时刻牢记“政治坚定”的承诺，奋力书写“担当奉献”的篇章，在肩头关衔的辉映下不断成长。

照片档案：2022年，繁忙的青岛前湾自动化码头

上古无文字，结绳以记事；兰台传后世，鉴古照千秋。一卷卷无声的档案，记录了海关队伍授衔20年的峥嵘岁月，印证了海关人的赤子忠诚，展现了海关发展的奋进力量。

在海关关衔制度实行20周年之际，习近平总书记给红其拉甫海关全体关员亲切回信，肯定了新时代海关人奋发有为的精神风貌，明确了海关守国门、促发展的职责使命，提出了当好让党放心、让人民满意的国门卫士目标要求。黄岛海关将在担当中熔铸关魂，在荣光下砥砺奋进。

济南海关

20年·新起点

济南海关　周忠旺

作为一名海关档案工作者，我深知我手中的每一件档案背后都有一个值得纪念的故事，记录着济南海关所属东营海关实行关衔制度20年来的历史和成就，也铭刻了一代代海关人的风雨兼程和奋勇拼搏。

圆　梦

常文友是1997年东营海关开关那年第一批入关的关员。这天，他自豪地从档案柜里找出一本依旧崭新的授衔证书递给我。翻开封面，“青关衔令第1号”几个大字映入眼帘，那一刹那，时间仿佛回到了2003年9月28日，彼时的东营海关还是青岛海关的一个隶属单位。

当天，青岛海关举行了一场隆重的授衔仪式，常文友作为东营海关的代表，度过了他永远不会忘记的一日。仪式开始前，他穿着崭新的制服，笔直地站在队伍中，心中既紧张又充满期待。

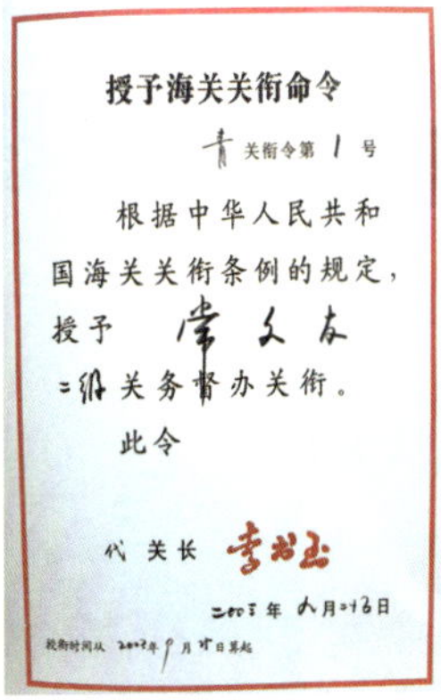

授予海关关衔命令

青关衔令第1号

根据中华人民共和国海关关衔条例的规定，授予常文友二级关务督办关衔。

此令

代关长 李兆玉

二〇〇三年九月二十五日

实物档案：2003年9月25日，常文友在青岛海关队伍授衔仪式上被授予关衔的“青关衔令第1号”证书

"整个会场充满了喜悦的气氛，每个人的脸上都洋溢着幸福、自豪的笑容，让我一生难忘。"常文友激动地回忆道。当接过属于自己的授衔命令证书和关衔时，他仔细端详，反复抚摸，那种溢于言表的激动心情，久久难以平复。他知道，这是他多年以来坚守岗位、默默付出的结果，更是党和国家对于海关工作的肯定。关衔在肩，重任在身。佩戴关衔，不仅仅是一种崇高的荣誉，更是一份神圣的责任。常文友说："我从小就有个军人梦、警察梦，在戴上关衔的那一刻突然有种实现了儿时梦想的感觉，也是在那天之后，我感觉到肩上的责任变得更加沉重了。"

如今，这位54岁的业务专家依然奋战在海关执法一线岗位上，尽管在职业生涯中先后从事了多个不同岗位的工作，但他始终保持着对海关事业的热爱和坚守。他始终坚信，只有做好本职工作，才能对得起身上光荣的制服，对得起肩上闪耀的关衔。

成　长

在东营海关办公楼旁，矗立着一座建于2011年的石碑，石碑的右侧写着"为纪念青岛海关准军事化纪律部队建设试点，东营海关准军事化建设示范点立"，石碑的另一侧则是当时东营海关所有关员的手印，那年刚刚入关的程媛也将自己的手印清晰地印刻在了这个石碑上。

实物档案：2011年8月23日，当时隶属青岛海关的东营海关为纪念准军事化建设示范点所立的书形石碑，另一侧为关员所按手印

初入海关的她，对海关纪律部队的理解还不够深刻，但她心中那颗纪律部队的种子已经开始生根发芽，成了她自觉对照的标尺，无论是在日常工作还是在生活中，她都严格

按照《海关内务规范》约束自己，把内涵学军的要求融入血脉。

2012 年，东营海关正式划入济南海关。如今十几年过去了，那个刚入关懵懵懂懂的小姑娘已经成长为东营海关人事政工科的负责人，落实海关纪律部队建设要求已成为她工作的重要内容。东营海关通过每年的正规化训练、常态化督查、全员化练兵，深入推动海关队伍建设。关员们外树形象、内强素质，职业荣誉感、责任感、使命感不断增强，在疫情防控、黄河流域生态保护和高质量发展等“大战大考”中践行着“人民海关为人民”的理念和使命。

启航

我是周忠旺，在东营海关办公室工作，是一名 2022 年才走出校门、考入海关的青年关员。我很荣幸在海关关衔制度实行 20 周年之际完成了关衔首授，拥有了属于自己的“一杠三星”。

远离家乡的我初到东营海关还有些不习惯，这里的前辈们用无私、敬

照片档案：2023 年 9 月 20 日，周忠旺（后排右四）作为新任职定级公务员参加济南海关 2023 年度首次授予关衔仪式

业、奉献的精神感染着我，毫无保留地帮助我尽快融入这个大家庭。在这里，我看到查检二科的同事们在偏远港口和隔离场连续奋战 6 天 6 夜，安全、漂亮地完成跨年进境种牛检疫任务，以此来告别 2022 年迎接 2023 年，用行动诠释了“犇牛先锋”这个全国海关党建培育品牌的硬核内涵；在这里，我看到综合业务一科的同事们急企业之所急，积极响应关区某重点新能源电池溶剂生产企业诉求，主动上门开展调研和风险研判，为企业量身定制现场检验方案，将出口产品平均通关时间压缩至 2 小时，帮助企业形成竞争优势，抢占全球市场份额；在这里，我看到保税业务监管科的同事们提前对接企业提供政策辅导、办理资质审批，助力东营市最大进口原油保税仓库仅用时 3 天就获得验收批复，刷新批复速度新纪录，为辖区原油进口和加工企业从容应对国际原油市场行情变化增强了信心……

在一年多的时间里，这一桩桩、一件件的身边事，让我逐渐领悟了海关人肩负的使命和责任，队伍训练和业务磨炼已然重塑了我，闪耀的关衔则让我的内心得到升华。激情如火，岁月如歌，站在新的起点，我将紧紧追随前辈们坚定的步伐，接续奋斗，不断以高标准、严要求锤炼自己，努力做一名忠诚干净担当的新时代国门卫士，为海关事业贡献自己的力量。

郑州海关

砥砺二十载　奋进再出发

郑州海关　李　倩

2023年是海关队伍授予关衔20周年，二十载峥嵘岁月，档案见证了海关队伍不灭的光荣与梦想。9月11日，习近平总书记给红其拉甫海关全体关员的重要回信，就像春风一般，迅速传遍怀川大地。在这片广袤的热土上，郑州海关所属焦作海关的关员们，勇立改革发展潮头，始终肩扛神圣海关徽章，牢牢坚守初心使命，忠诚履行守国门、促发展的神圣职责，为焦作市开放型经济高质量发展积蓄力量。

20年笃行不怠，不移其志、不负重托，始终坚守对党忠诚的政治品格

“我还清晰地记得转业进入海关授衔那天的场景，佩戴上关衔，对我而言踏上的是新征程，肩扛的是新使命，既是一种认可，也是一种鞭策，我将以高昂的精神状态和一往无前的奋斗姿态，在本职岗位上发光发热，为推动中国特色社会主义现代化海关建设贡献力量。”焦作海关综合业务一科科长乔浩感慨道。

关衔记录着关员的荣誉与辉煌，代表着关员的职责与使命，承载着海关事业的信仰与传承。焦作海关高擎鲜艳党旗，始终坚持深化内涵学军，不断锤炼队伍过硬纪律作风，使对党忠诚成为党员干部最鲜明的政治品

格，引导全体干部职工以实际行动当好让党放心、让人民满意的国门卫士。20年来，该关先后荣获“全国文明单位”“郑州海关2020—2022年度先进集体”“郑州海关‘四强’党支部”“郑州海关先进基层党组织”“焦作市新长征突击队标兵”“焦作市营商环境工作先进单位”等多项荣誉。

照片档案：2003年9月23日，郑州海关组织首次授予关衔仪式，关员们互相为对方佩戴整理关衔

二十载砥砺前行，不负时代、不负热土，打造便捷高效的通关环境

焦作海关档案室里有一件实物档案——辖区外贸企业所赠送的一面锦旗，上面“雷厉风行为企解忧，专业精湛助企发展”的金色大字璀璨夺目。

2022年7月，向新加坡出口奶茶的某国际食品有限公司在目的地海关办理通关业务时遇到困难，每多耽误一分钟，企业都会增加更多的成本。企业的关务人员急成了热锅上的蚂蚁，抱着试试看的想法，她拨通了焦作海关的通关咨询热线。

“您好，焦作海关，请问有什么可以帮到您……”了解到具体情况后，焦作海关立即组织人员梳理新加坡官方对我国输入含乳食品的具体要求，并同步上报郑州海关，将该公司食品纳入监督抽检补充计划，帮助其首批含乳食品在新加坡顺利通关。

实物档案：2022 年 9 月 1 日，辖区外贸企业向郑州海关所属焦作海关赠送锦旗，感谢郑州海关所属焦作海关帮助其首批含乳食品在新加坡顺利通关

“我们公司是国内某茶饮品牌的原料供应商，也负责其海外门店的原料供应，出口原料品类达 20 余种，这次顺利通关，让我真真切切地感受到了海关服务的力度与温度。”该公司总经理表示。

二十载时光飞逝而过，同样享受到这样暖心服务的外贸企业还有很多。焦作海关在服务外向型经济发展、应对重大挑战、解决重大矛盾中冲锋在前，用实际行动诠释了国门卫士的绝对忠诚和担当。

二十载风雨兼程，不忘初心、不负期待，持续提升外贸企业幸福指数

翻开厚厚的照片档案，在 2020 年 2 月的一张照片里，鲜红锦旗的两端被海关关员和企业代表紧紧握在手中，关员肩上闪亮的关徽，把我们带回到那个争分夺秒的通关现场。

“全球轮胎市场低迷，加上疫情原因，对于未来的发展方向我们心里也没底。但焦作海关的关员们倾力帮扶，通关时间一减再减，各项优惠措施实施到位，真金白银的税惠政策非常给力，帮助我们在‘疫’境中闯出一条前进之路，为焦作海关点赞！”送出这面锦旗时，辖区某外贸公司经理感慨地说。

这是焦作海关扎实落实税惠政策，帮助市场主体增强活力、开拓海外市场的生动缩影。“企业要生存、要发展，通关需求越来越高，我们作为基层海关，必须想企业之所想、急企业之所急，毫无保留为企业提供更加高效便捷的通关服务，这样才对得起肩上的关衔。”焦作海关综合业务一科副科长于敏说。

攻坚克难不改一往无前，山高路远但见风光无限。回首来时路，焦作海关之所以能不断攻坚克难、屡创佳绩，关键在于始终保持对党的绝对忠诚，不断坚定理想信念，强化宗旨意识，将“人民海关为人民”的铮铮誓言转化为把关为民的生动实践。在海关队伍授予关衔20周年的新起点上，焦作海关将牢牢把握新时代海关工作的职责使命，胸怀“国之大者”，大力弘扬海关队伍优良作风，提高监管效能和服务水平，筑牢国门安全屏障，以实际行动当好让党放心、让人民满意的国门卫士！

爱与坚守

郑州海关　申小岑

前段时间，因工作需要，我经手汇总整理了一批来自全国海关的珍贵照片素材，还有一些生动感人的回忆录，主题都是关于20年前海关队伍首次授衔的。整理的过程就像开盲盒，一张张打开，看看究竟是谁的志向远大，谁的青春飞扬，谁的勤勉执着，谁的清澈热爱……这些照片档案和文字，带着隐隐的时间的温度，帮我再现了20年前在人民大会堂首授关衔的盛景，让我了解了海关人20年来风雨无阻的奋斗历程，更让我细细梳理了自己入关10余年来，那些关于关衔的回忆和思索。

我于2012年入关，初任培训在大连。那是一个临时组建的大集体，足足有140多人。大家来自5个关区，大部分是初出校园的年轻人，怀着对海关队伍的好奇、对未来岗位的期待，在大教室里认真学习，在训练场上挥汗如雨，在比赛场上奋勇拼搏。

当时的我们还只能佩戴黑底关徽，我们戏称它为“光板”。我们都明白，只有经过一年试用期的磨砺和检验，才能成为一名合格的海关关员，佩戴上那令人无比期待、代表青春与融入的“一杠三星”。我对海关队伍的印象，也是从那时开始，从朦胧变得清晰，从只知其表变得深谙其意。

中国海关是继中国人民解放军实行军衔、中国人民警察实行警衔后，第三支实行衔级制度的队伍，责任重大，使命光荣。我们能成为这支队伍的一员，职业荣誉感和队伍归属感全面提升。

还记得2012年的春节，我特意把崭新的制服穿在羽绒服里面，回家给父母和家人展示一番，那是一名小关员最朴实纯真的心境——我是一名海关关员了，自此我将融入这支队伍，为肩上的使命而奋斗，为保一方开放发展而竭尽所能。

事实上，新时代海关人的精神风貌远不止队列训练和内务规范，我们更多的是把这种外树形象、内强素质的号召转化为监管服务的动力，用实际行动践行海关的职责和使命。

谈到我对国门卫士的认识，就一定要说回 2012 年。那一年，对于郑州海关来说是一个新船起航的重要节点。那一年，郑州作为第一批跨境电子商务试点城市，开启了红红火火的“e 贸易”试点。

也是从那时开始，我作为一名年轻关员，很幸运地赶上了改革试点的东风，投身到中原开放、海关先行的大潮之中。

试点之初，真的是困难重重，审单归类新品成倍出现，查验重点需要调整商榷，知识产权保护必须慎之又慎，食品保健品要确保绝对安全。

而当时，我们还没有辅助系统，连税单都需要人工填写核算。面对极度紧张的人力资源和井喷式的业务量增长之间的矛盾，我们一个科寥寥几人，毅然承担起护航试点健康推进的重任。许多日子里，夜已深，我们齐守大厅，等待包裹运抵。许多个周末、节假日，我们与技术人员深入探讨，只为早日用上可靠的监管辅助系统。说不累不困那是假的，但我们是国门卫士，“政治强、业务精、管理严、作风硬、廉政好、效率高”，每一句都需要用踏实的行动去证明，每一句都需要用扎实的工作实绩去阐释。终于，苦心人，天不负，郑州海关的跨境电商业务很快成为一张靓丽的名片。

照片档案：2023 年 2 月 28 日，郑州海关关员在跨境电商仓库进行实地查验，为跨境电商业务健康发展保驾护航

2014 年 5 月，习近平总书记在郑州考察时，勉励郑州跨境贸易朝着“买全球、卖全球”目标迈进。承载着习近平总书记的重托，我们全力拼搏，郑州海关监管的跨境电商业务量不断攀升，从最初的一天几票手工税单，到 2022 年验放跨境电商清

单 2 亿票、货值 390 亿元，并实现税款电子支付。这一串串数据，凝结了郑州海关人的辛勤汗水，更跑出了令人惊喜的“海关速度”。

这些成绩的取得，也让我更加深刻认识到“当好让党放心、让人民满意的国门卫士”的意义所在。什么叫人民海关为人民？心为民所系、思为民所想、行为民所盼，纪律严明、作风过硬，为实现人民群众对美好生活的向往而不懈努力，就是实实在在的人民海关为人民！

照片档案：2023 年 2 月 20 日，郑州海关助力中部地区首票 TIR 国际公路运输业务实现双向贯通

入关这 10 余年时间里，我见证了太多新业务的诞生发展和新领域的开拓进取，也在细微平凡的工作中，窥见了海关这支队伍的实力与担当，真情与温情。

我经过审单、查验、税费、企管、综合等多个岗位的历练，在历次培训和训练中，在历次内务规范检查和学习教育中，也更加明白自己肩上担的不只是几杠几星的荣耀，更是使命和担当，是对党和国家信任的行动回报！

10 余年肩上芳华，倏忽即逝。历久弥新的，是我对海关队伍的归属感，是我对平凡岗位无声的爱和坚守。下一个 10 年、20 年，我愿以初心践使命，以微光耀关徽，继续见证海关事业再谱新篇！

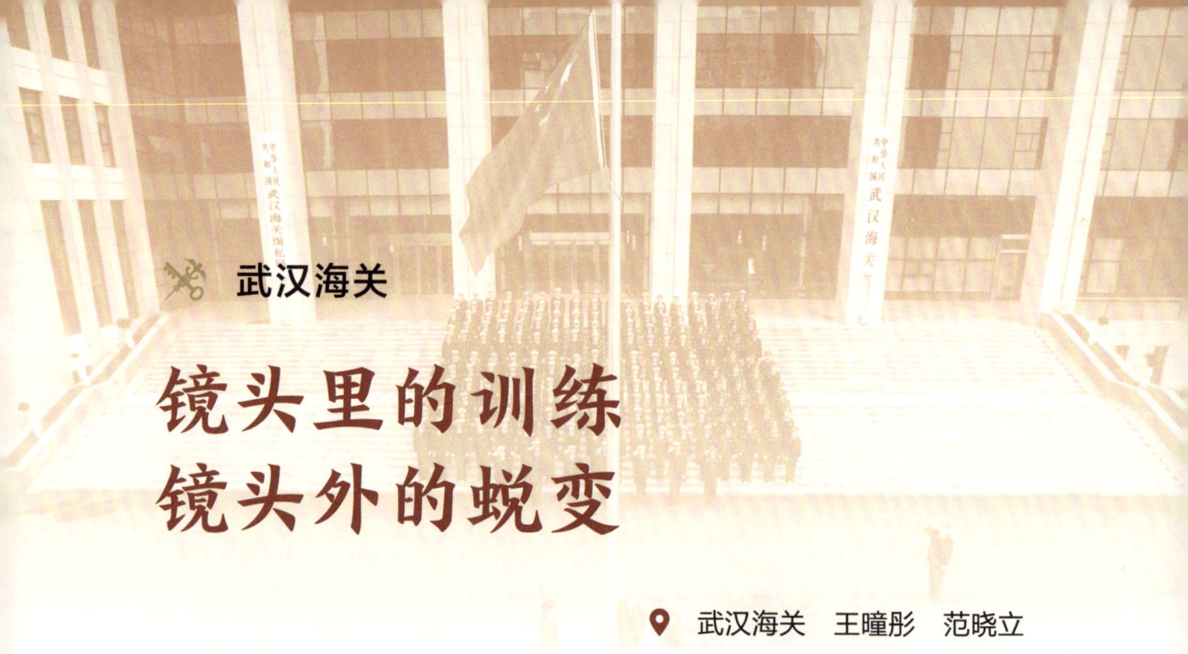

武汉海关

镜头里的训练 镜头外的蜕变

武汉海关　王曈彤　范晓立

时光铭刻着足迹，承载着感动，照映着初心。

20年前，中国海关成为继中国人民解放军实行军衔、中国人民警察实行警衔后，第三支实行衔级制度的队伍，肩上的关衔闪亮耀眼，海关人从此扛起更大的责任和担当。

2018年4月，根据国务院机构改革方案，出入境检验检疫管理职责和队伍划入海关总署，武汉海关迎来了新的战友，原湖北出入境检验检疫局的同志们也迎来第一次队列集训活动。

2018年4月16日，海关总署提出“不论职务高低一律参训，不论年龄大小一律参训”的集训要求。为保障工作扎实有效开展，武汉海关细化教学内容，强化队伍管理和目标考核，形成了科学、合理、可行的集训方案，并召开动员会议，为接下来的集训打下了坚实基础。

2018年6月的武汉很热，不负“火炉”之名。“向右看齐，立正，整理着装。”在国家检察官学院湖北分院的操场上传来阵阵响亮的号令声，一队队并不年轻的“新关员”腰杆挺得笔直，眼睛坚毅有神，动作整齐划一，这一刻镜头定格在武汉海关开展队列集训的难忘瞬间。

照片档案：2018 年 6 月 8 日，武汉海关关员开展队列集训

此次集训以“补短板、转作风、提效能”为主题，分 3 批开展，共持续 10 天，覆盖了 369 名关员。同志们集中观看《海关内务规范》示范片，观摩总教官的动作演示，逐项完成整理着装、整齐报数、敬礼等 7 项队列训练内容，全身心投入队列集训中。原湖北出入境检验检疫局副局长严志刚到了即将退休的年纪，还是着装整齐地走在队伍前面，口号喊得特别响亮。原荆州出入境检验检疫局的应海峻同志刚做头部手术不久，本可以不参加这次集训，却仍然坚持与同志们一道，哪怕守在场边为大伙鼓个劲、拍个照，他觉得自己没有理由落下。性格开朗的潘玮是一名“新手妈妈”，经过两天训练看起来晒黑了不少，她在阳光下笑着说：“嘿嘿没关系，当妈妈后长胖了，‘于公于私’都需要加强锻炼！”这份笑容感染着大家。队伍中还有不少女同志束起长发，和往日相比，更多了一份干练和巾帼不让须眉的英气。

每天训练结束，各班都会举行一场座谈会，大家围坐一圈畅谈交流一天下来的感悟体会。有同志说感觉回到了大学时代，有同志说在队列“一字排”、敬礼“一般高”、口号“一声齐”中感受到前所未有的集体力量，有的同志唱起了《团结就是力量》《打靶归来》等军歌，激情澎湃似少年，还有的同志现场作了打油诗，直抒胸臆诉衷肠……如今，每当大家在武汉海关关史荣誉展厅重温当时的影像资料，集训的点滴历历在目，教练员的口令声、同志们的口号声、班会上的欢笑声再次萦绕耳边，那股子既要“改头换面”又要“脱胎换骨”的劲头又涌上心头。

角色调整，岗位变化，不变的是为国把关的初心和使命。

稍息、立正、敬礼……加入“新时代海关纪律部队”熔炉，是一次训练，也是漫长的淬炼，是华丽蜕变，更是一生的坚守。

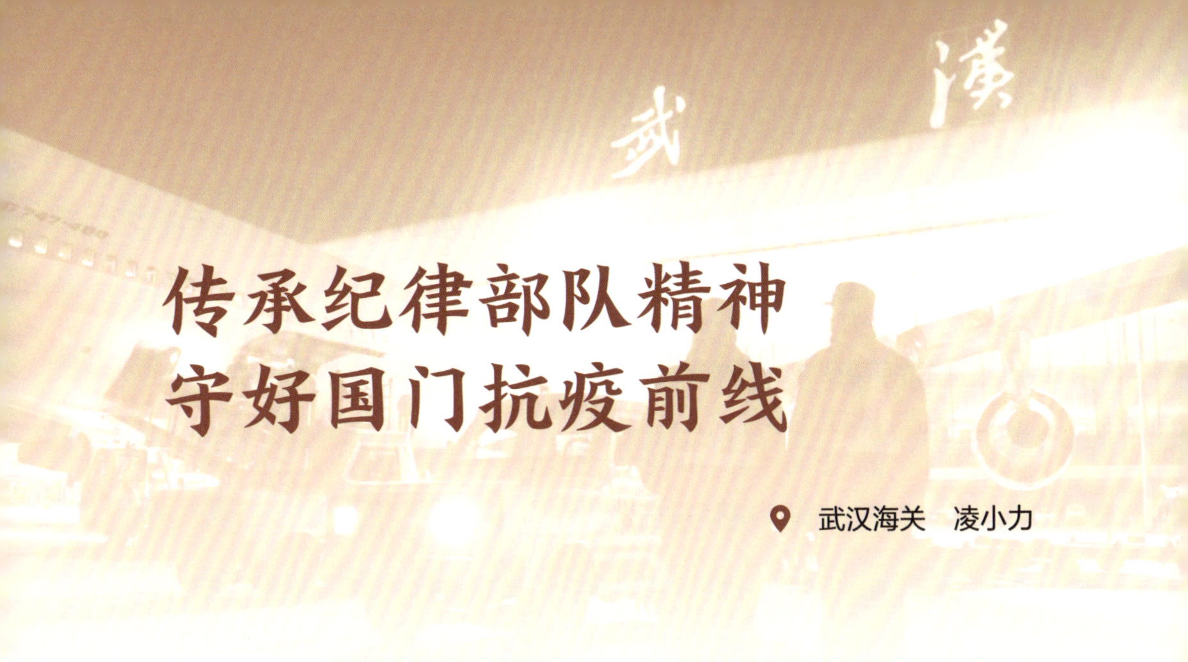

传承纪律部队精神
守好国门抗疫前线

武汉海关　凌小力

海关队伍授衔已20载，精神风貌更加振奋、纪律作风更加严明、执法服务更加高效。在这20年，海关队伍里涌现出一批实干者、奋斗者、善为者，武汉海关王锐同志就是其中一员，他于2020年9月8日受邀到人民大会堂参加“全国抗击新冠肺炎疫情表彰大会”，被授予“全国抗击新冠肺炎疫情先进个人”荣誉称号。档案里讲述的王锐故事，正如千千万万海关关员的缩影，平凡的岗位，不平凡的坚守，用自己的执着与奉献书写着朴实无华的篇章。

政治坚定担责任　业务精通筑防线

冬春之交，荆楚大地，突如其来的新冠疫情暴发。有着16年空港战线工作经验的王锐，敏锐地判断这次疫情防控绝不是一项普通任务，宁可多做、不能不做，宁可严加预判，不可置之不理。时任武汉海关所属武汉天河机场海关副关长的王锐立即向机场海关党委报告相关情况，并按武汉海关党委部署，带领旅检团队迅速成立了不明原因防控工作组，制定疫情防控12项具体措施，全面启动疫情防控工作，在暴风雨来临前夕，做好抵挡风雨的准备。

作为全国重点枢纽机场、华中地区最繁忙的空港之一，春运期间，天河机场日均进出境航班60多架次，进出境旅客近万人，口岸卫生检疫压力巨大。数据显示，2020年1月4日至23日，武汉每天有5000～6000人出境，90%为出境旅游。为防止疫情通过口岸蔓延扩散，武汉海关密切关注疫情态势变化，积极与地方政府和相关部门沟通，争取各方支持，在地方突发公共卫生事件应急响应启动前，海关很多检疫措施无法强制实施。王锐在重大考验、重大挑战的第一线，凭借着高度敏感的政治判断力、政治领悟力、政治执行力，紧急与地方旅游局合作，召集武汉26家国际旅行社，宣传出入境疫情预防和检疫流程，提议减少组团出境，武汉天河机场海关对出境发热旅客执行暂缓出境要求。

2020年1月20日，习近平总书记对新型冠状病毒感染的肺炎疫情作出重要指示，强调要把人民群众生命安全和身体健康放在第一位，坚决遏制疫情蔓延势头。面对前方未知的凶险，武汉海关上下立誓不辱使命，争当抗“疫”先锋，全面投身疫情防控阻击战。

在武汉天河机场海关紧锣密鼓防控疫情的背后，却是诸多考验。“很多出入境旅客对卫生检疫工作不理解不配合，指责、争执、投诉时有发生。我们的关员承受了巨大的压力和委屈，但他们一遍又一遍耐心解释，全力以赴协调帮助旅客改签、退票。”谈及封城前的疫情防控工作，王锐坦言很难。成群结队的旅客们满怀着奔赴异国他乡度假的喜悦和举家团圆的期盼，当他们在海关旅检通道因体温异常被拦截劝返的时候，激动、失控、愤懑的情绪全部发泄在王锐和他的同事身上。一个家庭有一个人被劝返，甚至会有一家人围着关员谩骂、吼叫。王锐和现场关员扛起肩上的政治责任，戴着单薄的医用口罩，凭借精湛的业务能力，抵挡着潜藏在每日近万名出境旅客中的凶猛病毒。

“防范疫情输出输入，必须做到一个不漏。”身为分管旅检工作的负责人，王锐以岗为家、坚守机场，全程参与旅检一线检疫工作。他与武汉天河机场集团、卫生健康委员会、机场边检等部门沟通协调，明确疫情防控职责分工和工作流程。凭借丰富经验迅速拿出疫情应对措施，调设备、改排班、上骨干，持续优化疫情防控工作方案。防疫物资告急时，王锐主动选择防护等级低的一次性手术隔离衣和非医用的口罩，把更多的生命安全保障留给一线关员，他怕同志们的防护不到位，每天当面反复强调穿脱防护服的要点，仔细检查大家是否防护到位。

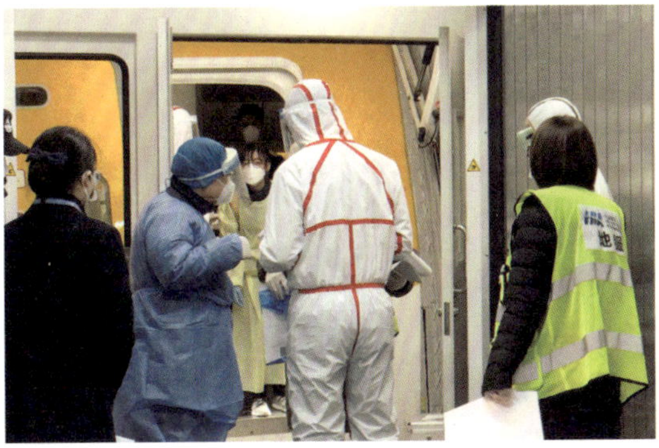

照片档案：2020 年 3 月 19 日，武汉海关所属武汉天河机场海关副关长王锐（左二）与入境航班机组沟通海关登临检疫要求

“人在，阵地就在。”这是王锐经常鼓励自己的一句话，同时也道出了当时武汉天河机场海关每位党员干部职工的心声。

在武汉封城前，24 小时高强度工作、旅客的不理解、国内外舆论的压力，他没有时间去思考去害怕，而是担起这份沉甸甸的“责任”——不畏考验、不畏疲劳、不畏艰险、不畏生死。在封城前他分管的旅检部门对近 20 万名进出境旅客严格实施卫生检疫，做到了“零遗漏”，成功劝返出境发热人员，确保“零放行”。防控成效得到国务院督导组、世界卫生组织的肯定，世界卫生组织驻华代表团评价其“出境防控流程清晰、设计合理、监控有效、措施积极”。世界卫生组织观察员到武汉天河机场评估疫情防控情况时，感谢中国海关为全球防疫赢得宝贵时间。

令行禁止卫武汉　担当奉献抗疫情

2020 年 1 月 22 日，湖北省武汉市人员流动和对外通道实行严格封闭的交通管控。武汉，按下了“暂停键”。1 月 25 日凌晨，海外捐赠像潮水一样向武汉涌来，武汉海关迅速落实“特事特办、从快从简、第一时间通关放行”要求，在全国海关率先对外发布捐赠物资快速通关手续公告，被《人民日报》列为抗击疫情 30 条“好消息”之一。王锐 1 天内集结支援队员，在机场、港口、邮局，迅速搭建起一条条战“疫”保障“生命线”，紧缺医疗物资被源源不断地输送到金银潭医院、雷神山、火神山等战斗一线。

照片档案：2020年3月19日凌晨2点32分，武汉海关关员在天河机场机坪等待验放防疫物资

王锐带领56个兄弟姐妹开启“常驻机场不回家”模式，用肩膀扛起了海外捐赠物绿色通关的“生命线”、接回滞留境外湖北同胞的“回归线”。他说：“如果说海关是国门前抵挡疫情的盾牌，那么我们就是手持盾牌、站在阵地最前沿的人。”

“最忙碌时，我连续熬了16个通宵，其中有12天，完成所有旅客的检疫后，我在航站楼里看见了日出。”王锐说当时每天只能抽空睡两三个小时，他把手机的音量调到最大，保证不漏接电话。一次在连续工作近40个小时后，他突然感到心慌、胸闷、发软，同事们发现他脸色青黑、嘴唇发紫，虽然身体已经透支到极限，但是他说：“守一关、保一城！哪怕战斗到最后一秒，也要顶住！”

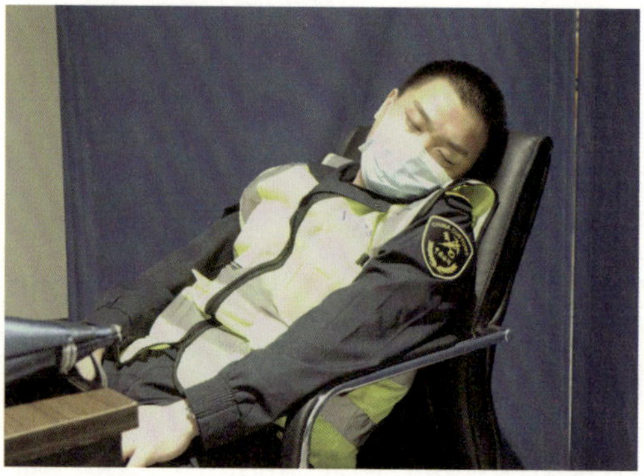

照片档案：2020年3月19日凌晨2点，王锐在连续工作10余个小时后累得在椅子上睡着了

他和旅检的同事们是不眠者、是守夜人，在疫情面前不知疲倦、不畏艰险、不惧生死，在他们的不懈奋斗下，牢牢守住了检人、检货两条战线，疫情防控工作得到了国务院督察组、国家卫生健康委员会疾控局、国家疫情防控指挥部的高度评价。

2020 年 4 月 2 日，王锐终于离开了岗位回到家中休息。谈及当天湖北省卫生健康委员会通报的武汉首例境外输入病例与解封后武汉所面临的病例输入风险，王锐说："作为党员干部，要在经风雨中壮筋骨，在历危难中长才干，在挑重担中讲奉献。武汉海关已做好充分准备，将一个不漏地排查所有境外抵汉人员，并严格按照规定将旅客转送医院、隔离点等。"

传承精神强素质　夯实队伍树形象

2020 年 9 月 8 日，王锐受邀到人民大会堂参加"全国抗击新冠肺炎疫情表彰大会"，并被授予"全国抗击新冠肺炎疫情先进个人"荣誉称号。"这是我一生中最荣耀的日子，让我感到了无限的光荣和无比的自豪。我们在防控工作中取得的成绩，离不开武汉海关党委正确领导、离不开各个处室支持配合、离不开全体同志团结奋斗，是我们全体干部传承和发扬新时代海关纪律部队精神的成果，成绩和荣誉属于为口岸疫情防控做出贡献的每一个团队和每一个人。"

2020 年 8 月，王锐任武汉海关卫生检疫处处长。在他的带领下，卫生检疫处强化政治建设，创新"WEI+"工作方法，深化"同心圆"文化，带头完成社区"双报到"，积极参加社区服务活动 100 人次，打造为民服务标杆；组织编写卫生检疫岗位操作手册 40 章近 20 万字，制定操作指引 16 项，拟订工作方案 32 份，持续修订完善应急处置预案、安全防护要求等方案，强化卫生检疫条线制度建设；带动卫生检疫业务骨干开展卫生检疫"重大传染病预警多点触发"关级课题，编制口岸传染病风险评估报告，动态调整口岸疫情防控措施，强化口岸卫生检疫风险监测；建立三级安全防护管理体系，建立检查整改"三个清单"统一检查标准，采取"四不两直”方式开展视频检查与现场督导近300次，确保各项问题动态清零；推动建立新冠疫苗出境监管“职能部门—属地海关—口岸海关”三级联动机制，建立出境新冠类特殊物品监管全流程信息化追溯机制，为企业提供7×24小时预约查验、上门监管绿色服务通道，将出入境特殊物品卫生检疫审批时限从20天缩短至1天。

王锐作为第一应答人，接受国务院疫情防控专项督导检查2次，海关工作获得充分肯定。他带领卫生检疫处参与世界卫生组织开展的中国消除疟疾认证评估迎检，获赞海关技术能力过硬、设施设备先进，为巩固消除疟疾成果、严防输入再传播做出重要贡献。他协调处室全力做好世界卫生组织工作专家组入境检疫工作，配合开展新冠病毒溯源……

王锐说：“海关队伍授衔20年来，增强了队伍凝聚力、战斗力、执行力，我们新时代海关人必将传承优良传统，勇担时代使命，更好地坚守国门一线，继续奋斗前行!”

长沙海关

在乡村振兴一线的那一抹海关蓝

长沙海关　王炜鉴

从 2013 年进入海关那天起，我第一眼就喜欢上了这身蓝色的查验服，上身时舒适、挺拔、干练，干活时耐脏、耐磨、宽松，尤其是它的颜色——海关蓝，它是海关作为国门卫士的颜色符号之一，它比蔚蓝的天空更厚重、比湛蓝的大海更深沉、比碧蓝的宝石更纯粹。

2021 年 5 月，长沙海关党委委派我到农村去开展乡村振兴驻村帮扶工作，并要求在驻村期间身着查验服，以“国门卫士”的标准开展驻村工作。于是，在湖南省永州市江永县的和兴村，便多了这一抹独特的“海关蓝”风景。

制服在身，便是使命在身

授衔即受令，当我们穿上制服、戴上肩章的那刻起，就注定了我们必须在艰难险阻来临时冲锋在前、绝不后退。2022 年，由于干旱少雨，村里荒山突起山火，肆虐的火舌张牙舞爪，浓烈的黑烟在数里外清晰可见。我们迅速发动村里的党员干部组成灭火队，第一时间赶赴山火现场，根据指挥分工合作，披荆斩棘开辟隔离带，经过连续 6 个多小时的奋战，才成功控制了火情。在火海中进进出出时来不及害怕，事后双手却控制不住地颤抖，眼睛里感觉到干痒难忍。晚上为了确保安全，我们又分区域夜宿荒山。村支书问我："你一个城市来的年轻人，面对山火不怕吗?"我说："说不怕那肯定是骗人的，可穿着这身制服，我要不上，你们笑的就不是我一个人，而是整个海关了，必须得上！"事后村民告诉我，当时我身上的"海关蓝"夹杂在灭火队的"迷彩绿"中格外显眼，肩章上的金色关徽也格外亮眼，都让他们觉得：这个海关小伙，靠谱！

制服在身，便是信任在身

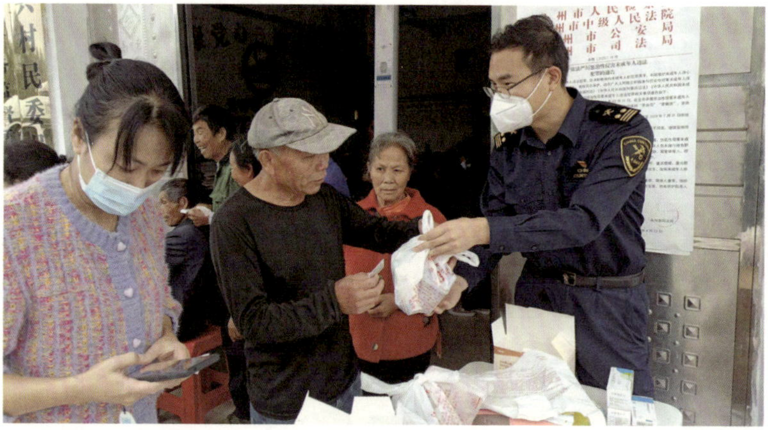

照片档案：2023年4月13日，王炜鉴（右一）身着海关查验服在帮扶村开展"关爱老人爱心义诊"活动

作为继中国人民解放军实行军衔、中国人民警察实行警衔后，第三支实行衔级制度的队伍，海关人身上的制服和肩上的肩章，让群众天生对我们就有信任感。为了发展集体经济、打造特色产业，我们引进了一家出口蔬菜龙头企业来村里投资办厂，可要实现规模化经营就必须得集中流转土地。众所周知，农村工作最难的就是做群众工作，做群众工作最难的就是征地和拆迁工作。我们白天找企业谈规划、谈方案，晚上找农户搞调研、做工作。有一户老人死守着自家的危房不让拆除，更不同意流转土地，村

干部谁也劝不了，反倒是我这个“外地人”做通了他的工作，大家都很奇怪。后来问这位老人，他说：“穿制服的都来家里了，又是帮我搬柴，又是给我讲政策，还给我娃介绍了工作，我不信他们信谁?”现如今，通过海关助力，和兴村真正实现了以特色项目吸引资金，以土地流转实现入股，以产业振兴带动增收，全村百余户实现就近务工，企业年外贸额破千万，新修“产业路”“产业渠”3.6千米，村子年增收将近十万元，成为远近闻名的“外贸村”。

制服在身，便是纪律在身

优良的作风、严格的纪律是我们海关队伍的传承和坚守，是我们身为纪律部队不变的底色。身处农村，面对每年百万元的建设资金、请客吃饭的地方风俗和形形色色的社会诱惑，身上的“海关蓝”无时无刻不在提醒我，要做“忠诚、干净、担当”的海关人。我们提出“老板的饭一顿不能吃，集体的利益一分不能碰，建设的资金一概不经手”的工作原则，把所有的资金全部按规定打入县乡两级财政统一管理，对所有项目建设中的“打招呼”“提篮子”等不当行为严词拒绝。记得刚驻村时，村中实施人居环境改善工程，项目已立项，但尚未实施“四议两公开”的法定程序。我进村入户时，发现工程队已经在进行施工。询问之下才知道，有关单位为了赶进度，在未实施“四议两公开”的情况下提前进行了招投标。我一方面要求工程队暂缓施工，一方面当天向上级单位汇报情况，建议严格履行相关手续，重新履行“四议两公开”程序。从此，和兴村也定下了“手续程序不到位不施工”的规矩。

2023年是海关关衔制度实行20周年，我也已入关10周年、驻村满2年。我深切地感受到，“国门卫士”这一称号既是一种荣誉、一种激励，也是一种纪律要求，它时时刻刻提醒着我们——要让党放心、让人民满意。我为自己是海关队伍的一员而骄傲和自豪，也将用一生去践行“国门卫士”的职责和使命!

扁担把我的背打直

长沙海关　汤纪文

父亲并不是军人，但从小就以军人的标准管束我们兄弟俩。年轻的时候不懂事，觉得父亲的做法很没有必要，直到进入海关这支纪律部队后，我才体会到父亲的远见卓识。

六七岁时，我总喜欢驼着背、佝着头走路，觉得这样轻松、舒服。而正当壮年的父亲，像极了军人，站如松、坐如钟，走路昂首挺胸、大步流星。父亲一看到我的丧气样，就厉喝一声："把背给我挺直！"往往我就猛地一惊，不由自主地背一挺，身子陡长几分。

虽然记着父亲的话了，也特别想纠正这个坏习惯，但长时间挺直着站立、行走却是件很痛苦的事情，觉得特别累、不舒服。积习难改，经常在父亲目力所及之外，我又故态复萌，佝着身子走路。

有几次被父亲抓了个现行。最后，父亲撂下了一句狠话："如果你还改不掉，下次我看见了，小心我拿扁担把你的背打直！"父亲向来说一不二，我相信他言出必行。父亲的最后通牒，让我感到胆战心惊。终于，有次我正驼着背走在路上，被正巧挑着担路过的父亲抓个正着，他放下担子，抽出扁担，朝我后背横着一扫，我的肩胛骨那一大块顿感火辣辣地痛。这痛，从此深深烙在心底。这一扁担，根治了我的"驼背"。

昂头挺胸，从此让我的人生受益无穷。从形体到精神，都给人阳光的感觉。

刚入关参加初任培训军训的时候，在众多青春懵懂的关员中，教官一眼看见了我那挺直的腰板。队列行走、站军姿、敬礼，都点名让我做示范。训练间隙，同学们纷纷跑来问："你以前是个军人吧？"我摇头说：

"不是。"但看见同学们钦佩的眼神，我感到十分骄傲，第一次觉得应该谢谢我的父亲！

中国海关作为继中国人民解放军实行军衔、中国人民警察实行警衔后，第三支实行衔级制度的队伍，每年都会组织队列训练。有的队列训练会以部门为单位开展或者几个人数少的部门联合组织开展，我当仁不让地成了我们这个小队的小教员。小教员可不是个轻松的活，既要会喊口令，也要善于纠正动作，更重要的是要能起到示范表率作用。无论是训练中还是小憩时，我都保持着站如松的姿态，同事们说我怎么休息的时候也不放松。他们不知道，我这就是放松，从小养成的习惯让我觉得昂首挺胸、保持良好的体态和精神面貌是一件习以为常的事，一点都不困难，也不需要刻意维持。因为我的背知道，父亲的扁担一直在身边监督着我、鞭策着我。

后来，我也当爸爸了，更深深地懂得父亲严格管束的意义。学军人作风，抬头挺胸，不仅仅是形象和修养问题，更是教育我要堂堂正正做人，做一个正直的人、有骨气的人、充满精气神的人。现在，我把这个故事讲给孩子们听，同时告诉他们，如果你们也犯我小时候的毛病，我就用海关纪律部队作风"招呼"你们。

照片档案：2022 年 7 月 1 日，汤纪文在长沙海关队列训练中担任小教员，训练中汗水浸湿了制服

今年，我的两个双胞胎儿子也到了上初中的年纪。早在暑假的时候，他们就开始对军训产生了无限好奇，期待中还藏有一丝担心。期待的是可以感受一下爸爸队列训练时挺直腰杆、昂首阔步的神气，担心的是训练时如果累得直不起腰，会不会也被教官

“来一扁担”。

很欣慰，军训后孩子们告诉我：“我们没有挨教官的‘扁担’，因为我们心中时刻记着爸爸的‘扁担’。”

授衔二十载
韶山海关大事记

长沙海关　陈佳睿

《韶山海关大事记》这份档案中如实记载着以下内容："2001 年 12 月 27 日，长沙海关所属韶山海关正式开关，对外办理海关业务。"2003 年 2 月，全国人民代表大会常委会通过并颁布实施《中华人民共和国海关关衔条例》。同年 9 月，国务院隆重举行了海关队伍授衔仪式。

2003 年，韶山海关刚刚两岁。从 2003 年至 2023 年，韶山海关始终坚持守护国门安全，主动融入地方发展，忠于职守、文明服务，铺开了一幅赤诚不变的画卷。

照片档案：2001 年 12 月 27 日，长沙海关所属韶山海关正式开关

为把好国门、提高监管工作效率，韶山海关从起步阶段就致力于养成良好的关风关纪，不断强化海关纪律部队对党绝对忠诚的政治意识，培养一切行动听党指挥的纪律意识，建立起一支政治强、作风好、业务精、效率高的队伍。2003 年，受理企业进出口报关单 464 票，同比增长 263%；进出口总值 2.127 亿美元，同比增长 316%；监管货运量 90.2 万吨，同比增长 114%；征收关税和进口环节税 6721.6 万元，同比增长 25.7%。

照片档案：2006 年春，长沙海关所属韶山海关关员开展队列训练

2006 年，按照管理正规化、纪律刚性化、行为规范化、考核标准化的要求，韶山海关组织了一次以突出实用性为原则的全员军训，进行了集体会操和单个考核。在日常工作中，从严格管理入手，制定和完善了内务督查制度，把内务检查与工作督办、科处长巡查结合起来，使队伍正规化建设的要求不仅落实到卫生、内务、着装、礼节、风貌等方面，同时也落实到各项工作进展和完成质量的考核上。

2015 年 4 月，湘潭综合保税区正式封关运行。这一年，韶山海关紧扣“从严治党，从严治关”这一条主线，全面协调推进“内强素质、外树形象、规范管理”三方面建设，利用关区青年同志多、协管员多的特点，以湘潭综合保税区封关运行为契机，深入推进海关纪律部队建设。至 2015 年 12 月 31 日，湘潭综合保税区完成进出口总额 4.63 亿美元，占当年全湘潭市进出口总额的 1/5。

自 2018 年 4 月 20 日起，出入境检验检疫系统统一以海关名义对外开展工作，一线旅检、查验和窗口岗位要统一上岗、统一着海关制服、统一佩戴关衔。同年 11 月，海关总署党委对深化准军事化海关纪律部队建设提出意见，要求铸造一支“政治坚定、业务精通、令行禁止、担当奉献”

的准军事化海关纪律部队。关检融合后，韶山海关融入了新鲜的血液，我们的队伍更加壮大了。

2019 年 3 月，韶山海关建立了自己的党建品牌——“韶山冲”，始终坚持以党建为引领，紧扣“铸魂、聚力、强基、为民”，将“毛主席家乡海关党建工作走在前列”的工作要求融入队伍建设、业务建设、内部管理等各个方面。同时，还推出了“小杨加油”系列微视频，讲述基层海关关员从初出茅庐成长为一名真正的国门卫士的故事，展现韶山海关这支队伍昂扬奋进、务实担当、敬业奉献、团结和谐的精神风貌。

照片档案：2020 年 1 月 2 日，长沙海关所属韶山海关党员在毛泽东铜像前举行“三重温”仪式

2022 年 11 月，围绕海关总署党委提出的“铸忠诚、担使命、守国门、促发展、齐奋斗”海关工作要求，韶山海关组织全员重温《海关内务规范》，扎实开展学习教育、内务规范、队列训练等活动，狠抓纪律作风建设。同时成立内务督察组，定期对各科室的考勤、卫生、着装规范等方面进行全方位考核。并采取计分制，发布情况通报，通过以学促行强化日常作风的养成。在队列训练中，制订“每周一训、每季一评”的工作方案，明确参训范围、集训要求。领导带头参训，树标杆，强作风。

2023年，授衔二十载，我们从青涩走到成熟，从稚嫩变得坚强，见证了一批又一批韶山海关人的成长。20年过去了，我们依旧是当年满腔热血的韶山海关人，牢记习近平总书记给红其拉甫海关全体关员重要回信中的殷殷嘱托，不忘初心、牢记使命，以海关队伍授衔20周年为契机，在建设政治强、水平高、作风硬、纪律严的新时代海关纪律部队的道路上昂首阔步、勇毅前行！

我的海关印象

长沙海关　朱小卫

一

2012 年 9 月，我满怀着期待踏入了上海海关学院。入学迎新会的升国旗仪式上，学校仪仗队队员身着笔挺的海关制服，迈着整齐有力的步伐，举着鲜红的国旗，让我第一次对海关这支队伍有了光荣而神圣的印象，我向往着自己真正成为海关关员的那一天。

照片档案：2012 年 9 月，上海海关学院仪仗队队员举行升国旗仪式

二

2016年7月，经过4年学习的我如愿以偿来到海关工作。当时来自全国各地新入职的700多名关警员都在中国海关干部管理学院参加入职培训。在学院的组织下，来自东南西北的兄弟姐妹每天在一起训练、就餐、上课、活动，每个人的脸都被晒得黝黑发亮。我想，海关这支队伍是团结有力量的。

照片档案：2016年7月—9月，新入职关警员在中国海关管理干部学院开展队列训练

三

照片档案：2018年12月10日，朱小卫在风雪中开展航班监管

2018年冬天，我成为郑州海关所属郑州机场海关监管科的一名查验关员。那年冬天罕见的大雪不断，又遇上智利车厘子到港的集中期，我加入了保障通关的党员突击队。运载车厘子的航班是夜里到达，凌晨2点我和同事冒着风雪开展航班登临检

查和货物查验，为车厘子顺利通关保驾护航。看着路灯下纷飞的雪花，我一点都不觉得冷。我想，这是作为海关人必须有的责任和担当。

四

2020年10月，是“秋风起，蟹正肥”的季节，为保障益阳大闸蟹安全快速通关，我们要前往养殖场开展检验检疫和监装。是的，此时的我已成为长沙海关所属益阳海关的一名关员，踏上了新的岗位。大闸蟹产区为益阳大通湖区（属于洞庭湖区），去一趟全程下来500多千米。我们早上7点出发，晚上天黑了才回来，湖区几乎看不见什么人，风格外的凉。除监管大闸蟹需要下厂外，我还经常到生产竹制品、茶叶、印刷电路板等产品的企业开展检查或宣讲政策，平均每天跑3～4家企业。我想，海关必须是一支能吃苦能干事的队伍。

照片档案：2020年10月10日，长沙海关所属益阳海关关员朱小卫（右）与同事对出口大闸蟹开展检验监管

五

2023 年 9 月，我有幸加入长沙海关国旗仪仗队。在队伍训练时，刚踏入上海海关学院大门时对海关初印象的画面在脑海中闪回，我仿佛看到了 11 年前的自己，我对那个自己说“无悔”——无悔于青春、无悔于选择、无悔于坚持。

照片档案：2023 年 10 月 7 日，长沙海关举行升国旗仪式

我的20年"晋衔"之路

长沙海关　王世益

初识海关，首授"二级关务督办"

2003年，我女儿刚刚上小学。有一天，我牵着她路过单位食堂旁的宣传栏。她看见了橱窗里展示的各种关衔标识，然后扭头踮起脚看看我肩膀上"两杠两星"的肩章，问我："这些是什么意思?"我告诉她："这是妈妈的职责和义务、使命和荣誉，不同的星花、横杠和橄榄叶代表着不同的职务和级别。"女儿似懂非懂地指向橱窗中的一个标识问我："那妈妈什么时候可以得到一个'摇篮'一颗'花'（三级关务监督）呢?"我对她说："那妈妈要奋斗好多年，还必须通过勤奋学习、努力工作、好好表现才行哦。"

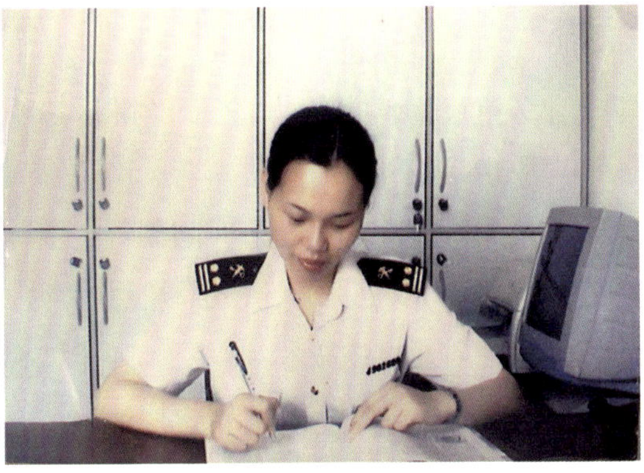

照片档案：2003年9月，王世益在长沙海关后勤管理中心财务部工作

当时女儿还太小，我没有告诉她，2003年2月28日，第九届全国人大第三十二次会议审议通过《中华人民共和国海关关衔条例》，并以第八十五号主席令公布施行。中国海关成为继中国人民解放军实行军衔制

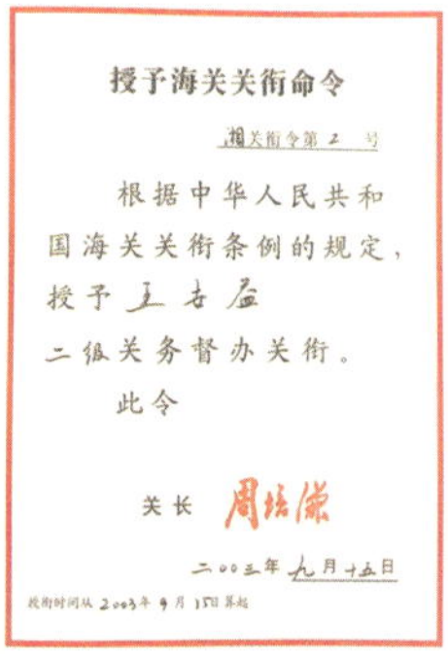
授予海关关衔命令

湘关衔令第 2 号

根据中华人民共和国海关关衔条例的规定，授予王世益二级关务督办关衔。

此令

关长

二〇〇三年九月十五日

授衔时间从 2003年9月15日算起

实物档案：2003 年 9 月，王世益被授予二级关务督办关衔

度、中国人民警察实行警衔制度后，第三支实行衔级制度的队伍，同时标志着海关队伍建设进入一个新的历史时期。根据《中华人民共和国海关关衔条例》的规定，海关关衔一共设有五等十三级。

2003 年 9 月 24 日，长沙海关举行首次授予关衔仪式，时任关领导将大红色且印着金色关徽的《中华人民共和国海关总署授予关衔命令》颁发到了我手中，我被授予了二级关务督办关衔！

岗位练兵，晋升“三级关务督察”

此后，海关总署先后出台《2004—2010 建设准军事化海关纪律部队指导方案》《海关总署党组关于全面开展准军事化海关纪律部队建设的决定》，在海关系统全面开展了内强素质、外树形象，学习借鉴人民解放军革命化、现代化和正规化建设经验的系列活动，倾力打造一支“政治坚强、业务过硬、值得信赖”，能经得起各种风浪考验的高素质海关队伍。长沙海关也组织开展了走进军营、岗位练兵和业务技能比武等活动。

与此同时，我利用业余时间刻苦自学并积极参加专业知识培训，在内强素质方面也下足了功夫。先后取得自考大专和会计专业的本科学历及学士学位；先后通过中级和高级会计师考试，成为当时关区唯一具备高级职称的财务人员。系统的专业知识培训和学习，让我从一个“小白”变成了海关系统内小有名气的专家能手，为做好后勤及其经济实体财务工作打下了坚实的基础，也顺利通过了一次又一次的检查和审计，还多次较好地完

成了海关总署财务司的抽借和专班工作任务。2006 年，我由副主任科员转任副科长（机关服务中心财务部副经理），2009 年，我被任命为财务处经费科科长，同年关衔晋升为“三级关务督察”。

勇挑重担，选升“三级关务监督”

2018 年，海关总署党委提出将“政治坚定、业务精通、令行禁止、担当奉献”作为新海关准军事化纪律部队的队伍建设目标，要求以更高的标准推进准军事化纪律部队建设。我继续在新征程上不断锻造忠诚灵魂、练就看家本领、保持鲜明特征、陶冶精神品格，以良好的作风严格要求自己。

经过 3 年的不懈努力，我顺利取得湖南省第三届会计领军人才培养资格。高起点、高强度的专业知识培训和学习，让我的专业能力和水平得到了明显提升，在面对复杂专业的难题时，可以自然地想出破题的方法。一次次难题的顺利解决让我更加感到从事财务这份职业的成就与光荣。随着职务的晋升，我感到工作压力明显加大。尤其是刚主持财务处工作没几天就遇上新冠疫情，摆在我面前的不仅是繁重的日常工作，更多的是防疫物

照片档案：2023 年 5 月 16 日，王世益参加三级关务监督授衔仪式

资保障困难、资金缺口加大、人员日趋紧张等问题。在关党委的正确领导和同事们的支持下，我带领财务处全体同志攻坚克难、勇毅前行，不断战胜一个又一个的难关，充分体现新时代海关关员的使命和担当。

光阴似箭，日月如梭。一晃20年过去了，我已实现了女儿当年对我的憧憬—取得一个“摇篮”一颗“花”（三级关务监督）。我也一直在一步一步践行自己当年的诺言，先后获得长沙海关“优秀共产党员”“先进工作者”“三等功”等奖励和荣誉，业务、职务与关衔三者之间在这20年中相辅相成、相互促进。肩上扛的是责任、是担当，变化的是星花和横杠的数量，不变的是我为海关作贡献的初心和恒心，是作为海关关员的职业荣誉感、幸福感和获得感。

我是一名小教员

长沙海关 韩 亮

我出生在一个军人家庭。我的父亲是一名通讯兵，他的军营在新疆乌鲁木齐附近的一个山沟里。我对小时候探望父亲的事没有太多印象了，只记得母亲带着我从长沙出发，先是坐汽车，然后坐绿皮火车，再是坐汽车，不知道折腾多少天才到达父亲的军营。父亲当兵8年后，转业回到长沙。因为军队的经历，父亲在我很小的时候就对我很严格，早上6点就要起床操练，主要是跑步。父亲有一副挺拔的军人形象，也一直想将我打造成一个军人的样子。平常要求我坐得直，站得正，还要令行禁止、雷厉风行。若不是视力不好，也许这会儿我已经是一名军人了。但又好像是命运安排一般，我进入了海关——一支同样有着神圣形象的纪律部队。

入关培训第一课就是“纪律作风”。教官说，这是讲毅力的一课，也是讲纪律的一课。别人能做到，我们也能做到。

正式到岗后，我发现父亲关于令行禁止的谆谆教诲与海关纪律部队的要求不谋而合。令行禁止除了服从上级、遵守纪律，还需要不断提升自己的业务能力。有战斗力，才能落实好上级的命令。所以单纯地做到令行禁止是不够的，而是要做到讲政治、讲能力、讲作风、讲纪律。我开始认真学习海关业务，不懂就问。我的师傅教我认识了报关单证并交办了一项理单的任务，他还告诉我，理单的同时可以熟悉报关单的各项内容，特别是商品属性，比如说烟花爆竹，你能发现一些平常购买时没关注到的有趣信息。业余时间我也没闲着，脑子里想着军人挺拔的身姿时，就一个人在房间里一边默念口令，一边踢着正步，梦想着成为一名小教员。

入关5年后，我得到了成为小教员的机会，那一天很开心，可马上迎来的是更为艰苦的训练。小教员的一举一动都必须标准、规范，是学员参照的榜样。就算是敬礼这样简单的动作，拇指并拢，中指离帽檐的距离，都要反反复复练习很多遍。回家的时候，我对着镜子反复练，向左转、向右转，还在客厅里跑起了步。母亲笑着直说这孩子得了魔怔。功夫不负有心人，我顺利通过了小教员的测验。

2017 年 5 月，关里要举办队列会操比赛。除了常规动作，小教员还要带队入场、退场，报告准备完毕或会操完毕，走位有讲究，既要面向队伍，也要让评委能清晰地看到小教员的面容和动作。会操前，我又反复地练了很多遍，不仅练动作，还得记牢什么时候跑位，跑到哪个位置，什么时候下口令，什么时候报告，遇到突发情况如何沉着应对。会操那天，我两只手紧紧地贴着裤缝，皮鞋砸得梆梆响，嗓子几乎都喊哑了，最终获评优秀小教员称号。

一晃 15 年过去，我逐渐从一个新关员，成长为一名业务骨干，相继获得爱岗敬业之星、党员示范岗、专家小组成员、兼职教师等称号，也逐渐养成了雷厉风行、令行禁止、实事求是、真抓实干的良好作风。电视里常看到军人在上级面前说："保证完成任务！"我深知，唯有绝对忠诚和拥

照片档案：2023 年 4 月 12 日，长沙海关队列训练小教员开展集训（左一为韩亮）

有绝对实力，才能有信心说出这句话。忠诚需长铸，实力需提升，要像军姿训练一样，只有不断抓不断练，才拿得出手、放得下心。

我是一名小教员，令行禁止在路上！

我的日记

长沙海关　傅　哲

我的求学、工作经历与纪律部队结下了很深的缘分。2000 年 7 月，我从中国人民公安大学考入长沙海关，脱下警服，穿上关服，从此在生命的年轮里深深刻下海关印记。

20 多年来，我亲身经历并有幸见证了海关纪律部队建设的发展历程。

2003 年 9 月 24 日　阴

授衔仪式终于圆满完成了。能够参与组织并见证这一历史性时刻，我感到开心、骄傲。

照片档案：2003 年 9 月 24 日，长沙海关授予关衔仪式

从下达授衔命令的那一刻开始，我就是三级关务督办了，突然就感觉到肩上有了沉甸甸的责任。作为第三支实行衔级制度的队伍中的一员，关衔是荣誉，更是要求，是使命。在今后的工作中，我要时刻以纪律部队的标准要求自己，用实际行动践行国门卫士的承诺。

2006 年 8 月 18 日　晴

今天，筹备一个多月的全员封闭式军训终于开班了！虽然时间紧、任务重、参训人员多，但在省军区教导队官兵们的鼎力支持下，工作开展得比较顺利。

照片档案：2006 年 8 月 18 日，长沙海关组织封闭军训

虽然头上艳阳高照，训练场上挥汗如雨，但每一名同志都铆足了劲儿，“比学赶帮超”的竞争氛围充斥着整个训练场，没有一名同志喊苦喊累，我想，这才是海关队伍该有的样子，这才是海关人该有的精气神！

2010 年 9 月 19 日　阴

今天观看了一台精彩的晚会，虽然没有惊艳的造型、够酷的炫技，但舞台上的演员们精气神十足，正能量满满。两个多月来，同志们群策群力，自编、自导、自演、自己动手做道具，奉献了一场精彩演出，充分体现了队伍的凝聚力、创造力和朝气活力。

春风化雨，润物无声，比刀枪更有力量，更有持久的韧劲。文化建设是队伍建设不可或缺的重要组成部分，就如军队的文艺小分队一样，能够起到振奋人心、鼓舞士气、宣传教育、提供精神食粮的作用。

2014年7月17日　阴

不知不觉到长沙县金井镇挂职已近半年，十多年来头一回上班不用着制服，陡然还有点不习惯，看来还是有制服情结，习惯了笔直挺拔、精神抖擞的状态。

地方基层工作是真具体、真琐碎、真辛苦、压力真大，和机关工作有比较大的差别。防汛防火、春耕秋收、安全生产、征地拆迁、架桥修路、招商引资，既要搞建设又要保平安，哪一样都事关民生福祉，不容丝毫疏忽怠慢。但组织安排我来，我就一定要接地气、察民情、增才干、创实绩，滚一身泥巴、练一身筋骨、长一身本领，老老实实拜人民群众为师，向人民群众学习，扎扎实实干好工作。

2019年5月5日　晴

今天是节后第一天上班，按照海关纪律部队的建设要求，关里组织了升国旗仪式，开展了队列训练，大家都很严肃认真。

照片档案：2019年5月5日，长沙海关所属长沙黄花机场海关组织全体干部职工进行队列训练

自从胫骨平台粉碎性骨折以后，这是我第一次带队开展队列训练。口令和动作仍很熟练，常年的训练形成了稳固的肌肉记忆。尽管膝盖部位的障碍感还是很明显，但我也始

终咬牙坚持，把动作做标准。这样的场合，哪能掉链子！

2020 年 1 月 26 日　小雨

这场疫情不知道会带来怎样的后果，造成怎样的伤害。我自己也感到担忧，感到害怕。但我是党员，是国门一线的海关人，我必须顶在一线。今天是大年初二，上级的紧急动员令一发出，我就做好了准备，立即返岗。灾难是无情的，但人间有情，面对疫情，我不断告诉自己，我是一名党员，我要带头冲在前面，我要上，必须上！愿一切安好，愿病毒早日被消灭。

2023 年 6 月 20 日　晴

今天是一个特殊的日子，长沙黄花机场海关举行了新址搬迁仪式，从此黄花机场海关有了新“家”。

照片档案：2023 年 6 月 20 日，长沙海关所属长沙黄花机场海关举行新址搬迁仪式

在新址搬迁仪式上，长沙海关关长朱光耀对长沙黄花机场海关的各项工作提出了明确要求，擘画了长沙黄花机场海关改革和发展的蓝图。我将落实要求，冲锋在前，为长沙黄花机场海关队伍建设添砖加瓦。

20 年，从青涩到成熟，从稚嫩到坚强。海关队伍授衔 20 年，我收获太多，感悟太多，唯有不忘初心，忠诚履职。

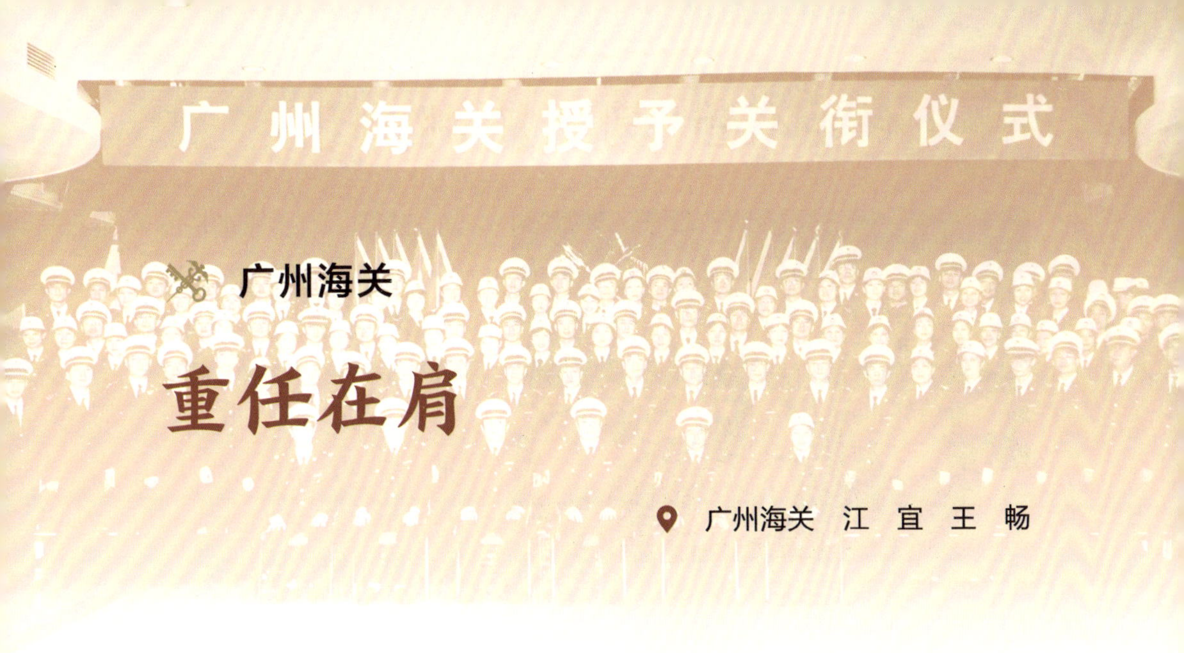

广州海关

重任在肩

广州海关　江　宜　王　畅

2003 年 9 月 12 日，是中国海关历史上值得铭记的日子。这一天，国务院举行授予海关关衔仪式，中国海关成为继中国人民解放军实行军衔、中国人民警察实行警衔后，第三支实行衔级制度的队伍，几代海关人的梦想从此变为现实。

2023 年 9 月 12 日，广州海关 17 楼档案馆，负责档案工作的年轻关员江宜，正在查找与“海关队伍授衔”有关的历史档案。档案馆里各种资料浩如烟海。好在功夫不负有心人，经过一番寻寻觅觅，她终于找到了一本珍贵的画册——《重任在肩》。当翻开这本 20 年前的画册，授衔时的画面历历在目……

实物档案：2003 年年底，为纪念海关首次授予关衔，广州海关专门抽调骨干精心选稿并制作了一本珍贵的纪念画册——《重任在肩》

光荣时刻

当年，按照海关总署的统一部署，广州海关周密筹划、精心组织，

照片档案：2003年9月22日，广东海关授予关衔仪式在广州国际会展中心举行

在时间紧、任务重的情况下，紧张有序地进行首次评定授予关衔工作。经过人员基本信息核对、确定关衔衔级、网上申报审批、授予关衔等环节，顺利完成了全关2702人的首次评定授予关衔工作。

2003年9月22日，广东海关授予关衔仪式在广州国际会展中心举行。时任中共中央政治局委员、广东省委书记张德江，时任海关总署署长、海关总监牟新生，时任广东省委副书记、广东省省长黄华华等为被授衔代表颁发证书。海关总署广东分署和广州海关、汕头海关、黄埔海关、江门海关、湛江海关等直属海关共1260多名代表参加。

照片档案：2003年9月22日，参加广东海关授衔仪式的现场人员

2003年9月23日—26日，广州海关举行了首次授予关衔仪式。针对

关区点多面广、人员多的特点，为按时、保质地做好首次授衔工作，广州海关设立了总关会场、南海会场、番禺会场、顺德会场、大铲会场、佛山会场、肇庆会场、花都会场 8 个会场，全关 40 个部门共 1683 名关员被授予不同衔级的关衔，各会场授衔仪式气氛庄重而热烈。

2003 年 10 月 1 日，广州海关工作人员正式佩戴关衔上岗工作，用实际行动诠释海关队伍的绝对忠诚和担当。

照片档案：2003 年 9 月 23 日，广州海关首次授予关衔仪式主会场大合照

照片档案：2003 年 9 月 24 日，广州海关授予关衔仪式番禺海关会场

照片档案：2003 年 9 月 25 日，广州海关授予关衔仪式大铲海关会场

照片档案：2003 年 9 月 25 日，广州海关授予关衔仪式花都海关会场

兰台留韵

2003 年 9 月 26 日，广州海关授予关衔仪式举行完毕后，关党组集体研究决定，即刻制作名为《重任在肩》的画册专刊，以此来记录首次授衔这一重要时刻，铭刻历史，同时也为所有参与同志留下宝贵纪念。画册由广州海关思想政治工作办公室负责策划排版，主题聚焦“责任与使命”。在唐海燕、张志坚、何姗等骨干加班加点、马不停蹄的努力下，2004 年

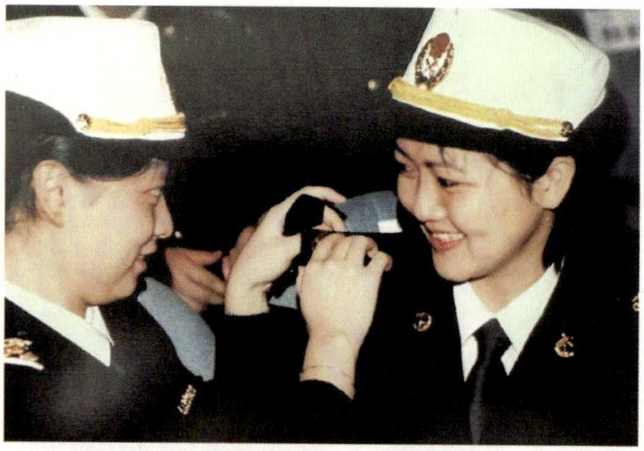

照片档案：2003 年 9 月 25 日，广州海关授予关衔仪式南海会场上关员互相佩戴关衔

1 月，《重任在肩》印制完成。

纪念画册中，参与授衔的每一位同志都精神抖擞、斗志昂扬，充分展现出海关人奋发向上的良好精神风貌。可以想象，在当时授衔的神圣时刻，多少同志心潮澎湃、热泪盈眶，多少同志欢欣鼓舞、无比自豪……那一个个振奋的眼神、矫健的步伐，无不展示出海关关员不辱使命、不负重托的坚定决心。

不忘初心

衔，非国之重器，不可轻予。关衔是祖国给予的荣誉，也是人民寄予的厚望。佩戴关衔，不仅是一种荣誉，更重要的是一种责任。

自 2003 年首次授予关衔，到 2023 年 9 月，广州海关累计授予关衔（含首授微调）8100 余人次。

广州海关崇尚求实、扎实、朴实的海关文化，突出严管厚爱，通过建立规范的工作、学习、生活秩序，培养优良的作风和严格的纪律。坚持制度先行，规范党风廉政建设、考勤纪律、内务管理、安全生产等各项内部管理。坚持践行“内涵学军”，开展“内务规范强化月”活动，基层科室定期组织“班前列队”，大力培育“队列小教员”。开展“走进军营”、队列会操和群众性比武展示活动等学军活动。组织重大节日升国旗仪式、宪法宣誓仪式、入关宣誓仪式、表彰仪式等，创建“一关一品”文化品牌，提升队伍荣誉感、使命感。

20 年来，广州海关主动担当、履职尽责，守正创新、真抓实干，在南粤大地书写着一曲曲动人篇章，在助力构建新发展格局、持续推动高质量发展的大潮中，锻造出一支过硬的新时代海关纪律部队铁军。

2023 年 9 月 11 日，习近平总书记给红其拉甫海关全体关员回信，对海关系统干部职工更好履行职责使命提出殷切期望。学习习近平总书记给红其拉甫海关全体关员重要回信精神的热潮在广州海关迅速掀起，广州海关人将以习近平总书记重要回信精神为指引，胸怀“国之大者”，当好让党放心、让人民满意的国门卫士。

翻阅这本纪念画册，回想授衔时的激动时刻，感怀习近平总书记对海关人的深切关爱，让我们更加体会到授衔所蕴含的荣誉和责任，倍加珍惜和热爱我们的海关事业。我们深感光荣自豪，更感重任在肩。我们永远铭记授衔这一庄严的历史时刻，珍惜荣誉，锐意进取，在新时代海关事业发展的道路上再创辉煌，为强国建设、民族复兴贡献海关力量。

照片档案：2018 年 3 月 2 日，广州海关举行处科级领导干部宪法宣誓仪式

照片档案：2018 年 4 月 26 日，广州海关举行集训会操

照片档案：2023 年 7 月 14 日，广州海关新关员入关宣誓仪式，新关员带着对海关事业的憧憬，换上期盼的海关制服，踏上为国把关的新征程

大巴课堂

广州海关　何　锋

2003年，继中国人民解放军实行军衔制度、中国人民警察实行警衔制度后，中国海关成为第三支实行衔级制度的队伍。当年9月，当时我所在的广州海关所属大铲海关举行了隆重的授予关衔仪式。为做好此次授衔和日后的衔级管理工作，强化内强素质与外树形象要求，大铲海关先后采取了开展理论学习、完善内务规范检查制度、组织训练以及内务规范评比等措施，强化日常养成，使纪律部队建设成为广大关员的自觉行动。其中，印象最深刻的当属“大巴课堂”。

广州海关所属大铲海关地处伶仃洋上的孤岛，扼守珠江口的咽喉，毗邻港澳，面积不足1平方千米，是全国唯一没有居民和食用淡水的百年海岛海关，担负着近百个口岸来往港澳小型船舶的中途监管和珠江水域的缉私任务。200多名干部职工大多居住在广州、佛山、清远等地，为解决路程远、交通不便的困难，大铲海关主要采取了两班倒的航班制工作模式。

每次接送关员上下班的班车，都是那辆可爱的“鲍鱼”大巴（或许是外形和颜色相似的缘故），固定在每周三早上从广州出发到深圳的妈湾港，再转交通艇上岛。大家每次坐车都要花费约两个半小时，这恰恰是平常上两节课的时间。起初，为了解决大家路途烦闷、劳顿的问题，关里在车上安装了车载VCD电视，播放《长征》《新四军》等影视作品。后来，为了解决两班人员学习教育时间难以集中的问题，关里就创新思想教育形式，逐渐把廉政教育片、关容风纪示范片等有教育意义的宣传片放到大巴上播放，使大巴逐渐成为关员们思想教育和文化活动的前沿阵地。在漫长乏味的上下岛往返途中，这种特殊的“流动课堂”使大家既消除了疲劳，又深受思想教育，关员都称之为“大巴课堂”。

在首授关衔那段日子里，“大巴课堂”还常发生一些趣闻……

最忠实的观众。物流监控科的老李在队列训练中敬礼的姿势老是走样，每次都要教官苦心矫正一番。随着授衔的日子越来越近，他倍感紧张，“再也不能让大家看笑话，怎么说我也是老海关人啊！”老李在心里暗暗下决心要把敬礼的动作练习好。那段时间“大巴课堂”为配合举行授予关衔仪式，一直在播放关容风纪示范片。每次回岛上班，一上车，老李就迫不及待地抢占有利位置，成为“大巴课堂”最忠实的观众，聚精会神地观看学习，模仿标准动作，有时还不由自主地举手敬礼，惹得全车人都笑称他为“老礼”。

最忙碌的坐客。从部队转业不久的老范，原来在部队当过连长、带过兵，上上下下对他充分信任，这次授衔他当仁不让地成为队列训练的教官。每次坐车，他都要准备讲解提纲，上车后拿起话筒就开始讲授。他声音洪亮，分析形势要求重点突出，讲解动作要领简明扼要。先是从海关工作方针、队伍建设总要求讲起，再到队列训练的程序、方法和动作要领，以及办公秩序规范、工作纪律要求等，不断培树大家的纪律部队意识，增强大家授衔后的荣誉感、责任感。他流畅生动的语言表达，规范清晰的动

照片档案：2003 年 12 月 29 日，广州海关所属大铲海关举行队列训练会操

作讲解，让大家在队列训练会操时越来越有“范儿”。

最受益的“小白”。新来的小周刚参加海关工作，就积极要求进步，但对海关工作要求一知半解。“大巴课堂”上开设关衔专题讲座后，一开讲就是一个月。小周每次坐车都是靠眼睛、耳朵、笔这三样“宝”，系统完整地学习，成为大巴上最受益的乘客。经过一番努力，小周成为首授关衔队列训练的排头兵，并顺利成为一名中共预备党员。每次向组织汇报思想时，他都说“大巴课堂”就是他入党的启蒙“党校”。

随着时间的推移，大巴上播放的各种宣传教育片和业余文化片越来越丰富。从首次授予海关关衔学习讲座到五年回顾教育活动，从廉政教育系列讲座、党课学习到篮球比赛等关员活动实况，这个特殊的课堂教育了一批批曾经在海岛工作的干部职工，给每个大铲人留下深刻的印象，也练就了过硬的作风，让大家无畏风雨、无视清苦、无惧困难、无悔青春。当时的中途监管和缉私业务必须进行海上作业，每天24小时连轴转，通关时间又主要集中在深夜至凌晨，船上到处都是油污、水迹，加上灯光昏暗，一不留神，就是一个跟头。夏天，船舱温度高达50多摄氏度，汗流浃背不得闲；冬天，海风像针一样刺骨。每当夜深人静，人们还沉浸在梦乡的时候，大铲海关的关员早已克服生物钟紊乱和晕船的不适，在平凡的岗位上紧张地忙碌着。

岁月如梭，一晃授衔已20年。当年岛上的干部每每谈起授衔，就会向人自豪地提起大铲特有的“大巴课堂”的故事。

砥砺奋进二十载
接续奋斗再出发

广州海关　王永康

广州海关所属南海海关成立于1991年12月28日，于2004年11月23日更名为佛山海关驻南海办事处。2023年是海关队伍授衔20周年，回首往事，那些流逝的光阴匆匆划过，但纪律部队的信念已在每个关员的心中铸就了永恒。

2021年，广州海关所属佛山海关驻南海办事处关史陈列馆落成启用后，每年的新关员入关第一课便在这里举行。陈列馆里有4张档案照片，一直默默地见证着这支纪律部队的成长。透过那略显发黄的照片，我们依稀可以听到在训练场上关员们那响亮整齐的声音……从报数到停止间转法、从戴帽到敬礼，每一帧画面仿佛20年来一直未有改变。那是海关对党和国家的绝对忠诚，是海关守护国门安全的毫不含糊，是海关促进高质量发展的毫不保留，是海关服务大国外交的毫不懈怠，是海关强化纪律作风建设的毫不松劲。

首授关衔，肩负荣誉和使命不舍昼夜

2003年，国务院隆重举行授予关衔仪式，这是国家给予海关关员的崇高荣誉。

2003年9月22日，南海海关的52名同志参加了在广州国际会展中心举行的广东海关首次授衔仪式。虽然已经过去了20年，但是透过照片，我们依然可以看到那洋溢在每个关员脸上的笑容和那萦绕在眉宇间的自信和骄傲。

照片档案：2003年9月22日，广州海关所属南海海关52名同志参加在广州国际会展中心举行的广东海关首次授衔仪式

广东海关授予关衔仪式结束后，广州海关首次授衔仪式便紧锣密鼓地展开了。对于海关干部来说，这可是欢天喜地的大事，南海海关作为广州海关授予关衔仪式的分会场，全体干部激情昂扬地投入到仪式的准备工作中。从会场布置、人员安排、座位安排、会议议程、领导讲话、干部代表发言等所有的流程，参与仪式准备的干部都铆足了干劲，特别是2003年9月24日晚上，多名干部为了第二天仪式的顺利进行，多次进行预演，不知不觉已经到了第二天凌晨3点，他们直接睡在会场，早晨换了一身崭新的制服，迎接那神圣时刻的到来。

2003年9月25日上午，南海海关礼堂响起嘹亮的国歌声，广州海关授予关衔仪式（南海海关分会场）正式开始。在场的175名干部全体起立，高唱国歌。当流程进入到佩戴肩章的那一刻，很多关员热泪盈眶，一名干部代表动情地说："佩戴关衔，不仅是一种荣誉，更重要的是一种责任。我们所做的一切，都要同肩上

照片档案：2003年9月25日，广州海关授予关衔仪式（南海海关分会场）在南海海关礼堂隆重举行

佩戴的关衔相称，都要对国家、对人民负责，做让党和人民放心的国门卫士。”

正是在这种使命感的感召下，驻守在南海这片改革开放前沿阵地的海关关员们，始终以授予关衔为荣耀和鞭策，把政治坚定作为海关队伍建设的灵魂，不断强化对党忠诚的政治意识，永葆对党忠诚的政治本色，做对党忠诚的国门卫士。强化纪律建设，严格制度执行，不断提高党建工作水平，以饱满的热情、昂扬的姿态，奉献在国门一线，助力佛山市南海区地方外贸高质量发展。

队列训练，外树形象、内强素质疾步稳行

2003 年 9 月，海关总署制发了《海关内务规范（试行）》。南海海关第一时间按照上级部门要求，扎实展开了严格的训练，并特别邀请了协勤武警进行训练指导，关员们都以饱满的热情和积极的状态参加到训练中来。

“向右看齐，向前看，立正，报数，戴帽，敬礼……”每一句训练口令后，看到的都是关员们昂扬的斗志、坚毅的眼神、铿锵的步伐。通过不断训练，关员们的精气神进一步提升，对党忠诚、为国把关的坚强意志得到锤炼。

训练的成果怎么样，不能只看训练，更要通过行动来检验。2004 年 6 月 25 日，南海海关举行第一届准军事化纪律部队建设检查评比大会，由 17 个科室组成的 14 支队伍进行队列汇报。在赛场上，每一名关员都铆足了

照片档案：2003 年 10 月，广州海关所属南海海关开展第一次队列训练

精神、瞪大了双眼，听着指挥官的口令，迈出铿锵的步伐，展现着海关的荣耀与担当。2012 年，佛山海关驻南海办事处创新开展内务综合巡查工作，2015 年首创红黄蓝“三旗”考评体系，2021 年制发《狠抓闭环管理检查办法》，通过制度建设，加强检查评比，促进内务规范建设，锤炼令行禁止、雷厉风行的纪律作风，做到作风优良、纪律严明、廉洁自律。

照片档案：2004 年 6 月 25 日，广州海关所属南海海关举行第一届准军事化纪律部队建设检查评比大会

基层海关是海关系统的“神经末梢”，是海关政策执行的最终落脚点，基层海关干部队伍与群众的关系最直接、最密切。通过持续强化的训练，海关基层党组织的战斗堡垒作用日益凸显，海关全面深化改革的基础日趋稳固，党的政策落地根基愈发牢固。

20 年来，佛山海关驻南海办事处始终坚持以作风纪律建设为抓手，突出“内涵学军”，加强内务规范、关员礼仪和体能训练。同时，不断推进党风廉政建设和全面从严治党工作，通过设立兼职政工员、聘请行风监督员、参加地方民生热线直播等举措，不断完善内外部监督，通过严管厚爱促进关风、关容、关貌、关纪呈现新的气象，锻造出一支新时代新海关纪律部队。

放眼全国，从高寒缺氧的红其拉甫，到波涛汹涌的伶仃洋大铲岛；从喜马拉雅山脚下的聂拉木，到中越边境的北仑河，国门安全处处都有海关人的身影。无论白天还是黑夜，无论严寒还是酷暑，他们都神情坚毅，迎难而上。在关衔和关徽的见证下，海关关员谱写着一首首为国把关、服务经济、促进发展的赞歌。

展望未来，奋进新征程满怀希望

佛山海关驻南海办事处持续深化队伍建设的20年历史，是一部听党指挥、忠诚履职的创业史，也是一部攻坚克难、实干兴关的奋斗史，更是一部筚路蓝缕、谱写辉煌的荣誉史。20年来，佛山海关驻南海办事处坚持把党的建设作为业务建设和队伍建设的重要保障和推动力，锻造出一支“政治强、水平高、作风硬、纪律严”的新时代海关纪律部队，先后获得“全国海关党建示范品牌”“全国海关先进集体”“全国海关‘四好’达标先进单位”等数百项荣誉。

2023年是全面贯彻党的二十大精神的开局之年，佛山海关驻南海办事处将以习近平新时代中国特色社会主义思想为指引，增强“四个意识”、坚定“四个自信”、做到“两个维护”，牢记“国之大者”，以“功成不必在我”的气度胸怀和“功成必定有我”的使命担当，坚持“铸忠诚、担使命、守国门、促发展、齐奋斗”，只争朝夕，不负韶华，奋进社会主义现代化海关建设新征程！

定风波

——我的授衔20年

广州海关　梅　丹

20年，是一段漫长的时间，却也是弹指一挥间。2003年，全国海关正式实行关衔制度。20年来，全国海关按照海关总署部署要求，为助力构建新发展格局、经济社会高质量发展做出了积极贡献。我有幸作为海关的一员，见证和参与了这一光荣的历程。

何妨吟啸且徐行

照片档案：2003年9月，梅丹被授予关衔后拍照留念

“政治坚强、业务过硬、值得信赖”是海关队伍建设的要求。2003年9月，我在广州海关调查局，首次授衔为三级关务督办。授衔仪式在广州市沙面5街2号广州海关大楼礼堂举行，会场庄严肃穆，与会者神情庄重，满怀激动。会后，每个人都喜上眉梢，纷纷拍照合影，留下这个光荣瞬间。当时我正在拍“定衔照”，一位领导经过时看到，打趣道：“好好干，现在‘两毛一’（三级关务督办），以后就能‘脖头带花’（三

级关务监督）。”

那时候，我们从事的海关调查工作正面临着中国加入世界贸易组织后带来的压力和挑战。我与同事们一起全面学习海关业务，认真研究查处不法企业违法违规行为时发现的新特点新趋势，打响了加入世界贸易组织后中国海关反价格瞒骗的“第一枪”——查获某化工公司低报价格“洗单”进口奶粉案；又查处口岸免税店的系列走私案，并由此启动了全国范围内免税店打私专项行动。我从一个青涩的年轻人，在办案过程中逐步成长为可以带队查厂、在全国海关同行中进行PPT交流授课的业务骨干。当时有两件事印象深刻，一是我被公派去日本参加WCO（世界海关组织）业务培训时，日本同行很羡慕中国海关实行关衔制度，称有更高的荣誉感和更强的使命感；二是我参加中国—东盟十国海关稽查和风险管理研讨会，与东盟十国海关交流反价格瞒骗的经验做法。当讲到中国海关打响反价格瞒骗“第一枪”的奶粉“洗单”案时，东盟同行对此很感兴趣。当得知这一系列的案件我都参与其中时，他们觉得中国海关对年轻业务专家的培养非常有力度。这让我十分感慨，当时的我们，借着首授关衔的东风，像扬帆起航的船队，感受到了自己的风华正茂和海关事业的蒸蒸日上。

照片档案：2003年2月，广州海关稽查查发某化工企业低报价格案

竹杖芒鞋轻胜马

2006年，我在广州海关稽查处晋衔为二级关务督办。从调查到稽查，名称有变化，职责有转变，但“人民海关为人民”的理念不变，对不法企业的持续高压态势不变。稽查工作中，我们从一个小小的邮包开始，追踪到货柜再到一家企业，跟踪查发了肇庆某公司走私“施华洛世奇”等工业仿水晶案；我们针对石化产品价格倒挂且长期保持不变，呈现出的“面包比面粉还便宜”的行业乱象，果断出手开展行业稽查，查发多家企业涉嫌采用“洗单”手法低报价格案；除了移交的走私犯罪案件，我们还查发多起亿元违规大案。在下厂稽查期间，我们需要在细碎的证据中抽丝剥茧，不仅要业务熟练，更要胆大心细。我们和缉私局保持着紧密无间的合作，有成案移交，也有混合编队，我个人也在各类案件的办理中两次荣获个人三等功。我与同事们逐渐在海关稽查业务领域独当一面，在各类业务交流中互相勉励，在新时代海关纪律部队建设的进程中不断成长。我们这支年轻的稽查队伍，在海关业务的全方位发展中轻骑疾驰，发展壮大。

山头斜照却相迎

闻令而动、令行禁止，不仅是海关干部队伍的日常表现，也是评判一个干部忠诚与否的重要依据。2017年，我服从组织安排到广州海关缉私局工作，首授警衔二级警督。脱下关衔，戴上警衔，从海关“白领”到警察“蓝领”，最大的感触就是跑道变化，职责使命不变，守护国门安全的责任不变。初到南沙海关缉私分局，我分管法制工作，恰逢分局正在办理跨境电商走私的案件。我从卷宗入手，熟悉了解刑事案件的办理程序、审讯技巧、移诉流程和检法沟通。一个案件、两个案件……随着经手的案件越来越多，很快，在三级审批时，我可以有底气、负责任地签上意见。与此同时，自己对海关缉私警察的认识也更加深刻。如果说海关稽查是揭开盖子露真相，那么缉私就是打破砂锅问到底。为了更好地适应新岗位的要求，为海关业务的开展、为贸易秩序保驾护航，2018 年我努力学习通过了人民警察基本级执法资格考试，2019 年又通过了高级执法资格考试。这两年，我们成功侦破了数起亿元电商走私案件，并同其他兄弟分局、处室逐步形成打击电商走私的广州模式，输出了广州经验。对此，我真心感到自豪，觉得自己在新的赛道上为海关做出了新的贡献。2020 年，新冠疫情暴发，我克服孩子出生、家事繁多等困难，着手搜集整理构思一本关于海关跨境电商监管工作的书。写书是个辛苦活，查资料、找案例、框结构、定章节、添内容，一笔一画都是心力，好在查获电商走私案件的经历成了我无尽的源泉，同事们的支持给了我无穷的动力。历时两年，《跨境电商零售进口关务筹划》终于由中国海关出版社发行。捧着沉甸甸的书稿，回望我的青春与成长，笑颜相迎，无悔我心。

风雨过后终是晴

海关首授关衔已过去了整整 20 年。这 20 年，海关人牢记“国之大者”，自觉把自身工作放在强国建设、民族复兴大局中去定位、去谋划、去推进，在各自的岗位上坚定不移铸忠诚、担使命、守国门、促发展、齐奋斗，担当时代赋予海关的使命任务。未来，海关人还将为建设中国特色社会主义现代化海关努力奋斗，为推进中国式现代化贡献海关力量！而我们，也将为亲身参与其中而深深自豪。

记录 20 年

广州海关　郑江华

2023 年是海关队伍授衔 20 周年，在时光的长河中，20 年的岁月犹如流星划过天际，短暂而耀眼。对于海关队伍而言，这 20 年是坚守与奋斗的 20 年，是忠诚与担当的 20 年，更是见证新时代海关纪律部队建设的 20 年。

翻开广州海关所属番禺海关沉甸甸的档案，在泛黄的老照片中，一位老同志的名字多次被提起，那便是拍摄者董建华。熟悉他的同志说，老董可是关里拍照的“金招牌”。是他用手中的相机记录了番禺海关的那些年。

照片档案：2003 年 9 月 24 日，广州海关首次授予关衔仪式番禺海关分会场

2003年9月12日，这是一个对于海关来说意义非凡的日子，国务院举行授予关衔仪式。批准实行衔级制的消息传来，番禺海关全体关员在感到兴奋的同时，也激发了极大的工作热情。9月24日，番禺海关按照广州海关的部署在分会场举行了隆重而庄严的授衔仪式。那一天，大家整齐着装、精神饱满，两人一组，互相更换了带有不同衔级标志的新肩章，每个人的内心都充满了自豪感、荣誉感和使命感。负责拍摄的董建华用手中的相机记录下了这历史性的时刻。照片中的罗亚南（上图右一），现在已是番禺海关人事政工科的一名老前辈。当他再次看到这张照片时，嘴角不自觉上扬，眼角还闪着点点泪光："当年参加授衔仪式，今天回想起来还记忆犹新。20年来大家一锤接着一锤敲、一棒接着一棒跑、一茬接着一茬干，令海关发展欣欣向荣。我为自己是海关人而骄傲！"

那一天，秋风轻拂过每一位番禺海关关员幸福的笑脸，他们深知自己即将接受一份专属于海关人的荣光，肩上沉甸甸的使命有了耀眼的象征。授衔关员面对闪闪发光的关徽庄严敬礼，那是对新起点、新征程的坚定许诺。老董的相机已然记录下这一切。直至今天，董建华重新观看这些照片，仍然会感到激动、骄傲。他回忆说："这一切仿佛就发生在昨天，历历在目，我依然能感受到那一刻骄傲的心情。这是我一辈子都难以忘怀的经历，从那天起并肩奋斗的战友们有了共同的印记。"

转眼间授衔已20年，见证改革开放大潮的第一批海关关员不少都已经退休了。董建华就是那批"小年轻"里为数不多依然奋斗在海关岗位上的"老党员"之一。番禺海关重大业务改革的历史时刻、侦破大案要案的惊心动魄、进出口贸易往来货物的新增品种、海关政策宣讲和公益志愿服务的对外场合……都少不了董建

照片档案：2023年7月5日，广州海关所属番禺海关关员在广汽埃安新能源汽车股份有限公司调研

照片档案：2023年8月23日，广州海关所属番禺海关关员在番禺区珠宝企业调研

华端着相机“上蹿下跳”的身影，也正是这个“老党员”，用镜头和影像留住了授衔20年来的那些峥嵘岁月，留住了20年来番禺海关促进外贸发展的熠熠片段。“从传统的仰拍到爬高楼拍再到航拍，摄影技术设备的进步见证着我们中国海关事业的蒸蒸日上，也展现了授衔20年来海关队伍良好的精神面貌。”他感慨道。

同事们说：“照片的构图、景深、曝光、慢拍等，能反映出一名摄影爱好者的摄影功底和自我要求，老董的照片记录了一代代默默坚守的海关人，见证他们的奋斗拼搏，见证他们的爱岗敬业，见证他们的忠诚与担当！”20年的历程，番禺海关经历了许多重大事件，也涌现出一批先进典型人物，“广东好人”李燕梅、“广东省优秀共青团员”卢佩欣……老董的照片记录着他们的故事，诠释着新时代海关纪律部队的风采和成就。

如今，番禺海关正以海关关衔制度实行20周年为契机，深入学习贯彻习近平总书记给红其拉甫海关全体关员的重要回信精神，以更加积极有为的精神风貌铸忠诚、担使命、守国门、促发展、齐奋斗，当好让党放心、让人民满意的国门卫士，为强国建设、民族复兴积极贡献力量！老董的相机，将继续忠实地记录下这一切。

旗帜鲜明讲政治 忠诚担当守国门

广州海关　陈文苑

2003年，全国海关正式实行关衔制度。当我逐页打开档案文件，逐张翻看档案照片，回顾海关队伍授衔以来走过的历程，深感振奋，使命光荣。

信念坚定，传承忠心向党的红色基因

“忠诚、干净、担当”是海关干部队伍必备的政治品格，育心育魂是铸就海关忠诚政治品格的强大武器。作为国家政治机关，广州海关切实把讲政治的要求落实到工作各领域、全过程，打造一支让党放心、让人民群众满意的海关队伍。

照片档案：2021年1月1日，广州海关所属南沙海关关员对进境国际船舶进行登临检疫

对党忠诚，体现在闻令而动、坚决响应党中央的号召。2020年，突如其来的新冠疫情给广州海关工作带来了全新的考验。1月23日，广东省

启动重大突发公共卫生事件一级响应，当天晚上，广州海关所属南沙海关邮轮监管科接到报告，次日将停靠进境的“世界梦号”邮轮上出现多名有发烧症状的人员。面对未知的病毒，国门卫生检疫工作形势远比想象中复杂。全国“人民满意的公务员”赵醴丽冲在最前线，6 个多小时的连续鏖战，带领 25 人的处置小组一共检疫 4485 名入境人员。“后来才知道，我们在邮轮上排查出了全国水运口岸第一例输入病例。”赵醴丽说。南沙海关应急处置小组圆满完成的“世界梦号”邮轮突发公共卫生事件，为之后全国海关类似事件的处置提供了典型案例范本，海关总署党委授予南沙海关应急处置小组“集体二等功”。

不忘初心，站稳为民把关的人民立场

海关是党领导下的人民海关，海关的一切权力来自人民。广州海关把实现好、维护好、发展好最广大人民根本利益作为工作的出发点和落脚点，紧密对接国家重大战略部署，始终聚焦牢牢把握高质量发展这个首要任务，持续推进智慧海关建设和“智关强国”行动，服务粤港澳大湾区高质量发展。

广州南沙地处珠江出海口和粤港澳大湾区地理几何中心，是服务共建“一带一路”倡议的重要枢纽，也是《粤港澳大湾区发展规划纲要》明确的共建粤港澳合作发展的三大重点平台之一。“身处监管一线，我们将全面推进智慧海关建设、深入实施‘智关强国’行动，通过运用‘选查智能机器人’、建设可视化港口监管 AR 模型等创新举措，持续提升通关效能，全力支持南沙增强国际航运物流枢纽功能，服务广州南沙深化粤港澳全面合作。”广州海关所属南沙海关南沙港查验科副科长李博说。

地处粤东北部的河源市是广东省的一个山区市、农业市，全域均为革命老区。如何立足河源当地实际，为这片红色客家古邑实现高质量绿色发展注入新活力，是广州海关所属河源海关综合业务科科长钟剑文和同事们一直思考的问题。他们深入践行“人民海关为人民”理念，聚焦河源工业、农业产业发展战略，用好海关政策、统计、政研等工具，做强做优竹木藤草制品、柚子、五指毛桃茶等特色优势农产品出口，赋能革命老区振兴发展。

广州海关所属大铲海关是全国唯一设立在无居民海岛——大铲岛上的国家行政机关，扼守港澳到内地之间的“咽喉要道”和“黄金水道”，是我国南大门的重要水上关口，曾获“全国先进基层党组织”荣誉称号。“我们将继续发扬‘勇于坚守、勇于战斗、勇于奉献、勇于争先’的‘四勇’精神，扎根海岛、努力奋斗，强化中途监管‘前哨’作用，深化关警联合打私机制，常态化开展水上巡航，探索门槛式快查快放，维护珠江口经济繁荣稳定。”大铲海关监管一科副科长杨千里说。

照片档案：2018 年 5 月 2 日，广州海关所属大铲海关在大铲岛上开展队列训练

久久为功，锻造崇德严纪的纪律铁军

严明的纪律是新时代海关纪律部队的本色。海关队伍授衔 20 年来，广州海关始终坚持纵深推进队伍建设，强素质、树形象，以实际行动做到闻令而动、令行禁止。

内务规范是强化日常纪律作风养成的重要抓手。广州海关先后制定内务规范管理检查评比制度、督察实施细则、日常纪律作风联合检查机制，将队列训练纳入初任培训和各级培训班课程。对于日常纪律作风管理，广州海关机关党委（思想政治工作办公室、党委宣传部、党委巡察工作办公室）准军事化管理科科长粟邵华练就了自己的“独门绝技”——坚持做到“三到”：开展内务督察时，他坚持对机关大楼的每个楼层、每个房间走到、看到，发现问题能够及时督促提醒到。通过加强日常监督提醒，定期和不定期结合开展各类实地检查、视频督导检查、明察暗访，切实把铁的纪律转化为日常习惯和自觉遵循。同时，广州海关坚持认真开展训练，科室定期开展“班前列队”和日常训练，定期举行集训和队列展示。深入开展“内涵学军”，与陆军特种作战学院结成共建单位，共同开展国防教育、走进军营等活动。强化管理责任传导，实施“见人见事见责任”问题通报机制，内务规范及日常纪律作风管理情况纳入年度考核。

照片档案：2018 年 4 月 26 日，广州海关开展队列会操集训

奋斗二十载，启航新征程。广州海关将以海关队伍授衔 20 周年为契机，持续拓展新时代海关纪律部队建设的时代内涵和实践路径，持续提振凝聚力、执行力、战斗力，坚定不移树正气、易俗气、遏邪气，铸忠诚、担使命、守国门、促发展、齐奋斗，当好让党放心、让人民满意的国门卫士。

我看海关队伍授衔 20 年

广州海关　叶佳春

丁坚伟、于佳、谢逸，广州海关所属广州邮局海关的三位关员，他们的档案“小故事”讲述着海关关员精神与信仰的“大道理”。

不灭的意志

丁坚伟，广州邮局海关邮递物品监管一科四级高级主办，关龄 32 年。

32 年的工作经历，让一个青涩少年成长为年轻同志嘴里的“老大哥”。年过半百的丁坚伟还时常会想起刚入关分配时老师语重心长的那句话：“国门卫士，就要担负起为国把关的使命，两个肩头挑万斤。”自入关以来，他丝毫不敢松懈，有幸同海关共成长，见证了海关系统不断推陈出新，体制机制更加健全完善的全过程，也见证了海关队伍“铁一般的纪律”。他说：“岁月给了我积淀，海关‘铁一般的纪律’已融入我的生命，‘意志坚定’是我 32 年来最明确的定位和坚持。”

照片档案：1990 年 7 月，丁坚伟在广州海关所属流花车站海关学习海关查验监管流程

“高标准、严要求、实作风”是丁坚伟一直以来恪守的准则。丁坚伟大学毕业后被分配在大铲海关海上缉私队工作。在海上追

逐走私分子，真枪实弹，危险重重，他始终以“铁一般的纪律”严格要求自己，心中只有一个信念，就是任务必须完成。从大铲海关海上缉私队到广州邮局海关邮递物品监管一科，在查验监管作业中，丁坚伟一丝不苟、按章办事、恪尽职守，不忘初心和使命，常怀责任和担当。

32 年过去，丁坚伟和身边的同事们始终步履铿锵、雄姿英发，海关事业在一代又一代海关人的努力下蓬勃发展，意志坚定已成为他们肩章上永不磨灭的光。

不灭的“精气神”

于佳，广州海关所属广州邮局海关快件监管科一级主办，关龄 13 年，军龄 11 年。

2010 年 10 月，于佳转业至海关工作。13 年的工作里，于佳参与过队列会操、仪仗队展示，看到的是浩然正气、整齐划一的海关队伍；参与过亚运支援查验监管工作，看到的是深研细究、过硬本领的新时代“领跑者”；参与过支援机场疫情防控工作，看到的是闻令而动、冲锋在前的“逆行者”。脱下戎装，穿上制服，从军营到海关，不同的是职责，不变的是听党指挥、服从命令的作风。

“13 年过去，在新时代海关纪律部队要求下，岁月从未曾磨灭我在军旅生涯中养成的‘精气神’。如果说部队塑造了我的‘形’，那么海关成就的是我的‘神’。”于佳参加了 2022 年 5 月份广州海关举行的队列展示，关员们坚毅的眼神、昂首挺胸的姿态、铿锵有力的步伐、整齐划一的队列，深深地烙在了她的心里。

不灭的信仰

谢逸，广州海关所属广州邮局海关人事政工科（党委组织部）四级主办，关龄 6 年。

“阳光照耀金色的关徽，庄严和神圣充满心房，爱国明志永远的信念，铸造着我们的忠诚灵魂……一把钥匙、一根商杖，祖国把重任放在儿女肩上……”这是谢逸刚到上海海关学院，广播里听到的校歌。“那时的我仍懵懂，不懂得歌词中忠诚所代表的深刻含义，不懂得肩上关徽所代表的责任使命。”谢逸说道。4 年后，当他走出校门，走进广州邮局海关大门，肩上佩戴了 4 年的蓝肩章变成了嵌有关衔的黑肩章，在“政治坚定、业务精通、令行禁止、担当奉献”要求的磨炼下，对如今的他来说，政治忠诚已成为刻在心中的不灭信仰。

谢逸说：“现在，我对‘忠诚’二字有了更深刻的理解，忠诚不是喊出的口号、冰冷的文字，而是它带给我的信仰。想起一本书中曾提出这样一个问题：假如在现代社会，不存在任何评价体系，没人看见你，目前的工作，你还会去做吗？我的答案是：‘会’。作为新时代海关人，必须始终坚持党的领导，听从指挥，永葆忠诚，才能有更坚定的思想防线抵御诱惑，始终对走私分子重拳出击。”

照片档案：2023 年 9 月 23 日，谢逸在“海关进社区”志愿服务活动中给小朋友们科普国门生物安全知识

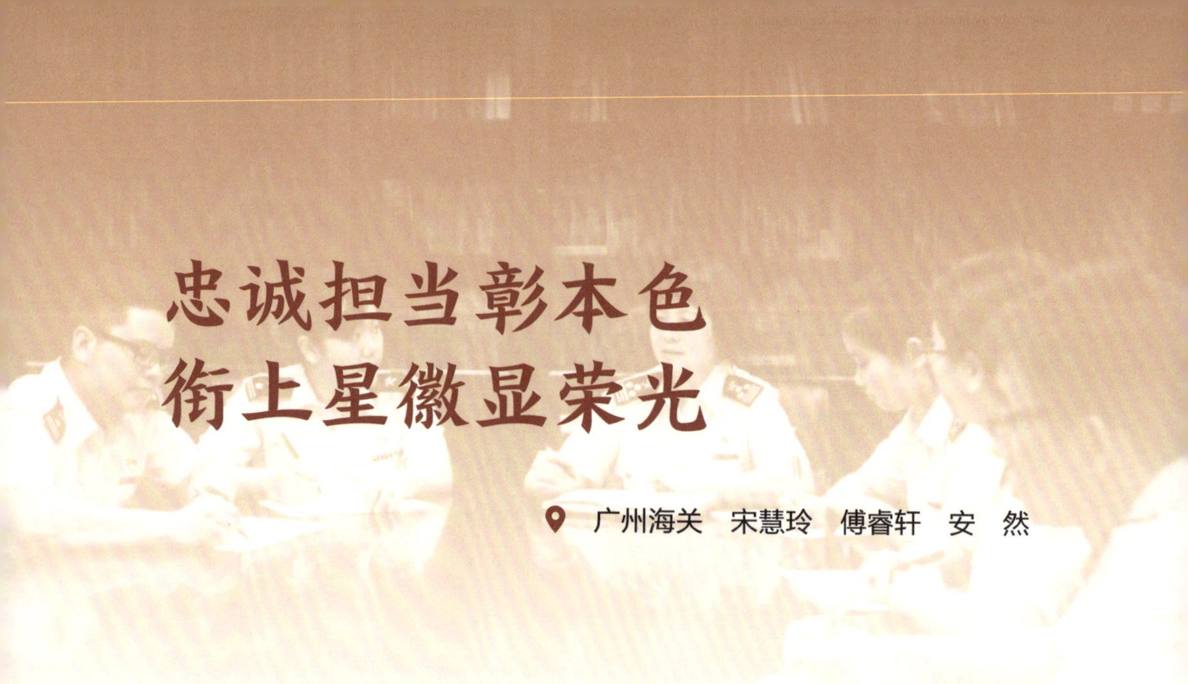

忠诚担当彰本色
衔上星徽显荣光

广州海关 宋慧玲 傅睿轩 安 然

自海关实行关衔制度以来，20年物换星移，海关坚持不懈推动改革发展、服务中国式现代化建设；20年岁月峥嵘，档案里抓铁有痕、踏石留印。其中，就有这样一位海关人，参与并见证了我国加入世界贸易组织后，从国际经贸规则的被动接受者和主动接轨者，逐步成长为重要参与者，成为《商品名称及编码协调制度》（以下简称《协调制度》）国际合作中举足轻重大国的过程，展示了新时代海关纪律部队对党和人民忠诚可靠、堪当时代重任的精神风貌。她便是党的十九大代表、全国“最美退役军人”、世界海关组织（WCO）协调制度委员会前主席——甘露。

照片资料：1995年（左）与1997年（右）甘露在部队期间的工作照片

披星戴月，展露才华

2003年9月，广州海关完成对广大关员的授衔仪式，从部队转业到广州海关不久的甘露看着制服肩头上的肩章，嘴角不自觉地微微上扬，那份始终铭记在心里的绝对忠诚与担当似乎刻下了更深的印记。“部队培养了我多年，离开是万般不舍。可是不管走到哪里，变的是身份、是战场，不变的是信仰、是忠诚。”甘露说。守护祖国南大门，广州海关成了她军人情结的延续，“如果说军队守护着国家的领土安全，那么海关则守护着国家经济安全的大门，而且也是一支穿着制服的纪律部队。”甘露所在的岗位需要对商品归类有着很强的掌握，商品归类是海关公认的极具难度的技术活，并对英语有着极高的要求，税则税号、协调制度、子目注释，一个个专有名词砸得甘露直犯晕。为了快速提高业务水平，甘露白天向同事们请教，下班后钻研税则、苦读英语直到深夜，那些厚厚的笔记本记录着她的青春岁月。为了跟上商品生产发展的步伐，她下工厂、跑车间，主动向工程师学习，深入研究商品细节构造。经过日复一日、年复一年的付出，甘露成长为海关归类领域的行家里手，为参与协调制度工作打下了坚实的基础。

照片档案：2020 年 6 月 11 日，甘露围绕“退伍不褪色、建功新时代”与军转干部进行线上交流分享

甘守初心，联通世界

2008 年，是海关实行关衔制度的第 5 个年头，经过学习积累，甘露渐渐参与一些海关总署重大课题和署级工作，负责中国海关协调制度归类技术委员会国际组的相关工作。2008—2019 年，她代表中国海关先后 30 余次参加世界海关组织（WCO）协调制度国际会议。这些年，她肩负着国家的使命多次来到世界海关组织总部，与中国代表团其他成员并肩作战，凭借自身坚实的商品归类专业技术和外语基础，沟通协调、交流合作、阐释立场，一次次擦亮了中国海关代表席上“CHINA”这块金字铭牌，在国际贸易规则制定的竞技场上驰骋搏击，不断为祖国争取“话语权”。

每次去布鲁塞尔开会前，甘露都要主动对接海关总署关税征管司、全国海关归类专家以及相关主管部门和行业协会，查阅海量资料，集中研拟对案，开展商品调研，力求准确把握我国贸易、产业政策和企业发展核心诉求，并将其融汇到参会对案中去。一次，在讨论我国向世界海关组织（WCO）提出的为“登机桥”修订《协调制度》议题的过程中，尽管我国生产的商品在世界市场份额中位居前三，但是由于该商品在《协调制度》中没有具体列名的 HS 编码，各国（地区）对该商品的归类并不统一，导致企业“走出去”战略受到严重影响。出于自身贸易利益考虑，一些国家的代表对我方提案提出了异议。甘露及其团队迅速联系国内补充资料，连夜整理，商讨说服各国代表的办法。在大会上，甘露及其团队熟练地运用《协调制度》规则阐释中方立场，结合大量材料据理力争。同时，在每场会议的间隙，甘露与团队成员分别与主要成员代表进行反复沟通游说，争取尽可能多的代表支持。最终，中国建议获得通过。

甘露取得的成绩不仅得到了海关总署的高度肯定，也得到了国际海关同行的高度认可。2013 年，甘露当选为世界海关组织（WCO）协调制度审议分委会副主席，2014 年、2015 年当选并连任世界海关组织（WCO）协调制度委员会工作组主席，这也是我国海关代表首次成为《协调制度》国际会议的“把槌人”。2016 年她当选世界海关组织（WCO）协调制度审议分委会主席，极大地提升了中国海关在国际海关商品归类事务领域的影响力。“中国声音”“中国方案”愈加受到各方关注，中国话语权悄然增强。2018 年，她当选为世界海关组织（WCO）协调制度委员会主席，成为首位担任该职务的中国人，并在 2019 年成功连任。甘露见证了在国际规则制定竞技场上中国从初学者、应用执行者到参与引领者的嬗变；见证了我国从跟跑、并跑再到领跑的变化；见证了中国在伟大复兴强国之路上的有力步伐。

2017 年 10 月 18 日至 24 日，甘露作为来自基层的党代表，参加了举世瞩目的中国共产党第十九次全国代表大会，并站在了人民大会堂党代表通道上，接受中外媒体采访，以海关人的亲身经历和感受，介绍中国海关积极参与国际规则制定、促进贸易便利化取得的巨大进步。

照片档案：2017 年 10 月 18 日至 24 日，甘露作为来自基层的党代表，参加中国共产党第十九次全国代表大会

照片档案：2018年9月17日，甘露参加并主持世界海关组织（WCO）协调制度委员会第62次会议

凝霜成露，滋润万物

“看着扛在肩上的关衔，立刻感受到了沉甸甸的责任。”甘露总是把这句话挂在嘴边。在专注自身业务造诣，化解一个又一个归类难题的同时，甘露也时刻准备着协调制度工作的“传帮带”青年培养计划，她在海关总署税收征管局（广州）组织成立的“甘露工作室”就是这样茁壮成长起来的。“甘露工作室”积极组织业务研讨，定期开展英语沙龙，反复打磨归类议案，一同参与国际会议和谈判，给了青年们学习、成长、奉献的平台。“关税精兵”陈绮虹在世

照片档案：2017年10月28日，甘露（左三）在全国海关进出口商品归类中心广州分中心开展协调制度业务交流

照片档案：2020 年 1 月 15 日，陈绮虹在世界海关组织（WCO）协调制度会议中分享中国海关化学物质登录号（CAS）辅助申报系统，获得参会各方高度评价

界海关组织（WCO）协调制度会议上分享了化学物质登录号（CAS）辅助申报系统，获得了与会代表的高度评价；“归类强将”丁林伟担任发展中国家归类能力建设培训导师；“技术先锋”王小康更是成为世界海关组织（WCO）认证的首批化验专家。一位位青年才俊充分彰显了纪律铁军的使命担当，为强国建设、民族复兴积极贡献力量。

衔上如星似月，一横可镇山河。20 年的砥砺前行，20 年的誓守国门，甘露始终胸怀“国之大者”的使命担当，步履铿锵、勇往直前，用她的执着勤勉、精专细研见证了新时代海关人的担当奉献。一张张档案照片，展示的是海关队伍对党和人民忠诚可靠、堪当时代重任的精神风貌。在新时代新征程里，以甘露为代表的海关人将以过硬的本领、优良的作风，推动制定有利于我国贸易强国建设的国际规则和标准，助推高质量发展、高水平开放，致力当好让党放心、让人民满意的国门卫士，践行“人民海关为人民”的庄严承诺。

初心不改岁月可鉴 扎根海岛砥砺奋进

广州海关　彭　喆

在广州海关所属大铲海关的档案室里，一张张发黄的照片记录着大铲海关人坚守海岛的岁月缩影，一页页褪色的纸张诉说着海岛边关人艰苦奋斗的精彩故事。从1949年曾百豪同志解放大铲岛后自愿留守并担任首任关长起，到2003年中国海关成为继中国人民解放军实行军衔、中国人民警察实行警衔后，第三支实行衔级制度的队伍，再到如今新时代大铲海关人在海岛传承发扬“勇于坚守、勇于战斗、勇于奉献、勇于争先”的“四勇”精神，自觉担负起守国门、促发展的职责使命。岁月流转，兰台传情，每每抚摸档案，心灵都会产生阵阵涟漪。档案中记录了一个个生动的故事，是跨时空的交流，是精神的洗礼，引导着一代代大铲海关人感悟着新时代海关纪律部队的丰富内涵……

一张特殊的集体照

档案室的显眼位置有一张特殊的集体照，全体干部分列在先锋广场的两侧，军姿挺拔、眼神坚毅。这是大铲海关独具特色的海岛交接班仪式的场景。

大铲海关地处伶仃洋无居民海岛，履行着全年365天24小时监管打私职责，被誉为珠江口上“永不落闸的关口”。针对航班制的工作模式，

照片档案：2023 年 4 月 10 日，广州海关所属大铲海关开展海岛特色交接班仪式

大铲海关首创海岛交接班仪式，既是对日常训练成效的检阅，更是关员发扬革命乐观主义精神坚守艰苦海岛的集中体现。到 2023 年，海岛交接班仪式已坚持了 12 年。“我班已完成任务，现在交班！”“我班已准备完毕，现在接班！”大铲海关以光荣庄严的方式确保人员变换斗志不断、科室交接监管不歇。随着“时代先锋”旗帜一起交接的，不仅是监管打私的工作任务，更是为国把关的忠诚使命。

一叠厚厚的案卷

大铲海关扼守珠江口咽喉要道，是来往港澳小型船舶进境的第一关，也是出境的最后一关。暗潮涌动、无风三尺浪的大海是监管打私的主战场。在众多的案卷资料中，一叠厚厚的生物制剂案材料被同志们反复研学，并作为典型案例陈列在船舶检查技能实训场，这是大铲海关人拼搏战斗的成果见证。

2021 年，经过连续多日的跟踪监控，大铲海关锁定一艘具有重大走私嫌疑的小船，遂迅速对该船进行突击检查，并在船员宿舍抽屉中发现了

照片档案：2021 年 4 月 1 日，广州海关所属大铲海关查获含登革、肝炎病毒的人体血液样本及其他走私货物

一沓快递单，说明船员有从香港“带货”走私的嫌疑，也验证了前期对该船具有较高夹藏夹带风险的初步判断。得到查船关员的反馈后，值班科长当机立断，带领党员突击队上船支援，刚下夜班仍在宿舍休息的同志也主动请战。正午烈日炙烤着海面，机舱内的温度高达 60 摄氏度，密闭的空气舱内空气污浊，锚链舱的爬梯锈蚀严重，随时都有断裂风险……这些都增加了检查的难度，是对关员体力与意志力的双重考验。但关员们顾不上这些，从白天查到黑夜，深蓝色的查验服被汗水浸透又被海风吹干，留下一道道白色的盐渍，没有人叫苦喊累。关员们按照“核查询探钻”的“五字”查船法，一寸寸地检查，最终在空气舱的深处查获一批走私物品，其中还有一个贴有生化危害标志的白色泡沫箱。经实验室检测，泡沫箱内是 189 支含登革病毒和肝炎病毒的人体血液样本！这把查船组关员吓出了一身冷汗，若是让这些东西流入境内，后果不堪设想！

近 3 年来，大铲海关共查获走私红油、冻品、“洋垃圾”、国家濒危保护动物等案件超 1000 宗，案值超 5 亿元。一本本厚重的案卷，是大铲海关人在伶仃洋上筑牢监管打私坚强堡垒的有力证明，更是新时代海关纪律部队建设的丰硕成果。

一段珍藏的视频

在浩如烟海的档案资料里，2018 年台风“山竹”登陆大铲岛的录像令人震撼，13 级大风把百年的榕树连根拔起，5 米高的巨浪将沿海路打得支离破碎。关员们紧闭门窗，听着呼啸的台风吹得房屋吱吱作响。台风过后，刚从惊慌中走出来的大铲海关人立即投入到紧张的重建工作中。白天他们利用受损较轻的办公室继续工作，晚上下班便点起灯，拿着铁锹扛着锄头，平整土地修复家园。

照片档案：2018 年 8 月 18 日，台风“山竹”肆掠下的广州海关所属大铲海关双塔广场

艰苦的条件没有磨灭这支纪律部队的意志，他们接过前辈们手上的接力棒，为海关事业默默奉献着青春热血。2021 年的大铲海关大事记里写道，“广州海关在大铲岛举行‘海关扎根艰苦地区边关工作荣誉章’颁授仪式，曾在我关工作过的 63 名同志获颁相关荣誉章。”寥寥数语，却蕴含了太多的故事……那是海关总署首次为扎根艰苦地区边关工作 30 年、20 年、10 年以上的海关工作人员颁发金、银、铜质荣誉章，其中获得金质荣誉章的 33 名人员全部在大铲海关长期工作过。

照片档案：2023 年 9 月 2 日，台风“苏拉”过后

满满的荣誉证书

每当有新关员上岛，都要去关史荣誉室参观学习，在图文并茂的宣传栏中了解历史、在锈迹斑斑的老物件中传承使命、在金光灿灿的证书中凝聚奋进力量。“全国先进基层党组织”“全国五一劳动奖状”“全国文明单位”“全国五四红旗团支部”“全国青年文明号”“海关基层党建示范品牌”……一项项沉甸甸的荣誉，背后是一个个可歌可泣的英雄故事。一等功获得者张帆，守卫北京奥运安全；“广东省岗位学雷锋标兵”陆帆，两次上岛，在监管一线战斗了 13 年；“全国巾帼建功标兵”胡戎，扎根宣传阵地，只为讲好大铲故事……这样的先进典型在大铲海关比比皆是，他们共同用实际行动践行着“四勇”精神，筑起珠江口水上打私的桥头堡。

实物档案：广州海关所属大铲海关关史荣誉室内，摆满了广州海关所属大铲海关近年来获得的各项荣誉

新时代，新征程，大铲海关人将赓续红色血脉，持续发扬海岛边关人艰苦奋斗的优良作风，紧紧围绕“铸忠诚、担使命、守国门、促发展、齐奋斗”工作要求和署领导对大铲海关提出的“忠诚、坚守、奉献”要求，为推进全面建设社会主义现代化海关积极贡献力量！

深圳海关

铁肩担使命　岁月映初心

深圳海关　廖　雨

南国春来早，何处生暖风?

耕耘不问年，册页记峥嵘!

2023 年是海关队伍授衔 20 周年。衔上如星似河，档案资料记录着海关队伍铿锵有力的前进步伐，记录着海关工作波澜壮阔的历史变革，见证着二十载星辰更替，四季轮转，见证着二十载关徽闪耀，屹立国门。

“这是我们作为深圳海关的代表到人民大会堂参加授衔仪式后，返深时在机场拍摄的照片。”时任深圳海关所属梅林海关保税工厂监管科科长柯东清说。他作为全国海关系统先进集体的代表参加了在人民大会堂举行

照片档案：2003 年 9 月，深圳海关参加全国海关授衔仪式的“双先”代表返回深圳

的授衔仪式。跟随这张照片档案，时钟拨回至2003年9月12日，上午9时15分，雄壮的中华人民共和国国歌在人民大会堂东大厅奏响，国务院授予海关关衔仪式在这里隆重举行。大厅内来自全国海关的代表，意气风发、端庄挺拔。这一天，全国海关32236人首授关衔。

“中国海关是继中国人民解放军实行军衔、中国人民警察实行警衔后，第三支实行衔级制度的队伍，这是党和人民授予我们的荣誉。授衔，意味着责任更加重大，使命更加坚定。”在返深后的座谈会上，谈起参加授衔仪式的体会，柯东清和同事们绕不开的都是“关衔与责任”。

照片档案：2003年9月，深圳海关召开座谈会，参加全国海关授衔仪式的“双先”代表谈心得体会

“肩上的责任，从正式佩戴上关衔肩章那一刻起，便更重了。作为纪律部队的一员，我们必须以更加严格的标准要求自己。”这种精气神一路跟随着柯东清，来到加工贸易及保税监管一线岗位，扎根在改革创新之路上。

彼时，深圳海关正大步迈着改革的步伐，加工贸易保税处、技术处和梅林海关等单位联合攻关，以IT类大型保税工厂为试点开端，敢为天下先，首创并全面推行了加工贸易联网监管改革。

档案中泛黄的手册，记录着加工贸易监管的“纸本时代”。在那时，传统纸本手册管理审批流程多、时间长。每个合同手册备案至少要 11 道环节，7 天以上时间。试点企业集团是当时深圳规模最大的加工贸易工厂之一。“当时，集团的纸本手册多达数百本，报关员甚至需要用小货车来运输单证。”集团的报关负责人蔡先生回忆起“纸本时代”说道。

随着加工贸易产业的迅猛发展，深圳特区出现了越来越多的大型 IT 企业。这些企业完全不同于以往的服装、玩具类等劳动密集型加工贸易企业，其进出口货物呈现“体积小、价值高、周转快、零库存”的特点，原有的纸质手册管理模式有点“转不动”了。因此，深圳海关开展联合攻关，着力破解监管模式弊端，大刀阔斧地开始了加工贸易联网监管改革。

“摸着石头过河，创新应用并逐步推广的过程并不容易。”作为当时改革的建设者、亲历者，柯东清说道。在技术攻关阶段，他们以办公室为家，主动放弃节假日休息，不舍昼夜埋头苦干；在应用推广阶段，他们以现场为战场，广泛调研、仔细问询，风雨兼程解决问题。

搭建信息系统，通过数据交换平台等方式，加工贸易工厂向海关报送物流、生产经营等数据，海关通过电子账册对联网监管企业实施管理，对

照片档案：2003 年，时任深圳海关所属梅林海关保税工厂监管科科长柯东清（后排右二）及同事们在研究推进加工贸易联网监管改革事项

数据进行核对、核算，并结合实物进行核查。通过电子账册实现了“一次审批、分段备案、滚动核销、控制周转、联网核查”。实施联网监管后，企业备案时间缩短至 1 天以内，企业从发送申请到收到海关电子回执最快仅需 2 小时。企业拉着成堆的报关单来到大厅办理业务的场景，已不再常见。

联网监管改变了加工贸易由外经贸主管部门按合同审批，海关根据其审批意见核放纸质登记手册进行监管这一延续了 20 多年的做法，实现了“企业少跑腿、数据多跑路”。针对性地解决了加工贸易进出口货物监管业务量激增问题，实现风险管理的全流程融入，提升了营商环境水平，吸引更多电子信息等高新产业扎根深圳，助推深圳外贸扬帆远航。

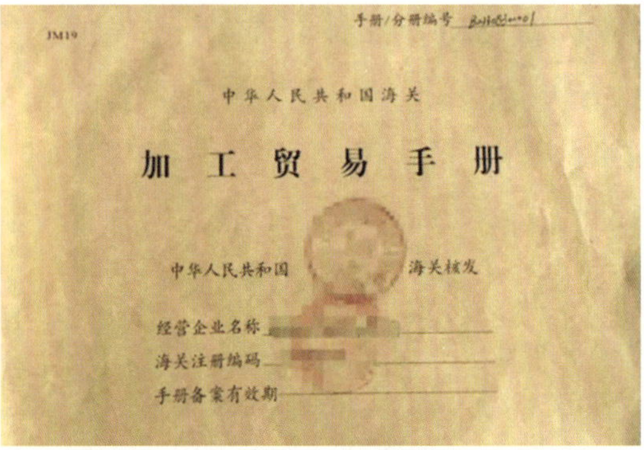

实物档案：加工贸易手册

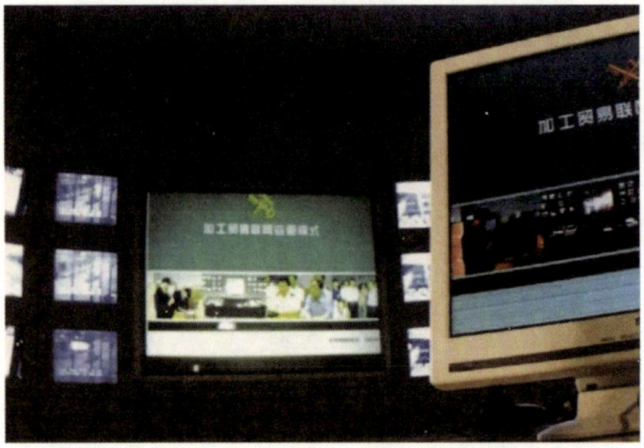
照片档案：2004 年，联网监管系统全面推广，加工贸易监管实现信息化管理

深圳是改革开放的“窗口城市”，外贸出口一直是经济增长的重要驱动力。在这片改革开放的热土上，创新是深圳海关与生俱来的基因。关衔意味着绝对忠诚，忠诚、可靠、担当的队伍是持续攻坚克难、不断改革创新的坚强保证。20 年来，深圳海关人秉承“勇立潮头”的精神，与时俱进、守正创新，不断开拓促进高质量发展、高水平开放的良好局面。

2014年，深圳海关在全国率先开展加工贸易全程信息化改革试点并广泛推行，加工贸易海关监管全面进入“e时代”。2018年，依托前海蛇口自贸片区的“保税+”政策创新，集中推出“海运国际中转分拨集拼中心”“离港空运服务中心”“保税+社区新零售”等多项创新举措，打造基于“MCC前海”的粤港澳大湾区新物流模式。2020年，首创粤港澳大湾区“组合港”通关新模式。2021年，创新“口岸直通、属地查验”等对科研物资分类监管，支持光明科学城发展……在这里，不仅可以看见一个具有全球经济意义的城市，更能看见中国融入世界发展进程的坚实步伐。在这里，深圳海关人问效科技守好国门、赋能产业促进发展。

照片档案：2021年12月，深圳海关所属西沥海关关员运用“口岸直通、属地查验”模式保障超高清视频显示产业链环境敏感核心料件安全高效进口

2023年9月11日，习近平总书记给红其拉甫海关全体关员回信，对海关系统干部职工更好履行守国门、促发展的职责使命提出殷切期望。

“习近平总书记的重要回信，对海关工作寄予厚望，赋予时代重任，让我倍受激励，守国门、促发展是海关人的光荣使命！身处发展热土和改革沃土，我们将坚定不移沿着习近平总书记指引的方向前行，全力服务河套深港科技创新合作区与光明科学城区域联动、产业技术创新和科技创新生态建设，助推高质量发展、高水平开放，当好让党放心、让人民满意的国门卫士。”仍在赋能光明科学城改革创新第一线的柯东清说。

2022 年，深圳出口规模连续 30 年居中国内地外贸城市首位，外贸总值超过 3.6 万亿元。

目前，深圳海关着眼于加快智慧海关建设、推进“智关强国”行动，以打造海关新物流模式等为抓手严密监管、高效服务。

铁肩担使命，岁月映初心。在深圳的经济发展历程中，深圳海关人始终头顶关徽，肩扛关衔，守卫在国门的第一线，服务外贸高质量发展，用实际行动铸忠诚、担使命、守国门、促发展、齐奋斗。

永葆绝对忠诚的政治本色

深圳海关　王　岩

2003年9月23日15时30分，深圳海关2100余名关员在深圳市体育馆整齐列队，隆重举行授予关衔仪式。从戴上关衔肩章的那一刻起，闪耀的关衔及其代表的使命和荣耀就镌刻进了深圳海关每一名关员的心中。20年日月轮转，任凭时间流逝，忠诚始终是深圳海关队伍的不变底色；20年砥砺前行，任凭疾风骤雨，忠诚始终是深圳海关队伍的无悔誓言。这一切，都默默地记录在无声的档案里。

照片档案：2003年9月23日，深圳海关隆重举行授予关衔仪式

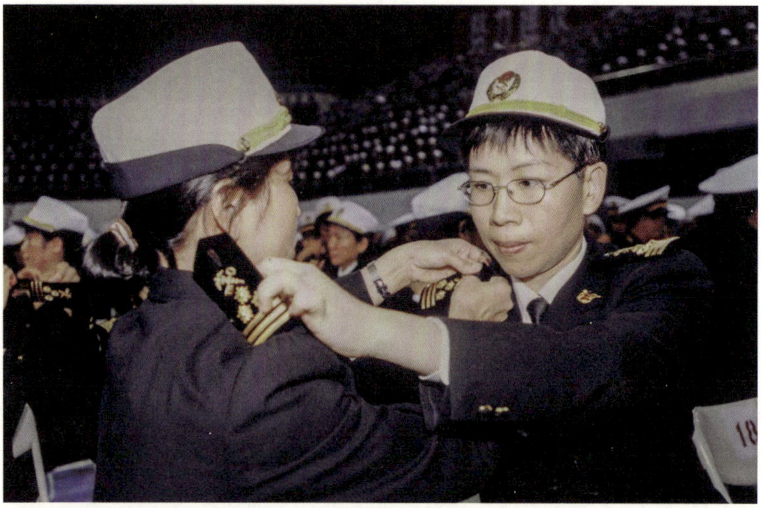

照片档案：2003 年 9 月 23 日，深圳海关首次授予关衔的关员互相帮助佩戴肩章

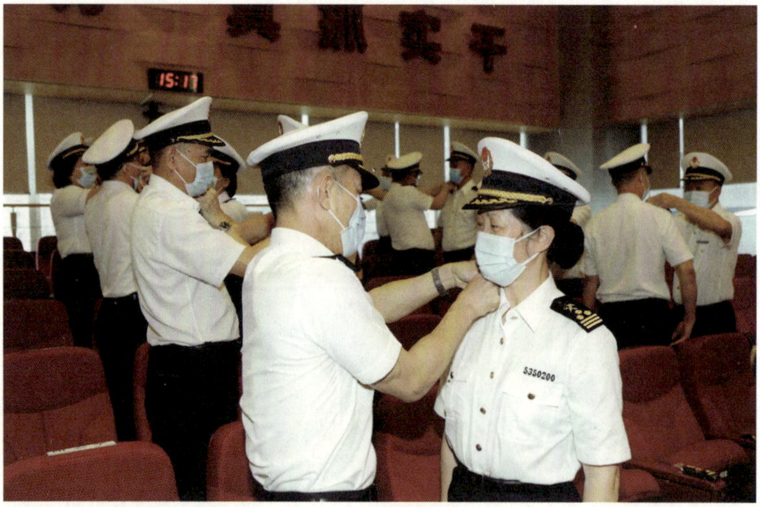

照片档案：2022 年 5 月 27 日，深圳海关举办关衔晋升仪式

先行先试展担当

首次组织开展全员队列会操、成立首支内务督察队、拍摄首部内务规范示范片、首次规范海关升国旗仪式流程……20 年来深圳海关在全国海

关创造了多个“首次”，充分发挥了排头兵的标杆示范作用。

照片档案：2004 年 4 月 20 日，深圳海关首次设立内务督察队，建立健全内务管理监督和检查机制

作为全国海关首批 9 个准军事化海关纪律部队建设试点单位之一，试点初期深圳海关将关区各部门单位划分为机关型、口岸监管型、加工贸易监管型和外点综合型四大类，明确各类型单位工作重点，推出“三统一、三规范”标准，制定准军事化纪律部队建设考核评估办法，自上而下凝聚起建设准军事化纪律部队的强大合力，确保了试点工作圆满完成。

照片档案：2009 年 9 月 23 日，深圳海关首次举行“程序规范、训练有素、全员参与”的升国旗仪式

深圳海关全力协助海关总署制定和完善新时代海关纪律部队建设制度规范，积极参与海关总署历年制度建设项目，在《海关内务规范》修订、队列训练动作要领制定、队伍管理课程设计、岗位练兵比武流程制定等工作中发挥了重要作用。同时，积极参加总署新时代海关纪律部队建设课题研究，承担“统筹开展新时代海关纪律部队建设”“新时代海关纪律部队作风日常养成体系”等课题并形成制度性成果，为海关总署开展新时代海关纪律部队建设提供了决策参考。

党旗所指就是心之所向、行之所及。回首栉风沐雨、披荆斩棘的来时路，深圳海关始终保持对党绝对忠诚，主动担当、勇挑重担、锐意进取、攻坚克难。

照片档案：2019年6月4日，深圳海关围绕“政治坚定、业务精通、令行禁止、担当奉献”要求开展系列活动。图为在全关队列会操中获奖的单位

令行禁止强作风

20年来，深圳海关全面深化新时代海关纪律部队建设工作，出台关区业务现场科室班前列队工作指引，通过每日“班前列队＋工作讲评”机制，组织100余次不同规模的队列集训会操和“队列小教员”培训，让令行禁止、步调一致成为干部职工日常习惯养成，树立起可亲、可敬、可靠的海关关员形象。

照片档案：自2018年4月20日起，出入境检验检疫系统统一以海关名义对外开展工作，一线旅检、查验和窗口岗位统一上岗、统一着海关制服、统一佩戴关衔

深圳海关将仪式教育作为新时代海关纪律部队作风日常养成的有力抓手，结合重要时间节点，对入党、入关、任职、授衔、重大任务出征、“政治生日”、升国

旗、颁奖、退休 9 种仪式进行规范，强化干部职工认同感、激发荣誉感，制定日常养成监督检查工作办法，梳理 7 方面监督检查重点和标准，现场纠改、督办整改、问责促改，推动形成“逐项开展监督、精准发现问题、推动整改落实、加强结果运用”的监督闭环。同时，出台深圳海关内务规范实施细则，扎实开展“内务规范强化月”活动，建设“内务管理红旗榜”系统，深入推进内务规范“样板间”创建，以“管理有方法、工作有质量、队伍有活力”为标准，打造 50 个内务规范“样板间”，其中 4 个“样板间”被海关总署评为党建示范品牌单位。运用“制度 + 科技”手段，按照新时代海关纪律部队要求优化关区各单位窗口服务作风，该关所属福中海关注册备案一科连续 14 年被深圳市政府评为“市行政服务大厅先进窗口单位”。

照片资料：2019 年 6 月 28 日，深圳海关首次运用“自主创、群众评、交叉查、上级核”内务管理理念，依托“深圳海关内务管理红旗榜”系统，营造比学赶超的浓厚氛围

真抓实干促发展

“此时此刻心情非常激动，不知道用什么语言来表达感谢，蛇口海关在一天之内完成了全部的改舱单、申报、吊柜、查验、放行、提柜流程，尤其还是周末。我相信这是深圳速度的极致！”这是 2021 年深圳海关所属

照片档案：2007年6月5日，深圳海关组织开展岗位练兵和技能比武

蛇口海关收到的一条来自TCL华星光电关务经理李雪的致谢微信。

“民有所呼，我有所应。”20年来，新时代海关纪律部队建设要求早已内化于心，凝聚成深圳海关真抓实干、为民服务的行动力、号召力。深圳海关始终把新时代海关纪律部队建设与海关主业主责紧密结合，组织开展全员大培训大练兵大比武，打造“精兵主战、骨干轮战、全员备战”三大战线，确保队伍召之即来、来之能战、战之能胜。在海关总署技能比武中荣获团体一等奖4个、二等奖7个、三等奖3个、个人奖51项。

同时，深圳海关积极发挥新时代海关纪律部队先进典型的正向激励作用，营造崇尚榜样、学习榜样、争当榜样的浓厚氛围。在庆祝中华人民共和国成立70周年、中国共产党成立100周年等重要时间节点，评选表彰20名深圳海关“国门卫士”、100名“身边学习榜样”，关区1名干部荣获“深圳最美退役军人”称号。

展望新时代新征程，深圳海关将更加紧密地团结在以习近平同志为核心的党中央周围，坚定不移听党话、跟党走，铸忠诚、担使命、守国门、促发展、齐奋斗，在全面推进中国特色社会主义现代化海关建设中走在前列、勇当尖兵。

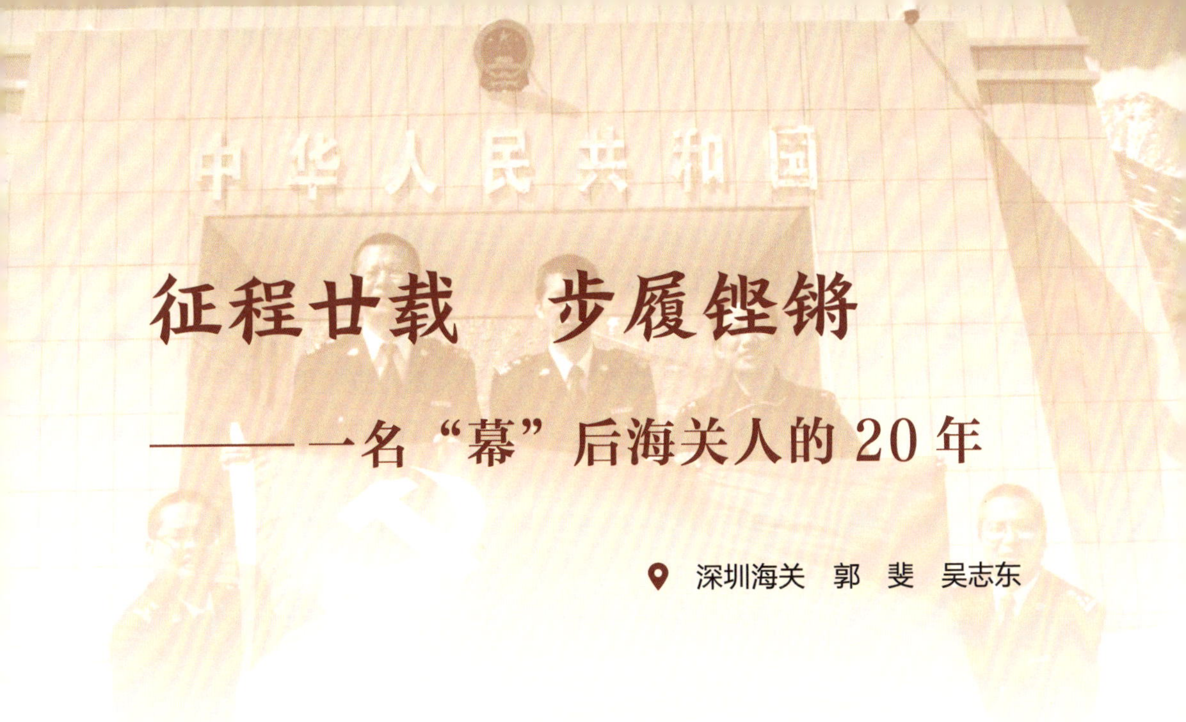

征程廿载　步履铿锵

——一名“幕”后海关人的20年

深圳海关　郭　斐　吴志东

我叫吴志东，是深圳海关所属梅林海关的一名关员，从事机检查验工作已近20年了，因为机检查验的主要任务是看屏幕审图，所以大家都叫我们“幕”后海关人。2023年是海关队伍授衔20周年，20年来，“幕”后海关人用过硬的纪律作风不断探索和推进机检查验作业模式改革创新，书写着新时代海关人担当奉献的崭新篇章。身为其中一员，我有幸见证并参与深圳海关口岸监管创新改革发展，感触颇深。

创业很难　坚持很酷

2003年9月23日，我第一次戴上关衔肩章，从那一刻开始，我就知道自己肩负的职责和使命将更加重大，我暗自下定决心，一定要倍加努力、不负重托。

2007年7月1日，深圳湾口岸正式开通，成为全国首个采用“一地两检”通关模式的口岸。两年后，我来到深圳湾海关机检查验科工作，全科15名同志承担了包括检查设备的使用、维护和保养、查验车辆信息录入及图像技术分析在内的一揽子事项。随着全国通关一体化的推进，口岸海关肩负的“安全准入”职责更加凸显。对此，深圳海关提出“联网集中审像”的概念，把各业务现场独立运行的检查设备“连点组网、一体运作”，将散落在各业务现场的机检图像实时传输到中枢平台，由专业队伍统一负责关区机检查验业务。

2015 年 8 月，经过一年多的筹建，深圳海关机检查验中心正式投入运作，打破了深圳海关各隶属海关机检查验工作各自为战的局面，统一了深圳关区货运渠道机检查验作业模式。通过机检查验中心，发挥专人、专岗、专职、专业的“四专”优势，实现机检效能最大化，为全国海关日后广泛开展联网集中审像模式改革提供了成功经验。

从特区来到雪域边疆

2017 年，正值海关总署联网集中审像改革项目的攻坚期，要将深圳模式推广至全国海关。作为深圳海关查验管控中心图像分析科室的一员，我被派往乌鲁木齐海关参与支援，实现红其拉甫口岸到乌鲁木齐海关指挥中心的实时联网审像。红其拉甫口岸是全世界海拔最高的海关监管口岸，

照片档案：2017 年 5 月 29 日，吴志东（右二）与同事们在红其拉甫国门前合影

在当时的条件下几乎没有人相信我们可以完成这项任务！我自己也深感任务艰巨、挑战巨大。历经半年艰苦的奋斗，在与红其拉甫海关同事的一起努力下，第一幅红其拉甫口岸的货车图像终于成功实时传输到了 2000 千米之外的乌鲁木齐海关指挥中心。在场所有人都激动地欢呼起来，我心里的石头也总算落地了。乌鲁木齐海关的成功也让全国海关大为振奋，通过各方努力，海关总署集中审像系统终于上线运行，实现全国海关机检查验联网集中审像，推动机检查验向前迈进一大步。这也是我第一次亲身感受到红其拉甫海关“特别能吃苦、特别能忍耐、特别能战斗、特别能奉献”的“四特”精神。

2023 年 9 月 11 日，习近平总书记在海关关衔制度实行 20 周年之际给红其拉甫海关全体关员回信，信中对海关系统干部职工更好履行职责使命提出了殷切希望。习近平总书记的重要回信在海关系统引发热烈反响，作为曾经在红其拉甫口岸战斗过的一员，我感触良多。那些驻守雪域边疆的日子常常在脑海中回想，也时刻激励着我在海关纪律部队建设的道路上前进。

百尺竿头　更进一步

2018 年，海关总署开展智能审图中期试点测试，深圳海关作为试点单位主动参与，梳理形成符合深圳关区实际情况的 147 项“有效识别清单”，利用枪支、象牙、管制刀具和金条等样品制作了违禁品图像 86 幅。2021 年，深圳海关查验管控中心总结多年的内控工作经验，设立实体化运作的“雷达”内控工作室，我有幸成为工作室的牵头负责人。2022 年，工作室被深圳市机关事业单位工会命名为“劳模和工匠人才创新工作室”。

目前，深圳海关 16 台货运 H986 设备均已部署智能审图功能，可对 250 种可识别商品和 11 种拦截商品进行报警。智能审图算法研究还进一步拓展到了车体智审。2023 年 4 月，车体智审系统正式上线运行，并覆盖深圳海关全部公路口岸。智能审图系统成功嵌入查验作业流程，实现了从“语音导航”到“自动驾驶”的应用突破。

2023年9月23日，在我首次被授予关衔的第20个纪念日，一辆空车经深圳湾口岸入境，从机检图像生成到智能审图自动放行仅用7秒。海关“秒级验放”时代已经到来，这是我当年在深圳湾口岸想都不敢想的事，如今都已成为现实。

照片档案：2023年9月28日，吴志东（右三）在“雷达”内控工作室与同事们开展业务研讨

回顾历史，从联网集中审像改革到智能审图，再到内控工作室……这是深圳海关充分发扬海关队伍过硬作风，始终走在改革创新最前沿的缩影。在新的“赶考之路”上，我会继续保持昂扬斗志，竭力投身“幕”后工作，当好让党放心、让人民满意的国门卫士，为强国建设、民族复兴贡献力量！

二十载 仍是那道最美风景线

深圳海关 何春晓

7月的微风拂过，记忆中那些热烈的日子，或在斑驳的树影下徜徉，或随着时间的推移植入心底。办公楼旁一列队伍步伐铿锵有力，英姿飒爽如松，犹如闪耀而明亮的风景线，以别样的方式闯入灼热的夏日里。

那是2003年7月，我背起行囊正式进入海关做后勤保障工作的日子。看着炙热的阳光，打开窗户等待微风的一刻，突然传来响亮干脆的"一、二、三、四"报数声，远远看到了挺立的身影，昂首阔步、整齐划一，连湿透的衣服都是一致的。"那不是海关关员吗？不是学校才军训吗？怎么海关也要军训了？"满脸疑惑的我一直站在窗口目不转睛地看着他们，直到训练结束。

原来，那年海关衔级制度正式实施，中国海关成为继中国人民解放军实行军衔、中国人民警察实行警衔后，第三支实行衔级制度的队伍。海关肩负守国门、促发展的职责使命，不仅仅要具备与惊涛搏击、与激流抗争、矢志不移的"钉钉子精神"，更要有敢于担当、奋勇争先的进取精神。"古之立大事者，不惟有超世之才，亦必有坚忍不拔之志。"他们不惧风雨，追光而行，久久为功。一列列整齐的队伍，一句句激昂的口号，感染着训练场上的每个人。

终于，期盼已久的海关队伍授予关衔仪式到了。仪式结束后，我迫不及待地打电话给同事，想通过他感受一下现场的气氛。听到他严肃而激动的声音，我同样心潮澎湃。第二天一早，向同事借了数码相机，翻看着一张张相片，如电影胶卷般把整个授衔仪式进行“回放”——隆重而庄严，人人统一着装、精神饱满的场面再现眼前。他们两个人一组，互相更换了新的制式带有不同衔级标志的肩章，正如扣上责任和担当。他们每个人走上主席台，接过授衔荣誉证书。这份荣誉感和使命感，更坚定了他们完成国家所赋予的海关职责使命、维护海关形象的决心。这一幕，也让我满怀自豪和力量。

照片档案：2003 年 9 月 23 日，深圳海关授予关衔仪式上，关员们互相佩戴关衔

翻开记忆的卷轴，搜索难忘的片段，为了纪念过往，也为了牵引走向美好的未来。印象最深的还是和一位老关员在松树下畅谈的情景，“我刚来的时候，敬礼不标准，立正也不规范，自己就每天训练，那时练到双脚发痛，依然坚持训练。”他说，“任何美好和理想的背后都是坚持和汗水，高强度的训练让我对海关纪律部队有了全新的认识，我愿意为我热爱的事业奋斗终生。”从他身上，我感受到了为了理想信念坚持不懈、勤学苦练、真抓实干的那种坚定。无规矩不成方圆，实行严格规范的管理不仅可以创造一个良好的育人育才环境，更能保持抓铁有痕、踏石留印的奋斗姿态。海关人以这样连续作战、顽强拼搏、不达目的誓不罢休的斗志，成为忠诚于党、为民服务的国门卫士，一步步筑牢国门的安全防线。

说着说着，这位老关员情不自禁地站起来，像是习惯性地给新人做示范一样。铿锵步调、巍巍军风、笔挺身姿、动作规范、器宇轩昂，一个个海关人，一代代海关人，已经将纪律内化于心、外化于行，不断勾勒出了一道道靓丽的风景线。

照片档案：2013 年 4 月 23 日，深圳海关 2013 年关衔晋升培训班学员在小梅沙培训基地进行队列训练

一晃，20 年过去了……

百岁竹比以前更多了，松树也健壮了，不禁感叹这风景线真的越来越美了。精进不休的 20 年里，他们振衣前行，坚守国门初心不改，在海关发展道路上写下了壮丽的篇章；他们携手并肩，昂首阔步，在海关队伍授衔 20 周年时画下了浓墨重彩的一笔；他们胸怀“国之大者”，弘扬优良作风，践行“求实、扎实、朴实”的海关文化，不断砥砺前行，冲破重重难关，全力坚守国门，服务发展。

回首来时路，郁郁满芳华；展望未来路，梦想催人发！新时代的海关人正肩负新使命，迈向新征程，建功新时代，努力当好让党放心、让人民满意的国门卫士，为强国建设、民族复兴积极贡献力量！

我深信，奔向下一个 20 年的道路上风景线依然很美！

闪耀在关徽下的星花

深圳海关　陈玉婷　荆　勇

“觉悟高，业务精，作风硬，有责任，有温度。”这是同事们眼里、口中、身边的“先进人物”——荆勇。“在多项工作中受过表扬、获过嘉奖、立过功。”这是档案里的“优秀关员”——荆勇。1994 年，荆勇参军入伍，在部队期间参与侦破了特大制贩毒品案、多次参与“中越北部湾海上管控任务”，荣立三等功 4 次，获评“优秀共产党员”1 次。2008 年从部队转业至深圳海关工作，先后从事过旅检、办公综合、物流查验、稽查等工作。在海关的 15 年，他用实际行动诠释了初心和使命，让肩章上的星花始终映着光。

从军衔到关衔

“从武警部队转业至深圳海关工作后，我开始了解到，除了军衔、警衔外，还有一种衔，叫‘海关关衔’。”荆勇说。

从部队到海关，从“橄榄绿”到“庄严黑”，改变的是制服、身份和岗位，不变的是对纪律的高标准、严要求及始终如一的作风、守卫国门的初心使命。

荆勇作为军转干部，是关里的军事教员，在每次的升国旗仪式、队列训练中担当指挥员，通过示范、纠正、强化，锻炼关员的精气神。“海关纪律部队的队伍训练，和在部队是一样的。对上级命令是‘坚决服从’，对同级战友是‘鼎力相助’，对下级部署是‘说一不二’，一个口令、一句指令，锚定一个结果便雷厉风行。这是一个坚定信仰的过程!”荆勇坚定地说。2017 年，荆勇带队指挥的深圳海关所属笋岗海关在参加深圳海关队列竞赛（中部赛区）中荣获第二名。2019 年，他在笋岗海关、福强海关、布吉海关组成联合方队参加深圳海关政治部组织的队列会操展示中担当指挥，随着他响亮的口号，关员们“令行禁止”，动作整齐划一、步伐铿锵有力，充分展示着新海关形象。

他说，生命里有了当兵的历史，记忆中就无法抹去熔炉锻铸的印记。无论人在军旅还是海关，标准不变，作风不改。立正、稍息、正步走、敬礼是口令，更是刻在骨子里的政治坚定、潜意识中的执行力。

照片档案：2017 年 12 月 20 日，荆勇带队指挥深圳海关所属笋岗海关关员参加深圳海关队列竞赛（中部赛区）

从上尉到督办

从上尉到二级关务督办，从扛着钢枪在战场上冲锋陷阵到正襟危坐在监管现场，满眼满心都是电脑数据、货物图像，都是在战斗，对象不同，但殊途同归，都为更好地守国门。

“我在部队的时候，部队里流行着这么一句话，‘不管营职连职，先求干好本职。不管营长连长，先练一技之长’。”荆勇说，“那时候我的一技之长是使用手中的钢枪，2008 年进海关后，我被授予二级关务督办。我发现这句话同样适用，我精简为‘干一行、爱一行、精一行’。我将这句话作为我的座右铭，鞭策自己在顺利适应身份转变的同时更加注重转变工作方法和对工作过程的周全性处理，让自己在新的领域中继续成为‘精兵’‘尖兵’。”

荆勇在海关工作十余年，待过 4 个隶属海关，干过 4 个岗位。他有敏锐的观察分析能力、熟稔于心的法律法规知识储备，与旅检口岸的“水客”斗智斗勇，查发多起伪报品名及夹藏案件，多次参与打击走私行动，获评“深圳海关查私能手”。

他有着看人识人的职业敏感，在一次对某企业低报价格稽查案件中，他从与企业人员的交谈中敏锐捕捉到关键信息，抽丝剥茧后查获 1 宗案值约 1000 万元、涉税约 200 万元的“精密仪器”低报价格走私案。他心细如丝、善于思考，在一次对某进口国外保健品企业开展的稽查作业中，他 2 天通宵达旦查阅资料，从繁多复杂的单证中找到案件线索及违法违规的蛛丝马迹，最终查获 1 起进口国外保健品低报价格走私案，案值 5 亿元、涉税逾 2.5 亿元。在 9 年多的稽查工作中，他稽查企业超 100 家，追征补缴税款超 2000 万元，查发违规并移交缉私部门案件 20 宗，主查及参与查发刑事案件线索 8 起，在稽查专项工作中荣获嘉奖和集体三等功。

“无论在哪，‘业务精通’都是硬实力，”他说，“转业是人生的重要转折，也是人生前行的又一个起点。要想在这个起点打靶时直中靶心，必须依仗扎实的业务能力，以‘业务精通’的硬实力扛起肩上‘商神杖’和‘金钥匙’的重量。”

照片档案：2020 年 5 月 28 日，荆勇（左一）在企业开展稽查作业

从督办到督察

从二级关务督办到二级关务督察，是一个字的变化，也是一份责任的沉淀。肩上的星花多了，心里要装下的责任自然也就多了。

“2019 年，我晋升为二级关务督察，衔级变了，职务变了，学的多了，经历多了，担当、责任两个词在心里更重了。”荆勇回忆首次授予关衔时说，“那时候，证书捧在手里，荣誉和责任感油然而生。”

爱学习是同事们对荆勇最直观的评价。案几上若是缺了哪本法律工具书，去他桌面找，准没错。到下班时间，突然碰到疑难问题，到他工位找他，一定在。他常说：“不会的，学就对了，学不懂的，先问，再继续学，工作都是在这个过程中积累经验的，有活担着，有责任扛着，总要有人先走一步，先做一步。”

他熟谙稽查业务，将培养青年干部的责任扛在肩上。从下厂准备到稽查实操、从资料审核到卷宗送审、从装订打码到档案归档，他尽可能详尽地为青年干部梳理工作指南。在稽查岗位练兵中，他认真研究题目，精准发现考点，多次在测试中取得高分，受到通报表扬，并于2022年入选“深圳海关首批稽查专家人才库”。

他服务暖心，始终把企业的需求放在心上。在疫情防控最吃紧时，他主动请缨值班一个多月，与同事们一起制定防控指引。桌上堆满的被圈圈画画的资料、作业指导书的折角痕迹、储藏柜中的洗漱用品见证着他的工作印记。他通过微信、电话紧密对接企业需求，保障业务运转顺利；他主动收集企业急难愁盼问题，向企业开展“主动披露”政策宣传，耐心解答企业问题；他引导企业在复工复产阶段开展合规自查申报，为主动披露企业依法减免缴纳税款滞纳金，他的服务广受企业工作人员的好评。

他说，我是国门卫士，要将责任放在心上，要将担当落到行动上，全心全意为人民服务。

从军装到关服，从热血青年到不惑之年，他在每个任务进程、工作瞬间体会着海关的纪律准则、作风内涵，感受着归属感、荣誉感。“2023年是海关关衔制度实行20周年，我将坚定不移铸忠诚、担使命、守国门、促发展、齐奋斗，做‘忠诚、干净、担当’的国门卫士。”荆勇如是说，眼中满是坚毅。

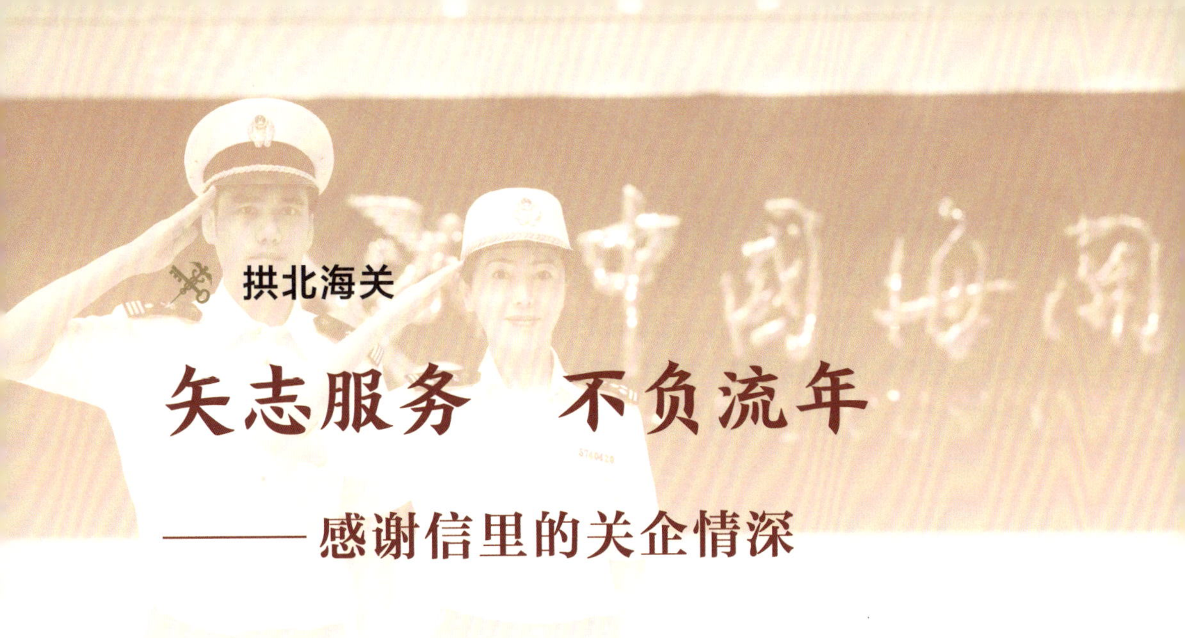

拱北海关

矢志服务 不负流年

——感谢信里的关企情深

拱北海关 张苑瑜

在拱北海关所属横琴海关的档案室里，陈列着数封来自不同企业的感谢信，时间跨越了21世纪的3个10年，也正好见证了海关队伍授衔的二十载光阴。

抖落岁月的烟尘，触摸时光的年轮，那一封封情真意切的信件，生动地讲述着横琴海关助企纾困的暖心故事，诠释着海关人始终不变的服务宗旨，也展现着海关队伍的精神面貌与优良作风。

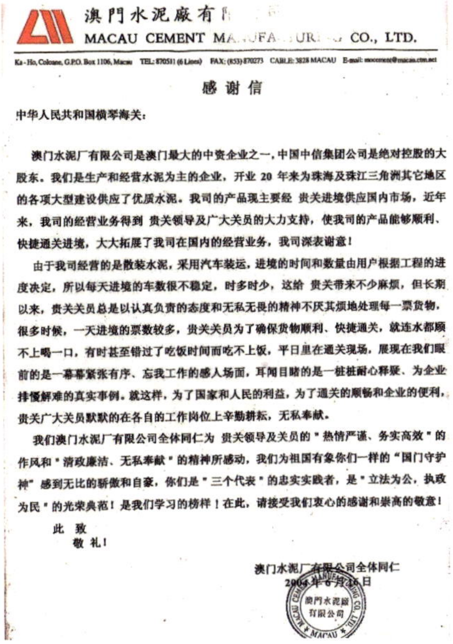

澳門水泥廠有限公司
MACAU CEMENT MANUFACTURING CO., LTD.

Ka-Ho, Coloane, G.P.O. Box 1106, Macau TEL: 870511 (6 Lines) FAX: (853) 870273 CABLE: 3828 MACAU E-mail: mocement@macau.ctm.net

感谢信

中华人民共和国横琴海关：

澳门水泥厂有限公司是澳门最大的中资企业之一，中国中信集团公司是绝对控股的大股东。我们是生产和经营水泥为主的企业，开业20年来为珠海及珠江三角洲其它地区的各项大型建设供应了优质水泥。我司的产品现主要经 贵关进境供应国内市场，近年来，我司的经营业务得到 贵关领导及广大关员的大力支持，使我司的产品能够顺利、快捷通关进境，大大拓展了我司在国内的经营业务，我司深表谢意！

由于我司经营的是散装水泥，采用汽车装运，进境的时间和数量由用户根据工程的进度决定，所以每天进境的车数很不稳定，时多时少，这给 贵关带来不少麻烦，但长期以来，贵关关员总是以认真负责的态度和无私无畏的精神不厌其烦地处理每一票货物，很多时候，一天进境的票数较多，贵关关员为了确保货物顺利、快捷通关，就连水都顾不上喝一口，有时甚至错过了吃饭时间而吃不上饭，平日里在通关现场，展现在我们眼前的是一幕幕紧张有序、忘我工作的感人场面，耳闻目睹的是一桩桩耐心释疑、为企业排忧解难的真实事例。就这样，为了国家和人民的利益，为了通关的顺畅和企业的便利，贵关广大关员默默的在各自的工作岗位上辛勤耕耘，无私奉献。

我们澳门水泥厂有限公司全体同仁为 贵关领导及关员的"热情严谨、务实高效"的作风和"清政廉洁、无私奉献"的精神所感动，我们为祖国有象你们一样的"国门守护神"感到无比的骄傲和自豪，你们是"三个代表"的忠实实践者，是"立法为公，执政为民"的光荣典范！是我们学习的榜样！在此，请接受我们衷心的感谢和崇高的敬意！

此 致

敬 礼！

澳门水泥厂有限公司全体同仁

2004年6月16日

实物档案：2004年6月16日，澳门水泥厂有限公司向拱北海关所属横琴海关致感谢信

日昃忘食，枕戈待旦

"贵关关员总是以认真负责的态度和无私无畏的精神不厌其烦地处理每一票货物，很多时候，一天

进境的票数较多，贵关关员为了确保货物顺利、快捷通关，就连水都顾不上喝一口，有时甚至错过了吃饭时间而吃不上饭……”

这封 19 年前的感谢信，记载的是横琴海关关员帮助澳门水泥厂有限公司产品顺畅通关的故事，字里行间饱含着企业对海关关员的深深敬意与感激之情。澳门水泥厂有限公司是澳门最大的中资企业之一，以生产和经营散装水泥为主，其产品主要通过汽车装运的方式通关进境供应内地市场。长期以来，横琴海关以企业需求为导向，无论货物通关时间是早是晚，进境车辆是多是少，关员们总是细致严谨地处理每一批货物，耐心周到地为企业排忧解难，他们积极作为、主动担当、贴心服务的举动，赢得了企业的肯定和赞誉。

日昃忘食，枕戈待旦；辛勤耕耘，忘我工作——这不仅是海关人对“人民海关为人民”价值追求的忠实践行，也是新时代海关纪律部队严明纪律与优良作风的真实写照。

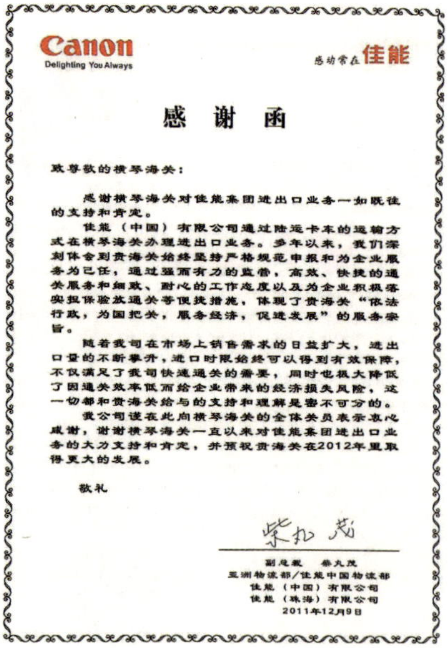
Canon Delighting You Always
感动常在佳能

感 谢 函

致尊敬的横琴海关：

感谢横琴海关对佳能集团进出口业务一如既往的支持和肯定。

佳能（中国）有限公司通过陆运卡车的运输方式在横琴海关办理进出口业务。多年以来，我们深刻体会到贵海关始终坚持严格规范申报和为企业服务为己任，通过强而有力的监管，高效、快捷的通关服务和细致、耐心的工作态度以及为企业积极落实担保验放通关等便捷措施，体现了贵海关“依法行政，为国把关，服务经济，促进发展”的服务宗旨。

随着我司在市场上销售需求的日益扩大，进出口量的不断攀升，进口时限始终可以得到有效保障，不仅满足了我司快速通关的需要，同时也极大降低了因通关效率低而给企业带来的经济损失风险，这一切都和贵海关给与的支持和理解是密不可分的。

我公司谨在此向横琴海关的全体关员表示衷心感谢，谢谢横琴海关一直以来对佳能集团进出口业务的大力支持和肯定，并预祝贵海关在2012年里取得更大的发展。

敬礼

副总裁 柴九茂
亚洲物流部/佳能中国物流部
佳能（中国）有限公司
佳能（珠海）有限公司
2011年12月9日

实物档案：2011 年 12 月 9 日，佳能（中国）有限公司向拱北海关所属横琴海关致感谢信

遍历挑战，初心未改

时光悄然迈进 21 世纪的第 2 个 10 年，神州巨变在奔涌向前的时代长河中挥墨书写。

2011 年，海关总署党组提出海关准军事化建设要突出“内涵”式学军，努力做到“内外兼修”“形神兼备”，随后制发了《2011—2015 年准军事化海关纪律部队建设指导意见》，标志着海关准军事化建设进入了一个新的阶段。

与此同时，在南海之滨，与澳门一水之隔的横琴，这座曾经“蕉

林绿野、农庄寥落”的边陲海岛已然进入了如火如荼的高速发展阶段，也吸引了越来越多的企业在这片希望热土上扎根发展，佳能集团便是其中之一。

“随着我司在市场上销售需求的日益扩大，进出口量的不断攀升，进口时限始终可以得到有效保障，不仅满足了我司快速通关的需要，同时也极大降低了因通关效率低而给企业带来的经济损失风险，这一切都和贵海关给予的支持和理解是密不可分的。”

佳能集团的这封感谢函，展现了横琴海关面对时代发展赋予的崭新机遇与挑战时的主动担当与作为，扎扎实实地为企业办实事、开新局。

斯文有脉，固本开新。历史的车轮滚滚向前，海关精神薪火相传、生生不息。横琴，从边陲小岛蝶变成开发热岛、开放前沿，变化的是日新月异的海岛面貌，不变的是横琴海关服务琴澳两地、助力企业发展的担当奉献，以及海关人一以贯之的新时代海关纪律部队作风。

拨云见日，破浪前行

“横琴海关情系企业，鼎力相助，全心全意为企业服务的精神，令保税区内进出口企业深为感动。”

这是一封于疫情防控特殊时期的感谢信，一字一句无不彰显着横琴海关的暖企温度，铭刻着海关人用忠诚守卫国门、用专业助企纾困、用坚守践行担当的感动记忆。

在3年疫情期间，进出口企业受到了很大的冲击。为帮助保税区内进出口企业顺利渡过难关，横琴海关深入了解企业的困难与需求，

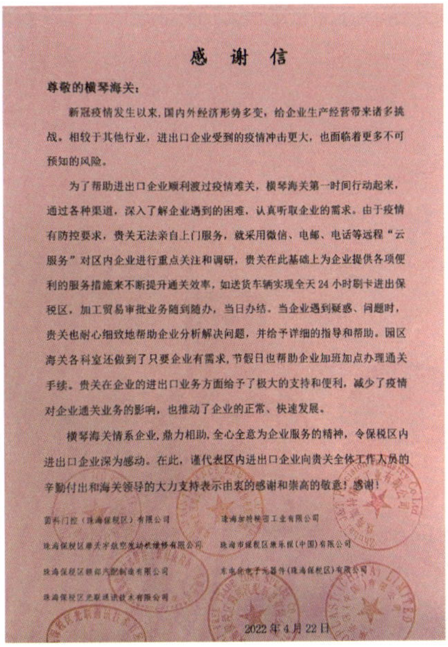
感谢信

尊敬的横琴海关：

新冠疫情发生以来，国内外经济形势多变，给企业生产经营带来诸多挑战。相较于其他行业，进出口企业受到的疫情冲击更大，也面临着更多不可预知的风险。

为了帮助进出口企业顺利渡过疫情难关，横琴海关第一时间行动起来，通过各种渠道，深入了解企业遇到的困难，认真听取企业的需求。由于疫情有防控要求，贵关无法亲自上门服务，就采用微信、电邮、电话等远程“云服务”对区内企业进行重点关注和调研，贵关在此基础上为企业提供各项便利的服务措施来不断提升通关效率，如送货车辆实现全天24小时刷卡进出保税区，加工贸易审批业务随到随办，当日办结。当企业遇到疑惑、问题时，贵关也耐心细致地帮助企业分析解决问题，并给予详细的指导和帮助。园区海关各科室还做到了只要企业有需求，节假日也帮助企业加班加点办理通关手续。贵关在企业的进出口业务方面给予了极大的支持和便利，减少了疫情对企业通关业务的影响，也推动了企业的正常、快速发展。

横琴海关情系企业，鼎力相助，全心全意为企业服务的精神，令保税区内进出口企业深为感动。在此，谨代表区内进出口企业向贵关全体工作人员的辛勤付出和海关领导的大力支持表示由衷的感谢和崇高的敬意！感谢！

[illegible]　[illegible]

[illegible]　[illegible]

[illegible]　[illegible]

[illegible]

2022年4月22日

实物档案：2022年4月22日，保税区内进出口企业向拱北海关所属横琴海关致感谢信

及时解答企业在进出口贸易便利和海关监管业务方面的困惑，耐心细致地帮助企业分析解决问题，给予企业充分的指导、支持与帮助，精准助力企业用足用好海关政策措施，最大限度降低疫情对企业通关业务的影响，为企业送上“及时雨”，服下“定心丸”，注入“强心剂”。

拨云见日终有时，守得云开见月明。如今，疫情的阴霾已经散去，横琴粤澳深度合作区又恢复了蓬勃生长的繁荣景象。琴澳和鸣、开放共赢的宏伟蓝图正在逐渐变成“实景图”，海关促进外贸稳增长政策红利也在持续变现，关企协同发力必将谱写高质量发展新篇章。

二十载春华秋实，20年精神传承，一代代海关人将海关纪律部队作风刻进骨子、融入血脉，内强素质、外树形象，展现着国门卫士应有的素质与风貌。

感谢信里的关企故事，既是海关人脚踏实地为企业干实事、谋发展的温情记载，更是新时代海关纪律部队良好精神风貌的真实写照。时代在变，形势在变，企业的需求在变，但“人民海关为人民”的价值追求从未改变。

“硬”核守护供澳生命线

拱北海关　刘　文　陈永康

蔬菜、瓜果、水产……每天 500 多吨来自内地的新鲜农产品源源不断地从珠海供往澳门。

在这条供澳之路的起点——珠海上冲，刘贤穿梭于灯火通明的加工配送中心，抽样、检查、监测、装车。半小时后，满载果蔬水产的跨境车辆抵达离境前的终点——拱北口岸，苏长军和同事高效验放后，车辆驶向澳门赶赴早市。

自 2003 年海关队伍授衔以来，“起点白”和“终点蓝”早已成为供澳鲜活产品之路上最坚定的风景，风雨无阻守护供澳生命线 20 年。当我们翻开这 20 年来的档案，“苏长军”“刘贤”们的故事跃然纸上，一张张鲜活的面容、一个个忙碌的身影，呈现在眼前。

寻迹 2003：“练”出来的硬速度

2003 年 9 月 12 日国务院举行授予海关关衔仪式，中国海关成为继中国人民解放军实行军衔、中国人民警察实行警衔后，第三个实行衔级管理的部门。

“我 1997 年入关，当时发了一套迷彩服，每天军训 7 小时，持续了一个多月。”“练”是苏长军在拱北海关上的第一课，“规范”的种子深深埋入心间。6 年后，在红色大礼堂，肩上的“金色橡树叶”换成“二杠二星”的那一刻，这颗种子已长成参天大树，开出荣誉之花。

照片档案：2003 年 7 月，拱北海关驻闸口办事处关员在拱北口岸出境供澳鲜活查验场验放供澳鲜活产品

“授衔那一天，所有人都很激动自豪，‘精气神’更足了，肩上的责任从这一刻开始变得更重了，我们必须以更严格、更高标准要求自己。”这股“精气神”一直跟随着苏长军，来到拱北海关所属闸口海关，扎根在供澳鲜活产品之路上。

彼时的拱北口岸验放供澳鲜活产品还处于“手写年代”，关员要一一核对品名、品种、重量等信息，手工填写一式两份的放行单。货多时，一天能有 600 多张。“快，再快一点”，关员们最忙的时候连喝水的工夫都没有，“这些农产品关系到澳门民生，时间长就不新鲜了，耽误不起啊。”海关的加班加点给企业带来了不少便利，但受限于通关条件，“鲜活”供澳依然不容易。

改革 2018：质量上乘“硬”菜品

2018 年 4 月，根据国务院机构改革方案，出入境检验检疫管理职责和队伍划入海关总署。

同年，刘贤进入拱北海关所属香洲海关，换上了海关制服，被授予了海关关衔，肩上多了一副“三杠二星”。

“是老同志，也是新选手，肩上的担子更重了。”于他而言，国门卫士的身份没有改变，而施展个人才华的空间更大了。

有一次，刘贤来到供港澳水产品加工配送中心开展属地监管作业，他一如往常地拿起申报货物清单来到盛满鲜活鱼类的车厢中准备取样，突然，他敏锐地发现车厢里装的是尖吻鲈，而清单上写的却是“鲈鱼”。

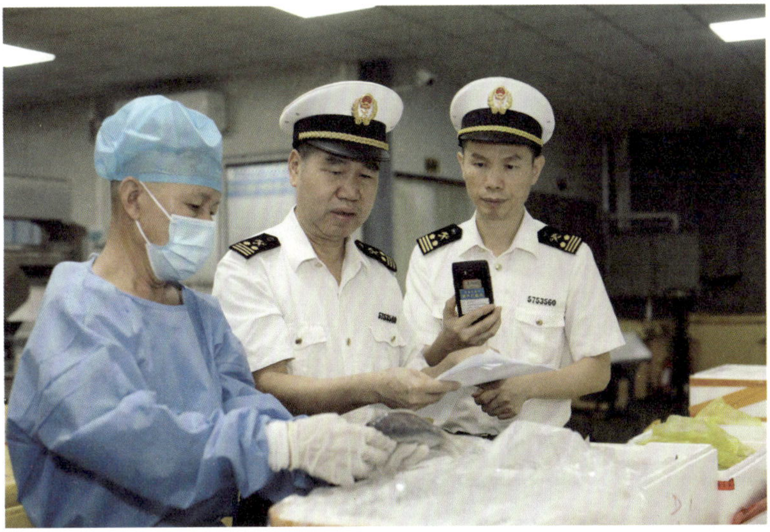

照片档案：2023 年 9 月 10 日，刘贤（中）和同事在珠海供港澳水产品加工配送中心对供澳冰鲜水产品进行监管

“尖吻鲈和通常所说的鲈鱼不是一类，申报的时候很容易混淆。”多年来的经验让刘贤在水产品品种辨别上做得又快又准，“在核对清单、对产品品质进行感官检验的过程中，都需要丰富的经验，只有不停地学习钻研，才能更好地保障港澳同胞的食品安全。”

潮起 2023：供澳民生硬保障

岁月长河，波澜壮阔。

转眼，2023 年已是海关关衔制度实行 20 周年。雄关漫道，国门巍峨，新时代下海关的监管与服务面临新的挑战，但肩上的金色关徽始终是海关人心中不变的信仰。

2023 年 9 月 1 日上午，台风“苏拉”即将登陆珠海，位于拱北口岸东侧的“鲜活产品绿色通道”却依然在风雨中为澳门开放。如今，一车新鲜的果蔬水产凌晨 5 点从加工配送中心出发，2 小时后就能摆上澳门同胞的餐桌。

“这些年，我们一直在改革，供港澳鲜活农食产品的监管模式越来越精准、高效。”刘贤自豪地说，“2022年我们实施了供澳水果‘企业集中申报+海关安全风险监测+属地、口岸海关协同监管’监管模式，2023年又实施了供澳冰鲜水产品‘三联三同’监管新模式。”新模式实施后，拱北关区5家供澳冰鲜水产品企业每月仅需现场申报1次，企业通关时间缩减50%。2023年，是刘贤从事水生动物检疫的第38个年头，他再有1个多月就要退休了，但此刻依然活跃在属地查检监管现场，“站了几十年了，早就习惯了。这最后一班岗，我更得站好，穿着制服一天，我就要对得起肩上的肩章一天!”

此时的苏长军，正在电脑前使用“供澳鲜活货车通关小程序”快速验放跨境车辆。这是闸口海关2023年自主研发上线的新程序，有效提升了验放效率。

照片档案：2023年9月11日，苏长军（左）通过“供澳鲜活货车通关小程序”快速验放跨境车辆

“我们大量调研后发现，由于‘一票多车’等问题，企业要往返于查验场和业务大厅办理手续。”苏长军感慨道。这数百步的距离，虽然不远，却是进一步提升通关便利化的“关键一步”。2023年5月新程序推广应用后，打破了通关、监管部门之间的信息壁垒，企业通关时间缩减50%。

2023年9月11日，习近平总书记给红其拉甫海关全体关员亲切回信，肯定了新时代海关人奋发有为的精神风貌。殷殷嘱托切切期望，党心关心同频共振，回首廿载初心不改，勇担使命再建新功。

7000多个日日夜夜，奋战在一线的“苏长军”“刘贤”们，心怀热望许党报国，身体力行履行本职，全心全意提升通关效率、提高服务质量、建设智慧海关……让这些写在纸上的词汇由一个个抽象的概念成为国门一线的通关“标配”，成为新时代新海关的一个个新标签。

肩上的“星星”照亮心中的坚守

拱北海关　王　琳

“你为什么会选择加入海关队伍呀?”参加工作之后有很多人问过我这个问题，大多时候我都会笑而不语，然后转头看看肩上闪闪发光的关徽和“星星”，我想，这就是我的答案吧，这是独属于我和它们之间的默契。

上下同欲者胜

肩上的“星星”是有重量的，凝聚着忠诚担当的力量。在整理档案里的老照片时，有一张斗门港旅检现场的新旧对比照片令人印象深刻，虽然没有经历过照片的场景，但一眼就能认出申报台后站着的那些面孔，眉如远山、目如峻峰，坚守在国门第一线，永葆忠诚、令行禁止，坚守政治立场和底线。新旧两张照片虽然季节不同、人物不同、场景不同，但肩章上的关徽和星花一直在，心中的责

照片档案：斗门港旧旅检现场（上）与2018年4月关检融合后的旅检现场（下）

任和坚守也从没变过。

从2003年到2023年，从申报台到查验平台，岗位变换、人员轮换，一批批新关员到岗，一位位老关员退休，海关人始终忠诚向党、挺膺担当。斗门港是广东省新增的6条供港生活物资水路通道之一，2022年2月21日至5月31日，援港抗疫物资从这里通关出口。援港抗疫物资，包括防疫板房、医用防护服、新冠检测试剂盒等防疫物资和蛋制品、调味品等生活物资，由两艘班轮分别在晚上10点和凌晨5点左右从斗门港开出运往香港，斗门港出口量大幅增长。为确保出口援港抗疫物资及时运往香港，拱北海关所属斗门海关立即成立专项小组，统筹一线科室合理分班作业，实行“7×24小时”工作制对援港抗疫物资监管验放。青年预备队成员主动请缨负责深夜及凌晨监管验放任务。那一刻夜色下的肩章在发光，年轻的肩膀扛起时代的重任，坚毅的目光诠释不悔的坚守。

风雨同舟者兴

肩上的“星星”是有责任的，担负着服务发展的使命。在斗门海关实物档案里，有一份澳门市政署的致函，感谢海关长期以来，尤其是疫情期间对澳门鲜活商品安全稳定供应工作所做的努力。简短的数行字里，承载着来自澳门市民的浓浓谢意，以及在艰难时刻，两地风雨同舟共克时艰的珍贵记忆。过驳站的供澳活猪一般需要在凌晨完成监装，确保在当日早上顺利供应澳门市场。位于珠海市斗门区八甲村的供澳活猪过驳站自2020年5月25日正式启用，3年来累计过驳供澳活猪超19万头，猪源覆盖广东、广西、江西、海南等地，供应量占内地供澳活猪总量近七成，发挥了“蓄水池”功能，有效稳定了当地市场的猪肉价格。每一批供澳活猪的背后，都离不开斗门海关关员的守护，开辟口岸“绿色通道”、把好检验检疫关，坚守岗位，用实际行动践行着“人民海关为人民”的铮铮誓言。对于他们来说，在平凡的岗位上做好一件事就是对关徽和“星星”最好的回应。

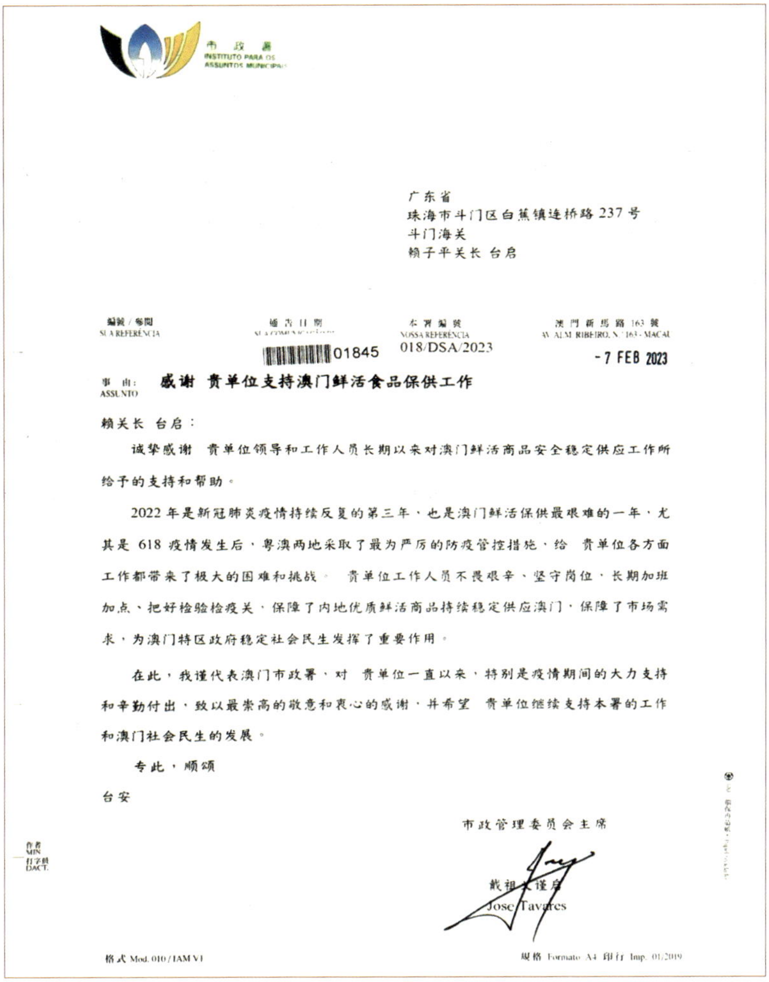

市政署
INSTITUTO PARA OS ASSUNTOS MUNICIPAIS

广东省
珠海市斗门区白蕉镇连桥路 237 号
斗门海关
赖子平关长 台启

編號／參閱 SUA REFERÊNCIA　通告日期　本署編號 NOSSA REFERÊNCIA 018/DSA/2023　澳門新馬路 163 號 AV. ALM. RIBEIRO, N.º 163 - MACAU

01845

-7 FEB 2023

事由：ASSUNTO　**感谢 贵单位支持澳门鲜活食品保供工作**

赖关长 台启：

诚挚感谢 贵单位领导和工作人员长期以来对澳门鲜活商品安全稳定供应工作所给予的支持和帮助。

2022 年是新冠肺炎疫情持续反复的第三年，也是澳门鲜活保供最艰难的一年，尤其是 618 疫情发生后，粤澳两地采取了最为严厉的防疫管控措施，给 贵单位各方面工作都带来了极大的困难和挑战。 贵单位工作人员不畏艰辛、坚守岗位，长期加班加点、把好检验检疫关，保障了内地优质鲜活商品持续稳定供应澳门，保障了市场需求，为澳门特区政府稳定社会民生发挥了重要作用。

在此，我谨代表澳门市政署，对 贵单位一直以来，特别是疫情期间的大力支持和辛勤付出，致以最崇高的敬意和衷心的感谢，并希望 贵单位继续支持本署的工作和澳门社会民生的发展。

专此，顺颂

台安

市政管理委员会主席

戴祖义谨启

Jose Tavares

作者 MIN　打字員 DACT.

格式 Mod. 010 / IAM V1　规格 Formato A4 印行 Imp. 01/2019

实物档案：2023 年 2 月 7 日，澳门市政署给拱北海关所属斗门海关的感谢函

磨砺始得玉成

肩上的“星星”是会发光的，时刻鼓励着我们向光而行，照亮心中的那份坚守。金秋九月，又一批新关员到岗，这也意味着大他们一届的师兄师姐即将迎来海关工作生涯中的一个重要时刻——转正授衔，肩章从两片橄榄叶变成“一杠三星”，是一次蜕变，也是一次成长。

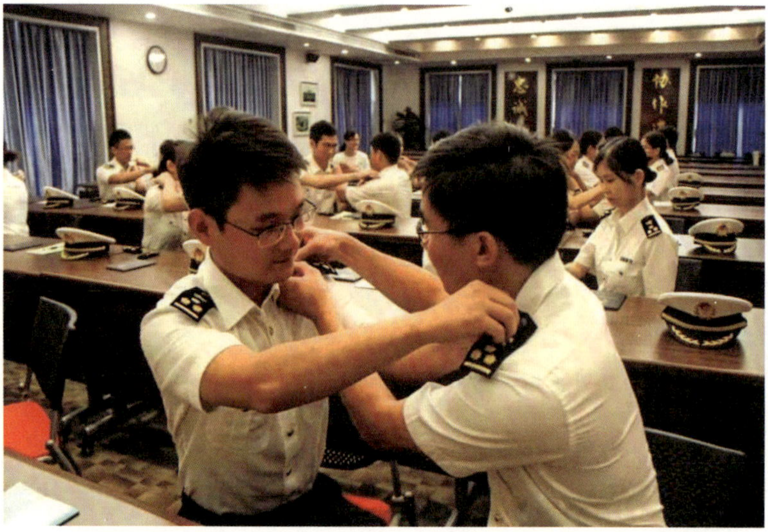

照片档案：2017 年 10 月 27 日，在拱北海关授衔仪式上，关员们互戴肩章

记得自己刚入关的时候，一张照片对我触动很大。在一次转正授衔仪式上，两位新关员相互为对方换上新的肩章，虽然他们的脸上还有一丝未褪去的年轻稚嫩，但眼神是坚定的、发光的。后来当我自己亲身经历了这一年的时间，才更加理解了这“一杠三星”的意义，它代表着一种认可，更代表了一份期望和重托。虽然只有一年的时间，但它的“厚度”远比一年丰富，“田间地头”“码头工厂”都有我们的身影，“凌晨监装”“加班验放”都有我们的坚守。经过一年的磨砺和沉淀，我们褪去了稚嫩，有了直面风雨的担当和勇气，向成为一名合格的海关人迈进了一大步。所以在戴上“星星”的那一刻，也戴上了一份认可和责任，从此肩上有了和前辈们一样的“星星”的照耀，薪火相传，星光璀璨；重任在肩，此刻正青春。

20 年的“星星”，闪耀着为民服务的初心；20 年的坚守，传承着不变的责任。“少年何妨梦摘星，敢挽桑弓射玉衡”，愿以吾辈之青春，守护这锦绣山河，胸怀“国之大者”，当好让党放心、让人民满意的国门卫士，在智慧海关建设和“智关强国”行动中奋勇争先、勇挑重担，在强国建设、民族复兴伟业中乘风破浪，向着未来的星辰大海出发！

关衔荣耀　忠诚永铸

拱北海关　陈卫江

时光映射初心，岁月磨砺辉煌。2023年是海关队伍授予关衔20周年。关衔，是荣誉的象征，更是责任的体现。肩上的关徽是荣耀、是使命，也是党和人民的重托，责任重大。

拱北海关所属港珠澳大桥海关作为全国唯一路桥连通港澳、全国唯一连接三个单独关税区、24小时开放的隶属海关，自2018年10月23日港珠澳大桥正式开通以来，以忠诚为魂、纪律为纲、本领为要、文化为本、荣誉为灯，擦亮“忠诚、干净、担当”的底色，书写着时代答卷，横空跨海跃伶仃的国之重器在这里焕发光彩，一桥飞架连三地的湾区脊梁在这里坚实挺立，海关监管服务的高昂旋律在这里谱写新篇。在港珠澳大桥海关的档案柜里，排列整齐的各门类档案静静地立在那里，无声地讲述着这支坚守港珠澳大桥的海关纪律部队的奋斗故事。

政治坚定铸忠诚

肩章的变化，不仅仅是杠杠和星星数量的变化，还意味着角色的调整、职能的变迁，更像是一座写满功绩的丰碑，见证着每一位海关人的努力和成长。港珠澳大桥海关关员们，把政治坚定作为海关队伍建设的灵魂，永葆对党绝对忠诚的政治本色，做对党忠诚的国门卫士。他们如同扎根于海滨的棕榈树，以饱满的热情、昂扬的姿态，奉献在国门一线。

江山就是人民，人民就是江山。港珠澳大桥连通粤港澳三地，更连通三地民生民心。5 年来，港珠澳大桥海关监管四科科长叶颖琼经历过太多“不眠之夜”。2022 年 6 月 22 日夜里，珠海通宇物流有限公司打来求助电话，8 辆共装有 200 万份核酸检测试剂盒的货车亟待通关运往澳门，以保障第二天澳门急需。叶颖琼立即报告并协调通关事宜、安排专人对接企业、全程跟进验放情况……第二天早上 9 点 30 分左右，最后一辆货车顺利通过卡口，驶向澳门。忙活了一夜的叶颖琼，这才安下心来。

“港澳的民生需求，就是我们桥关人肩上的责任和使命，无论是供港的鲜活水产品，还是供澳的民生物资，哪怕只是个小饭盒，也是大民生。”叶颖琼说。为了保障民生物资快速通关，港珠澳大桥海关依托口岸 24 小时通关优势，采取“提前申报”“两步申报”“跨境一锁”“绿色关锁”等便利化措施，为守护这条港澳物资供应生命线贡献海关力量。2018 年 10 月至 2023 年 8 月，经港珠澳大桥口岸进出口总值突破 7000 亿元，经港珠澳大桥口岸进出口货物收发地已覆盖内地 31 个省（自治区、直辖市），涉及的国家（地区）由 2018 年的 105 个增加至 239 个……这一串串喜人的数字里，凝结着桥关人对家国情怀的深刻注解，彰显着新时代海关纪律部队对党绝对忠诚的政治本色。

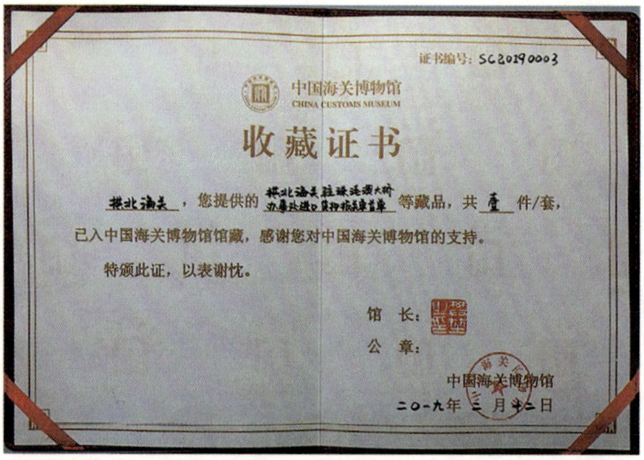

实物档案：2019 年 2 月 12 日，港珠澳大桥珠海公路口岸首份进口货物报关单被中国海关博物馆收入馆藏

业务精通担使命

2018 年 4 月 14 日，原珠海出入境检验检疫局的门口熙熙攘攘地排了一队人，正轮流与办公楼门口写着的“中华人民共和国珠海出入境检验检

疫局”标牌合影留念。

龚忠年也在队伍之中，不舍、担心、兴奋、期待……百感交集。翌日换上海关制服后，龚忠年站在关容镜前凝视自己的穿着，看着肩章上金灿灿的关徽、横杠和星花，他油然而生一种说不清的感觉，既有荣誉感，又有不知道自己能否适应新业务领域的忐忑。他想，何其有幸，我的职业生涯居然有两次穿制服的经历，我应该珍惜这个历史契机！

2018 年 10 月 22 日，港珠澳大桥珠海公路口岸开通前夕，凌晨 0 点 5 分，人工岛上的海关办公楼依旧灯火通明，已连续奋战数日的龚忠年和同事们为确保畅顺通关昼夜奋战，与科技、监管等多部门协同配合，共计开展联动测试 300 余次、测试数据 4000 余条。

2018 年 10 月 24 日上午 9 点，港珠澳大桥正式通关运作，一台装载待维修航空发动机的粤港跨境货车从口岸入境，停车、刷卡、系统一次性读取数据、抬杆、放行，从入场到离场时间不超过 3 分钟。港珠澳大桥海关成功打造了全国海关首个客货车“一站式”卡口系统，在这里，跨境司机只要停一次车，就能一站式办理手续，海关对客车验放时间一般为 20 ~ 30 秒，对货车验放时间一般为 30 ~ 45 秒，未被选查的货车从入场到离场时间不超过 3 分钟，真正实现“无接触”便捷通关。

照片档案：2023 年 2 月 3 日，一名货车司机在港珠澳大桥珠海公路口岸货车通道使用“一站式”系统进行健康申报

“查验正常，请通行”，伴随着客车一站式系统提示，一辆粤澳跨境客车接受完海关检查，顺利出境。2022 年 10 月 20 日下午 5 点，港珠澳大桥海关监管二科科长龚忠年和同事们当日已验放出境跨境客车 1642 辆次，数字刚好与他驻守港珠澳大桥的天数一样——1642 天。

5 年来，龚忠年先后在货车、客车等监管科室工作。身处监管一线的他，随着港珠澳大桥业务量的不断增长，时刻感受着港珠澳大桥助推大湾区经济发展的脉动。

令行禁止守国门

2020 年年初，新冠疫情突如其来。临近春节，返乡客流高峰接踵而至，港珠澳大桥口岸现场的海关卫生检疫岗面对极大疫情防控压力。

按照拱北海关党委安排，拱北海关团委迅速组织成立多支青年突击队，火速驰援各重点口岸，港珠澳大桥海关疫情防控青年突击队就是其中之一。他们中大多数具备医学背景，拥有过硬的专业技术能力。

队员们向着队旗发出誓言：抗击疫情，桥青同行。他们坚信“防护服隔离病毒不隔离爱”，承担起急难险重的防疫任务。一面小小的红色队旗，将一群热血青年聚集在港珠澳大桥口岸一线，以青年人的勇敢、无畏，挑起“外防输入”重担。

“返程机票当时都已经买好了”，港珠澳大桥海关王敦韬说道。听闻疫情暴发的消息，王敦韬决定取消在老家过年的计划，从黑龙江赶回珠海。据王敦韬回忆，突击队员主要负责在口岸旅检一线为旅客测温、指导他们按规定填写健康申报卡，发现有症状或有疫情多发地旅行史的旅客，再做进一步流行病学调查、医学排查、采样，并通过专门通道移送高风险旅客。防疫关键时期，每一项操作都必须特别当心，值班期间，厚重的防护服一穿就是 12 个小时。旅客多的时候，就连吃点东西、喝点水这样简单的休整都很难实现。

照片档案：2021 年 5 月 6 日，拱北海关所属港珠澳大桥海关青年突击队队员王敦韬（右一）在港珠澳大桥珠海公路口岸珠港入境旅检大厅为旅客提供通关服务

担当奉献促发展

第一票经港珠澳大桥口岸出口香港用于建设紧急隔离中心活动板房的报关单背后也有着故事。2020 年 2 月 6 日下午，一张不同寻常的报关单出现在港珠澳大桥海关综合业务一科当班关员梁志聪的电脑屏幕上。

这张报关单申报的，是一套重达 12 吨的“钢铁制，对开玻璃门，书桌、上下床已固定”的活动房屋。当班关员意识到，这很可能是用于建设香港紧急防疫隔离中心——鲤鱼门检疫中心的活动房屋，并第一时间向上级报告了有关情况。

港珠澳大桥海关当即决定特事特办，开通快速通关专用窗口和绿色通道，对防疫物资实行优先查验、随到随查，确保现场查验“零等候”、物资通关“零延时”。

手续完成后，200 多套活动房屋经港珠澳大桥口岸快速验放出口香港，鲤鱼门检疫中心第二期隔离病房建设得以迅速完成。

疫情之下，党旗党徽更加鲜艳，担当奉献精神愈显光芒。无数像梁志聪一样的把关人，有默默无闻的奉献和“强关有我”的担当，做好表率，做出实绩。他们以身为新时代海关纪律部队中的一员为荣、以能为国战斗而幸，脸上勾勒出的“纵横沟壑”便是他们最荣耀的勋章。

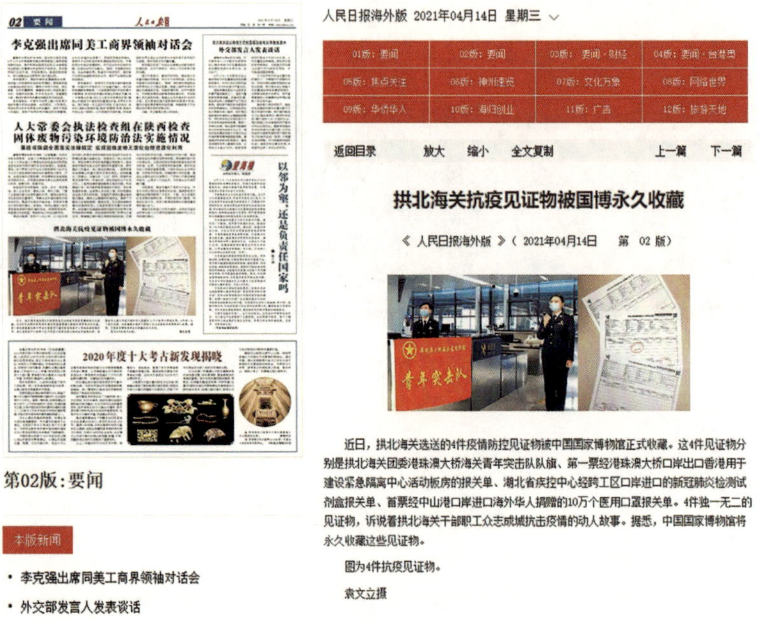
02 要闻 人民日报

李克强出席同美工商界领袖对话会

人大常委会执法检查组在陕西检查固体废物污染环境防治法实施情况

拱北海关抗疫见证物被国博永久收藏

以邻为壑，还是负责任国家吗

外交部发言人发表谈话

2020年度十大考古新发现揭晓

第02版：要闻

本版新闻

- 李克强出席同美工商界领袖对话会
- 外交部发言人发表谈话

人民日报海外版 2021年04月14日 星期三

01版：要闻	02版：要闻	03版：要闻·财经	04版：要闻·台港澳
05版：焦点关注	06版：神州速览	07版：文化万象	08版：网络世界
09版：华侨华人	10版：海归创业	11版：广告	12版：旅游天地

返回目录 放大 缩小 全文复制 上一篇 下一篇

拱北海关抗疫见证物被国博永久收藏

《人民日报海外版》（2021年04月14日 第 02 版）

近日，拱北海关选送的4件疫情防控见证物被中国国家博物馆正式收藏。这4件见证物分别是拱北海关团委港珠澳大桥海关青年突击队队旗、第一票经港珠澳大桥口岸出口香港用于建设紧急隔离中心活动板房的报关单、湖北省疾控中心经跨工区口岸进口的新冠肺炎检测试剂盒报关单、首票经中山港口岸进口海外华人捐赠的10万个医用口罩报关单。4件独一无二的见证物，诉说着拱北海关干部职工众志成城抗击疫情的动人故事。据悉，中国国家博物馆将永久收藏这些见证物。

图为4件抗疫见证物。

袁文立摄

实物档案：2021 年 4 月 14 日，《人民日报海外版》报道，拱北海关所属港珠澳大桥海关青年突击队队旗、第一票经港珠澳大桥口岸出口香港用于建设紧急隔离中心活动板房的报关单被中国国家博物馆永久收藏

坚守，只为肩上承载的信任和重托。桥关人始终铭记出发时担当使命的铿锵誓言，前行中攻坚克难的坚毅步伐，奋斗间勇攀高峰的壮志豪情。

20 年肩上芳华，倏忽即逝。下一个 10 年、20 年，港珠澳大桥海关愿以初心践使命，做闪耀关徽里那颗微微闪光的小星，铸忠诚、担使命、守国门、促发展、齐奋斗，加快推进智慧海关建设和“智关强国”行动，当好让党放心、让人民满意的国门卫士，一路凯歌，激昂迈进，为强国建设、民族复兴积极贡献海关力量。

亮 相

拱北海关 李 燚

2008年，北京奥运会举办前夕，中宣部、中央文明办、国家广电总局、国家体育总局、北京奥组委组织开展了全国“迎奥运 讲文明 树新风”礼仪知识竞赛活动，在全国上下掀起一场文明礼仪新风潮，向全世界张开怀抱，展现中国风采。作为第三支实行衔级制度的队伍，中国海关代表队的亮相在这次大赛中也展现出了“国门卫士”的良好形象。

“大家好！我们是中国海关代表队，此刻我们捧着的是中国海关902缉私艇的模型。这是一条英雄艇，也是一条荣誉艇，1992年的春天，小平同志乘坐了902艇，那场著名的南方谈话，部分发表在这条艇上。从此，斗志昂扬、令行禁止的海关人，沿着改革开放指引的航向乘风破浪、奋勇前行。”

这段在档案里记录的文字是2008年全国“迎奥运 讲文明 树新风”礼仪知识电视竞赛中海关代表队的自我介绍。以902缉私艇的故事为开场白是深思熟虑的选择。而如何把海关队伍忠诚、干净、担当的内在精神展现在全国观众面前——令行禁止、奋发有为的队伍形象则是唯一的答案。15年过去了，海关代表队队长兼助理教练谭文浩背起这段词依旧一字不差、一词不顿、铿锵有力，那段经历早已烙印在他的灵魂深处，也在他的言行举止中刻画下不容忽视的印记。

当时，全国上下笑迎八方来客，展示礼仪之邦、文明中国的风采，这场赛事关注度之高、参与人数之多、社会影响之大是空前的。各地组织了上千场电视竞赛选拔赛并在各卫视频道播放。海关作为坚守国门、把关为民的一支队伍，必须以更为昂扬奋发的姿态接受检阅。

“当时备赛压力非常大，参加这次比赛是海关队伍授衔以来，第一次在电视媒体大赛上向全国人民展示海关队伍‘内涵学军’的成果。”谈起当年的训练经历，谭文浩仍然感慨万千。备赛环节除了赛程涉及的礼仪、形体、知识问答等内容，海关代表队额外增加了体能训练和队列训练，在海关队伍实行关衔制度以来打磨出一批“标兵”，以海关的日常行为规范强化职业礼仪素养，展现海关队伍的良好形象。

“我们每天至少训练 14 个小时，人均减重 10 斤，1 个月下来大家原来的制服都挂不住了”。说话间，谭文浩取出了一套珍藏的制服，“这可是当时总署紧急制作的新制服，在符合咱们海关制式服装的标准上特意选择了更硬更挺的布料，新衣服一上身我们这腰板挺得更直了。”

照片档案：2009 年，海关系统代表队在全国“迎国庆 讲文明 树新风”礼仪知识电视竞赛大庆赛区第 3 场预赛中，以小组第一的身份晋级半决赛

“每一次比赛各个代表队都要集中亮相，帅气的制服、挺拔的身形、战士般的昂扬斗志总能让我们成为比赛场上的亮点。”回忆起当时的情境，谭文浩脸上仍旧挂着掩饰不住的自豪，“带队参赛的领导同事都按捺不住内心的骄傲，每一场比赛都有人感慨，我们的队员往上面一站，‘啪’一敬礼就是赛场上的焦点！”2008 年，海关总署从全国数万名关员中遴选出 3 名选手参赛，成功击败广东省代表队、河南省代表队等有着近亿人口基数的强大对手，一路闯到了在中央电视台举办的总决赛，这份荣誉分外难得。

海关队伍以队伍建设为抓手，塑形、正骨、提魂，“迎奥运 讲文明 树新风”礼仪知识竞赛的喜人成绩只是在海关实行关衔制度以来队伍建设成果的一个缩影，是人民群众对海关队伍形象的高度认可，更是每一个海关人“内涵学军”的外在表达。谭文浩说：“穿过这套特别制服的‘标兵’大多都留下了岁月的痕迹，现在可能承担着不同的工作，也有部分同志走上了领导岗位。可能我们的身形不再苗条，但是腰板依然挺拔；虽然两鬓已经渐渐斑白，但是斗志依然昂扬。这段经历早已点点滴滴地渗透在我们的生活和工作中。”

谭文浩对“令行禁止”的理解早已镌刻在挺拔的腰杆里，践行在海关工作岗位上：“对我个人来说，扛着关衔不是一朝一夕的事情，不只是在岗期间，更不只是形式，而是有内涵、有灵魂的。它像一道光，一道灵魂之光，坚毅而无言地指引着我们前进的方向。”

汕头海关

我心中的金色关徽与星花

汕头海关　卢仪婷

2023 年 9 月 12 日，是我到汕头海关报到、成为一名海关关员的第 65 天，也是特殊难忘的一天。

这一天，《人民日报》、央视网等权威媒体纷纷刊登习近平总书记给红其拉甫海关全体关员的重要回信。这一天，我作为党员代表通过电视电话会议系统列席了会议，聆听宣讲代表的深情回忆。我怀着无比激动的心情认真学习，细细体会总书记重要回信中所蕴含的亲切关怀、殷切期望与谆谆教诲，体会总书记在重要回信中对红其拉甫海关全体同志、对坚守国门一线海关干部职工的深情厚爱，体会这份最高荣誉与无上光荣，感受作为一名国门卫士的肩上重任！

我心之所向的关衔

“授衔一生一次，忠诚一生一世。”参加海关队伍授予关衔 20 周年大会，让我感触最深的是红其拉甫海关第一任关长刘敬华的肺腑感言。如今已 82 岁的刘关长回忆起“帐篷海关”的第一代海关人相互鼓励、克服险阻，扎根在有“生命禁区”之称的雪域边疆，铸就“特别能吃苦、特别能忍耐、特别能战斗、特别能奉献”的红其拉甫海关“四特”精神，令在场人员尤为动容。

筚路蓝缕只为把好国门，无畏坚守牢记初心使命，这就是“红关”一脉相承的忠诚本色。

犹记在上海海关学院学习期间，学校承担了部分关员的培训任务，走在校园的路上时不时就能看到穿着笔挺制服的海关关员。我注意到他们制服上的黑色肩章由海关关徽、横杠和星花组成，但每个人的肩章又略有不同，我对此产生了浓厚的兴趣，课上经过老师讲述之后才了解了海关关衔的诞生历程，内心深处也种下了一颗渴望的种子，更加期待未来有一天能加入海关大家庭，成为这支光荣队伍的一员。

带着这份向往，我进入汕头海关工作，立志要做一名爱岗敬业、不懈奋斗的关员，不负党和人民，不负耀眼关徽。

档案中的授衔 20 年

初任培训结束后，我被安排到总关办公室机要档案科跟班学习。当我跟着科室前辈一起走入档案库房，检索调取海关队伍授衔 20 年的档案，海关作风严实的形象离我不再遥远，汕头海关锻造粤东国门铁军队伍的历程跃然纸上。

2003 年 9 月 12 日，国务院授予海关关衔仪式在北京人民大会堂隆重举行，汕头海关数位关员代表进京参加。这是新中国海关历史上璀璨的篇章，令人鼓舞，催人奋进。9 月 27 日，汕头海关举行授衔仪式，共计 1246 名关员被授予各级关衔。

2003—2006 年，汕头海关分五期开展全员全脱产、封闭式“军训周”活动，制定《汕头海关关员准军事化行为规范》，整理汇编《汕头海关基层建设工作规范》，研究制订《2006—2010 汕头海关建设准军事化纪律部队规划》。2007—2010 年，建设法治海关、和谐海关、现代化海关的设想在不断调研后转化为实践，逐步建立长效机制。2011—2017 年，扎实推进海关纪律部队建设，积极部署岗位练兵活动，改造关员队伍训练专用场地，新时代海关纪律部队底色更加凸显。2018 年，开展“内务规范强化

照片档案：2003 年 9 月 27 日，汕头海关举行授予关衔仪式

照片档案：2003 年 9 月，汕头海关关员在授予关衔仪式上互相佩戴关衔

月”活动，推动智慧化考勤管理，举办“准军大练兵 秋季大比武”系列群体活动。2021 年以来，将“捍卫‘两个确立’、做到‘两个维护’、强化政治机关建设专项教育活动”“‘学习研讨、查摆问题、改进提高’专

项工作”作为队伍建设重要内容；以“汕头海关新征程专家人才启航计划”为抓手，制订实施关区人才发展规划，举办“青年党校”培训班，开展“新春第一训”，组织“竞标争先”活动，激发广大关警员的干事创业热情……

照片档案：2005 年，汕头海关分 5 期进行全员全脱产、封闭式“军训周”活动

文书档案：2007—2010 年，汕头海关推动队伍纪律作风建设的系列文件

实物档案：2020年12月，汕头海关办公室郑羽烁家庭被全国妇联授予第十二届“全国五好家庭”称号

当我来到汕头海关档案室的实物档案陈列区，一件件荣誉牌匾、奖杯、证书映入眼帘，被授予“全国海关系统先进集体”称号的广澳海关，被授予“全国海关系统先进工作者”称号的卫检处科长蔡雪妍，被评为“全国五四红旗团支部”称号的揭阳海关团支部，荣获第十二届“全国五好家庭”称号的汕头海关办公室郑羽烁家庭……历年来众多集体和个人的荣誉，见证了授衔20年汕头海关人开拓进取、奋勇争先的光荣历程。

积聚力量为关衔增辉

青年工作海关必远谋。青年关员是海关事业的未来和希望，是被寄予希望、赋予重任的可靠力量。汕头海关坚持把握当代青年工作的新特点，积极寻找加快青年关员熟悉海关工作的新方法，激励青年干部用奋斗点燃青春之火，用行动展现优良作风。

作为一名新关员，要开好局、起好步，扣好海关职业生涯“第一颗扣子”，始终不能忘记“自讨苦吃”和“自我加压”，必须主动向各位前辈学习政治纪律和业务知识，严格要求自己的言行举止，将海关人的风采展现出来。时刻学习，不断反省，自觉领悟习近平总书记重要讲话和重要指示批示精神，用党的科学理论武装头脑、指导实践、推进工作。通过一次次的岗位交流学习活动，我不断悟真理、强本领、长才干，学以致用，立志要交出令党和人民满意的答卷。

作为一名新关员，我渴望为关衔增添光辉，让它闪耀着的光芒更加璀璨夺目。在大学毕业之后我带着憧憬，胸怀信念，回到潮汕这片可爱热土，进入海关系统锤炼工作本领，熟悉岗位业务，积聚力量，与我的同事们一起为海关现代化建设而孜孜奋斗。深藏心中的关衔，在一年后也会真切地落在我的肩上，我会持之以恒，用奋斗与行动迎接这一天的到来。

授衔二十载　辉煌与前行

汕头海关　林　畅　郑立扬

2023 年 9 月 12 日，刚刚成为汕头海关新关员的我踏进关史陈列馆。馆中，一张珍贵的照片档案吸引了我的目光，那是 2003 年汕头海关授衔仪式的历史瞬间。听着关史研究管理科副科长李志雄的讲述，我的思绪也被带回到那个历史性的时刻。

照片资料：2003 年 9 月 27 日，汕头海关举行首次集体授衔仪式

20 年前，国务院授予海关关衔仪式在人民大会堂隆重举行，中国海关迎来了一次深刻的变革——实行关衔制度，成为继中国人民解放军实行军衔制度、中国人民警察实行警衔制度后，第三支实行衔级制度的队伍。

从此，一代又一代海关人头顶国家荣誉、肩扛神圣关徽，在建设高素质海关队伍的道路上，不辱使命、勇毅前行。

出发，感受关衔的精神

饱满的精气神、统一的行动步调、严明的纪律作风是我对海关队伍的初印象，让还未授衔的我对关衔无比向往，对在肩章上“镶上”星花和横杠的那一刻无比期待。“稍息，立正！”办公大楼外的口令声响起，我的身体条件反射地挺直。这是汕头海关所属汕头港海关正在组织每周队列训练的集训，此时的我正在汕头港海关跟班学习。当我真正加入这支队伍，才深切体会到，“关衔”不只是身份的象征，也不只是肩上的标识，而是每一位海关人刻进骨子、融入血脉的精神和作风传承，更是每个人每一天在一线为国把关、在窗口为民服务，用行动践行的初心和使命。

成长，寻找关衔的意义

在汕头港海关跟班学习的日子，让初入海关队伍的我，深刻体会到关衔的重量。回顾自己在不同科室的学习经历，融入这支政治强、水平高、作风硬、纪律严的高素质海关队伍，让我得到新的成长。

“陈科，我和凯良去监管区巡查了，已确保堆场和大型设备都进行了加固。”口岸监管科的黄伟忠认真地向科长报告，2023 年第 5 号超强台风“杜苏芮”来势汹汹，黄伟忠是入关 30 年的老同志，30 年如一日，时刻保持饱满的精气神，始终站好“安全哨”，用时时放心不下的责任感打好“安全主动仗”。对于授衔的意义，他的回答显得格外朴素：“授衔对我而言，并不仅仅是我们身着的制服和肩章，更是一份对工作的热情，对职责的坚守！”在这里，我找到了关衔的意义，是对工作的坚守、是不惧风雨守国门的担当。

照片档案：2023 年 7 月 26 日，汕头海关所属汕头港海关组织开展监管作业场所安全巡查，对堆存集装箱防风加固措施进行重点检查，做好台风“杜苏芮”登陆防御准备工作

综合业务科副科长黄丽洵每天上岗前都会在关容镜前精心整理着装。而工作中的她也是处处透露出严谨、规范和专业。“严字当头”的窗口作风，“细水长流”式的宣讲，“量体裁衣”般的政策解读，备受关区内企业的赞誉。她说：“纪律作风，已经成为我工作生活的一部分。”这是汕头港海关队伍形象在窗口服务中的一个缩影。正因有如她这样一群国门女将，在发扬海关优良作风中不断内强素质、外树形象，助力所在科室荣获市级“巾帼文明岗”，并在授衔 20 周年之际成功摘得“全国巾帼文明岗”的荣誉。在这里，我找到了关衔的意义，是传承优良传统，坚持为民服务。

早上 8 点半的查验平台上，查检科科长洪扬拿着执法记录仪和报关单，认真仔细地核对着货物，同时不停地给新关员们传授着查验的要点与技巧。2023 年是他入关的第 21 年，作为经历了首授关衔仪式的关员，在成长淬炼的 20 年中，他始终以突破自我的更高要求，不断深钻细研、苦练本领，在汕头港海关改革创新和服务高质量发展中争做“领跑者”。如今，他以基层执法一线科室带头人身份，依托实务教学点，建成一线查验关员“技能提高练兵场”，并总结推出“骨干示范、边干边训、实操实练”

培训模式，持续加强查检人员能力建设。在这里，我找到了关衔的意义，是坚持守正创新，坚定扛起促发展的重任。

照片档案：2023 年 6 月 30 日，在汕头海关庆祝中国共产党成立 102 周年活动中，汕头港海关综合业务科党支部书记接受“全国海关党建示范品牌”牌匾

奋进，续写关衔的辉煌

二十载光阴，关衔荣誉已深深烙印在汕头港海关每位关员心中，汇聚成力量。通过政治引领、严管善治、竞标争先激发这支作风优良的队伍在新征程上担当作为、屡创佳绩，连续获得“全国文明单位”“全国海关党建示范品牌”“全国巾帼文明岗”、海关系统“全国青年文明号”等 4 项荣誉称号。一块块金字招牌的背后，是汕头港海关人对金钥匙和商神杖的坚守，更是他们对关衔的坚定承诺。“铸忠诚、担使命、守国门、促发展、齐奋斗”的新时代海关工作要求在这里不断赓续、传承。

海关队伍授衔二十载之际，习近平总书记给红其拉甫海关全体关员回信，这是全国海关最高的荣誉、无上的光荣，在海关发展历程中具有重要里程碑意义。一封回信，是嘱托也是激励，在汕头港海关“我们都是收信人”研讨中，每个人都做出了庄严的承诺，凝聚起了团结奋进的力量。在新时代、新征程上，汕头港海关将以授衔 20 周年为新起点，把习近平总书记重要回信精神转化为政治责任、精神动力、工作实绩，为强国建设、民族复兴做出应有贡献，当好让党放心、让人民满意的国门卫士。

照片档案：2022 年 1 月 20 日，汕头海关所属汕头港海关组织关员开展队列训练

旧照寻初心　廿载展新颜

汕头海关　黄冰儿

初秋的午后，走进汕头海关所属澄海海关的档案室，斑驳的光影被挡在厚重的窗帘外，几排文书架整齐地伫立在中间，井然、静谧。在最后一排的架子上，摆放着一盒一盒的照片档案，浅灰色的档案盒上贴着显眼的年度标签，满满地记录着澄海海关这支队伍经年累月的身影与足迹，隔着或远或近的时光，跃然如斯。

轻轻地抽出一盒照片档案，微微泛黄的标签上“年度”一栏写着：2003 年。这是所有海关人记忆深刻的一年。2003 年 9 月 12 日，国务院授予海关关衔仪式在人民大会堂隆重举行，中国海关成为继中国人民解放军实行军衔、中国人民警察实行警衔后，第三支实行衔级管理的队伍。从此，那一身庄重的海关制服多了金灿灿的衔级点缀。

白驹过隙，转眼已过 20 年。跟随海关改革奋进的步伐，澄海海关脚踏实地、初心不改、勇毅前行，与红头船故里的外贸发展同行同步，用忠诚履职、服务发展守护住关衔这份荣光。

光荣授衔 · 初心镌流年

“金钥匙，商神杖，我把荣誉和责任担肩上……”

2003 年，外砂海关（澄海海关前身）陈越同志创作的歌曲《喜授衔》真实反映了海关人心中的荣誉感和使命感。自 2003 年海关关衔制度实行以来，海关关员们无比珍视肩上关衔的荣耀，深知肩上重任，在外贸发展的广阔画卷中，兢兢业业、恪尽职守地点墨绘彩。

作为红头船的故乡，汕头市澄海区是海上丝绸之路的始发港和重要节点之一。经过40年发展，澄海已成为全国闻名的玩具生产和出口基地。从筚路蓝缕到迈向世界，海关见证了澄海玩具的成长与蜕变。澄海玩具的发展历程，是粤东区域外贸发展的缩影，也是海关在监管与服务中推动澄海玩具外贸发展的奋斗征程。

翻阅2003年的档案，有一张照片悄然映入眼帘，那是2003年12月4日“法制宣传日”活动。那时的澄海与香港已形成“前店后厂”的加工贸易格局，本地企业依靠“三来一补”政策红利，络绎不绝地承接来料加工业务，市场兴旺的同时，维护贸易秩序变得尤为重要。为此，外砂海关以海关纪律部队建设为抓手，大力提高队伍执行力，激发干部职工干事创业、攻坚克难、敢打必胜的热情和勇气。在严格把关，做好加工贸易手册核发、下厂核查等工作之余，关员们也积极开展法制宣传，引导企业守法

照片档案：2003年12月，汕头海关所属外砂海关（汕头海关所属澄海海关前身）关员在法制宣传活动现场接受咨询

经营，在促进发展的同时也维护好进出口贸易秩序。人群中，精神挺拔的海关关员尤其引人注目。那时刚完成授衔不久，肩章上的杠杠和星星崭新耀眼。

彼时的外砂海关，紧连着一个阔大的进出境货检场，那些年，货检场的日与夜都是一派繁忙的景象，当时以一般贸易为主的自营玩具出口业务日益兴盛，排队进出货检场的车龙绵延到国道上。现场关员争分夺秒又认真细致地手工核对报关单，查验，放行……查验现场的忙而不乱，保障了一车车“澄海制造”始发于此，经由口岸抵达香港，再是更远的国家或地区。2007 年 9 月 11 日，汕头海关宣布海关总署关于外砂海关更名为澄海海关的批复，并举行澄海海关揭牌仪式。澄海玩具的出海之路，开始越走越宽。

光阴奋进 · 改革促发展

2018 年 4 月，根据国务院机构改革方案，出入境检验检疫管理职责和队伍划入海关总署，为海关队伍注入了新鲜血液。海关把关与服务的触角延伸到出口玩具的质量领域，在促进玩具出口贸易中扮演着越来越重要的角色。海关队伍在新发展中深感关衔的责任和使命，砥砺前行，笃实担当，在服务深化改革开放中展现了新风貌。

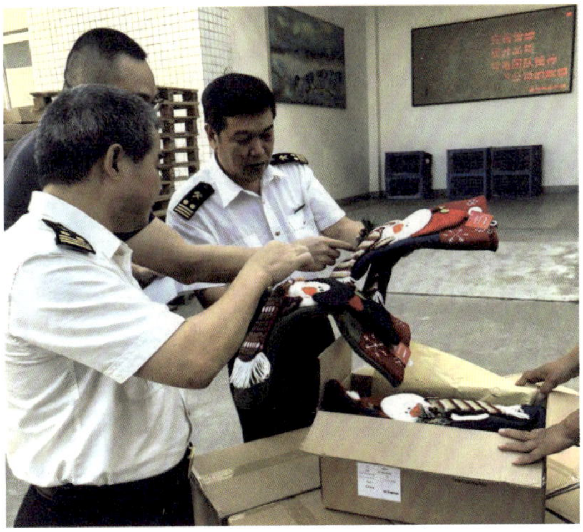

照片档案：2018 年 7 月 20 日，汕头海关所属澄海海关关员到辖区企业开展日常监管工作

这一年，世界外贸

形势瞬息万变，贸易博弈日渐激烈，日益严峻的技术性贸易壁垒限制了出口玩具企业的发展。为提升本土玩具产业的竞争力，助力企业应对贸易壁垒，澄海海关依托“关检融合”后的技术优势，充分发挥“中国 WTO/TBT 玩具产品技术性贸易措施研究评议基地”和“出口玩具质量安全风险预警监测点”作用，出实招、破困局。组建专业研究团队，检验检疫管理业务线条的“新”关员与通关监管线条的“老”关员一道，深入企业，了解企业出口订单和生产情况，定期收集出口玩具受国外通报案例等质量安全风险信息，开展产品质量信息动态分析，撰写分析报告，及时发布国外技术性贸易措施信息，并针对出口企业重点关注事项予以温馨提示，帮助企业掌握技术性贸易措施的应对策略，从源头规避退运风险，提升企业应对技术性贸易壁垒的能力。

在关企共同努力下，澄海出口玩具的品质和品牌信誉逐步提升，在国际市场中的影响力日益壮大，进一步助推中国玩具在品牌“出海”赛道破局增长。

照片档案：2022 年 11 月，汕头海关所属澄海海关关员到出口玩具企业了解技术生产情况

此刻展望·薪火赴前程

二十载岁月峥嵘，二十载初心如磐，二十载精神传承，一代代澄海海关人已将授予关衔的荣誉和使命刻进骨子里，融入血液中，落到行动上。20 年的授衔岁月，澄海海关历练了一支忠诚担当、勇于超越的队伍。这支队伍踔厉奋发，以纪律作风建设涵养业务建设、队伍建设，一如既往积极推动玩具外贸产业高质量发展，在产品质量安全、知识产权保护、技术性贸易措施应对和出口原产地签证等业务领域提供精准帮扶和定向服务，全力支持玩具出口走得更远。

近年来，澄海玩具早已蜕变了模样，产业集群化发展已“国际范”十足。澄海玩具企业积极挖掘“玩具 +IP”潜在市场，推动传统玩具向文化创意产业发展。澄海海关通过“线上 + 线下”形式，与地方玩具协会、企业加强沟通联系，宣传知识产权海关保护相关新政，深入了解企业需求，引导自主知识产权企业不断提升品牌竞争力，指导申请知识产权海关保护备案，增强专利意识，培塑出口知识产权优势。同时，澄海海关严把玩具“质量关”，近年来连续开展出口玩具质量安全风险监测。对区内近 200 家出口欧盟和美国的玩具企业随机选取累计 315 批次玩具样品开展专项检测，并及时将监测结果、风险警示和意见建议等通报地方政府和行业协会。帮助企业提升产品质量管控能力，出口产品合格率大幅提高，加快推动了澄海玩具行业产品转型升级。

2023 年 4 月 1 日，第 22 届中国汕头（澄海）国际玩具礼品博览会（以下简称“玩博会”）在汕头博览中心开幕。在玩博会参展企业的展位上，澄海海关关员向企业人员宣传相关政策法规，接受企业咨询。青春与朝气的新一代澄关人接棒服务玩具外贸产业。

澄海玩具阔步“全球卖”的征程，也是澄关人践行“铸忠诚、担使命、守国门、促发展、齐奋斗”的精进臻善之旅。如今，澄海海关帮助越来越多的澄海玩具企业走上品牌为先、以质取胜的发展道路，持续抢占国际市场份额。

那一年授衔的荣耀，穿过岁月，又照亮了前程。

薪火相传，奔赴未来。

照片档案：2023年4月，汕头海关所属澄海海关关员在玩博会开展“送法”活动

黄埔海关

承载荣光　肩负厚望
砥砺奋进新征程

黄埔海关　徐冬凝　王　琳

2023 年是海关队伍授衔 20 周年。20 年来，黄埔海关牢记初心使命，外树形象、内强素质，以扎实有效的工作走好践行“两个维护”第一方阵。在黄埔海关的档案室里，一份份档案见证着历史，记录着初心，书写着建设中国特色社会主义现代化海关的黄埔篇章。

忠心向党，以高度政治自觉走好第一方阵

忠心向党，永跟党走。海关是政治机关，肩负着守国门、促发展的重要职责，使命光荣，责任重大。始终牢记海关政治机关属性，对党忠诚，是黄埔海关永远不变的根和魂。

“主题教育开展以来，我们整理汇编习近平总书记对海关工作重要指示批示精神和对广东重要讲话重要指示批示精神，形成‘8 种书目 +2 个汇编’学习材料，举办为期 7 天的主题教育读书班，示范带动各级党组织开展学习 650 次，全关 101 个青年理论学习小组进行交流研讨。”黄埔海关政工办主任沈方操胸中有“数”地说道。一个个数字背后体现的是黄埔海关以学铸魂、坚定理想信念教育、一以贯之的对党忠诚之心。

照片档案：2023年5月22日，黄埔海关举办“学思践悟 榜样力量”主题教育先进典型宣讲

从扎实开展党的群众路线教育实践活动，到稳步推进“三严三实”主题教育；从推进“两学一做”学习教育常态化制度化，到开展“不忘初心、牢记使命”主题教育；从全面铺开党史学习教育，到学习贯彻习近平新时代中国特色社会主义思想主题教育如火如荼地开展……随着一次次荡涤灵魂的学习教育，黄埔海关在党的旗帜引领下前进的脚步越发铿锵坚定。

坚守国门，把关为民，在促进高质量发展中彰显作为

心有信仰，行有方向。立足粤港澳大湾区中心、国内国际双循环交汇点，黄埔海关乘势而上、再接再厉，用实际行动展开中国式现代化海关建设的篇章。

“这个项目对我而言格外有意义和亲切。”香港特别行政区行政长官李

家超到东莞—香港国际空港中心调研时动情地说。空港中心项目是全国首个直达机场空侧的跨境海空联运项目，通过在东莞设立香港机场货站，实现企业经香港机场进出口的货物在东莞就能“直提”“直装”。“相当于构建起了一条快捷的出海通道，使得货物在东莞就拥有了香港机场的‘候机楼’，能够帮助企业降低30%物流成本和20%运输时间。”黄埔海关综合业务处处长王永俊说。

“人民海关为人民”是海关人共同的价值追求。为全面落实党中央、国务院关于优化营商环境的重大决策部署，推动海关总署优化营商环境16条措施落地落实，黄埔海关先后推出促进跨境贸易便利化专项行动23条措施与优化营商环境25条措施，并分别在广州、东莞组织举办两场大型宣讲会，与超过350家企业的代表“面对面”交流，“零距离”沟通。

照片档案：2023年4月18日，“东莞—香港国际空港中心”正式运行，某企业在东莞虎门港综合保税区内的“东莞—香港国际空港中心”一站式办理海关通关手续

A04 东莞视窗 专题

南方日报

不断提升监管效能及跨境贸易便利化水平，精准发力助推粤港澳大湾区建设

黄埔海关持续优化营商环境成效初显

监管效能不断提升

通关时间大幅压缩

“单一窗口”一站办理

跨境电商高速发展

减税红利持续显现

实物档案：2019年11月19日，《南方日报》整版报道黄埔海关在推进两步申报改革、压缩通关时效、推动国际贸易“单一窗口”建设、支持跨境电商发展、落实减税降费相关政策等方面的举措成效

同时，黄埔海关全力推动东莞虎门港综合保税区高质量发展，打造集保税展示、加工、研发、维修等于一体的保税综合服务平台，区内保税业态多点开花、蓬勃发展。经过3年的建设发展，虎门港综保区发展迎来“加速跑”，一线进出境货值由286亿元增长到980亿元，增幅达242.8%。

照片档案：2021年12月14日，黄埔海关关员对东莞虎门港综合保税区入区车辆进行监管

促进粤港澳大湾区物流一体化，创新推出跨直属关区口岸与属地协同监管改革，积极探索大宗商品锚地直提……聚焦促进高质量发展和高水平开放，黄埔海关不断推进智慧海关建设和“智关强国”行动，形成执法监管更精准、通关更便捷的生动局面。

崇德严纪，着力锤炼令行禁止纪律作风

崇德向上，纪律严明，是新时代海关纪律部队建设继续前行的强大精神动力和组织保障。黄埔海关全面开展“爱岗敬业十佳关员”“十佳执法一线科长”“十佳青年关员”评选表彰活动，在不同的业务条线和部门岗

位涌现出一批冲锋在前、敢于担当的模范榜样，树立了重实干、重实绩、重担当的鲜明导向，弘扬“求实、扎实、朴实”的海关文化，展示了海关队伍的良好形象。

黄埔海关着力打造纪律严明的干部队伍。完善“一点二查三讲评”科室日常管理机制，常态化开展视频检查、实地督察和随机抽查，经常性纪法教育不松懈，升级改版“廉政小闹钟”短信平台，宣传身边勤廉典型，把提醒教育融入日常。永远吹冲锋号，零容忍惩治腐败，深入开展“一案双查”和“反围猎”综合治理，加强党员干部“八小时以外”管理，严格监督执纪问责，确保队伍安全稳定。

照片档案：2023 年 9 月 11 日，黄埔海关举行海关队伍授予关衔 20 周年升国旗仪式

二十载使命担当铸忠诚，新征程阔步向前谱新篇！

黄埔海关将高举旗帜、踔厉奋发，扎实推进智慧海关建设和“智关强国”行动，奋力打造“创新埔关”，为建设中国特色社会主义现代化海关贡献埔关力量！

授衔二十载　荣光伴我行

黄埔海关　鲁庆军

作为首批参加授衔的海关关员之一，回想起当年第一次戴上关衔时的心情，至今仍然记忆犹新。从授衔的那一刻起，使命感和自豪感瞬间升腾，我下定决心——海关将是我一辈子的事业，我要一辈子听党指挥，服务人民。

照片档案：2003 年 9 月 25 日，黄埔海关举行首次授予关衔仪式

入关后我的第一个岗位是在查验岗。2003 年年初，“非典”在广州暴发，一时人人唯恐避之不及。但作为直接面对工作对象的查验部门，我们科的同志们都坚守在岗位，有条不紊地巡场、派单、查验、放行，直到最后一辆车驶离车检场。没有惊天动地的口号，有的只是国门在后的担当，使命在肩的坚守。现在每每回想起来，这就是海关人的定力和信念，这就是海关队伍的坚守和担当。

忙碌的日子总是过得飞快，2009 年，我在全国最大的二线车检场凤岗车检场通道监管科工作，日均验放运输车辆 3200 多辆，高峰期可达近 5000 辆。2010 年 9 月的一个周四，正是车流最高峰日，恰逢年内最强台风。当天晚上狂风大作，暴雨倾盆，验放通道遮雨棚被大风吹翻，大雨灌进设备房造成设备故障，通道全部瘫痪，未入场车辆将周边道路塞得水泄不通。

照片档案：2010 年 9 月 16 日，鲁庆军与同事在凤岗车检场雨夜巡查

面对突发情况，我一边汇报并启动预案，一边将科室在宿舍的轮休人员全部调回岗位，分成多组疏导场内交通，配合交警分散周边道路车辆，人工登记核销放行，一直忙到凌晨 2 点。望着大雨中一个个毫无怨言的身影，我不禁想，这就是我们可亲可敬的关员，奉献担当的海关队伍。全身湿透的制服中，金灿灿的肩章上，金钥匙和商神杖更加闪耀，“海关为民”在这里得到最真实的体现。

把好国门是海关第一位的职责，也是必须完成好的政治任务。2018 年至今，我在全国第一个稽查功能型海关太平海关任外勤科长，始终把提高党员“政治三力”、守好基层党建阵地作为自己的重要职责。我和同事们迎难而上，努力掌握稽查主动，大力开展大数据精准分析，多条行业性建议被海关总署采用。树立攻坚意识，提升啃硬骨头能力，让稽查“长牙齿”。

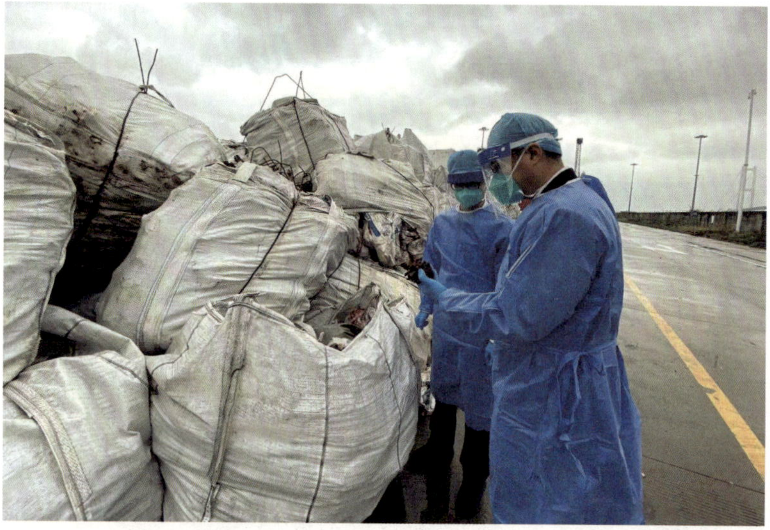

照片档案：2022 年 3 月 23 日，黄埔海关所属太平海关稽查外勤一科落实党中央重大决策部署，在东莞港码头打击“洋垃圾”非法入境

每遇大案要案，我们经常通宵达旦奋战在办案一线，力求“细、密、勤”，不放过任何蛛丝马迹，案件查发呈现多点开花态势。通过自主分析，迫使行业伪报现原形，成功破获伪报商品编码系列走私案；抽丝剥茧，还原价格真相，查获中心首宗低报加工贸易内销价格走私案；坚决捍卫“一个中国”，查获关区涉港出口违规情事；紧扣运输信息蛛丝马迹，成功破获“一日游”低报价格走私案；胸怀“国之大者”，做绿水青山忠诚守护者，查获某企业伪报商品编码偷逃许可证件出口资源类商品案；落实“三应”机制，聚焦数据风险点，成功查获低报价格走私进口连接器系列案；维护公平贸易，查获某企业伪报商品编码偷逃反倾销税进口不锈钢板材案。

每一个大案要案的背后，都是敢于斗争的信念，都是夜以继日的坚持，都是同事战友间的紧密协作。

照片档案：2022 年 7 月 26 日，黄埔海关所属太平海关稽查外勤一科查获某企业低报进口价格案件

钢铁纪律是人民军队的制胜法宝。有严明纪律，就会千磨万击还坚劲。在科室管理中，我与同事们一起，把铁的纪律转化为日常习惯和自觉遵循，每个人都做遵规守纪的监督员，积极思考适合外勤特点的风险防控方式，以规范淬炼作风、防控风险、提升效能。我们把稽查全流程细化为 40 余个节点，避免遗漏越线。慎初慎微，加强过程管理，将音视频管理规定的落实细化为 12 个点。明确拍摄要求和规范用语，重点对履行廉政告知程序、是否存在收受“红包”情况等关键环节的记录进行检查，引导树立自律、他律、律他三种意识。

在科室建立“控环节、控证据、控时间、控质量”四控工作法，盯实重点事，盯住重点环节，扎牢下厂前、中、后三道篱笆。分不同类型制定数据分析、方案制定、证据收集固定要点，将扎实作风、规矩意识、质效理念融入稽查工作全流程、各环节，做到管在平时、防患于未然，时时刻刻筑牢廉政思想防线。

太平海关地处东莞虎门，是虎门销烟所在地。闲暇时，我总喜欢到古炮台走走，望着江面，用手抚摸着锈迹斑斑的炮管，忆往昔峥嵘，重炮难锁珠江，看今日华夏，齐心正铸辉煌。

光阴如梭，如今我的肩章上，“一杠三”已变成“三杠三”。平凡的岗位，没有惊天动地，只有日复一日。习近平总书记对海关的殷切期望，时刻回响在耳边。二十余载岁月荏苒，鬓染华霜，初心愈坚。作为海关一员，我将永葆国门卫士本色，坚定理想信念，忠心向党，站稳人民立场，用心为民，勇于攻坚克难，全心把关，守卫在国门一线。

以青春之我 铸忠诚之本色

黄埔海关　易启博

作为一名刚授予关衔不足 3 年的海关新关员，我与新时代海关纪律部队的故事，回首望去一片五彩斑斓。

初见：凝心铸魂的“关徽金”

“这个金色的标志就是我们海关的关徽，它由商神手杖和金色钥匙两部分组成，象征着国际贸易和为国把关。海关作为准军事化纪律部队，要时刻牢记守国门、担使命……”初任培训的第一堂课，我对海关有了最初的认识，金色的种子在我心中扎下了根。

照片档案：2023 年 9 月 11 日，黄埔海关举行海关队伍授衔 20 周年升国旗仪式暨队列展示活动

此后，在学习与锻炼中，关徽伴我左右，每次训练挥洒的汗水、每次听课学到的知识、每次宣誓庄重的誓言，无不浸润滋养着心中的这颗种子，为

海关事业奋斗的斗志渐渐燃起。初任培训最后一天，阳光透过窗子照射在大檐帽上，帽檐上的关徽闪着金光、熠熠生辉，在金色光芒的映照下，我正式迈入期待已久的海关生涯。

相知：令行禁止的“查验蓝”

进入岗位后，我被分配到一线业务科室从事海关监管作业场所内的查验工作。在报到的第一天，科领导、前辈们对我悉心教诲，强调海关是政治机关，在未来的日子要好好学习、提升本领、严守纪律、做出成绩。自此，查验平台上多了个身着查验服的“小年轻”，他或是拿着本子跟在前辈身后写写画画，或是手执查验设备一丝不苟地对着货物拍照取证，或是喊着口令努力将队列训练动作做得准确到位。

照片档案：2022 年 1 月，黄埔海关关员在广州开发区车检场内对一批经中欧班列进境转关车辆按指令要求进行核销放行

在政治学习中坚信念、在业务工作中悟初心、在队列训练中提精神，随着工作经验的累积，我对新时代海关纪律部队建设的内涵有了更深的认识，发扬令行禁止的优良作风，不断提升自己的执行力、战斗力。

照片档案：2021 年 5 月，黄埔海关关员对一批预防性消毒处理后的货物开展查验

相识：严守国门的“防护白”

“小易，明天有一项高风险非冷链货物采样工作，需要你穿着防护服去支援作业”。收到通知时，我愣了一下，随后立刻答应。组织需要我，这是一次挑战，也是一次机遇。早在入职海关系统前，我就在媒体上看过海关“大白”们的身影，也立志要为疫情防控尽一份力。尽管我没有防疫经验也缺乏医学知识，但我相信只要踏实肯学、严谨细心，就没有克服不了的困难。通过不断地学习练习，我穿脱防护服逐渐熟练、采样动作愈发标准，最终成为非冷链采样作业工作专班的主力。

2021 年以来，我承担并顺利完成了关区一半以上的非冷链采样作业，其间也支援过其他关区的船舶检疫登临闭环工作。在查验平台、在码头、在锚地、在机场，我和奋战在口岸疫情防控一线的海关战友们，一起履行着“严守国门”的铮铮誓言。

照片档案：2022 年 3 月，黄埔海关卫生检疫闭环管理专班的关员到大屿山锚地对某船舶开展入境检疫排查

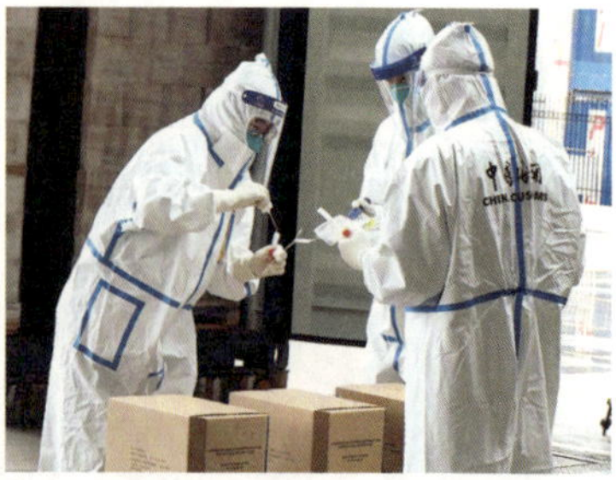

照片档案：2021 年 5 月，黄埔海关关员在广州开发区车检场对高风险非冷链集装箱货物进行新冠病毒检测采样

相融：忠诚担当的“中国红”

2023 年，我走上基层人事政工岗位，开始参与新时代海关纪律部队建设推动工作。学理论强思想、学规范提能力，在参与队列训练、升国旗仪式、内务督察等各项任务中，忠诚二字在我心中愈发清晰。

2023 年是海关队伍授衔 20 周年，9 月 11 日，黄埔海关举行了海关队

照片档案：2023 年 4 月，易启博（左一）参加科室队列训练，后担任关区“小教员”

伍授予关衔 20 周年升国旗仪式暨队列展示活动。整齐划一的行进队伍映入眼帘，口号嘹亮、英姿飒爽，埔关人以昂扬的精神面貌展示着纪律部队建设成果，向授衔 20 周年献礼。正如这迈着坚定步伐的展示队列一样，海关人在政治机关建设中、在智慧海关建设和“智关强国”行动中、在监管与服务中履职尽责、迈步向前，当好让党放心、让人民满意的国门卫士，为强国建设、民族复兴贡献海关力量。

我将无我，不负韶华。作为青年干部，我将用奋斗去建设海关，用行动去践行初心，胸怀“国之大者”，当好“守国门、促发展”的国门卫士。

“华姐”和她的海关故事

黄埔海关　欧阳丽平

何洁华是黄埔海关所属增城海关档案室的“大管家”，大家亲切地称她为“华姐”。华姐有一个珍藏的盒子，里面放满了肩章，从麦穗关徽到“三杠两星”。2023 年，恰逢海关队伍授衔 20 周年，也是她进关的第 26 年。盒子里装的是 20 年的峥嵘岁月，也是一段段历久弥新的回忆。

实物档案：何洁华进关以来的各式肩章，从“一杠三”到“三杠二”，整整齐齐地摆放在盒子里

初授关衔

1997 年，何洁华报考了海关。幸运的是，不久之后她梦想成真了。

尽管制服还没发，那时候的肩章也没有关衔。

2003 年，当时还是科里最年轻的何洁华突然听到了一个大消息，海关要授衔了！关衔是继军衔和警衔之后的第三个衔种。她兴奋得难以言表，一股自豪感和荣誉感油然而生。华姐记得很清楚，那一次授衔仪式很隆重。大大的礼堂里，所有的关员依次入座，随着指挥员一声令下“更换肩章”，整个礼堂里的人齐刷刷地两人一组互相更换肩章。华姐说，那场面每次回想起来都令人心潮澎湃。

照片档案：2003 年 9 月，黄埔海关举行首次授衔大会

那时候华姐的关衔是一级关务员，“一杠三星”。摘下旧肩章，换上新肩章，海关队伍建设迈入新的阶段。

与档案结缘

何洁华 2001 年起从事档案工作，数十年弹指一挥间，在档案室的方寸之地，她将宁静与平和、细致与稳重融入职责和使命中。

“春有百花秋有月，夏有凉风冬有雪。若无闲事挂心头，便是人间好时节。”对普通人来说，四季更迭、春花秋月，各有各的佳处。但对于档案人来说，气温、湿度的变化，偶然爬过的虫蚁，每一件都马虎不得。多年来，华姐每天监测档案室温度、湿度，认真做好防火防虫防霉，对她而言已经成为一种习惯。无论暴雨台风还是烈日酷暑，正是华姐的精心守护确保了档案室一批又一批“宝贝”们的安全。

照片档案：2022 年 7 月 22 日，何洁华在档案室里认真整理档案

作为档案室“大管家”，华姐对室藏的档案称得上如数家珍，每当有档案利用需要时，她总能第一时间查找出相应文件。她不避烦琐，养成定期清点整理档案的好习惯，确保档案应收尽收，及时制作统计簿册。华姐执着有拼劲，年底归档期间档案数量多，她逐份检查核对并补充完整、准确分类、整理目录、装订……“桃李不言，下自成蹊”，华姐在工作时总是不声不响、默默付出，参加工作的 20 多年间，她多次获评优秀、嘉奖，并获评 2018 年度黄埔海关“巾帼建功先进个人”。

小小的一方档案室，承载着何洁华 26 年的海关情、22 年的档案缘，更承载着对肩上“关衔”责任的坚守。

不变的初心

26 年来，何洁华先后经过了办公、调查、稽查等多个岗位的历练，如今已是二级关务督察。26 年的岁月里，她见证了机构改革关检合并，见证了新塘海关正式更名为增城海关，更见证了增城海关首趟国际班列发行、开通跨境电商产业园、成立寄递业务集约审核中心、推动设立粤港澳大湾区“菜篮子”通关（增城）便利区等一系列重要业务改革。

照片档案：2019 年 8 月 12 日，何洁华（右二）在黄埔海关所属增城海关大院参加所在科室队列训练

关衔在变化，年龄在增长，变化的是岗位，不变的是一名海关关员的初心。在每一个岗位工作的过程中，在历次培训和训练中，她都用行动践行着自己肩上承担的使命和担当。

档案记录着时间推移的轨迹，而正是何洁华这样一批一批不辞辛劳、埋首卷帙的档案人，让这条轨迹日益丰满、清晰可辨。她们把自己活成了时间的册页，每一页掀开，都是记忆沉淀的余香。

20 余年肩上芳华，倏忽即逝。历久弥新的，是对海关精神的传承，对海关队伍的归属，对平凡岗位无声的坚守。下一个 10 年、20 年，相信会有更多像何洁华这样的海关人，以初心践使命，做闪耀关徽里那颗微微闪光的小星，继续见证海关事业再谱新篇！

关衔伴我筑牢国门安全屏障

黄埔海关　郭伟锡　刘欢欢

我叫郭伟锡，2018 年 4 月，根据国务院机构改革方案，出入境检验检疫管理职责和队伍划入海关总署，我从一名出入境检验检疫人员转变成了一名海关关员。最让我激动的是要统一着海关制服、统一佩戴关衔。制服和关衔是海关纪律部队的重要特征，体现了海关队伍的精气神和凝聚力。

2019 年 5 月 10 日，黄埔海关举行出入境检验检疫管理职责和队伍划入海关后的首授关衔仪式暨 2019 年队列会操，极大增强了我们的归属感和荣誉感。从这一天起，我戴上了三级关务督办的关衔。

照片档案：2019 年 5 月 10 日，黄埔海关为 621 名关员举行首授关衔仪式

转眼间，机构改革已经过去5年，2023年也是海关队伍授衔20周年。在这5年里，在珠江口、伶仃洋的锚地上，在肩上沉甸甸关衔的默默陪伴中，我始终牢记党和国家赋予的光荣使命，守国门、促发展，用担当和奉献锤炼对党忠诚，让鲜艳的党旗在祖国“南大门”高高飘扬！

忠诚守国门是海关人不变的赤诚底色

我所在的黄埔海关所属黄埔老港海关，监管锚地范围覆盖珠江入海口长约153千米水域。从办公点到锚地实施登临，要过三关：乘车、换船、爬梯。路途遥远、天气多变、水文复杂，最远的三门岛锚地，天气好的情况下往返时间都要超过12个小时。在漫长的执勤路途中，每每看到同事们整齐的海关制服，还有肩上熠熠生辉的肩章，便感觉心中激起无限豪情，使我忘却路途疲惫，矢志守卫国门。

对我来说，2020年是极为特殊的一年。这一年，新冠疫情突然来袭，我毫不犹豫地推迟婚期，披“战甲”、上“战场”、抗疫情。这一年，我顺利晋升为二级关务督办。还记得2020年3月9日，我们碰到了疫情以来的第一例有疫区旅行史、存在发热症状的船员入境，这是我第一次参加实战。我随即登临处置，一直工作到深夜，终于把有症状的船员顺利移交给地方医院。脱下防护服后发现汗水已经浸透里外两层衣服，连查验服上的肩章也不能幸免，但金色的关徽、横杠、星花依旧闪闪发光。我带着船员在梯口配合边防办理手续的时候，船员向我们竖起了大拇指，这个国际通用的手势，猛然触击了我：再苦再累也值！

2021年7月13日，作为第三批闭环带班科长，我跟往常一样在提前审核船舶单证材料，一艘船的资料引起了我的注意。虽然所有船员都申报了无健康异常，可仔细翻看用药记录本，发现7名船员近期都服用过治疗咳嗽的药物。我马上联系同事一起研判，决定对船员进行采样送检。最终从该轮上检出8名船员新冠病毒核酸阳性。

2022年年底，由于受地方疫情影响，每天十几艘满载粮食的船舶在珠江口等待靠泊。原来锚地登临的路线被阻断，可锚地检疫必须进行，否则将极大地影响企业的生产，不仅船舶滞期费高昂，工厂生产线还将面临“无米下炊”的局面。企业的“急难愁盼”就是我们的“履职清单”。我们主动协调船方、广州港和码头，陆路不通走水路，从码头直接坐交通船，原来单程 30 分钟的路程变成 3 个多小时，虽然每次回到驻地都已经是半夜，但大家深知，如果锚地检疫不通，企业生产就不顺，企业背后是产业，产业背后是就业，是千千万万老百姓的生活！终于，我们把不可能变成了可能，用自己的“辛苦指数”换取企业群众的“幸福指数”！

在抗疫的每一天，我和同事们都会遇到这些平凡又值得铭记的故事。面对锚地登临复杂多变的自然条件，居高不下的感染风险，说一点不怕是假的，可每当看到肩上闪耀的关徽，那是海关人的责任与担当，它时刻提醒着我身后是祖国、是人民，身边是战友、是同事，我没有退路可言，我们必须挺身担当守护海关人的荣耀！

照片档案：2022 年 1 月 31 日，黄埔海关所属黄埔老港海关船舶监管一科闭环管理值班人员对停靠老港大码头的“逸丰 888”轮开展卫生检疫工作

创新促发展是海关人永恒的担当本色

时光推进到2023年，我的关衔晋升为一级关务督办，星花的增加让我更加清晰地感受到了关衔赋予的职责和使命。胸怀“国之大者”，说起来很抽象，但做起来却很具体。守国门、促发展需要我们在平凡岗位上发挥“钉钉子”精神，把工作做得更扎实一点。

照片档案：2023年5月31日，黄埔海关所属黄埔老港海关关员在沙角锚地对自澳大利亚进口的小麦进行表层检疫

担当不仅需要实招，更需要妙招，既要有胆气，更要有灵气。投身智慧海关建设和“智关强国”行动，需要我们在“智慧”上做文章。聚焦痛点堵点难点，找到灵丹妙药，用好办法、金点子为肩上的关衔增光添彩。2023年以来，我们了解到传统物流模式存在装卸损耗过多、船舶调度压力很大等问题，我和同事们走访企业上百次、形成调研材料10万多字，创新开展“锚地直提”改革，让货物在锚地直接检验，检验合格直接提走，减少上岸、下岸两个物流环节的装卸损耗，大幅降低了企业的物流成本和通关时间。改革试点以来，一艘艘运载煤炭和铁矿的船舶开得更顺，呈现“千帆竞发”的盛况，广州港锚地也一举成为“江海联运”的中枢！

3年抗疫历程让伟大抗疫精神融入我的血脉，“智关强国”行动和智慧海关建设实践让“勇于创新、团结奋斗”融入我的基因，肩上的关衔让坚韧不拔的纪律作风成为我守国门、促发展的无穷动力。新征程上，我将牢记在关徽下的铮铮誓言，勇担使命，苦练本领，锤炼作风，以实际行动当好让党放心、让人民满意的国门卫士！

江门海关

授衔印记

江门海关　张亦文

记忆是个耐人寻味的东西。很多事情在发生时你若不曾刻意记下，便如细沙从指缝溜走，在记忆的长卷中留下大片空白。可当你回首过往，又总有一些零星残片不曾褪色，就像人生路上的里程碑，在平凡的岁月长河中熠熠生辉。几件当时让人不以为然的往事，如今却也显得灵动温暖，细细品味后，更觉弥足珍贵。

首次授衔

2003 年，恩平。

按理说，过了秋分就该凉快一些了，但那年的烈日让人记忆犹新，晒得发白的查验场热浪滚滚，让人望而却步。透过办公室的玻璃窗，我看到监管科的何等记兴冲冲地穿过宿舍区的后门往这边走来。江门海关所属恩平海关的布局很有特点，办公大楼与监管科之间隔着检察院和海关宿舍区。从办公大楼出来，绕过检察院，从宿舍区的正门进去，再从宿舍区的后门出来，是一条众所周知的捷径。

“大家来领一下新肩章！”刚一进门，何等记就喊了一声。声音不大，穿透力却极强。

略显沉闷的办公室一下子充满活力。虽然大家学习《中华人民共和国海关关衔条例》已经好几个月了，也都非常清楚自己会在哪一天被授予什么等级的关衔，但依旧显得兴致勃勃。大家的目光被何等记胳膊下夹着的塑料袋吸引，很快就把他围了个密不透风。

“不要急，一个一个来。”何等记一边用手擦着额头上的汗，一边拆开包装。没想到打开外面黑色的塑料袋，里面还有一层橙色的袋子，打开橙色的袋子，又看到分装肩章的透明胶袋。“瞧见了没？长啥样？”不记得是谁在后面问道。

办公室被一种兴奋和喜悦的情绪充盈着。在“二级督办”签收栏写下自己名字后，我有点迫不及待地拿着“两杠两星”往肩上比划。

“以后是不是要不断地向人敬礼呢？”负责审单的黄虎摩挲着自己的“两杠一星”问道。

“你向人敬礼，别人也要向你回礼啊！”一手拿着《中华人民共和国海关关衔条例》的同事哈哈大笑，另一只手不停地比划着敬礼和礼毕动作，仿佛看到了日后“礼尚往来”的光景，连非常内向的许春燕都忍不住捂着嘴轻声笑了起来。恩平海关只有3名女干部，名字分别叫做春燕、春丽和春艺，巧合得很。

我在大伙的笑声中回到自己的办公室。副科长林仲达已经换上了新肩章，戴上了大礼帽，站姿笔挺地对着大玻璃窗敬礼。

“帅不帅？”他一直盯着玻璃窗中的影子，目光炯炯。

“那是当然，必须的！”我从他的背影都能感受到他发自内心的自豪感。

过了许久，林仲达才把礼帽摘下来，对着玻璃窗整理头发。他本来就是一个很帅气、很精神的小伙子：方正的脸庞，浓眉大眼，显得英气十足；一副精巧的金丝眼镜架在挺拔的鼻梁上，一头浓密的黑发，一丝不苟地理出一个四六分的发式，这让他在帅气中透着儒雅。

那天下午，我接到办公室张国健主任电话：明天全体人员到江门市政府礼堂参加授衔仪式。“戴新肩章要两个人互动哦，你们好好练一下，舞（mu）下佢。”张主任是恩平本地人，记忆里总是笑眯眯的，最让人印象深刻的是他那藏不住的乡音。“舞（mu）下佢”就是好好准备，一定要搞得妥妥当当的意思。

我在脑海中描绘出一个近千人肃立敬礼神气威风的场面，在心底跃跃欲试。第二天，江门海关全体干部在江门市政府礼堂接受授衔，成为我至今难忘的回忆。

照片档案：2003 年 9 月 28 日，江门海关在江门市政府礼堂举行授予海关关衔仪式

站军姿和体能测试

2006 年，鹤山。

3 月的时候，江门海关下发了队列训练方案，常态化队列训练由此拉开序幕。

那时候海关驻有执勤武警，老师是现成的。记得第一天给我们上课的武警战士姓周，云南曲靖人，十八九岁，黝黑的脸膛，稚气未脱却不苟言笑。

目光扫过我们老幼不均、高矮不齐的队列，小周教官显得有点不知所措。

“我们先练 10 分钟站军姿！”小周教官似乎很快找到了工作突破点。

看到我们的表现不达标，他逐一将问题挑明纠正，“双眼平视前方，两手紧贴裤缝，脚跟靠拢，脚尖分开 60 度，一动不能动！”

“开始！”

我们就这样一动不动地站在操场上。尽管春末的空气中还残留着些许凉意，浓密的芒果树枝叶为我们挡住了大片阳光，我们还是能感觉到汗水慢慢沁湿了制服。

“左边第三名，两脚夹紧！”

“右边第二名，脖子挺直，脖子靠着后衣领！”

小周教官打量着我们，略带稚气的脸表情严肃。

“站军姿最能磨炼一个人的意志！”

我从未感觉过 10 分钟是如此漫长。看着清理垃圾的车进来又出去，给饭堂送菜的车进来又出去，率先感到胀痛的是小腿腓肠肌，随后紧绷着的双膝后部开始酸麻僵硬，紧贴着裤缝的手心开始冒汗，双肩与脖子也逐渐感到酸痛难耐，最关键的是直挺的老腰开始有点不受控制……

“休息一下。”小周教官看了看手表说。

大伙像得了特赦令一样，纷纷踢着腿、伸着腰、摇着脖子，往四周散开。

“真累人啊！”我笑着说。

“慢慢适应就好了”，小周教官中气十足，“练这个我们一般按小时算。”一时间我对这个小伙子充满了钦佩。

到了 8 月份，江门海关又下发了《工作人员体能训练实施办法》。体能训练测试的主要项目是中长跑，按年龄段分为男子 1500 米、1000 米，女子 800 米 3 种，还制定了测试标准。当时尚属少壮派的我理所应当地要在 7 分 05 秒内完成 1500 米跑。

偌大的鹤山市体育场空荡荡，除了海关人员外没有其他人。盘算着要怎么围着那么大的足球场跑将近 4 圈，我的心里也是空荡荡，没有一点底气，毕竟中学毕业后就没有跑过那么长的距离。我忐忑不安地挤在人群中间，有人神色凝重，按部就班地做着热身运动；也有人难掩兴奋，在跑道上摩拳擦掌；更多的人表现平静，至少表面看上去如此。

发令枪响，大家争先恐后地向前跑去。第一圈还没跑完，我就感到呼吸愈来愈沉重，步伐开始拖沓缺乏弹性；抬头看前方，跑道似乎被拉长数倍，终点遥不可及，一阵慌乱涌上心头，不免脚底发软。

那天的阳光并不滚烫，却让人越发焦躁。我逐渐喘不上气，不受控制地张嘴呼吸，任由干燥的空气撕扯咽喉。这时不断有人从我身旁跑过，一个、两个、三个……我不敢往后看。目光所及之处，监管科的莫起运一马当先，两条腿像装了小马达，已经跑到球场对面去了；几个平时踢球的同事，三五成群，不紧不慢地跑着，也和我拉开了相当远的距离。

离终点还有 100 米的时候，我感到眼前一黑、天旋地转，但仍然咬着牙坚持挪动步伐。我忘了最后是怎样到达终点，忘了是谁给我递来一瓶矿泉水。人们似乎围着我语气关切地说了什么，但我除了胀痛发颤的小腿和快要炸膛的胸腔，什么都想不起来。

这次经历让我感到无比挫败。痛定思痛，我自己制订了一个练习长跑的计划，狠下心坚持了一月有余，没想到卓有成效。

我踌躇满志，摩拳擦掌，准备在补测中一展身手。

从那以后，我坚持锻炼的习惯一直延续至今，受益良多。

优秀指挥员

2019 年，开平。

下午上班，我还没走到座位就听到座机急促地响起来。我赶紧跑过去拿起话筒，“亦文，请你来一下我办公室。”电话那头是开平海关副关长张文焕，语气不容置疑。

“关里决定组队参加下个月的全关队列会操，由你担任指挥员。”

“咔嗒”一声，他把一份刚刚打印出来的文件用订书机钉好，一边交给我一边说：“人员已经帮你挑好了，共 10 个人。还有两个星期，时间紧任务重，今天下午 4 点钟开始训练。”

下午 4 点。10 个人全部到齐，由高到矮、从左至右一字排开。左边的排头兵是一个 1 米 8 的高个精瘦汉子，右边排在队伍最后的叫刘璐，1 米 6 左右的身高，报数时声音极其洪亮，据说是部队大院出身。

队列训练要克服的第一个难题是行进与立定。步幅的大小和频次节奏对队伍的整齐度影响很大，在队员们身高差异悬殊的情况下，需要不停地对两端的队员进行调整。

“用余光标齐！”我不停地跟着队伍来回走，眼睛紧紧盯着他们前进的步伐，反复叫喊着注意事项。

训练进程卡在了进场时的跑步与立定。“像一群鸭子一样！”检查工作进度的张文焕副关长看见大家的动作很难踩到同一个节奏上，眉头紧皱。

“我有一个主意。”正当大家一筹莫展的时候，一位同事站了起来。“亦文跑步时，是用脚跟着地，脚掌用力下拍，会发出啪啪的声音，大家就跟着这个节奏跑！”一边说一边用右手比划着脚跟和脚掌的动作。

这一招果然管用。

会操定在了 6 月 5 日。9 点不到，江门海关大楼前的广场就被太阳烤得发白刺眼。进场前，我眯着眼瞥了一下，几片白云轻纱一般浮在天边，看来很难指望它们能挡一下太阳了。

15 支队伍逐一登场，口号声回荡在整个海关大院。暴露在外的手臂已经被晒得发红生痛，我坐在小板凳上，在脑海里一遍又一遍地循环播放着操练的程序和口令。

“下面进场的是开平海关代表队！”终于轮到我们了。

“跑步……走！”预令充分，动令干脆。我感到声音由丹田涌出，经过胸腔激荡，再由喉咙中喷薄而出，四周除了我的声音和整齐的脚步声，仿佛一切都处于静止中。响彻天空的呼号声让我感觉置身军营之中，心潮澎湃之余思维却越发冷静。整理着装、整齐报数、立正稍息跨立、停止间转法、脱帽与戴帽、敬礼与礼毕、行进与立定等队列动作一气呵成，分毫不差。

“你是 5 个优秀指挥员里唯一既不是军转干部又不是警校毕业的。”颁奖仪式后，张文焕副关长专门走过来笑眯眯地跟我说。

“是吗？”我不自觉地挺了一下腰，让脖子贴着后衣领。这一刻，我感觉自己就是一个真正的军人。

肩章更迭　初心如炬

江门海关　温秉衡

2023 年是海关关衔制度实行 20 周年。关衔是一种荣誉，也是一种责任。作为毕业于上海海关学院的海关关员，从最初校园的蓝肩章，再到现在的两杠一星的黑肩章，肩章的颜色和图案变了，但是肩膀上承载的使命和担当没有变。

初遇海关，锤炼品格磨砺意志

2012 年，我作为一名新生，来到了上海海关学院。在入学报到时，我一下子就被老师肩上的肩章吸引了，一把钥匙、一根商神杖，金色的关徽让人眼前一亮。看到我对肩章感兴趣，老师便给我讲述了海关肩章的历史，说起了 2003 年国务院举行授衔仪式的光荣时刻，介绍了不同的肩章图案对应的关衔级别，关务员、督办、督察……我对肩章有了初步的认识。

新生集合时，学院仪仗队向我们展示了一名合格海关人的必修课——队列训练。响亮的队列口号、整齐的排面步伐、昂扬的精神风貌一下子就让我们切身感受到了什么是纪律严明、令行禁止。集合过后，我们开启了 4 周的军训，每一个同学都认真学习教官们的队列动作，一遍又一遍地练习动作要领，憧憬着能够尽快开启校园生活，佩戴上那副蔚蓝色的肩章。

大学 4 年的生活让人印象深刻，统一的制服、风雨无阻的课前列队贯穿着每一天。学院的管理制度严谨细致，从仪容仪表和规范着装的检查，到定时定点的作息安排，点点滴滴的细节让我们养成了遵规守纪的作风。课堂上，同学们严守课堂纪律、认真聆听老师的授课内容，团结协作、共同进步；图书馆里，大家都安静地坐在座位上学习，偌大的图书馆只能听到轻微的书本翻页声。自律意识根植于上海海关学院学子心中，引导大家共同营造一个良好的校园学习环境。

融入队伍，理解海关职责担当

毕业后，我毫不犹豫地选择了报考海关，从学生变成了一名守护国门的关员，身份的转变让我对肩章上所承载的职责有了更深刻的理解。记得刚刚来江门海关所属恩平海关报到那天，同事就问我是否了解海关具体是干什么的？是一支什么样的队伍？我脱口而出："海关的四大职能是监管、征税、查私、统计，从2003年开始，海关实行关衔制度，是一支准军事化纪律部队。"同事听完微微一笑，又说："那你怎么理解海关的职责和准军事化纪律部队的要求呢？"我突然一愣，不知道怎么回答。在大学生活中，学习知识就是任务，令行禁止就是准则。但是如今，自己成为一名海关关员，肯定会有新的不一样的职责和要求。我牢牢记住了这个问题，并在接下来的工作中寻找自己的答案。

2017年，我在综合业务岗位，主要的工作是进出境货物监管。我一边认真学习党的十九大报告，一边刻苦钻研禁止"洋垃圾"进口、打击象牙及其制品走私、严管严控枪支爆炸物品等海关业务知识。

2018年机构改革后，我开始接触检验检疫业务。我总结了一套业务操作流程，将需要操作的各个系统的详细步骤罗列出来，工作效率得到了提高。但是，操作流程仅仅是业务的表面，并不是业务的内核。过了一个月，问题就来了：有一次企业急需出口一批虾饺，而我对查验要求、拟制证书内容完全不了解。怎么办？我请教了业务专家，才进一步了解了查验表单的出处，知道怎样查找输往各国的检验证书格式。之后，每接触一项新的业务，我就会认真学习法律法规依据和业务标准规范，仔细研究该项业务的背景和改革进程。我逐渐了解到只有做到素质过硬、业务精通，坚持干什么学什么、缺什么补什么、练什么精什么，从把关服务的实战需要出发，从严练好“内功”，才能避免临时抱佛脚，才能更好履行海关“守国门、促发展”的职责使命。

2020年，新冠疫情突然袭来。“疫情就是命令、防控就是责任”。当时我所在的科室负责货物的通关监管，按照海关总署要求，我们设立了进口捐赠物资的快速通关专门受理窗口和绿色通道，宣传海关措施，为进口抗疫物资做好快速通关的准备。没过多久，我们就陆续接到咨询电话。我记得很清楚，第一票捐赠物资来自委内瑞拉的侨胞。我们克服时差和语言沟通不畅的困难，跟侨胞和地方应急办保障供应小组彻夜沟通，一步步指导捐赠人员办理通关手续。连续三天三夜，科室灯火通明，但是大家丝毫感受不到倦意，争分夺秒的使命感和责任感给予了我们不竭的动力。大家都想尽快协助企业办好手续，为地方的疫情防控和人民的生命健康提供保障。当该批物资顺利放行并运达医院时，我们悬着的心才彻底放了下来。那一刻，我切身感受到了海关队伍的奉献和担当，即便有再多的困难，都不忘初心、挺身在前，我很荣幸是这支队伍的一员。

照片档案：2020年1月31日，江门海关所属恩平海关建立捐赠物资快速通关绿色通道，保障捐赠的抗疫物资快速抵达医院

使命传承，弘扬海关优良作风

2021 年，肩上的肩章变成了两杠一星，我带着对海关职责更深入的理解，来到了新的工作岗位——江门海关所属阳江海关查检科。在这里，我了解到更多同事的先进事迹，学习到了怎样更好弘扬海关优良作风，传承好守国门、促发展的职责使命。

疫情防控的 3 年里，“查检先锋”服务队的青年干部们始终发挥先锋模范作用，他们的事迹深深感动着我。疫情初期，他们有的刚刚回到老家，正计划着走访亲友的行程；有的临近婚期，正在步入自己人生新的阶段；有的孩子刚刚满月，正在享受陪伴孩子成长的喜悦。但是为了守护人民群众的安宁，为了万千家庭的幸福，为了不辱国门卫士的使命，他们义无反顾地奔赴前线。为了更好践行海关的使命担当，筑牢国门安全屏障，我申请加入“查检先锋”服务队，与关区的青年干部一起奋战在查检一线。

为了做好国门生物安全监测工作，我们顶着烈日在口岸周边、种植基地、村落农田布置监测器具。有时监测点分布范围较广，路途崎岖，为提高布置效率，往往一早就要带着诱捕设备扎进草丛堆里，晚上才能回来。不管道路多崎岖，太阳多猛烈，只要能严防外来物种入侵，筑牢国门生物安全防线，我们再苦再累也要风雨兼程，完成监测任务。

照片档案：2021 年 10 月 26 日，江门海关所属阳江海关开展国门生物安全监测，严防外来物种入侵

为解决果农对出口荔枝的相关政策法规不熟悉等问题，我们及时对接企业需求，向企业宣讲出口荔枝贸易政策法规，紧盯水果出口防疫、运

输、保鲜技术和国外贸易壁垒等难点，指导果农和企业规范生产管理流程，建立完善与国外技术标准对接的企业质量管理体系，全方位提升出口荔枝的品质，为扶持荔枝产业发展壮大，助力乡村振兴贡献海关力量。

11 年来，肩章伴我成长，让我受益良多。“听党指挥、对党忠诚”的信念、“扎实钻研、严守纪律”的作风、“主动担当、甘于奉献”的品格深深烙印在心中，融入了血液。20 年岁月峥嵘，20 年砥砺前行。现在，接力棒传到了我们手上，我们要树牢政治意识、强化责任担当，以更加奋发有为的精神风貌，书写新时代海关的新篇章。

湛江海关

青春之我　重任在肩

湛江海关　李孟鸿

授衔，是党和国家给予海关人员的崇高荣誉。2023 年是海关队伍授衔 20 周年，习近平总书记在百忙之中给红其拉甫海关全体关员亲切回信，让海关人无比振奋、心潮澎湃……

亮眼蓝肩章，青春新力量

我是 2023 年进入海关的一名新关员，可我对关衔制度的了解，却已有了 4 年多的时间，这得益于我的母校——上海海关学院。在报考志愿的时候，我就被这一身亮眼的制服所吸引，认为穿上这身制服的人都十分精神、十分帅气。直到我到学校报到的那天，才发现并不是那么简单，这身制服象征着一份责任、一种使命。

上海海关学院是海关总署唯一直属的全日制普通高等学校。一直以来，学院严格贯彻落实准军事化管理制度，早训、内务督查以及队列训练已是每周的家常便饭。在校时，我主动加入了上海海关学院仪仗队，并荣幸成为执行国庆升国旗任务的升旗手。身上的制服也随之变成了白礼服，队列训练的要求也更高了。正步、敬礼、行进间的排面与动作的整齐划一都是我们训练的追求，肩上多了一份护旗的责任使命。“崇尚荣誉、不辱使命、矢志报国、共铸关魂”是我们的口号。

照片档案：2019 年 12 月 15 日，李孟鸿参加上海海关学院迎宾任务

大学 4 年的准军事化管理，我最大的感受就是令行禁止，对命令绝对服从，对党和国家绝对拥护。4 年的大学生活教会了我许多，不仅是关衔制度，更多的是新时代海关纪律部队建设的意义。

深邃黑肩章，海关新力量

2023 年恰逢海关队伍授衔 20 周年，我从上海海关学院毕业，告别母校，告别蓝肩章，通过积极、努力地备考，如愿以偿考进了湛江海关，成为一名海关关员。初入海关，便清晰地认识到扣好海关生涯第一粒扣子的重要性。我穿着熟悉的制服，但肩章从蓝转黑，陌生又熟悉，肩头沉甸甸的。

在初任培训时，我认真聆听老师的授课，对建设海关纪律部队有了自己的理解：为了更好地守卫国门，推进廉政建设，需要将海关打造成具有服从性、纪律性的部队，将服从和纪律刻在每一名关员的骨子里，方能毫不保留地为更高水平的对外开放贡献海关力量。

如今，我在湛江海关所属茂名海关办公室轮岗，负责综合工作。每日坐在办公桌前，键盘的敲击声和鼠标的点击声已是办公室的标配，时不时会想起大学期间与队友们一同训练的时光。2023年国庆节来临之际，我同样被交予了升国旗的任务，位置从升旗手变成了擎旗手。手捧着崭新鲜红的五星红旗，我心中感慨万分。从学校到海关，从学生到关员，肩章发生改变，责任更为神圣沉重。凝视着五星红旗，我清晰地明白，作为中国海关的一名新关员，我还需要在思想上、意识上、身体上下功夫，将上海海关学院仪仗队的纪律性、服从性带到工作生活中来，一以贯之，完成工作的同时不忘提升自己，将自己投身于海关纪律部队建设中去，在队伍的打造和建设中挥洒青春汗水。

照片档案：2023年8月18日，李孟鸿进入海关后，在湛江海关所属茂名海关办公室工作学习

身为新关员，我定当牢记肩上的使命，坚定走好“两个维护”第一方阵，坚持不懈用习近平新时代中国特色社会主义思想凝心铸魂，始终沿着习近平总书记指引的方向奋勇前进，铸造忠诚之信仰，担当守护之使命。用毫不含糊、毫不保留、毫不懈怠、毫不松劲的态度，推动高水平开放，促进高质量发展，锤炼令行禁止、雷厉风行的纪律作风，当好让党放心、让人民满意的国门卫士，为强国建设、民族复兴积极贡献青春力量。

我与关衔的故事，才刚开始。

授衔往事

湛江海关　陈俏娜

2003 年 9 月 26 日下午，湛江海关隆重举行首次授予关衔仪式，我有幸参与并见证了这一光荣的历史时刻。当我重新查看当年的一份份文件、一张张照片、一件件实物时，记忆仿佛又回到了从前……

文件里的授衔

2003 年 9 月 8 日，时任湛江海关关长尹志忠被国务院授予一级关务监督的关衔。

2003 年 9 月 10 日，湛江海关 163 名同志被海关总署授予三级关务督察及以上衔级的关衔。

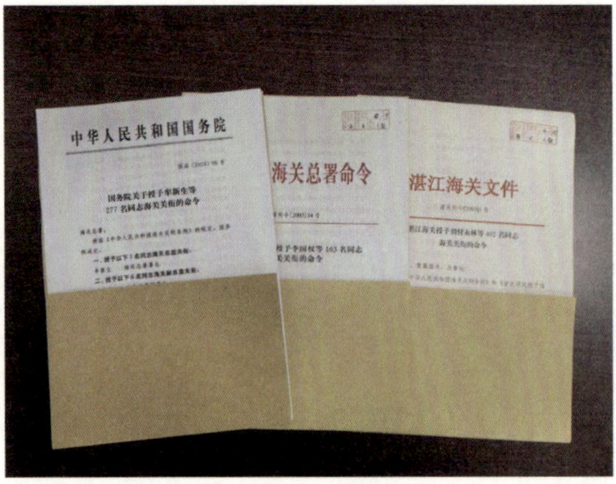

文书档案：2003 年 9 月，国务院，海关总署，湛江海关分别签发的授予海关关衔的命令文件

2003 年 9 月 19 日，时任湛江海关关长尹志忠签发了湛江海关的第一份授衔令，授予一级关务督办及以下衔级 402 名同志海关关衔。

至此，湛江海关首次评定授予海关关衔 566 人，其中一级关务监督 1 人、三级关务监督 8 人、一级关务督察 22 人、二级关务督察 59 人、三级关务督察 74 人、一级关务督办 116 人、二级关务督办 150 人、三级关务督办 114 人、一级关务员 21 人、二级关务员 1 人。

照片中的仪式

2003 年 9 月 22 日下午，湛江海关三级关务督察及以上代表 90 人在广州国际会议展览中心二楼 2A 展厅，参加了广东分署举行的广东海关授衔仪式。时任海关总署署长牟新生，广东省委、省政府和广州市委、市政府领导，广东分署、广东省内各直属海关关长等共 1260 人出席广东海关授衔仪式。

照片档案：2003 年 9 月 22 日，参加广东分署举行的广东海关授衔仪式的湛江海关全体代表合影

2003 年 9 月 26 日下午，湛江海关隆重举行首次授予关衔仪式，湛江市委市政府有关领导出席授衔仪式，并同湛江海关领导一道为该关一级关务督办以下衔级人员代表颁发了授衔命令证书。

照片档案：2003 年 9 月 26 日下午，湛江海关隆重举行首次授予关衔仪式，部分代表到主席台接受领导授予的关衔命令证书

湛江海关首次授衔引起社会各界广泛关注，《湛江日报》、湛江电视台、湛江人民广播电台、《茂名日报》、茂名电视台、茂名人民广播电台、新华网、南方网、海关总署官方网站、碧海银沙网站等各级媒体纷纷对湛江海关 9 月 26 日举行的首次授予关衔仪式情况进行了报道。

实物中的肩章

海关工作人员的关衔标志佩戴在肩章上，肩章为剑形，版面为黑色，分为硬肩章和软肩章。海关总监、海关副总监关衔标志由金色橄榄叶环绕的金色海关关徽和附有五边形底衬的金色五角星组成；关务监督关衔标志由金色橄榄叶、金色五角星和金色海关关徽组成；关务督察、关务督办、关务员关衔标志由金色横杠、金色五角星和金色海关关徽组成。

首次授予关衔会场气氛隆重而热烈，仪式中有一个环节——关员互戴关衔。关员们参加授衔仪式前先佩戴旧肩章，左、右新肩章分别放入制服相应口袋，待关领导宣布授衔后，两人一组，互相换下旧肩章再戴上新肩章。虽然部分关员没有机会上主席台接受关衔证书，接受领导授衔，但每个关员脸上都写满了自豪和喜悦。

实物档案：上方为授衔前使用的肩章，下方为带有关衔标志的肩章

记忆中的训练

从 2003 年 9 月上旬开始，湛江海关利用近 1 个月时间，按照海关总署《海关工作人员着装管理规定（试行）》要求，专门制订军训方案，分 3 个批次有重点地组织全关干部职工、参加分署和关内授衔仪式人员进行军训，训练的主要内容为：步伐与立正、稍息、脱帽、戴帽、敬礼等有关的礼仪动作，教官由海军陆战旅官兵担任。

在 9 月 18 日、19 日的军训中，从关、处领导到一般干部按照授衔着装要求，冒着烈日，克服湛江地面高达 36 摄氏度的高温，一丝不苟地投入军训。大家虽然很辛苦，但仍然热情高涨，认真训练。关衔办还组织检查小组对各军训点进行统一检查验收，对军训未合格的军训点严格要求，直到合格为止。直到 20 年后的今天，湛江海关首授关衔的情景仍然历历在目，并将永驻记忆深处。

南宁海关

筑牢西部陆海新通道上的坚强战斗堡垒

南宁海关　陆建长　董子越

在祖国南疆的钦州港口岸，万吨巨轮往来不绝，货畅其流、通江达海，现场一片繁忙景象，陆与海在此“双向奔赴”。30年前的小渔村如今已华丽蜕变为西部陆海新通道国际门户港。

南宁海关所属钦州港海关监管四科是一支由12名关员组成的一线查验队伍，平均年龄36.5岁，常年驻守在西部陆海新通道出海口。2021年以来先后获评南宁海关“四强”党支部、先进基层党组织、内控示范科室、先进集体等荣誉称号。档案见证了钦州港由小到大、由大变强、由强向优的历史性发展，也见证了钦州港海关在守国门、促发展中愈发成熟与壮大。

厚植忠诚底色

忠诚是海关人最鲜明的政治底色。钦州港海关监管四科始终秉承海关关衔制度实行20周年铸就的过硬作风，强化监管、优化服务，确保了粮食、能源等重要产业链、供应链的安全。

2020年，面对突如其来的新冠疫情，钦州港海关监管四科闻令而动、遵令而行、逆行而上，坚决响应号召投入一线防疫工作。

“现在疫情防控工作专班需要人员，你能否立即顶上？”2020 年 3 月正在轮休的科室军转干部邓顺恩接到关里电话通知。“没有问题，我即刻启程返岗！”退伍不褪色，有召必回，不曾犹豫。邓顺恩挂完电话即与家人沟通，稍作安顿立即返程投入战斗。从参加防疫工作到 2023 年 1 月 8 日站好最后一班岗，邓顺恩连续在钦州港口岸奋战 1000 多个日日夜夜，坚决守牢“外防输入”防线。从部队军人到海关关员，变的是身份，不变的是政治坚定的忠诚品格；从“绿军装”到“黑制服”，变的是制服，不变的令行禁止的优良作风；从“黄肩章”到“黑肩章”，变的是职责，不变的是担当奉献的奋斗精神！

疫情防控 3 年，钦州港海关监管四科先后共 11 人加入防疫工作专班，完成出入境船舶登临检查 4932 艘次、船员 9.4 万余人次，保障了钦州港口岸通关高效顺畅，为地方经济发展保驾护航，彰显了肩负关衔的忠诚担当。

照片档案：2020 年 3 月，南宁海关所属钦州港海关坚决响应号召投身疫情防控一线，守牢“外防输入”防线，图为钦州港海关关员对一艘入境船舶实施登临检疫

照片档案：2021 年 10 月，南宁海关所属钦州港海关查验关员丘燊对一船巴西转基因黄大豆实施检疫，防止外来物种入侵，筑牢国门生物安全防线

胸怀“国之大者”

2023 年 9 月 9 日，一艘装载 29994.7 吨南非锰矿的“皮图拉斯”轮靠泊钦州港口岸勒沟作业区 14 号泊位，钦州港海关监管四科按要求派 2 名关员开展现场监管查验，落实“先放后检”便利措施，保障货物快速通关。中国钦州外轮代理有限公司是最早进入钦州港办理进出口货物代理业务的企业之一。“通关速度的提升是实实在在的，现在货物从靠岸到提离码头平均半天时间就能完成，极大节省了我们企业的时间成本和经济成本。”公司物流部经理刘彩凤介绍。

“您好，想问一下我们那票货物大概什么时候能够放行呢？”这曾是钦州港海关监管四科现场关员工作中最常遇到的问题咨询。突出问题导向，及时回应企业诉求，破解推动发展之道是海关职责所在。人员少、任务重、要求高，如何落实好“管得住、通得快、放得开”目标要求，考验着每一名执法关员。“我们就以矿产品样品全流程监控为抓手，来把控整票货物通关进程！”钦州港海关监管四科业务骨干们在经过反复研讨论证

照片档案：2022年4月，南宁海关所属钦州港海关关员对进口锰矿实施检验，保障大宗资源性商品快速通关

后找到了“突破口”。他们组织专班推进改革探索，开发了“法检大宗商品取制样监控”系统，实现了样品从取样、制样到实验室检测等全流程可视化监控，精准把控通关堵点并及时介入化解，压缩法检矿产品通关时长39.12%。业务快速发展的背后，是一项项改革创新的落地落实，是海关人苦练内功、攻坚克难的生动体现。近年来，钦州港海关监管四科先后推动海铁联运港站一体化智能监测新模式、陆海新通道海铁联运“批量转关”等自由贸易试验区改革项目落地，入选自治区层面创新成果。推动“两段准入”扩大应用、“散改集”运输模式落实等，持续释放海铁联运优势效能。2022年钦州港口岸进出口整体通关时间比2017年分别缩短94.77%、96.17%。

涵养为民情怀

敢担当、讲奉献，把一个个企业急难愁盼的问题解决好，把一项项惠民利企的政策落实好，是将“人民海关为人民”的铮铮誓言转化为把关为民成效的生动实践。随着西部陆海新通道快速发展，钦州港口岸进出口业务迅猛增长，加班加点保障通关成了一线查验人员的工作常态。2023年9月29日，挪威籍“艾瑞斯”轮装载11535.739吨乙烯靠泊钦州港口岸华临码头，中秋节假期申请预约通关货物。“我们预计10点到达华临码头开展监管，请提前做好配合查验准备工作。”钦州港海关监管四科值班关员陆佩开一早即提前联系代理企业，提醒做好相关工作。“陆工，平时周末节假日您加班，中秋节这么重要的日子也要下港口加班，都不能陪老婆孩子。您都没有意见吗?”身旁同事带着不解问道。“这不是有没有意见问题，这是责任，是我们作为一名党员、一名关员的责任!”陆佩开回答得坚定而有力。作为一名具有25年党龄和关龄的同志，陆佩开是集植物检疫、矿产品、危险品监管等领域专家资质于一身的“行家”，被同事们亲切称为“陆工”，这也是其业务过硬、作风严谨、甘于奉献的生动写照。

2022年以来钦州港海关监管四科聚焦重点商品强化统筹，保障预约通关250余次，加班逾1600小时，确保原油、煤炭等重点能源资源商品通关顺畅，助力企业稳产达产增产，海关人的担当奉献也在每一次的坚守和付出中得以升华。

照片档案：2022年10月，钦州港海关开展现场监管，强化安全隐患排查，牢牢守住安全生产红线

砥砺二十载，齐心铸关魂。新时代、新征程，钦州港海关监管四科将深入学习贯彻习近平总书记给红其拉甫海关全体关员的重要回信精神，以海关关衔制度实行20周年为契机，铸忠诚、担使命、守国门、促发展、齐奋斗，不断提升监管能力和服务水平，让党旗在基层一线高高飘扬，为社会主义现代化海关建设积极贡献力量。

奉　献

南宁海关　闭清源　刘奕铄

南宁海关所属防城海关档案室里有这样一组照片，再现了20年前防城海关授予关衔仪式的盛景。翻阅这些老照片和相关资料，文字和图片承载着的历史厚重感扑面而来，尘封于档案中的记忆渐渐苏醒，让人仿佛在观看一部纪录片，感受不同年代的历史经历。

回首，忆往昔岁月

2003年9月26日下午，防城海关授予关衔仪式在防城港市委小礼堂举行。“2003年我们参加了首次授予关衔仪式，至今我还记得当时激动的心情！关衔戴在肩上，就像肩负沉甸甸的责任和使命，将‘忠诚守国门’这五个字永永远远地种在我们的心尖，扛在我们的肩头。”回忆起参加防城海关首次授予关衔仪式的情景，防城海关关员、二级关务督察何卫青说。

照片档案：2003年9月26日，南宁海关所属防城海关授予关衔仪式在防城港市委小礼堂举行

关衔，是一种符号、一种荣誉，更是纪律和责任的象征。1983年8月防城海关正式开关对外办

公，海关干部职工与港口建设者们白手起家，克服各种困难，推动防城港港口物流和外贸产业快速发展。2002年年底，随着《中国—东盟全面经济合作框架协议》在柬埔寨金边签署，中国—东盟自由贸易区建设有序开展，从此拉开了防城港市港口建设和外贸快速发展的序幕。2003年，在首次授予关衔的这一年，广西首套H986集装箱大型检查系统在防城港竣工，这是海关监管科技化水平提升的一次飞跃，也是防城海关为进一步提升通关速度、促进防城港经济社会发展的献礼。

如今，20年前操作H986的青年关员已成长为资深业务骨干。铿锵誓言，时光荏苒，岁月如歌，在祖国“西南门户、边陲明珠”海港口岸，防城海关关员从青葱少年到鬓染霜华，把最美的韶华奉献给了热爱的海关事业，奉献给了长期工作生活着的这片热土。

扬帆，谱发展新章

20年来防城海关铸就了坚实可靠的国门之盾。回首一路走来的岁月，防城海关队伍日益壮大、愈加自信，一路披荆斩棘、栉风沐雨推动防城港跻身国内主枢纽港之列。党的十八大以来，海关积极助力防城港市充分发挥沿海沿边开放优势，贯彻新发展思想、构建新发展格局，加快建设西部陆海新通道，为防城港市大港口、大口岸的开放发展注入了强劲的助推剂。2018年，国务院批复同意防城港口岸扩大开放，防城港口岸基础设施和外贸进出口迎来跨越式发展。

“我入关那年，恰逢防城港口岸扩大开放通过国家验收，见证了防城港口岸由单一的渔澫港区，扩大开放至渔澫、企沙、江山3个港区。这些年，防城港企沙港区的大型深水泊位不断加快建设通过验收，帮助周边外贸企业节约了生产经营成本，企业的外贸‘蛋糕’越做越大。”2019年参加海关工作的防城海关关员、三级关务督办夏若梅说。

大港口、大口岸、大工业建设如火如荼，防城海关的监管业务量也在不断增长，海关关员们加班加点，提供“7×24小时”通关服务，助力压缩口岸整体通关时间，监管服务水平不断迈上新台阶，2022 年防城海关监管进出口货运量达 9133.9 万吨。

砥砺前行谱新章，扬帆起航正当时。在海关队伍授予关衔 20 周年之际，防城海关全体关员将深入学习贯彻习近平总书记给红其拉甫海关全体关员的重要回信精神，铸忠诚、担使命、守国门、促发展、齐奋斗，加快推进智慧海关建设，高标准、高质量实施“智关强国”行动，当好让党放心、让人民满意的国门卫士。

海口海关

二十载授衔路 天涯雄关守天涯

海口海关　林策策　王纯豪　陈思琪

授衔20年，海口海关所属三亚海关始终驻守在海南岛的最南端，天涯雄关的“国门卫士”面朝大海，守国门、促发展，劈波斩浪、奋楫争先，以优良作风和崭新面貌塑造新时代海关纪律部队。授衔20年，恰好也是三亚市飞速发展的20年，从封闭的边陲小镇，到国际旅游岛排头兵，如今更是奋力打造海南自由贸易港高质量发展的“第三极”和“新标杆”。走近档案，感受历史见证海关与三亚共同成长，成就了“国际旅游消费中心”“游艇之都”等一道道靓丽的风景线。

一副肩章，践行海关忠诚使命

2003年2月28日，第九届全国人民代表大会常务委员会第三十二次会议审议通过了《中华人民共和国海关关衔条例》。自此，中国海关成为继中国人民解放军实行军衔、中国人民警察实行警衔后，第三支实行衔级制度的队伍。这是国家和人民赋予海关关员的无上荣誉。

在这一年的档案里记载着这样一幕：突如其来的非典型肺炎肆虐全球，在中国、美国、加拿大等32个国家和地区蔓延，彼时三亚市刚在国际舞台上崭露头角，第 53 届世界小姐总决赛、亚洲高尔夫巡回赛等具有重大影响力的国际赛事会展纷纷选址三亚市举办，这是三亚市打响国际知名度的一次重要机会。这一年，三亚海关亮相登场，初授关衔的三亚海关集中组织开展了“立党为公、执法为民、整肃纪律、树立良好形象”教育整顿、“创建文明窗口”“迎国庆·授关衔”等系列活动，关员们以焕然一新的精神面貌迎接挑战，力克疫情影响，全员齐上阵，确保严密监管的同时，为全球各地从三亚市入境参加世界小姐总决赛的 110 名参赛选手提供优质服务，获赛事组委会和各国参赛选手高度赞扬。

照片档案：2006 年，海口海关所属三亚海关关员在进行队列训练

一艘邮轮，驶向国际旅游之港

经历 3 年时光的沉淀，三亚海关队伍的风貌逐渐塑成，内化于心、外化于行，关员们在守卫国门中诠释对党忠诚，在把关服务中彰显海关风采。

三亚市是我国对外开放黄金海岸线上最南端的重要口岸，1 小时即可进入国际主航道，更是环球邮轮航线东南亚的重要中转站和补给点，发展国际邮轮产业的优势得天独厚。在2006年的一叠档案之中，记录着三亚海关“举全关之力”，助力三亚国际邮轮产业发展、填补产业空白的场景，展现了一个个奋战在改革开放前沿的身影。

邓文君，时任三亚海关邮轮监管科科员，正是其中一位见证者。她回忆道：“国际邮轮初开之际，海关面临的监管压力前所未有，人力资源不足、设备调试复杂，甚至当时国内唯一的邮轮母港（上海国际客运中心邮轮码头）开港还不足半年，缺乏可借鉴案例……各种挑战接踵而至，是海关精神给了我们阔步前行的不竭动力。”

照片档案：2018年11月14日，海口海关所属三亚海关关员邓文君（右）、单静静（左）在凤凰岛国际邮轮港监管“威斯特丹”号国际邮轮

2006年12月，三亚海关完成首次国际邮轮旅客监管，这也标志着三亚国际邮轮产业正式启航，为海南国际旅游岛建设打响了振奋人心的第一枪。截至2023年8月，三亚海关共监管邮轮500余航次，出入境游客逾100万人次。

一块“招牌”，闪耀一条创业之路

2011 年 4 月，海南离岛旅客免税购物政策开始施行。这是国家赋予海南“含金量”最高的政策之一，是海南国际旅游消费中心建设的一块“金字招牌”。翻开三亚海关的影像档案，一张张照片记录了离岛免税政策一路走来的光辉荣耀，记录了离岛免税政策成功实施的背后，三亚海关全体干部职工的默默付出，金色关徽为这块“金字招牌”增添了一抹亮色。

三亚海关副关长陈向云是该关免税品监管科的第一任科长，是离岛免税政策的“拓荒者”。回忆往昔，她说：“由于场地有限，为优先保障卖场，营造更愉快的购物体验，海关当时把办公场所设置在地下停车场一间临时改建的仓库内，条件简陋到必须不间断地开着空气循环机才能抵消轻微缺氧带来的疲惫。”

照片档案：2014 年 11 月 19 日，海口海关所属三亚海关关员在三亚免税城仓库查验免税品

“工作环境上的困难容易克服，但是如何既守住风险底线，又保证政策平稳运行，才是当时面临的最大挑战。”陈向云说，“在‘无人区’里摸着石头过河，蹚出一条新路，正是海关精神的真实写照。在离岛免税政策

即将试行的冲刺阶段，我们在这个仓库里像陀螺一样连轴运转，反复演练，反复修改监管方案，对监管系统、监管模式，投入人力进行不间断压力测试，完成了2万余件商品的电子登记审核，最终保障了首家免税店在三亚顺利开业运营。”

如今，离岛免税政策已成为海南自由贸易港建设的重要“推进器”，2022年，三亚海关监管离岛免税销售额242亿元；2023年前三季度，三亚市4家免税店离岛免税销售额达226.5亿元。

一批清单，书写自由贸易篇章

2018年，海南自由贸易港（区）建设拉开帷幕，三亚海关被赋予了新的历史使命，交通工具及游艇“零关税”政策属于“零关税”三张清单之一，是海南自由贸易港开展先行先试、压力测试的重要举措。

李怡彤，是三亚海关综合业务科的三级主办。她办理了三亚海关监管海南自由贸易港首艘进口游艇的“零关税”业务。作为“首单”业务的办理者，小李由衷地感到自豪，“做第一个吃螃蟹的人并不轻松。”她说，“在海口海关‘零关税’政策落地工作专班成立的第一天，组长就叮嘱我们，要充分发扬新时代海关纪律部队不怕吃苦、敢于斗争、敢为天下先的宝贵精神，做好打硬仗、啃硬骨头的准备。”

照片档案：2021年1月29日，李怡彤（中）、匡林夕（右）在清水湾码头监管首艘进口“零关税”帆船

对一个全新的业务进行监管，是一个复杂的系统性工程。如何预防系统性风险，如何强化地方部门和海关的协作，如何体现海南自由贸易港的先进

性，如何理顺享惠企业与供应链的关系，如何兼顾监管模式的安全性和便捷性等等，都需要通盘考虑。李怡彤和她的同事们铆足干劲、加班加点，反复论证政策落实中的每一个环节，最终保障了首艘“零关税”游艇顺利驶入三亚。

据三亚海关统计，自“零关税”政策落地以来，三亚海关推动“零关税”政策持续扩面升级，截至目前已服务进口“零关税”货物近20亿元。

海关队伍授衔的20年，是一代代海关关员推进作风建设的20年，是锤炼本领的20年，更是艰苦奋斗的20年。20年间，三亚海关抱着“敢为天下先”的信念，勇于探索，用忠诚阐述着新时代海关纪律部队的含义，用一轮又一轮的改革创新擦亮了肩上的关衔。

近年来，三亚海关顺利获评“全国文明单位”，免税品监管科等集体分别荣获全国“人民满意的公务员集体”、“消除疟疾工作先进集体”、“工人先锋号”、“青年文明号”、“巾帼文明岗”、全国海关“抗击新冠肺炎疫情先进集体”等荣誉称号。这是三亚海关凭着发展的心气、奋斗的劲头、团结的精神、务实的作风，在海关队伍授衔20周年之际，向时代交出的壮阔答卷。

回望二十载 奋楫扬帆新征程

海口海关　杨小凤

南海之滨，潮涌风劲。自2003年海关队伍授衔以来，这里伫立着这样一个集体——他们团结奋斗，立足本职干事创业，近年来在支持海南自由贸易港建设、海关深化改革、党团建设等重点任务中取得出色成绩。全国“人民满意的公务员集体”“一星级全国青年文明号”“全国工人先锋岗”“全国巾帼文明岗”“全国海关基层党建示范品牌”等一个个荣誉称号，一步一个脚印，在实物档案库中留下了深深的印迹。这些成绩来自他们心中“国之所需，吾之所向”的初心，来自他们“乘风破浪，逆风寻

实物档案：海口海关所属三亚海关免税品监管科所获荣誉称号

光”的信念。他们，就是来自海口海关所属三亚海关免税品监管科的一群忠诚、勇敢、智慧、坚强的关员。

寻迹 2011：牢记授衔荣光　不负殷切期望

2011 年 3 月，随着离岛免税政策在海南试点实施，三亚海关免税品监管科应运而生。作为首批授衔关员，时任免税品监管科科长陈向云，带领免税品监管科全体关员以“咬定青山不放松”的精神，从无到有，摸索前行，用实际行动诠释着绝对忠诚和使命担当。

免税仓库是免税品监管科监管服务的主要场所。为了便利企业，他们把办公室安置在第一家离岛免税商店的地下车库。新建的车库昏暗阴沉、油漆味重，免税品监管科就是在这间小小的地下车库，保障了离岛免税这项“国外少有、国内唯一”的独特政策行稳致远。下洋田地下室昏暗潮湿的办公室、火车站临时搭建的监管点、开往海棠湾免税店的通勤车，都留下了他们主动作为、勇于担当的身影。

成立初期加班加点工作是家常便饭，他们一起熬夜审核几万条商品备案，台风天在免税仓库彻夜值班协助仓库员工排除倒灌积水、凌晨两点还在海棠湾免税店盘点的场景还历历在目。随着免税业务的发展，监管仓库从一家变成了四家，有的远在崖洲港，但只要有免税品入出库，他们都“如影随形”、随叫随到。无论四季变换、风雨侵袭，每个人时刻牢记自己的初心使命，坚定地站在红旗下、守在关徽前，不断创造出新的成绩，一步步铸就起离岛免税的“金字招牌”。

改革 2020：坚定初心使命　勇挑时代重担

2020 年 7 月，离岛免税购物新政落地，随即海南省政府对外宣布：三亚将在年内新增 3 家离岛免税店。筹建时间只有短短的三个多月，海旅、中服2家经营主体第一次踏足海南离岛免税市场，中服免税直到9月中旬才获得经营资格……企业面临极大压力。

行动看号令、一切听指挥，为完成年底开业的“军令状”，免税品监管科的业务骨干们，把新时代海关纪律部队的优良作风贯彻始终，圆满完成了组织交办的任务。副科长吴昊主动放弃休息，24小时在线提供政策咨询，指导企业开展筹建工作。为协助中服免税解决监管仓库的选址问题，他和同事们带企业几乎跑遍了三亚市，提出诸多中肯建议。新店临开业前一周，他们每天都要忙碌到深夜，最终完成了数十万件商品的备案与入出库审核工作。12月30日，海旅免税城、中服三亚国际免税购物公园、中免凤凰国际机场免税店如期开业，当日全市离岛免税营业额就达1.7亿元。

2021年以来，以“突出监管重点，强化企业自律”为导向，吴昊与同事们初心不改、忠诚依旧，用责任书写“人民海关为人民”的使命担当。他们认真总结、充分运用监管经验和成果，解放思想，积极探索业务流程再造，依托海关监管系统和智能化技术手段，加强免税品“一进一出”两个关键节点监管，中间环节减少事中干预，不断提升监管效能和企业运转效率。通过推行无纸化作业，在满足监管要求的前提下，利用信息化技术手段实现单证传输及数据交互，让企业少跑腿、让数据多跑路，提高业务办理效率。在关区实施诚信化、集约化、智能化的离岛免税监管制度集成创新改革，业务单证审核效率提升6倍，免税品入出库效率和物流周转率高效提升1倍，获评全国海关我为群众办实事“百佳项目”。

奋进2023：传承光荣使命　扎根实践创新

2023年，以副科长程吉等为骨干的免税品监管科青年业务先锋队，坚持“管得住才能放得开”总体要求，再次提出全岛实施离岛免税集中审单工作模式的改革建议，获海口海关党委采纳实施。

程吉不止一次地向新关员说起，“我们头顶关徽、肩扛关衔，这不仅是荣誉与梦想，更是信仰与传承。”程吉是新关员口中的“程老师”，是许多优秀材料的撰写者，更是全关公认的青年业务骨干。她用自己多年从事免税品监管业务的工作经验，提出许多建设性意见，在推动智慧海关建设、完善免税品智慧监管体系、推动政策不断优化升级等工作中做出了突出贡献。这个看起来柔弱的女孩，也成为同事眼中的“拼命三娘”。

作为业务专家，作为一名共产党员，为深入企业、“贴身服务”，程吉主动构建关企业务交流移动平台，实现“7×24小时”“掌上服务”全覆盖。当企业有困惑时，“送策上门”，手把手指导企业完成申报AEO资质认证相关工作；推动公务机旅客、国内航线邮轮旅客参与离岛免税购物试点实施，完成“一店多仓”“保免互转”等改革；快速推进open机票旅客购买免税品、“即购即提”及“担保即提”落地实施等任务，在新政落地实施前后，密切关注政策运行情况，第一时间发现了部分企业“即购即提”中系统原因导致的异常核销问题，并主动开展首周、首月销售情况的分析上报及新闻宣传，取得良好社会成效，为政策的进一步完善贡献了自己的力量。

2023年，是免税品监管科成立的第12个年头。12年来，免税经营主体由1家增加到6家，免税商店由1家增加到12家，市场主体日趋多元，离岛免税销售额实现了40余倍的迅猛增长，离岛免税成为吸引境外消费回流的有力抓手、推进海南国际旅游消费中心建设的重要引擎、推动海南自由贸易港经济建设的重要力量。12年须臾已过，这群乘风破浪的海关人凭借着一腔热血，打赢了一场场“开拓创新攻坚战”“监管服务持久战”。在未来的发展路上，他们必将立足工作岗位，在海南自由贸易港建设中留下无悔足迹。

重庆海关

授衔二十载　渝关显担当

重庆海关　蒋　雨

2023 年 9 月 11 日，习近平总书记在海关关衔制度实行 20 周年之际给红其拉甫海关全体关员回信，让每一个海关人倍感振奋，充满力量。学习领会习近平总书记的重要回信精神，回想着身边海关人的平凡故事，思绪渐渐地被带回到 20 年前。

前序，新的开始

档案无声，镌刻不凡。翻开 2003 年的重庆海关文书档案，最特别的就是《海关总署关于授予齐兵等 72 名同志海关关衔的命令》等 2 份文件。那一年的 9 月 19 日，重庆海关 171 名海关关员换上了新肩章，正式成为第三支实行衔级制度的队伍当中一员，这是一个新的起点，一个新的开始。这一年重庆海关综合业务大楼破土动工，20 年来，在这座大楼里穿梭的每一个平凡身影，用自己的平凡奋斗创造了一个个不平凡的业绩，践行了授予关衔时的誓言。时光飞过，过往的经历都变成了一张张薄薄的档案，成为每一个老海关人内心深处的记忆，给予每一个新海关人勇毅奋进的力量。

照片档案：2003 年 3 月，重庆海关在冉家坝举行综合业务大楼奠基仪式

成长，让臂膀更加刚强

习近平总书记在给红其拉甫海关全体关员的回信中勉励海关干部职工当好让党放心、让人民满意的国门卫士。要让党放心、让人民满意，首先就要建强队伍、提升能力。授衔 20 年，是海关队伍快速壮大的 20 年。2003 年，重庆海关首次授予关衔时仅 171 人，只有驻机场办事处、驻车站办事处、万州海关等 5 个派出机构和隶属海关。20 年间，涪陵、两路寸滩、西永、黔江、永川海关相继开关运行，重庆海关队伍规模扩大了 5 倍，隶属海关增加至 11 个。截至 2023 年 4 月，重庆海关授衔关员人数超过 830 人。

照片档案：2009 年 10 月 27 日，重庆海关驻涪陵办事处开关仪式

照片档案：2011 年 2 月 28 日，重庆海关所属两路寸滩海关开关仪式

授衔20年，是海关队伍能力不断提升的20年。20年来，每一位海关人都清晰地认识到，只有保持奋进姿态，才能跟上时代，不负嘱托。重庆海关关史陈列馆里展出的一件件实物档案，是这支队伍能力不断提升的有力见证。从“全国文明单位”到“全国青年文明号”，从“文物卫士”到“发展开放型经济先进单位”；从打击走私到服务发展，从抗疫战场到科普赛场，都有重庆海关的身影。每一项荣誉的背后，是忠诚，是努力，是坚守，是奋斗，更是对着关徽许下的庄严承诺。

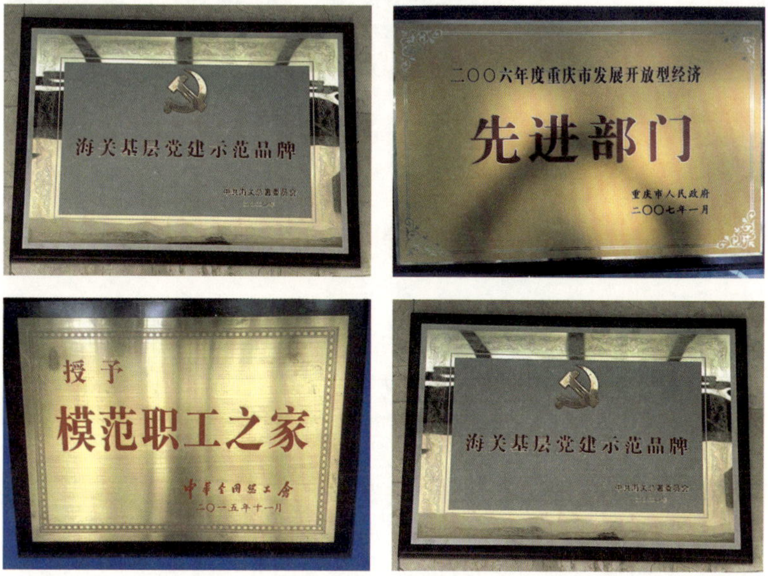

实物档案：海关队伍授衔20年间，重庆海关取得的部分省部级以上荣誉奖牌

授衔20年，是中国海关持续走向世界的20年。加强对外合作交流，是服务对外贸易发展的重要路径。重庆海关关史陈列馆里的对外合作版块，记录着这些珍贵的瞬间。20年来，泰国、比利时、瑞典等海关相继来访，与新加坡海关实现互访。从单边交流到组织召开四方会谈，在交流中学习，在学习中成长。扩展的是视野，拉近的是国内市场与全球大市场的距离。2022年，重庆实现外贸进出口总值8158.4亿元，较2003年增长47.4倍。

实物档案：授衔 20 年来，重庆海关与泰国、比利时、瑞典等海关开展国际交流时，对方赠送的礼物

照片档案：2023 年 5 月 18 日，由重庆、天津、南京海关及新加坡关税局共同参与的中新关际合作四方会议，在重庆举行

守护，让国门更加安全

习近平总书记在给红其拉甫海关全体关员的回信中指出，海关要提高监管效能和服务水平，筑牢国门安全屏障。守好国门，是海关的第一职责。2023 年 9 月 13 日，重庆邮局海关关员邓金扣留了一件正在通过 X 光机的包裹，经查验，包裹里装着多袋植物种子。从枪支弹药到濒危动植物，从大麻毒品到管制刀具，他已记不清这是他查获的第多少件违禁物品。每每问到这些年在一线监管查缉岗位工作的感受，他总是平静地说道："我们多一点用心，老百姓就多一分安心。"海关队伍授衔 20 年来，

像邓金这样奋战在国门一线的海关人换了一批又一批，但一直在传承的，是海关人对国门的坚守。从人流如织的旅检现场，到整日与数据为伴的风控岗位，海关人织就了一张国门安全的大网。20 年来，口岸国门安全防线，始终严密。

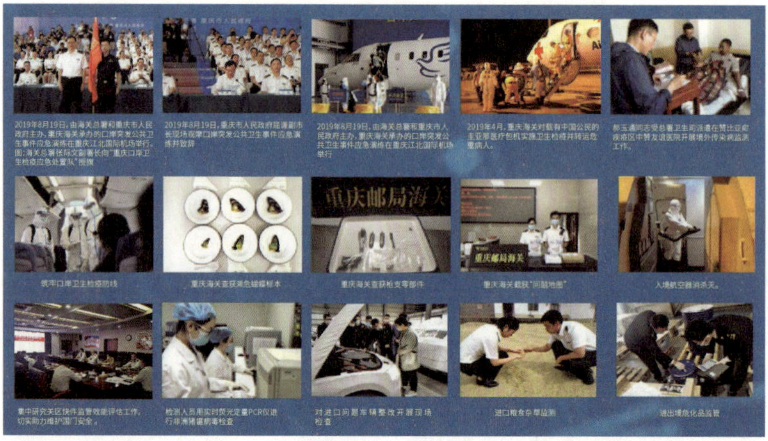

照片档案：授衔 20 年间，重庆海关在口岸一线安全监管的部分场景

授衔 20 年来，说起国门检疫防线经历的巨大考验，重庆江北机场海关旅检科袁丁最难忘的还是抗疫 3 年。突发的新冠疫情改变了人们的生活。疫情就是命令，从加入“鸿雁突击队”首批进入封闭区，到检出重庆首例输入性病例；从持续优化检疫流程，到从容应对入境包机检疫工作。3 年的坚守，收获了肯定、收获了荣誉。但对袁丁来说，他最看重的，是自己践行了授衔时的誓言，无愧于心。3 年里，1000 多个日日夜夜，有带头走进封闭管理区带班的关党委委员，有坚守一线 3 个月瘦了 30 斤的“老大哥”，有在后方封闭办公近 2 个月的保障人员……3 年里，重庆海关人在做好新冠疫情防控的同时坚持“多病共防”，检出了全国首例输入性猴痘病例，并在坚持严格检疫的同时做到了稳外贸、促发展。

3 年抗疫，只是授衔 20 年来海关全心全力守国门的一段缩影，在国门一线，变化的是国门安全形势，不变的是海关人的初心。

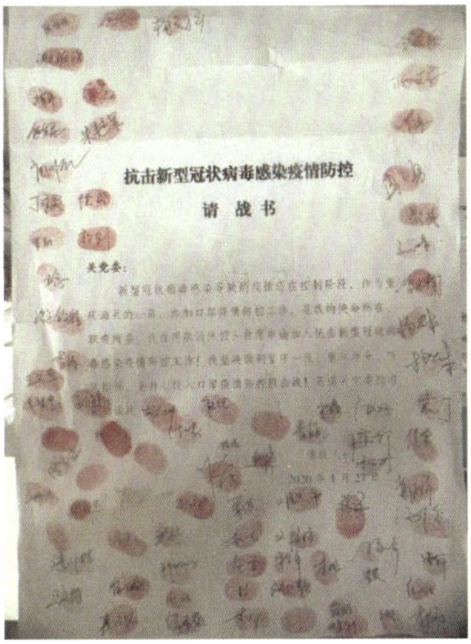

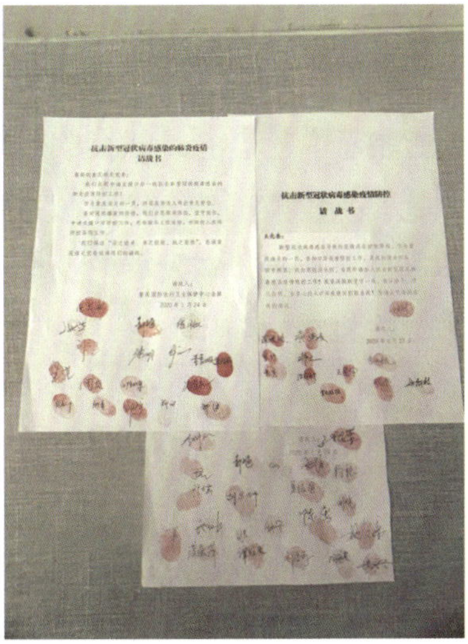

实物档案：2020 年 1 月，重庆海关广大干部职工参与抗击新冠疫情的“请战书”

实物档案：2020 年 10 月，重庆海关分别获得全国海关和重庆市抗击新冠疫情先进集体称号的荣誉奖牌

照片档案：2021 年 3 月 1 日，重庆海关关员对境外疫情高风险国家入境航班实施卫生检疫

开放，让“腹地”变成“前沿”

习近平总书记指出，海关要助推高质量发展、高水平开放，为强国建设、民族复兴积极贡献力量。海关队伍授衔的20年，是中国加入世界贸易组织，外贸迎来快速发展的黄金20年。如何助力身处内陆“腹地”的重庆在此次机遇中乘势而上，走向国际市场的“前沿”，是海关人一直在思考和探索的事情。建平台、聚产业，无疑是符合重庆外贸发展的一条新路。在海关的全力支持下，2008年，内陆首个保税港区重庆两路寸滩保税港区成立。2009年，重庆西永综合保税区成立。随着两大保税平台的建成投用，重庆笔电制造产业正式起步。特殊监管区域“四自一简”监管创新、货物贸易“一保多用”管理模式等创新举措不断推出，最大限度地释放海关监管制度红利。从2011年重庆制造的第一台笔记本电脑下线出口，到如今重庆造笔记本电脑的全球市场份额已超1/3。20年间，重庆已形成“6个综保区+4个保税物流中心”的发展格局，开放平台外贸业态已从加工贸易拓展至保税维修、保税研发、保税展示、跨境电商等多种商业新模式，重庆外贸跟上了世界的步伐。

照片档案：2010年11月2日，重庆西永综合保税区（一期）通过国家验收

实物档案：2011年4月，全球笔记本制造龙头企业广达集团在重庆生产的第一台笔记本电脑

海关队伍授衔20年，是我国国际物流通道体系不断发展壮大的20年，也是海关奋力服务大通道建设的20年。重庆处在共建“一带一路”和长江经济带连接点，共建“一带一路”纵横万里，连接共建“一带一路”国家和地区的基础，便是脚下之“路”。

通“路”，中欧班列（渝新欧）越跑越快。在海关总署的全力支持下，2011 年，全国第一列中欧班列从重庆出发，开往德国杜伊斯堡。海关区域通关协作机制、铁路快通模式相继实施，“关铁通”项目、“安智贸”合作有序推进。铁路运邮、整车保税进口等业务相继拓展，保障了这条开行于重庆、推广至全国的新通道成为重庆内陆开放高地建设最鲜明的标识。截至目前，中欧班列（渝新欧）累计开行折算列近 1.4 万列，累计运输货值近 5000 亿元。

联“海”，西部陆海新通道建设加速。2017 年，“渝黔桂陇”南向通道实现了常态化运行。它便是后来“大名鼎鼎”的西部陆海新通道。2019 年，西部陆海新通道正式上升为国家战略，同年，重庆海关牵头，15 个直属海关共同参与，在重庆签署《区域海关共同支持西部陆海新通道建设合作备忘录》，不断加强区域海关合作，提高跨关区通关服务保障能力。随着海关支持中老、中越班列相继开通，新通道建设全面提速。2023 年上半年，西部陆海新通道发送货物同比增加 10.5%。

如今，重庆的外向型经济蓬勃发展，物流大通道通江达海，重庆与世界，走得更近了。

照片档案：2019 年 10 月 13 日，《区域海关共同支持西部陆海新通道建设合作备忘录》在重庆签署

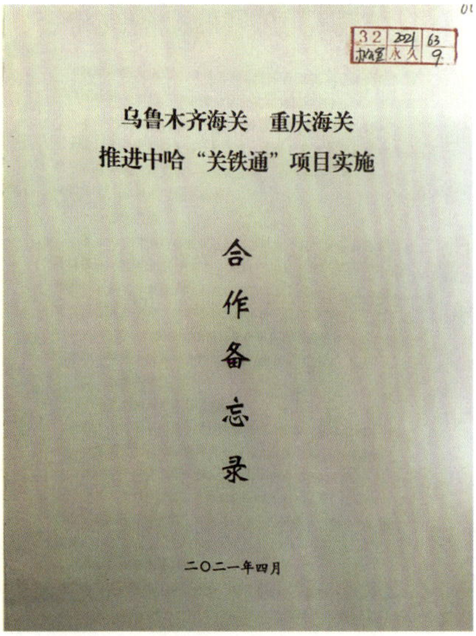

乌鲁木齐海关　重庆海关

推进中哈"关铁通"项目实施

合作备忘录

二〇二一年四月

文书档案：2021年4月，乌鲁木齐海关、重庆海关共同签署推进中哈"关铁通"项目实施合作备忘录，共同支持中欧班列通关提速

海关队伍授衔20年，重庆海关综合业务大楼里人来人往，曾经的少年已成为顶梁柱。对于每一个海关人来说，变换的是肩上的关衔等级，不变的是守国门、促发展的初心使命。前不久，一位老同志来办理退休手续，看见我们正在整理海关队伍授衔20年来的档案，他思索良久后说，"我从戴上关衔到卸下关衔刚好20年，我们这帮老人见证了重庆海关的成长，把海关人的精神传承给你们，你们这帮后生更要挺直肩膀，扛起责任，去书写更多属于海关人的辉煌。"

他还说，20年的故事历历在目，等闲下来了，要慢慢讲给儿孙们听。

“钢铁巨龙”中欧班列（重庆）背后的关衔故事

重庆海关 肖宝林

中梁山麓，团结村旁，重峦叠嶂，铁轨铮铮。这里是重庆沙坪坝区团结村中心站——中欧班列（重庆）的起点，是重庆走向世界的国际物流通道枢纽。

这里曾经是一个坐落在山野中的四级铁路小站，只有20余名员工迎送过往的火车。而如今班列往返奔赴、集卡来往穿梭，已是一派热火朝天的繁忙景象。如果说千年前，漠上悠扬的驼铃，摇出东西方交流的序曲，支撑起丝绸之路的繁华；那么在千年后，首趟中欧班列从重庆团结村火车站出发，满载货物，轰隆隆驶出国门，就是以星星之火带来外贸发展的燎原之势，播下了全国中欧班列发展的种子和希望。

薪火相传、接续前行。自海关队伍授衔20年来，重庆海关所属渝州海关从“70后”到“90后”的老、中、青三代人，肩扛神圣关徽，传承初心使命，始终用纪律部队的理念、纪律部队的作风、纪律部队的标准，坚持强化监管再改革，优化服务再创新，守护中欧班列这个钢铁长龙行稳致远、造福一方。他们的故事留在了档案里，刻进了我们的记忆中。

“70后”一级关务督察：转业不转志、退伍不褪色

“70后”的路建平是一名军转干部，现在已是一级关务督察。在他眼

里军衔和关衔既有不一样之处，也有一样之处。不一样的是外观和样子，一样的是内核和灵魂。摘下军衔戴上关衔的他立志：要在“火炉”重庆干出一番红红火火的事业来！

2022 年 6 月 23 日，清晨的第一缕阳光刚刚洒向巴蜀大地，重庆团结村中心站已开始繁忙起来。像往常一样，重庆海关所属渝州海关监管科查验关员路建平和同事们在接到货物查验指令后，早早到达工作岗位，熟练地打开查验管理系统，提前熟悉货物信息、掌握查验指令、核对纸质单证。

不停地奔走让人身体发热，佩戴严实的口罩更增加了闷热感，在完成一系列查验后，路建平的后背已经湿透。手头上的工作忙完，都已经是下午两点多了。

所有的不平凡都是在平凡中积累、孕育和见证的。就是在这样一个普通的日子，中欧班列（重庆）开行量在全国率先突破 10000 列。

照片档案：2022 年 6 月 23 日上午 10 时许，中欧班列（重庆）第 10000 列纪念班列从重庆团结湾中心站发出

“这种指数级的爆发式增长，以前做梦都不敢想！”路建平感慨道，“十多年前就是我的同事亲手放行全国首趟中欧班列。”2011 年 3 月 19 日，首趟中欧班列从这个曾经不起眼的小站发车，满载货物，轰隆隆跨山越洋，驶出国门、驶向世界，点燃了全国中欧班列快速发展的星星之火。

“所有的奇迹，都是因为有人在拼尽全力地付出。”在同事们眼中，路建平是一位守土尽责的老兵，他长期活跃在监管一线的身影让大家印象深刻。作为一名有着 30 年党龄的退役军人，他始终践行着“艰险多吓不倒、条件差难不倒、任务重压不倒”的“三不倒”精神，无论节假日还是平常，每次加班加点，他总是冲在最前面。

汗水浇灌收获、实干笃定前行。像路建平一样的海关关员们，时刻不忘来路，在自己的岗位上默默耕耘，认真落实海关支持中欧班列发展措施，精心呵护中欧班列飞速发展。

经过十多年的发展，中欧班列的线路从一条线到一张网。中欧班列（重庆）稳步开行、快速奔跑，从最初仅 1 条线路到如今拥有稳定运行线路近 40 条，辐射国内 59 个铁路站点和 29 个港口，通达亚欧百余个城市。

10 年弹指一挥间，沧海桑田。从 1 到 10000，是班列的发展奇迹，也书写了重庆外贸高质量发展的华章。

照片档案：2021 年 1 月 1 日上午 10 时许，重庆、成都两地同时发出 2021 年首趟中欧班列（成渝）

“80后”二级关务督察：为国把关、为民服务

“80后”的周柯是在执法一线成长起来的科长，现在已经是二级关务督察。在他眼里，关衔既是一种荣誉，更是一种使命。他立志要在中欧班列（重庆）跨山越海、联动世界中贡献海关人的一份力量。

“请问这次能拿到车吗?”预订了进口保时捷的车主拨打渝州海关业务咨询电话，焦急地询问道。“您放心，我们一定竭尽所能保通关保通畅，让您尽快拿到中欧班列运回来的预订车辆。”

周柯对2020年汽车整车进口与时间赛跑的抢点大战记忆犹新。根据有关政策，2020年7月1日后，全国范围将执行汽车国六排放标准，在途车辆如无法在2020年7月1日零时前清关，就彻底失去在我国上户的资格。

由于受疫情影响，最后一批通过中欧班列运来重庆口岸的7箱14辆车还在运输途中，预计2020年6月28日左右抵达。

周柯带着“火车头”党员突击队，提前关注物流情况，帮助企业制订完善清关计划，深夜严守通关一线，货物到口岸后即到即查，在严格落实查验标准的前提下，争分夺秒完成审单、查验、放行的全部环节。当最后一张报关单打印完毕，已是2020年6月30日23时45分。最后一批路虎在截止时间前顺利清关！这只是渝州海关支持铁路口岸汽车进口的一个缩影。

“以前哪能想到，与老百姓生活息息相关的汽车、奶粉全都能通过中欧班列进口了。”周柯感慨，“中欧班列开行之初，货物种类非常少，绝大部分货物都是电子产品。”

为充分发挥中欧班列这个国际贸易大通道的作用，渝州海关推出一系列便利措施，交出“通道+产业”的亮眼成绩。

2014年8月，中欧班列（重庆）首趟原装汽车整车进口班列抵达重庆。2015年6月，某跨境电商平台将一批德国净水壶通过中欧班列（重庆）运至重庆。2017年，通过中欧班列（重庆），重庆首次将本土企业制造的汽车运往国外。2022年10月20日，“重庆造”新能源汽车首次搭乘中欧班列出口。

照片档案：2022 年 10 月 20 日，“重庆造”新能源汽车首次搭乘中欧班列（重庆）出口

到现在，中欧班列（重庆）运输货物覆盖电子、机械、汽车及配件等上万种产品，累计运输货值超过 4000 亿元，带动重庆外贸由“通道经济”向“产业经济”加速转型。

一花独放不是春，百花齐放春满园。从单一的电子产品走出去，到品类繁多的双向互通，渝州海关助力中欧班列（重庆）推动重庆与世界深度联结，加速向开放的最前沿奔跑。

“90 后”三级关务督办：左手金钥匙、右手商神杖

“90 后”的陶俊臣入关 6 年，现在是三级关务督办。在他眼里，关衔既有一种支撑前行的强大力量，更有一种天然的威严底线。他暗暗给自己定下目标，要在智慧口岸建设中当小能手、小达人，找到平衡点和切入点，实现“管得住、通得快”目标。

“NLLU4120812，货物已经运抵放行，请至堆存区。”根据中心站卡口大屏上的放行信息，司机将集装箱拖到了指定区域卸下。正在卡口巡检

的“90后”关员陶俊臣马上向科长汇报：“卡口自动运抵系统正常。”

2年前，中心站卡口没有使用自动运抵系统，通常是货物抵达监管场所，并堆放到班列指定区域后，企业才开始报关。如果遇到查验，场所经营人需要将集装箱从堆存区翻出来，这个过程费时费力，短则1~2个小时，长的需要4~5个小时，再加上掏箱查验，导致一个集装箱一般的查验时间在1天左右。2021年，重庆海关根据铁路运输货物的特点，结合现有通关流程，在铁路口岸开发了自动运抵系统，集装箱在通过卡口时，卡口光学识别系统自动抓取集装箱信息，并发送到后台，配合企业提前报关，几秒钟就能反馈该集装箱货物是否查验，再通过卡口的大屏告知司机，实现了查验箱卡口的自动分流，极大地减少了监管场所内找箱、翻箱工作。

“硬件”系统升级，“软件”机制也要同步跟进。为提升中欧班列运行效率，陶俊臣与同事一道，研究推广落实“铁路快通”这一全新海关监管模式尽快在铁路口岸落地。铁路运营企业可根据自身需要申请开展“铁路快通”业务，并由铁路部门按照规定提前向海关传输铁路舱单电子数据，无须另行申报并办理转关手续，通关效率有效提升。

2021年9月14日，满载42辆集装箱的全国首列“铁路快通”中欧班列由新疆霍尔果斯口岸入境运抵重庆团结村站，这标志着不仅为后续持续优化“铁路—海关—货主”三级监管模式提出了探索路径，也为中欧班列提质创新、物流业降本增效提供新突破口。随后，“铁路快通”模式推广到中老、中越班列。

在这些基础上，陶俊臣和同事们还对单一品种的集装箱货物，使用H986等大型集装箱检查设备开展非侵入式查验作业，减少企业掏箱找货作业，提升了通关效率，降低了作业成本。截至2022年12月，渝州海关进口、出口整体通关时间较2017年分别压缩83.85%、97.72%。

合抱之木，生于毫末；九层之台，起于累土。几代海关人倾注思考和心血，敢闯敢试、接续奋斗、任劳任怨，在推动重庆从“末梢”到“前沿”的开放之路中挥洒汗水、贡献才智、建功立业！

20年的时间，像是一条漫长的河流，流淌过我们生命的每一个角落，带走了青涩和无知，留下了成熟和深沉。

20 年像是悠长的夜梦，醒来时我们已走过无数的路程，经历了生活的风雨，逐渐找到了自我，明白了人生的方向。

20 年像是翻过了一座座山峰，每一步都充满了艰辛和挑战，但每一步也都带来了收获和成长，让我们变得更加坚韧和勇敢。

20 年来，像路建平、周柯、陶俊臣这样一代又一代的“铁关”人，牢记初心使命，从新时代海关纪律部队建设和发展中汲取奋进力量，埋头苦干、毅勇前行，传承“四铁”精神，发扬“火车头”党员先锋队作用，将“忠诚、使命、责任、实干、担当、奉献”等品格融入灵魂深处，为护航中欧班列（重庆）这条造福沿线人民的“幸福列车”贡献力量。

江流历尽雄关在 轻舟已过万重山

重庆海关　杨晰竹　涂姜磊

韶华不负，时光荏苒，鹏城朝啼，渝舟唱晚，变的是江与帆，不变的是山与关。

海关队伍授衔的那年，一位叫罗森的年轻人进入深圳海关，有幸成为首授关衔的亲历者、见证者。20 年来，经济发展与改革开放层层叠浪，罗森也从最初首授关衔的一级关务员，慢慢成长为二级关务督察。身在海关，重任如山，肩章上的杠和星在慢慢改变，闪亮的关徽却一直未变；工作岗位和职责在变，但忠于祖国、忠于人民的初心却始终未变。为党工作，为国把关，两江畔千帆过尽，再回首巍巍青山。霜华无声，万物潜藏。罗森的故事，如同涓涓细流，在档案里留下了宝贵的记忆。

缘起稽核查　青春正策马

提及入关时印象最深刻的事，罗森看着身旁屏幕中的无纸化操作平台和大数据分析系统感慨万千，“那是在我入关的第三年，由我作为主办的工作小组对一家公司开展的一次稽查作业。那时候没有现在这么便利的信息化系统，还是 H883 和 H2000 在交替使用。我们花了一年的时间比对、核算了那家公司 3 万多条实际库存数据，3 万多页购销合同、订单、销售、仓储等明细账目，10 多万条进出口报关数据，收集了 50 册近 2 万页的证据材料。稽查组凭借清晰完整的证据链，查实了企业保税料件存在的问题，并最终补征税款 1260 万元。”

2007 年，罗森调动至重庆海关，虽然工作地点发生了变化，但他在综合治税工作中认真负责的态度和扎实过硬的能力却没有丝毫褪色。2010 年 10 月，他获得海关总署个人一等功，2011 年 11 月，罗森提前晋升为一级关务督办。

此时的他，对关衔有了更加深刻的认识，“肩上的每一条杠、每一颗星，是肯定，更是责任，队伍建设提升的不仅仅是精神面貌，更是担当使命。”

照片档案：2007 年，罗森（右一）和稽查组同事开展讯问笔录取证工作

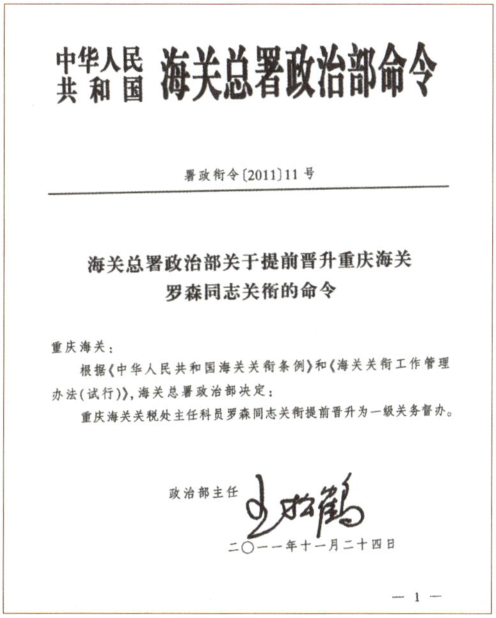

中华人民共和国 海关总署政治部命令

署政衔令〔2011〕11 号

海关总署政治部关于提前晋升重庆海关罗森同志关衔的命令

重庆海关：

根据《中华人民共和国海关关衔条例》和《海关关衔工作管理办法（试行）》，海关总署政治部决定：

重庆海关关税处主任科员罗森同志关衔提前晋升为一级关务督办。

政治部主任

二〇一一年十一月二十四日

— 1 —

文书档案：2011 年 11 月，海关总署政治部提前晋升罗森关衔的命令

缘定减免税 助企促发展

“我回到重庆后，到关税条线工作，主要负责减免税业务。”罗森的话虽轻描淡写，但在当时的外贸发展背景之下，推动政策落地落实依然需要历经一个艰辛的过程。为了贴合企业与地方经济的发展需求，为了正确适用各类政策，他前后梳理归纳了 1997 年以来的千余份各类进口税收优惠政策文件，一一钻研，穷原竟委。

“罗森科长把握政策法规准确，工作认真负责，还耐心给企业解释政策规定，‘海关找罗科、事事有着落’这句话在我们业内广泛流传”。2013 年，罗森被评为重庆报关行业认可的“高效率的典范 办实事的楷模”，重庆报关协会众人无不对罗森交口称赞。这一年，恰逢海关关衔制度实行 10 周年，肩扛的金色关徽不仅陪伴着罗森成长的脚步，同样也见证了新世纪海关事业的蓬勃发展。

“减免税政策一直有变化调整，对应的信息系统也一直在同步迭代。”罗森介绍道。从 2016 年开始，为落实“放管服”改革，他致力于推进减免税审核无纸化作业改革事项，现在关区减免税审核无纸化率已达 100%。在一体化改革高歌猛进的那几年，海关陆续推广优化应用国际贸易“单一窗口”标准版减免税业务功能。在此期间，他通过开展培训、沟通协调，及时对关区减免税企事业单位进行靶向宣传。为支持重庆大学承担科技部“863”计划课题共享使用仪器设备，他和同事们主动走访多家科创单位，实现开放共享政策落地“零的突破”。

提及华润微电子、巴斯夫、京东方等重庆关区重点项目，他清楚地记得，那年调研关区集成电路企业，在了解到京东方（重庆）有限公司因更名未能享受到政策的情况后，多次向海关总署请示报告，克服重重困难，最终帮助企业享受到了优惠政策减免税款的红利。

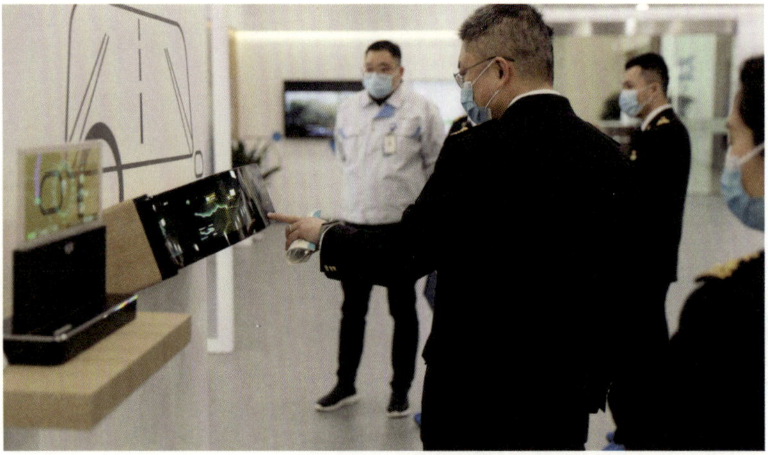

照片档案：罗森（左前一）在京东方（重庆）有限公司开展减免税政策调研

缘迁两江关　匠心永流传

2018 年关检融合后，新海关，新职责，明确新目标，展现新风貌。

2020 年，罗森调动至重庆海关所属两江海关集中审核一科，他和同事团队承担了几近全重庆的减免税集中审核工作。“进入新时代，海关面对的减免税商品越来越多，新类别、新业态、新形势也给我们的工作带来新挑战。”他刚说完就接起企业的咨询电话，耐心解释起科技创新进口税收政策。

此时的他，也早已从“一杠三星”的新进关员，成长为“三杠两星”的业务骨干。肩章虽换，初心未变，罗森还是罗森，还是那个忠于祖国、忠于人民的“青葱少年”。

当被问到调入两江海关之后最大的感受，他这样说道：“从职能部门到隶属海关，更多的精力集中在一线事务，更多的时间用在与相对人、地方部门单位的沟通协调上。虽然业务繁忙，但这样也更能深切地体会到政策落地后的成就感。”

他积极牵头开展税政调研，与重庆市发改委、科技局等主管部门沟通解决企业投资项目、事业单位主体资格疑难问题，助力政府招商引资项目落地享惠。他秉承“匠人精神”，持续贯彻落实“放管服”改革措施，推动实现关区全部类别进口税收政策减免税无纸化办理，企事业单位办理减免税业务从“至少跑两趟”升级为“最多跑一趟”，再实现“一趟不用跑，全程网上办”。他积极发挥专家优势，参与海关总署相关政策调整修订、无纸化系统搭建测试工作，定期开展风险集中学习研判，在支持发展的同时严防执法风险。“自党的十八大以来，我们先后接受 9 次总署抽样考核、3 次总署内部审计、2 次审计署外部审计、1 次财政部专项检查，始终保持各类监督检查征免零差错。”提及这份来之不易的成绩，罗森的目光显得从容、淡定。

新时代海关纪律部队建设内涵，是海关人牢树家国情怀、练就过硬本领的体现，是不断提升政治素质、业务素质、纪律作风的实践，更是在中国式现代化伟大实践中主动担当作为的承诺。正如罗森所说：“以务实之举履行法定职责，以务求实效实现不变初心”。

初心不改，金徽如磐，20 年秀林成森，20 年涉海登山，怀若竹、气如兰，依旧雄关漫道砺其志，皎皎明月照肝胆。

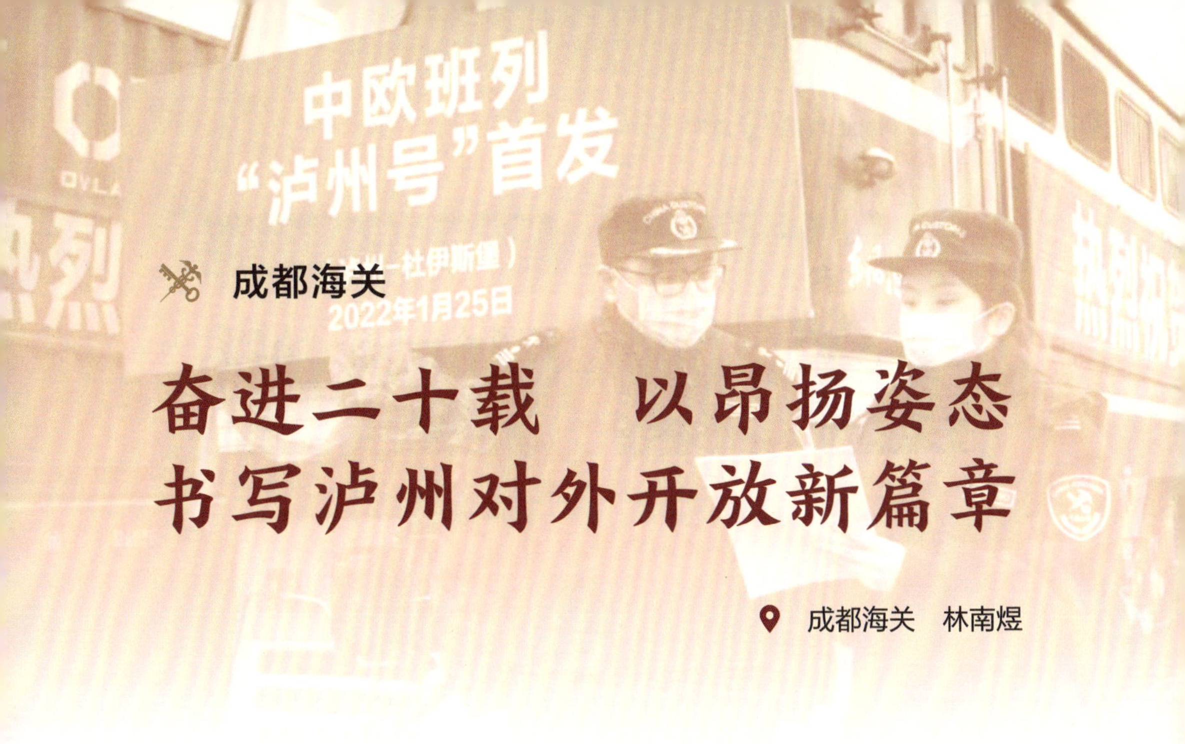

成都海关

奋进二十载 以昂扬姿态 书写泸州对外开放新篇章

成都海关 林南煜

2023 年是海关队伍授衔 20 周年，也是成都海关所属泸州海关建关 20 周年。翻开珍藏二十载的档案，一张张记录时间、记录故事的图片向我们展现了泸州海关人凝心铸魂、薪火相传的故事。海关队伍授衔 20 周年，也是泸州海关与长江为伴、与开放同行，勇立潮头、担当奉献、接续奋斗的 20 年。

2003 年 9 月 12 日，国务院隆重举行授予关衔仪式。一周后，泸州海关前身——成都海关驻泸州办事处正式开关。2019 年 1 月 22 日，成都海关驻泸州办事处正式更名为泸州海关。在谈到海关队伍授衔和泸州海关建关的发展历程时，泸州海关综合业务科胡飞同志深有感触，“海关队伍授衔 20 年来，泸州海关始终坚定理想信念，以开拓的精神、铿锵的步伐和优良的作风，参与到泸州的对外开放进程中去。”

档案是最真实的历史，也是最有说服力的证据。翻开历史档案，2002 年泸州进出口值仅 1.4 亿元，随着泸州正式开关，泸州外贸规模开始加速增长，2003 年进出口值同比增长了 2.3 倍。20 年来，泸州海关立足职能，以海关队伍授衔为契机，持续深化队伍建设，全力推动泸州加快对外开放。2022 年泸州外贸进出口值达到 192.2 亿元，较 2002 年增长了近 137 倍。

照片档案：2003 年 9 月 19 日，成都海关所属泸州海关前身——成都海关驻泸州办事处正式开关并办理业务

照片档案：2005 年 5 月，成都海关驻泸州办事处第一批授衔关员合照

用青春书写开放之路

泸州地处长江黄金水道上游，是四川对外开放的“南大门”。2003 年以来，泸州海关以授衔为契机，立足泸州实际，充分发挥职能优势，着力提升泸州对外开放通道能级。泸州港国际集装箱码头建成投用以来，一线海关人员顶着酷暑、冒着严寒，长期坚守在业务一线。胡飞、王敏每天往返于海关大楼和泸州港之间，转眼就是 20 年，当年的“小鲜肉”如今已经头发灰白，在不断历练中成长为关里的中坚力量，继续带领着年轻同志奋勇向前，为泸州高质量联通共建“一带一路”和“长江经济带”贡献海关力量。

为提升泸州对外通道能级，黄磊、苏珺等泸州海关年轻关员从上一代

照片档案：2004 年 8 月 11 日，成都海关所属泸州海关关员胡飞（左）、王敏（右）对进口货物实施现场查验

照片档案：2022 年 1 月 25 日，成都海关所属泸州海关关员黄磊（左）、苏珺（右）在泸州港助力泸州首趟中欧班列顺利开行

关员手中接过“接力棒”。“2022 年 1 月 25 日，泸州开通首列中欧班列，成为四川唯一开通铁、水国际物流双通道的城市。”年轻的苏珺对泸州中欧班列的发展感触很深，“泸州中欧班列开通第一年，就联通德国、俄罗斯、白俄罗斯、哈萨克斯坦等国际市场，我们关受理进出口货物报关达到 7423.63 吨、货值 2.1 亿元。”在泸州海关人全力保障下，2023 年 1 月—8 月，泸州海关受理泸州中欧班列申报的进出口货物达 1.06 万吨、货值 3.12 亿元。

用奋斗注入开放动力

20 年间，泸州海关人在对外开放的巨大浪潮中，勇担使命、昂扬奋进，推动泸州开放平台实现从无到有、从少到多、从弱到强的历史飞跃。关员陈兴见证了泸州保税物流中心（B 型）从建设到升级为泸州综合保税区的全进程。“为了早日建成综合保税区，我们顶烈日、冒风雨，绕着围网巡查了不知多少圈，帮助企业解决了许多实实在在的问题。”陈兴感慨

照片档案：2021 年 3 月 5 日，成都海关所属泸州海关关员张仲旗（右）、陈兴（中）对综合保税区首票报关单货物（61.5 吨医药原料）进行现场查验

地说。

2014 年 10 月，泸州港保税物流中心（B 型）获批设立，泸州港也成为全国第一批进境粮食指定监管场地，两个开放平台为泸州外贸发展提供了“一增一减”的新优势，“增”的是进口货物的种类，“减”的是外贸企业的负担。

2017 年 3 月 31 日，随着《中国（四川）自由贸易试验区总体方案》印发，泸州成为四川省除成都外，唯一设立自由贸易试验区的城市。2019 年，泸州开放平台建设更是“双喜临门”，不仅拥有本地的跨境电子商务综合试验区，也建成了进境肉类指定监管场地。2020 年年底，泸州港保税物流中心（B 型）也升级成为泸州综合保税区，实现了“两年三平台”的跨越。平台的不断增长与优势叠加的背后，饱含着每一名泸州海关人的奋斗与付出。

用担当推进改革创新

海关队伍授衔 20 年来，实干担当的作风正在不断养成、不断传承，这都体现在泸州海关的日常工作和改革创新中。当改革这把解锁发展潜力的“金钥匙”与海关工作相结合时，泸州海关乘着信息技术加快迭代的东风，运用改革举措惠及越来越多的企业。随着无纸化报关、通关一体化、“互联网 + 海关”等一系列改革举措实施，“数据跑路”正在代替“企业跑腿”，越来越多的海关业务从“线下”转向“线上”，泸州海关的报关大厅现场“冷清”了，而“线上”的海关服务则热闹起来了。

2022 年，为推动“抵港直装”等便企惠企模式加快落地泸州，泸州海关胡涛、李劲坚两名同志走访企业了解需求，反复讨论操作中的各个细节，推动四川首批“抵港直装”和“离港确认”模式的货物在泸州率先试点。“通过优化监管流程，提升监管效率，可以为企业节省进出口货物港口物流时间 1 ~ 2 天。”李劲坚同志介绍。

中国（四川）自由贸易试验区川南临港片区成立以来，泸州海关全体

照片档案：2022 年 5 月 15 日，成都海关所属泸州海关监管一科关员胡涛（右）、李劲坚（左）在泸州港现场指导首票出口货物"抵港直装"作业

关员立足岗位、守正创新，在通关环节、监管模式、税收等方面已累计参与并完成了数十项改革创新成果，为泸州对外开放注入了高效的"润滑剂"。综合保税区一线进区货物"即到即入"模式获得海关总署自贸区和特殊区域发展司备案，并获评中国（四川）自由贸易试验区改革创新十大典型案例，入选商务部向国务院推荐的"最佳实践案例"。此外，长江内河口岸进口"极简通关"模式也入选第九批四川优化营商环境经验典型做法。

用奉献促进产业发展

20 年来，泸州海关深入践行"人民海关为人民"理念，主动作为，勇于担当，克服了一次又一次的困难，帮助企业解决了一个接一个的难题。综合业务岗位的关员们全力推动无纸化申报、全国通关一体化、提前申报等通关便利化政策加快落地，全力帮助企业用好用足 RCEP、减免税

照片档案：2021 年 7 月 21 日，成都海关所属泸州海关关员黄磊（左）、刘虎威（右）对出口荔枝果园开展现场监管，指导企业完善出口荔枝质量管理体系

等优惠政策，助力泸州外贸产业更加多元、持续壮大。驻守泸州港的关员们不断挖掘进境粮食指定监管场地潜力，运作 8 年间，泸州进口粮食从不到 1 万吨快速增长至 63.1 万吨。泸州综合保税区的关员们也不简单，在他们的全力服务下，在泸州综合保税区封关运作的第二年，进出口值便突破百亿元，首次进入全国综合保税区前 100 位，居全省 6 个综合保税区第 3 位。

与此同时，泸州海关关员走进辖区企业，收集本地企业出口需求。在了解到泸州荔枝企业有直接出口需求后，黄磊、刘虎威等同志放弃休息时间，指导企业完善质量管理体系、开展实蝇监测、规范农药使用，帮助企业加快建成出口荔枝果园。2020 年，在泸州海关悉心指导下，泸州首家注册登记出口荔枝果园顺利建成，次年出口荔枝重达 100 吨。不仅如此，在泸州海关服务下，泸州白酒也在不断拓展海外市场，出口国家（地区）超过 30 个，2023 年 1 月—8 月泸州白酒出口金额达 5194.2 万元，同比增长 35.3%，占四川白酒出口总值的 20.5%。

栉风沐雨二十载，砥砺前行新征程。2023 年 9 月 11 日，习近平总书记在百忙之中给红其拉甫海关全体关员回信，令人鼓舞，催人奋进。站在新的起点，泸州海关将牢记习近平总书记的亲切关怀和殷殷嘱托，以海关队伍授衔 20 周年为契机，持续深化队伍建设，锻造一支令行禁止、担当奉献的高素质海关队伍，在建设社会主义现代化海关进程中书写泸州海关更加靓丽的新篇章。

贵阳海关

授衔峥嵘二十载
黔关漫道风劲起

贵阳海关　宋双秀　李　珍

二十载，斗转星移、初心如磐；二十载，岁月流转、使命在肩。海关队伍授衔以来的20年，是贵阳海关一段忠诚坚毅、勇往直前的奋斗史。一代代贵阳海关人，坚守初心、砥砺向前，用坚定的信念、饱满的热情、进取的精神投入平凡而伟大的海关事业。缓缓打开授衔20年以来“黔关发展”的记忆卷轴，从档案里一窥这以山为纸、以关作笔书写的绚烂篇章。

照片档案：2003年9月25日，贵阳海关举行首次授予关衔仪式

授衔二十载，铸就“黔关人”坚定的政治信仰

20年来，我们未曾改变。贵阳海关始终践行着“人民海关为人民”的庄严承诺，守护国门安全，服务企业发展。

我们始终以高度的政治自觉，坚决贯彻落实党中央、国务院重大决策部署，紧紧围绕海关总署工作要求，锚定目标，全力支持贵州建设“内陆开放型经济新高地”，服务贵州融入共建“一带一路”，以智慧海关建设为抓手全面推进社会主义现代化海关建设，为促进贵州高水平开放高质量发展勇当先锋。

照片档案：2023年10月7日，贵阳海关举行升国旗仪式

我们把海关纪律部队建设作为基本任务，坚持用纪律部队理念管理队伍、用纪律部队作风锤炼队伍、用纪律部队标准检验队伍。外树形象、内强素质、内涵学军，队伍管理水平、把关服务能力、海关社会形象全面提升，为关区改革发展提供了有力保障。

我们严格落实全面从严治党主体责任，紧盯重大决策部署落实，贯通联动、一体落实全面从严治党和防范化解系统腐败风险分析研究，突出重点对关区“一把手”和各级领导班子进行监督，确保层层压实责任。建立

照片档案：2008年1月16日，贵阳海关展示队伍风貌

党委委员联系青年干部机制，细化预防措施，有效做好预防党员干部腐败低龄化工作。

我们扎实开展党史学习教育，充分运用贵州宝贵红色资源，赓续红色血脉，引导全体党员干部准确把握党的历史发展主题主线、主流本质，全面推进红色黔关建设。围绕“学党史、走红路”主题，沿着红军在贵州的革命足迹，跨越近1400千米，先后赴黎平会议、猴场会议、遵义会议、苟坝会议会址开展党史学习教育，感悟红军长征在贵州期间彪炳史册、光耀千秋的伟大篇章。赴脱贫攻坚成就展览馆、“中国天眼”科普基地等开展体验式学习教育和主题实践活动，感受新时代中国乡村振兴的勃勃生机和日新月异的发展变化。

我们唱响红色文化主旋律，依托贵州丰富的红色资源，拍摄出《筑牢“三座桥”打造“风雨桥”战斗堡垒》《一歌一诗献给党》《百年奋斗路忠诚守国门》等微视频作品29件；举办“追寻红色足迹摄影展”，征集红色薪火、红色传承、红色印记等红色主题摄影作品39幅；举办诵读红色经典文学、交流书法技艺等系列活动，组织开展“学党史回望来时路，铸信仰走好新征程”等各类红色主题党日活动，听党话、感党恩、跟党走。

照片档案：2021 年 5 月，贵阳海关党委围绕“学党史、走红路”主题，沿着红军在贵州的革命足迹，扎实开展党史学习教育

授衔二十载，锻造黔关人过硬的业务本领

20 年来，我们励志改变。“变则通，通则达”，从肉眼查验到智能审图、从纸质报关到电子化自助通关，我们坚持治关理念再进步、服务举措再创新、执法水平再提高，只为海关监管更加智慧、通关效率更加便捷。我们深深懂得改革是最好的创新，只有改革创新才能实现发展。

照片档案：2023 年 5 月 17 日，在贵阳海关关员的监管下，贵州首列采用贵广铁海联运“一港通”快速通关模式的测试班列从贵阳综保型国际陆港顺利开行

我们助力平台通道发展，持续优化“9+2+3+N”监管体系；积极服务西部陆海新通道建设；推进“一局四中心”项目建设；支持贵州省中欧班列稳定开行，探索开通中欧班列

转关直通业务模式；推动“贵阳综保型国际陆港”建成运营，该项目获评贵州省综合考核创新项目一等奖。

我们持续优化口岸营商环境，推动各项改革便利措施落地落实，2022年贵州省进、出口货物整体通关时间分别为6.73小时、0.42小时，分别名列全国第1位、第11位。全力支持贵州农业特色产业和工业产业发展，制定促进贵州外贸保稳提质16条措施，助推贵州全省货物贸易总值创造历史新高。

照片档案：2020年6月2日，贵阳海关关员赴首钢水钢（集团）开展进口煤炭查验工作

照片档案：2019年6月20日，贵阳海关关员对出口茅台酒开展抽检工作

我们助力地方开放平台建设，贵州省 3 个航空口岸陆续开放，贵阳龙洞堡国际机场航空口岸、遵义新舟机场航空口岸、铜仁凤凰机场航空口岸相继获批开放；贵州省 3 个综合保税区大力发展，贵阳综合保税区、贵安综合保税区、遵义综合保税区分别于 2014 年 12 月、2016 年 3 月、2018 年 5 月封关运作。举全关之力助推贵阳龙洞堡“国际卫生机场”创建，制订创卫技术指导实施方案，抽调业务骨干组建工作专班，召开创卫专题会议并开展工作督查 40 余次，与卫生、环保、公安、边检等部门签订联防联控机制 31 份，形成创卫工作合力，2019 年 11 月，贵阳龙洞堡国际机场顺利通过世界卫生组织专家考核验收，成为西部第 2 个、全国第 12 个“国际卫生机场”。

照片档案：2019 年 11 月 26 日，贵阳龙洞堡国际机场接受世界卫生组织专家现场考核验收

授衔二十载，锤炼“黔关人”严明的纪律作风

20 年来，我们凝聚成火。贵阳海关始终坚持发扬令行禁止的作风，发挥“支部建在科上”的优势，通过“三会一课”、主题党日、案例讲解、

视频展示、心得分享等多种形式提升思想认识。我们加强廉洁文化建设，深入推进家教家风建设，组织开展各类形式多样的廉洁文化活动；加强廉洁文化滋养，打造廉洁文化品牌；深入开展警示教育月活动，以“身边事”教育“身边人”，引导党员干部筑牢拒腐防变的思想防线。

照片档案：2023年5月4日，贵阳海关结合关区“内务规范强化月”活动安排，组织开展队列成果展示

黄佑能，是贵阳海关所属六盘水海关的一名关员。在加入海关队伍之前，他已在职场摸爬滚打10年有余，他常常自嘲是个“插班生”。2016年11月，六盘水海关开关。那天，他正式穿上了爱慕已久的海关制服。经过40天的入关培训，他从喊口令都为难，到自信满满立定向前，海关纪律部队的作风让他感悟和成长。他针对六盘水海关是新设海关、编外人员较多的特点，提出了“树准军形象立关区标杆”的建议并得到领导的肯定和支持，组织实施“每周一次内务检查、每月一次队列训练、每季一次会操展示”的强基提质计划，带领大家对标《海关内务规范》严格约束着装规范、言行举止，用自己的一言一行维护海关良好形象。经过持续用力打磨，六盘水海关已成为一支在地方有特色、在贵阳关区有亮点的新时代海关纪律队伍。

照片档案：2020 年 4 月 9 日，贵阳海关所属六盘水海关开展队列训练

授衔二十载，打造“黔关人”担当的精神品格

20 年来，我们散落成星。贵阳海关着力营造“三实”文化氛围，树正气、易俗气、遏邪气，以荣誉责任感召人、以良好文化激励人、以优良形象吸引人，不断为基层干部提士气、强精神、增干劲，引导干部队伍坚定共同理想信念、树立实干担当导向、凝聚强大奋进力量，在社会主义现代化海关建设中发挥应有作用。

照片档案：2008 年 1 月，贵阳海关团工委到乡村学校开展团日活动

我们先后选派几十名优秀党员干部投身到贵州脱贫攻坚和乡村振兴工作中。从有着 40 余年党龄的退休老干部，到获得

"贵州省优秀驻村第一书记"等荣誉的共产党员，再到今时今日仍然驻扎在乡村振兴第一线的青年干部，贵阳海关一代又一代的驻村干部，带着无悔奉献的精神，践行初心使命，挥洒青春热血，为中国减贫奇迹的贵州篇章书写着属于黔关人的光荣一笔。

王君，村民们都亲切地称呼他为"摩托车书记"。2018年1月，王君被贵阳海关所属遵义海关选派到绥阳县大路槽乡文星村（省级贫困村）担任"驻村第一书记"。无论寒暑，王君总是骑着他的摩托车穿梭于村里的房前巷道、田间地头，走访群众、了解村情。由于山路陡峭湿滑，有几次他不慎摔伤，严重甚至有过摔至短时昏迷，只能在家休养的情况。但是，他却放心不下村里的事，仅休息一周后便坚持带伤工作。为实现贫困户全部"清零"目标，王君立下愚公移山之志，明确了"抓好产业发展带动脱贫致富"核心思路，成立党员技术服务队，深入田间地头指导农户发展生产，培养群众致富技术与观念。依托文星村与仁怀市酒企签约的红高粱种植基地，发展订单式生产；采用"党支部+合作社+农户"的运营模式扩大肉牛养殖项目，由传统肉牛养殖向优质种牛繁育基地转型发展，与贫困户建立利益联结机制，保障发展利益覆盖了大多数群众。面对意外、面

照片档案：2018年，驻村第一书记王君（左一）带领农户发展产业脱贫致富

对困难，他也曾害怕过、迷茫过，但他从不曾退缩，他把摔伤留下的疤痕视为自己在脱贫战役中获得的“军功章”。与村民们同吃同住同劳动，用一言一行感染着大家，用实际行动赢得群众对海关干部的认可。

结　语

我们是一个“不沿海、不沿边、不沿江”的“三不沿”西南内陆海关。在这里，没有深水大港的万吨巨轮，没有堆积如山的报关单证。我们办理的也许是最琐碎最基础的日常业务，度过的也许是最平淡最无奇的每个日夜。但是走近黔关，你同样会看到庄严神圣的金色关徽、英气逼人的海关制服、熠熠生辉的关衔肩章，同样会看到窗明几净的报关大厅、忙碌有序的办公现场、不辞辛劳的查验关员……

春去秋来，白驹过隙，任凭岁月在本来青春的脸上刻下道道深痕。黔关人始终坚守在各自的岗位上，以爱岗敬业奉献助力一方发展、造福一方人民，以拳拳赤子之心表达着对党的忠诚、对祖国的热爱。头顶关徽，我们用责任和担当书写“人民海关为人民”；肩扛关衔，我们把新时代海关纪律部队作风贯彻始终！

昆明海关

邮票与照片中的关衔记忆

昆明海关　杨　波

前几日整理旧时的照片、邮册，慢慢翻看，一张张邮票唤醒了我与关衔的记忆，一张张照片见证了实行关衔制度这20年间海关干部队伍规范化建设给边关带来的脱胎换骨般的变化。

邮票中的关衔记忆

追忆往昔，岁月如歌。一本纪念邮册让我久久不愿放下，这是中国集邮总公司于2003年9月12日发行的一本《中国海关授衔纪念邮票专题册》，它把我重新带回到了难忘的2003年。当年2月28日，第九届全国人民代表大会常务委员会第三十二次会议通过了《中华人民共和国海关关衔条例》。那一年，也是我从上海海关学院毕业进入昆明海关所属河口海关的第10个年头。

纪念邮册里有一组中国海关关衔标志的邮票，唤醒了一段我与关衔标志设计征集工作的记忆。2002年的一天，我所在的河口海关人事政工科收到了昆明海关通知，海关总署正在开展关衔标志设计工作调研，要求有条件的海关收集相关资料开展研究，借鉴世界各国海关的设计思路，实现中国海关与国际接轨。我第一时间意识到这件事情背后的重大意义，而我之前无意中了解到越南海关就实行了衔级制度，如果能够为中国海关关衔设计提供帮助，将是一件非常有意义的事。我马上拿着文件找到关长，汇报了相关情况并说明了自己的想法。关长对我的想法很认同，高度重视，并将此事作为河口海关一项重要工作来办。关里安排了一名精通越南语同时熟悉越南情况的同事与我搭档，共同对越南海关的关衔制度和衔级标志进行研究。我们密切配合，通过多种渠道查阅大量越南海关资料，最终摸清了越南海关衔级制度和衔级标志的基本情况，并迅速形成专门的文字资料和图片资料报送昆明海关。时隔 20 年，回想起这段往事，仍然觉得应该为当年的自己点赞。实行关衔制度，是中国海关历史上具有里程碑意义的大事，虽然自己只是一名基层关员，但能为关衔标志设计做出贡献，哪怕微不足道，也将是我职业生涯中非常值得纪念的一件事。

实物档案:《中国海关授衔纪念邮票专题册》封面

实物档案:《中国海关授衔纪念邮票专题册》中关衔标志的邮票

实物档案:《中国海关授衔纪念邮票专题册》内页

照片里的职业荣誉感

追忆往昔，荣耀如初。细细端详手中一张张 20 年前的照片，让我对关衔带来的职业荣誉感有了新的认识。中华人民共和国海关关衔是区分海关关员等级、表明海关关员身份的称号和标志，是国家给予海关关员的荣誉。河口海关地处西南边陲小城，位于云南省红河州河口县，常年高温高湿，最高气温可达 41 摄氏度，蚊虫肆虐，工作生活条件艰苦、执法环境较差。在授予关衔之前，在严格执法过程中经常遭遇企业及当地边民不理解甚至谩骂围堵的情况，部分一线基层关员心理落差较大，甚至对自身的职业发展感到迷茫。但 2003 年《中华人民共和国海关关衔条例》的颁布和海关首次授予关衔仪式的举行，仿佛给全体关员注入了一剂强心剂。大家的心里悄然发生了改变，职业的荣誉感、归属感、自豪感油然而生，信心底气越来越足，更加笃定了对海关事业的忠诚。

我清楚记得，2003 年 9 月 12 日国务院举行授予海关关衔仪式，我们在遥远的边关通过电视共同见证了这一激动人心的时刻。当时我负责拍照，从镜头中我看到一些老同志眼睛中闪烁着泪花。我特别理解这些一路风雨走来、对海关有深厚感情的老同志此时此刻的心情，从他们的眼睛中我看到的是一种“历经风雨后被认可”的感动。2003 年 9 月 29 日，河口海关举行首次授予关衔仪式，我们为了这个仪式组织了多次演练，大家从走位到敬礼，练得非常认真。授衔仪式上，同志们精神饱满，挺直身板坐在各自座位上，前后左右一条线，负责拍照的我，为这种庄严的气氛所震撼。授衔仪式结束后，全面严格、全面规范的整顿要求逐级传导到基层，边关队伍的精气神持续提高。这种质的转变，当地政府和人民群众是看在眼睛里的，对海关有了更多赞许。

照片档案：2003 年 9 月 29 日，昆明海关所属河口海关召开首授关衔仪式

关衔里走出的队伍建设

追忆往昔，信念如炬。中国海关成为继中国人民解放军实行军衔、中国人民警察实行警衔后，第三支实行衔级制度的队伍。以实行关衔制度为契机，严明纪律，整肃关容风纪，建设一支高素质的海关纪律部队成为海关队伍建设的一个主题。在政工系统工作的这些岁月里，我亲眼见证了海关队伍从外树形象到内强素质、再到内涵学军的过程和深化。从推进海关纪律部队建设的每个工作要求和每项整改任务中，我不断体会到其中更多的政治要求、纪律准则和作风含义。如何在基层海关开展好纪律部队建设是困扰我的一个难题，当时海关总署还没有颁布《海关内务规范》，一切都靠摸着石头过河。我把单位中的部队转业干部请过来，向他们请教工作方法，制订培训方案。从抓内务管理和队列训练开始，由转业干部担任教员，利用每天下班时间开展不少于 2 小时的队列训练，让大家从队列训练中树立“整齐划一、服从命令、听从指挥”的意识。大多数同志发现，经过一段时间的队列训练，自己的纪律规矩意识变强了，精气神也变好了。就这样，我们每年都会组织大家到部队开展队列训练，与解放军战士同吃同住，沉浸式体验军营火热的生活，结束时还与解放军战士来一场热火朝天的篮球友谊赛。时隔 20 年，同事们训练的画面还不时浮现在我的脑海中：同志们脸上豆大的汗珠不停往下流，蓝色的查验服始终是湿漉漉的，但大家一直保持着笔挺的身姿。飒爽的英姿所展现的是一名中国海关关员的气质和内涵，也是海关这支纪律部队应有的形象和风采。

关衔里焕发的海关力量

长风破浪会有时，直挂云帆济沧海。20 年来，昆明海关坚持以忠诚铸魂，以管理严纪，助推高质量发展和高水平开放，为促进地方经济全面协调持续发展贡献海关力量。站在新起点，关衔是荣誉更是使命，是责任也是传承，星火之路、生生不息。昆明海关将以海关队伍授衔 20 年为契机，牢牢把握学习贯彻习近平新时代中国特色社会主义思想主题教育“学思想、强党性、重实践、建新功”的总要求，锻炼忠诚干净担当的新时代海关纪律部队，在守国门促发展中贡献更大力量。

照片档案：2023 年 10 月 7 日，昆明海关授衔 20 周年队伍风貌

拉萨海关

牢记殷切嘱托 坚守雪域边疆

——写在海关关衔制度实行20周年之际

拉萨海关 车 畅 李泓秀 严永睿

拉萨海关所属吉隆海关位于距离拉萨近800千米，被称为西藏秘境、珠峰后花园的吉隆，监管着自古以来便是中尼重要交往交流通道的吉隆口岸。这座沟壑纵横、历史悠久的口岸素有“一条吉隆沟、半部西藏史”的美称。随着西藏地区海关的建立和发展，海关档案也在这里书写下了中国海关人奋进与奉献的诗篇。

初心——缘起1959

1959年，海关总署从全国海关系统抽调31名关员组成了首批进藏设关队伍，经过20多天的长途跋涉终抵拉萨。之后，他们又冒着风雪、拽着马尾、翻山越岭，承受高寒缺氧和物资极度匮乏的极限考验，开启了建设西藏人民海关的伟大征程。

照片档案：1959年，时任署领导与第一批调西藏设关干部合影。从全国14个海关选调的31名勇士毅然告别亲友，不远万里来到遥远的“世界屋脊”，手胼足胝，肩负起建设“西南锁钥”的如磐使命

在这31名干部中，有一名干部叫王镇成，来自汕头海关，1961年在出差返程途中因车祸殉职，将29岁的年轻生命永远留在了边关吉隆。同事在他的遗物中发现了一封还未寄出的信，信中写道：“我同意你离婚的要求，我是一名党员，一时半会儿也离不开西藏，其实我早已作（做）好心理准备，我对不起你和孩子。”字里行间不曾看到一丁点对进藏工作的后悔和退却，字里行间饱含着他对妻子、家庭深深的愧疚，字里行间深藏着他对西藏、对海关事业真挚的热爱。而如他一般告别父母、丈夫、妻子、儿女义无反顾留在边关的那些人、那些事以及那些本只有他们自己知晓的踌躇与挣扎，交织于发黄的纸页之中，尘封在海关档案的层层卷宗之上，汇成边关人的共同记忆，雪山般无

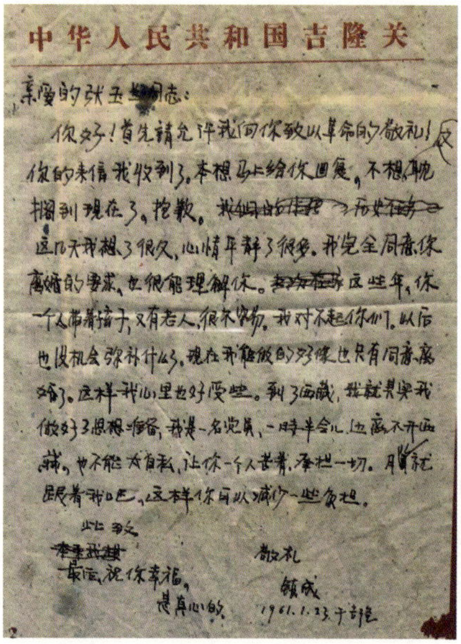
中华人民共和国吉隆关

亲爱的张玉[illegible]同志：

你好！首先请允许我向你致以革命的敬礼！你的来信我收到了。本想马上给你回复，不想耽搁到现在了。抱歉。这几天我想了很久，心情平静了很多。我完全同意你离婚的要求，也很能理解你。这些年，你一个人带着孩子，又有老人，很不容易。我对不起你们。以后也没机会弥补什么了。现在我能做的好像也只有同意离婚了。这样我心里也好受些。到了西藏，我就其实我做好了思想准备，我是一名党员，一时半会儿也离不开西藏，也不能太自私，让你一个人苦着，承担一切。[illegible]就跟着我吧，这样你可以减少一些负担。

此致

敬礼

最后，祝你幸福，是真心的。

镇成

1961.1.23于吉隆

实物档案：王镇成烈士的“一封家书”收藏于拉萨海关关史馆

言，神湖般清澈。就像《海关荣誉纪念章应颁发给他们》一文中描绘的那般：“他们为在西藏地区建立海关，在冰天雪地中，迎风而行，踏雪而歌；在荒芜草坝上，餐风饮露，与禽兽为伴；在山崖峡谷中，雪线在前，纵深远足；在坚定不移的信仰中，义无反顾，矢志不渝，在西藏各地留下深深的足迹。”

使命——启航 2003

2003 年 9 月 12 日，国务院授予海关关衔仪式在人民大会堂隆重举行，中国海关成为继中国人民解放军实行军衔、中国人民警察实行警衔后，第三支实行衔级制度的队伍。吉隆海关坚持以“凝神塑形，铸魂忠行”为队伍建设口号，以铸忠诚、担使命、守国门、促发展、齐奋斗的实践不断寻求答案。

在这 20 年里，吉隆海关人坚持使命，勇于担当。2015 年，吉隆口岸经历了 8.1 级强烈地震，山间滚落的巨石将口岸变成了关员困守的孤岛。面对前所未有的灾难，吉隆海关人没有一人退缩，在通讯、电力、供水全部中断的情况下坚守国门，并主动投入到口岸的抗震救灾工作中去，最艰难的环境中体现人民海关的担当。2020 年，新冠疫情突至，吉隆海关以一支平均年龄仅有 30 岁的队伍迎接了前所未有的大考。年轻的关员们有的因连续工作 16 小时昏厥在 P2 实验室的试验台边，有的在物资紧缺中被不适的防护用品磨伤了角膜依旧坚守，有的坚守岗位

照片档案：2020 年 2 月 28 日，拉萨海关所属吉隆海关在新冠疫情期间坚持履职尽责，实现“境外零输入、一线零感染”的成绩，有力维护了口岸的安全稳定

500余天不曾返回家乡。正是这样一个个感人的故事，成就了吉隆海关在新冠疫情期间“境外零输入、一线零感染”的成绩，守住了当时西藏对外开放最重要的陆路口岸，为“筑牢口岸检疫防线”贡献了力量。

担当——奋进2023

2023年，是海关关衔制度实行20周年，也是吉隆口岸恢复客货双向通关的第一年，吉隆海关同这座古老的口岸一同迎来了发展的新机遇。在先辈曾经奋斗过的土地上，55名吉隆海关人如同先辈一样，把老西藏精神深深融入血脉，努力践行“苦熬不如苦干、高原再攀高峰”理念，抓主题教育，争当“绝对忠诚”的表率，推动成为对党绝对忠诚、扎根边关一线的坚强海关队伍；抓监管效能，推进智慧海关建设和“智关强国”行动，推出“秒闪通”“天路e点通”等项目，破解所在口岸边境点多、线长、面广的现实瓶颈，以实际行动筑牢国门安全防线；抓服务发展，开展“关长送政策上门”活动，充分利用“一对一”关企联络员制度，提高中尼贸易便利化水平，有力促进边贸繁荣、边民增收、边境和谐。

习近平总书记在给红其拉甫海关全体关员的重要回信中指出，海关担负着守国门、促发展的职责使命，做好海关工作意义重大。同为收信人，吉隆海关人将深深扎根喜马拉雅，沐浴着高原的炽热阳光，汲取着老西藏精神和“求实、扎实、朴实”的海关文化，在离天最近的地方拓展口岸功能、提升通关效能、释放物流运能，为融入南亚大通道建设、推动共建“一带一路”和高原经济高质量发展、高水平开放做出新的更大贡献，以实际行动践行海关队伍建设“政治强、水平高、作风硬、纪律严”要求，做让党放心、让人民满意的国门卫士。

西安海关

延安精神铸关魂

西安海关　刘晶晶

2013 年 7 月 15 日，那是一个让我终生铭记的日子。我走出大学校门，背负行囊，乘着绿皮火车，历经 4 个多小时，来到向往已久的革命圣地延安。

在中学时，我就从贺敬之“几回回梦里回延安，双手搂定宝塔山”的诗歌中知道了延安，也一直憧憬着到延安。

工作后，我逐渐知道了延安更多的红色历史。从这里，红军长征胜利奔赴抗日前线；从这里，民族独立与人民解放的火焰越烧越旺。毛泽东等老一辈无产阶级革命家在延安战斗生活了 13 个春秋，培育了光照千秋的延安精神。习近平总书记曾在延安梁家河村插队了 7 年，经受“跳蚤关、饮食关、劳动关、思想关”的重重考验，带领全体村民艰苦奋斗，让山沟里的梁家河村焕然一新，留下了宝贵的精神财富。

传承红色基因，建设圣地红关

走进西安海关所属延安海关档案室，一本画册摆放在最显眼的位置，画册里有一张珍贵的照片：2014 年 10 月 23 日，延安海关开关运行了！

这是海关总署为了更好地服务革命老区开放型经济发展，助推延安抢抓共建“一带一路”倡议所带来的机遇而作出的决策！这一天，延安海关临时租赁业务用房、生活场所，过渡性开关运行。这一天，来自五湖四海的“队伍”闻令而动，把“走，到延安去!”这一革命时期的豪言壮语变为了现实，关中、陕南、陕北，三秦儿女汇聚延安；海南、西藏、甘肃，各地关员开始扎根老区。而我，有幸成为延安海关的首批关员。此时，海关队伍授衔刚刚 11 个年头。

照片档案：2014 年 10 月 23 日，西安海关所属延安海关开关运行

而 2023 年，已是我参加工作的第 10 个年头，也是延安海关新时代海关纪律部队固本强基的第 10 个年头。10 年来，我见证着在这片红星照耀的热土上，延安海关这支新时代海关纪律部队，他们政治坚定，坚决拥护“两个确立”；他们业务精通，恪尽职守严把国门安全；他们令行禁止，勇于担当促进外贸发展；他们担当奉献，全心全意服务老区人民，成为革命圣地上的红色国门！

身边的同事换了一波又一波，而我也从初入海关的“小萌新”逐渐成长为业务精通的骨干力量，那些为工作环境的简陋而失望、为工作内容的枯燥繁忙而抱怨、为家人的不理解而委屈的点点滴滴，成就了如今的我，让我更加坚信：基层的历练，近看很艰苦，远看却是财富。

在我身边，是一群和我一样扎根基层、默默耕耘的海关青年人。我们这群人，有的一年只能回一次家，离家近点的回家路途也要三四个小时，周末才有机会与家人团聚；对上照顾不到老人，父母病痛很难有时间在身边伺候；对下照顾不了孩子，上学接送、亲子活动很少有机会参加。望着肩上熠熠生辉的关徽，从当初的“一杠二星”，到如今的“二杠三星”，随着延安日新月异的发展，为延安守国门促发展的责任也如肩上的关衔一样变得沉甸甸的。这份责任更是新时代海关纪律部队忠诚担当、求真务实、奋发进取的写照，我们很荣幸把最美好的青春年华奉献给了延安广袤的黄土高原。

实物档案：2019—2022 年，延安海关工作留影画册

服务经济发展，奏响奋斗凯歌

“延安海关的设立，极大地方便了陕北地区企业办理进出口通关业务，吸引了更多的出口加工、商贸、物流企业集聚和商品流、人流、资金流整合，进一步敞开了延安对外开放的大门。”延安海关的关史里有这么一句话，而身处革命老区的我们正在努力用实际行动让这个国门故事愈发丰满生动。

照片档案：2014 年 10 月 23 日，延安海关关员为企业办理首票报关单

2016 年，延安海关关员为延安市企业办理了首票减免税业务，这是落实“放管服”改革要求的具体举措，也是这支新时代海关纪律部队奋斗的真实写照。

2018 年，这一年是海关队伍授衔 15 周年，也是机构改革后新海关第一年，职能更丰富，队伍更壮大。这一年，延安海关开展“补短板、转作风、提效能”专项活动，全面推进通关流程简化改革，通关时间同比压缩 71%，通关效率大幅提升。

2019 年，延安海关助力延安市首个公用保税仓库落户延安市高新区，外贸营商环境进一步优化，对外开放的大门越开越大。

2020 年，延安海关急企业所急、想企业所想，积极帮扶企业应对新冠疫情挑战，主动深入调研、宣传贯彻优惠政策，浓缩苹果汁出口总值较上年同期逆势翻番，持续销往俄罗斯、蒙古国、印度等共建“一带一路”国家和地区。

2021 年，延安海关深化党史学习教育成效，积极开展“我为群众办实事”实践活动，疫情期间全体干部职工舍小家、顾大家，在办公楼里集体生活一个月，随约随检、即查即放，帮扶延安生产的危险化学品正己烷首次出口德国。

2022 年，延安海关持续贯彻落实乡村振兴战略，用脚步丈量大地，把助企纾困的生动实践写在田间地头，成功帮扶延安苹果首次出口加拿大高端市场，助力延安苹果产业再上新台阶。

照片档案：2023 年 10 月 8 日，西安海关所属延安海关关员在苹果园里开展采收前安全风险监测取样工作

传承延安精神，彰显国门风采

2023 年 8 月 7 日，海关总署党委书记、署长俞建华在延安海关调研，强调要求“发扬延安精神，把初心使命牢记好、扛起来，发挥好海关作用，为老区发展焕发新生机做出更大贡献。”

延安海关坚决落实海关总署党委书记、署长俞建华的指示要求，积极施展“精准帮扶”组合拳，以扎扎实实的业绩讲好海关故事。当月，15.76 吨食用菌菌棒、7 吨鲜香菇经延安海关监管放行后，分别出口至美国和韩国，这是陕北地区食用菌产品首次实现出口。在发车仪式上，企业主要负责人动情地说道：“感谢海关对我们出口的大力支持，我们要以此次发车为契机，让延安香菇从这里走向世界。”

照片档案：2023年8月7日，海关总署党委书记、署长俞建华（前一）在西安海关所属延安海关调研

让延安更多更优质的农副产品走出国门、走向世界，这何尝不是我们海关人的心愿！2023年，迎来海关队伍授衔20周年，延安海关将一如既往奋勇拼搏，以延安精神为主题，以青春奉献为旋律，以建设堪当新时代重任的新时代海关纪律部队为抓手，在延安海关的发展史上留下更多更美好的画面，谱写新时代的红关赞歌！

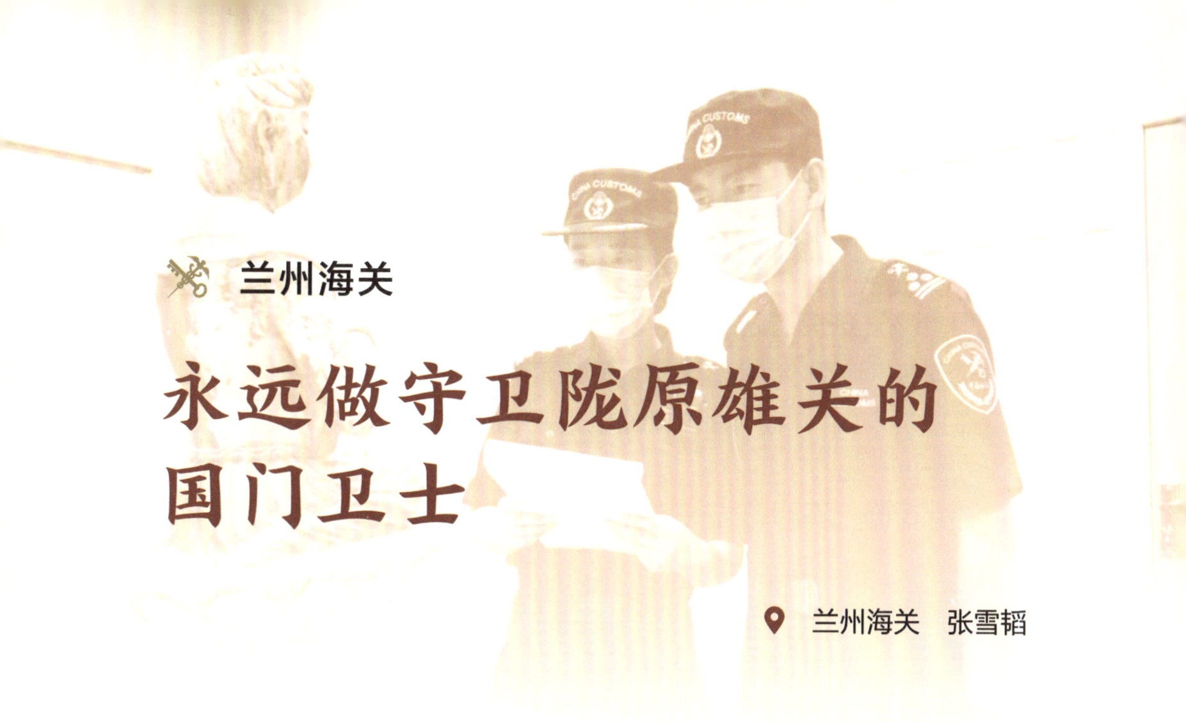

兰州海关

永远做守卫陇原雄关的国门卫士

兰州海关　张雪韬

2003 年 9 月 24 日，跟随全国海关队伍授衔的步伐，兰州、西宁、银川海关在兰州隆重举行“授衔仪式”。20 年来，兰州海关始终将忠诚作为队伍建设的不变底色，在磨砺中锻造出一支让党中央放心、让人民满意的海关队伍。在琳琅满目的档案资料中我们穿越时光隧道，探寻档案背后这支海关队伍不为人知的故事。

照片档案：2003 年 9 月 24 日，兰州、西宁、银川海关共同在兰州宁卧庄大礼堂隆重举行授予关衔仪式

内强素质，让忠诚底色更红

“当我穿上海关制服的那一刻，突然意识到从此以后我再也不是懵懵懂懂的学生，而是一名责任重大、使命光荣的国门卫士了。”刚刚结束的新关员座谈会上，完成初任培训的兰州海关新关员张轩激动地分享着她的心路历程。

初任培训，是每一名海关关员职业生涯的起点，更是踏进海关这支纪律部队的第一步。扎实的理论学习提升了他们的思想政治素质，严格的队列训练磨炼了他们的意志，标准的内务管理规范了他们的习惯养成，系统的培训课程夯实了他们的业务基础……过去20年，兰州海关累计有130余名关员从初任培训起步，走上不同工作岗位奉献青春力量。更是先后组织了200多次覆盖各层级、各年龄阶段、各业务岗位的干部培训班，推动广大党员干部把对党绝对忠诚融入灵魂血脉，推动政治机关建设走深走实。

党旗所指就是心之所向、行之所至。20年来，“兰关人”在各种急难险重任务中冲在前列。无论是2008年汶川地震时迅速验放甘肃重灾区多批国际救援物资，还是279名关员主动请战，奋斗在抗击新冠疫情的第一

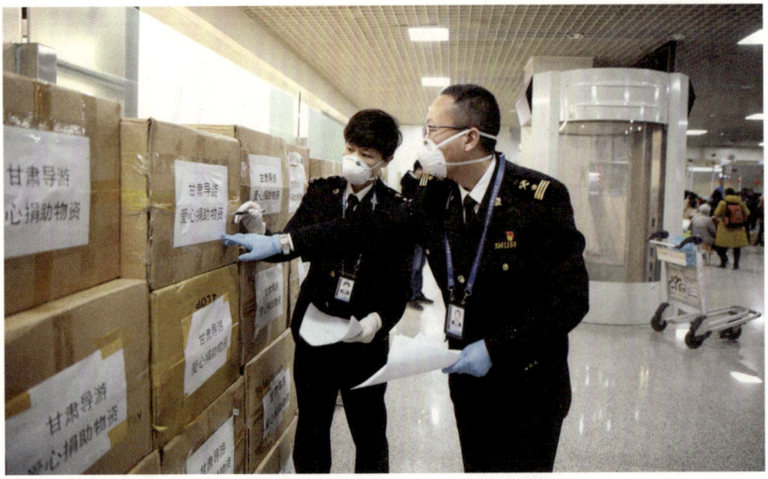

照片档案：2020年1月31日，兰州海关所属中川机场海关快速验放境外捐赠疫情防控物资

线，抑或53名干部担任驻村工作队长兼第一书记，完成了5个市19个深度贫困村的帮扶任务并如期脱贫。他们始终勇挑重担，攻坚克难。

守正创新，让内生动力更足

“大河之滨，陇原雄关巍然伫立；丝路要冲，海关钟楼频鸣强音……”20年来，兰州海关全面深化海关纪律部队建设，与精神文明建设紧密结合，出台轮值考评等制度，每月坚持开展4次内务规范督察，深入隶属海关明察暗访，把问题点准，把整改抓实，把红旗真正留在干部群众的口碑中。与甘肃警察职业学院建立长期合作机制，采取全员集训和送教上门相结合的方式，精准施训，锻造队伍过硬素质。扎实开展“内务规范强化月”活动，组织队列会操和“小教员”培训，培养队伍号令意识与服从意识。

同时，兰州海关始终将仪式教育作为抓日常作风养成的重点工作，强化队伍认同感，激发关员荣誉感。腊子口战役纪念碑前，全员集体缅怀先烈；新任职领导干部宪法宣誓仪式上，手按宪法诵读誓词，庄严神圣；新

照片档案：2019年4月15日，兰州海关在甘肃警察职业学院开展集训

一轮驻村工作队出征前，队旗的交接，也交过了责任；荣休仪式上，银青两代海关人共话关史书写薪火相传的佳话……

外树形象，让人民群众满意

20年来，兰州海关始终把人民群众的满意作为检验工作的标准，把增强人民群众的获得感、幸福感作为新时代海关纪律部队建设的不懈追求，在实干中展现担当和责任。“助企纾困解难题，星辰坚守保国门”，锦旗上的烫金大字是对兰关人付出的最好肯定。2023年6月，兰州海关在对来自澳大利亚墨尔本1585只种羊的监管验放工作中，提前介入，在确保安全的基础上，最大限度地提高通关便利化，缩短种羊转运时间，获得企业赞誉。这也是自2023年1月8日以来兰州海关首次监管验放进口活体动物。

镍都金昌，2013年兰州海关通关作业无纸化改革试点测试成功，首批进口铜精矿在兰州海关通过无纸化申报顺利通关；2022年全国首个进

照片档案：2022年7月22日，兰州海关所属敦煌机场海关监管敦煌研究院暂时出境参展文物

口铁路运输铜精矿监管通关模式试点落地甘肃；2023 年智慧海关“进口铁路运输铜精矿远程视频查验”业务场景建设如火如荼开展。“兰关人”用 10 年时间为保障产业链供应链安全畅通贡献力量。丝路敦煌，“兰关人”已保障 6 届甘肃敦煌国际文化博览会主宾国展会圆满举办，为 10 余场文博展览保驾护航。陇原大地，静宁的苹果、环县的羊肉、陇东的药材、河西的瓜果等 170 余种“甘味”特色农产品已出口至 104 个国家和地区，“兰关人”保障甘肃农产品产业驶入高质量发展的“快车道”。

新征程上，兰州海关将深入学习宣传贯彻习近平总书记给红其拉甫海关全体关员的重要回信精神，坚定走好“两个维护”第一方阵，忠诚守国门，坚定促发展，始终当好让党中央放心、让人民满意的国门卫士。

西宁海关

跬步前行二十载 青衿之志展风采

西宁海关 严兆燕 程雅君 张培德

授衔 20 年来，西宁海关坚持着力打造忠诚、干净、担当的高原国门卫士，一代又一代西宁海关人以日积跬步的韧劲，奋力拼搏、团结向上，演绎着青藏高原上一个又一个生动的海关故事。我们将这些故事一个个从档案中寻觅而来，一起分享这段宝贵的历史记忆和历史经验。

鼓足干劲，助力外贸发展

海关队伍授衔 20 年来，西宁海关以忠诚铸海关纪律部队之魂，以管理严海关纪律部队之纪，始终把服务地方发展的责任扛在肩上、抓在手上、放在心上。从宝贵的照片档案中，依然可以感受到在海关队伍首次授衔后，西宁海关关员以崭新的姿态进行现场查验、把守国门的风采。

西宁海关始终主动参与，在支持灾后重建、维护青藏高原生态安全、助力高质量发展等方面持续展示着海关队伍的担当与作为。

2010 年，为支持青海玉树灾后重建，西宁海关合计办理相关货物《进出口征免税证明》11 份，审批减免税货值 95.28 万美元，减免税款 237.25 万元人民币。

照片档案：2004 年 6 月 30 日，西宁海关为保障首届藏毯会顺利举办，针对转关运输距离长、监管难度大等问题，开设专用绿色通道，在现场设立临时监管场所，为来自巴基斯坦等 40 多个国家和地区的 100 多种展览品办理进口报关手续

照片档案：2006 年 1 月 16 日，西宁海关关员龙承伟（左一）、许宁（左三）赴青海格尔木查验青藏铁路公司进口内燃机车

照片档案：2008 年 9 月 29 日，深圳航空公司 ZH9087 航班“青海号”顺利飞往香港，标志着西宁曹家堡机场航空口岸正式对外开放

2019 年，西宁海关建成青藏高原首家国门生物安全展示馆，获评“青海省基层党支部组织生活共享阵地”，每年面向社会群众、中小学生等宣传活动 30 余场，累计受众万余人次。

2023 年，西宁海关将外来有害生物监测普查推进至“三江源”核心区，深入海拔超 4200 米，位于玉树、果洛 2 州 4 县的林场和草场，设置多个监测点、踏查点，实现青海全境覆盖，捕获各类有害生物超过400头。确定供港蔬菜、出口青稞酒等10余项重点帮扶产品清单，助力茯苓等6种特色农产品首次走出国门。

勤学苦练，牢记职责使命

2008年6月，栗广宁从青海省审计厅调入西宁海关，从此便与海关稽查结缘。对他来说，海关稽查是一个全新的领域。为尽快适应角色转变，他牺牲休息时间，加班加点研读稽查条线法律法规，研究商品归类、特许权使用费、价格伪瞒报等案例，并不断结合工作，反复推敲。青海省幅员辽阔，全省面积72万平方千米，从西宁至果洛、玉树、海西等地，路途十分遥远，且路上经常会遇到暴雨、冰雹、大雪等恶劣天气，每次外勤至少需要2天的时间。但栗广宁没有被困难逼退，每一次和同事们都选择坚定地前行。栗广宁说："遇到恶劣天气，开车走山路不害怕肯定是假的，但肩上扛的是责任，我们必须前进。"2015年，栗广宁因在西宁海关缉私局侦办"7·06"案件工作中，积极发挥稽查工作作用，对案件的顺利侦破做出重要贡献，获得个人嘉奖。2016年，栗广宁勇挑重担，主动担当，稽查作业单笔补税达到299万元，被记个人三等功一次。惟其艰难方显勇毅，亲历更知肩上重任。自入关以来，栗广宁参与稽核查作业累计200多次，向我们展示着他们这一代西宁海关人的担当与作为，以实际行动擦亮着金色关徽。

接力出发，守护国门安全

2020年，新冠疫情突如其来，打破了新年的安宁。守护国门，是海关卫生检疫人义不容辞的责任。当时，与疫情艰苦鏖战了两个多月的上海口岸疫情防控形势严峻。面对这种情况，根据工作需要，西宁海关卫生检疫处程雅君等人响应组织号召，主动请缨，组成疫情防控志愿队支援上海口岸。逆行出征，向疫而行，是程雅君写在请战书上的坚定誓言。

照片档案：2020 年 3 月 23 日，西宁海关关员房璇、宋积春、强锐、黄玉伟、徐礼权、程雅君（从左到右）响应组织号召，成为西宁海关支援上海口岸一线的第一批疫情防控志愿队队员

3 月的上海春寒料峭，程雅君和队友们穿着防护服连续工作七八个小时，经历着疲劳、缺氧、眼睛充血和手指脱皮，累得一闭上眼睛就可以睡过去。但压痕深刻的脸颊，汗湿冰冷的后背，丝毫没有动摇程雅君和队友们的战斗意志。冲锋在前，坚守国门一线，身边是战友，身后是人民，程雅君说这是他们当时坚持下去的唯一信念。流调台前，一句句“欢迎回家”让海关流调问询有了安心的温度；测温门前，一次次抬手引导，一次次温言提示，让人流有序经过；转运岗上，一声声“排好队，跟我走”，踏着沉稳的脚步循环往复，让远途归来的同胞在转运通道上有了依靠。一名归国旅客如释重负地说：“看到中国海关，我瞬间安心了起来。”这是 2020 年给程雅君留下印象最深的一句话。

磨炼意志，彰显担当

西宁海关所属格尔木海关是2018年机构改革后开关的隶属海关，张培德是2019年进入格尔木海关的一名“95后”青年。工作以来，他和同事们经常奔赴在千里查验路上，所处的海西州地广人稀，有时候200千米过去了，还看不到人烟。但这些并没有让张培德打退堂鼓，他觉得吃苦才能更好地成长，他始终记得，“苦地方累地方，正是磨炼意志的好地方”。青海省云天地质商务有限公司有意出口氯化镁，但不了解跨境国际货物公路运输相关政策，根据工作安排，张培德通过“一对一”服务向企业详细解答出口老挝相关政策规定和氯化镁出口操作指南，并与昆明海关所属勐腊海关的同事加强联系配合，一起研究格尔木—磨憨口岸汽运路线，指导企业申领中国对亚太的原产地证书，保障首车“格尔木—老挝万象”汽运开行，成功打通了青海对老挝贸易的陆路通道，为后期青海和老挝国际陆路贸易奠定了良好的基础，实现了青海省盐湖产品首次以汽运方式“一站直达”老挝。在张培德的身上，我们看到新一代西宁海关青年正以昂扬向上的姿态，迈步新征程，开启新篇章。

2023年是海关队伍授予关衔20周年。在这个光荣的历史节点上，习近平总书记给红其拉甫海关全体关员的重要回信极大地鼓舞和激励着西宁海关全体同志，作为海关收信人，西宁海关将以海关队伍授衔20周年为契机，持续践行守国门促发展职责，以锲而不舍的精神谱写“小而精、精而美”的高原海关图景。

乌鲁木齐海关

赓续“四特”精神 雪域高原熔铸忠诚之魂

乌鲁木齐海关　朱　婷　刘晓梅　徐子群

2023 年 9 月 11 日，习近平总书记给红其拉甫海关全体关员亲切回信，指出红其拉甫海关人克服高寒缺氧等困难，扎根雪域边疆的国门一线，忠于职守、默默奉献，创造了不平凡的业绩，展现了新时代海关人奋发有为的精神风貌。

人民日报

RENMIN RIBAO

习近平给红其拉甫海关全体关员回信强调

弘扬海关队伍优良作风 当好让党放心让人民满意的国门卫士

回信

为强国建设、民族复兴积极贡献力量

——习近平总书记给红其拉甫海关全体关员回信在海关系统引发热烈反响

深入扎实开展第二批主题教育

习近平就利比亚飓风灾害向利比亚总统委员会主席曼菲致慰问电

“还是要怀平常心，把握住自己的历史定位”

李希将出席“77国集团和中国”哈瓦那峰会并对古巴、巴西、埃及进行访问

中共中央国务院关于支持福建探索海峡两岸融合发展新路 建设两岸融合发展示范区的意见

专题档案：2023 年 9 月 12 日，《人民日报》刊发习近平总书记给红其拉甫海关全体关员的重要回信

乌鲁木齐海关所属红其拉甫海关建关以来，一代代红其拉甫海关人在艰难困苦的环境中，忠实履行着为国把关的职责使命。2003 年授衔以来，在海关总署党委及总署各司局的持续关心和有力指导下，红其拉甫海关站在更高层面上将“特别能吃苦、特别能忍耐、特别能战斗、特别能奉献”的事迹提炼成“四特”精

神，并将它发扬光大、推动海关各项工作发展进步。

2005年9月28日，红其拉甫海关被国务院授予“艰苦奋斗模范海关”荣誉称号。一代代边关人不断赋予“四特”精神新的时代内涵，总结提炼出“距离再远不忘忠诚、氧气再少不缺精神、海拔再高不降标准、环境再苦不破规矩”的“四不”要求。2023年7月，海关总署署长俞建华在新疆调研时，总结提炼出“路再远忠心向党、山再高不忘初心、风再大必有定力”的要求是对乌鲁木齐海关工作予以的充分肯定和寄予的厚望。

今天，我们从档案的视角感受红关人不一样的红色故事。

绝对忠诚是红关人最厚重的底色

旗帜鲜明讲政治，既是马克思主义政党的鲜明特征，也是我们党一以贯之的政治优势。政治坚定，是实行海关关衔制度的首要要求。红其拉甫口岸，地处帕米尔高原的冰峰雪岭中，是我国唯一一个与巴基斯坦相连的陆路口岸。它自然条件极其恶劣，海拔5100米，高山环绕、终年积雪，是世界上海拔最高的口岸，空气含氧量不足平原地区的50%，风力常年在七八级以上，最低气温达零下40多摄氏度，也被生物学家称为“生命的禁区”。建关以来，红其拉甫海关曾5次迁址，2017年红其拉甫海关因H986安全准入要求从海拔3200米重返5100米。无论岁月变幻、地域变迁，红其拉甫海关始终把学习党的最新理论成果、不断增强党员同志的党性修养作为铸牢对党绝对忠诚政治品格的主阵地。

关衔制度实行以来，红其拉甫海关在原有基础上将水布浪沟旧址建设成为海拔最高的“海关特色教学基地党性课堂”。建设关史荣誉室、党员之家、党员初心堂，设立习近平总书记系列著作、“四史”学习图书角。建立“国门讲堂”“班车学习计划”，开办青年政治讲堂，制订青年干部政治能力提升计划，组织全体关员通过学习习近平新时代中国特色社会主义思想，交流学习心得。大力开展党务知识、党规党纪学习培训，积极培养“党务之星”、“四好”优秀党员，培育“四强”党支部，获评新疆维吾尔自治区标准化示范化“五个好”党支部，建强基层党建战斗堡垒，确保队伍的政治方向正确、政治立场坚定。

照片档案：2022 年 3 月 27 日，乌鲁木齐海关所属红其拉甫海关组织关员在国门开设“国门讲堂”，组织关员开展研讨交流

红其拉甫海关注重“四特”精神的传承与教育，把精神教育融入关员日常工作生活中。每年组织关员通过观看纪录片、撰写心得体会、交流座谈、重走“红关路”等形式开展“四特”精神教育。串联驻地拉齐尼守边护边纪念馆等 8 个驻地红色资源，绘制“红色地图”，组织党员干部寻访打卡。开展“品味红色家书、品鉴红色读物、传承红色家风”活动。与驻地单位共建国门党建示范区。拓宽“云党建”模式，建立“线上交流、线下互访，资源共享、荣誉共创”长效机制，先后与中共一大纪念馆、中共中央党校春季海关中青年处级领导干部进修班、广州海关大铲海关等单位开展“云对话、云观摩、云分享、云宣讲、云诵读”活动 50 余次。近年来，红其拉甫海关先后参加中宣部、中组部、人社部等组织的宣讲、事迹报告 16 次，覆盖 43000 余人次，让老先进有新事迹、老典型有新活力，为队伍始终保持忠心向党的政治本色注入源源不断的人文血脉和精神动力。

照片档案：2023 年 4 月 1 日，乌鲁木齐海关所属红其拉甫海关组织全体关员在国门宣誓

担当奉献是红关人最神圣的职责

习近平总书记在回信中强调：“海关担负着守国门、促发展的职责使命，做好海关工作意义重大。”海关作为把守国门的第一道关口，只有始终树牢总体国家安全观，发扬斗争精神，强化底线思维，提高专业素养，才能全面履行好海关在维护国家政治、经济、文化、社会、生态安全等方面的职责，完成好党和人民赋予的职责使命。

红其拉甫口岸是全球海拔最高的口岸，常年积雪、氧气稀薄，自然环境恶劣、地缘政治复杂。作为国家的“守门人”，红其拉甫海关关员始终牢记坚守国门的基本职责，牢记政治把关使命，紧紧扭住新疆社会稳定和长治久安工作总目标，坚决打击恐怖分裂势力通过边境向我国实施渗透和走私犯罪等行为。

2011 年 8 月 2 日，红其拉甫海关关员在对一辆入境的四国联运货车进行车体检查时，发现该车箱体有夹层，经钻孔方式提取夹层内粉末状物体进行检测鉴定，确定为毒品海洛因，一举查获毒品海洛因 590.96 千克（毛重）。这些案件的破获，有力打击了“金新月”地区贩毒集团的嚣张气焰。

照片档案：2011 年 8 月 2 日，乌鲁木齐海关所属红其拉甫海关在入境货车车厢体查获夹藏的海洛因 590.96 千克

除毒品外，野生动物走私也是该地区重点打击对象之一。2014 年 6 月 13 日，红其拉甫海关根据情报线索周密部署，一举查获走私入境的国家一级重点保护动物黑池龟 229 只。案件破获后，中巴两国在塔县举办“中国—巴基斯坦移交黑池龟仪式”，彰显了中国在打击濒危野生动植物及其制品违法犯罪行为方面的信心和决心，有力维护了负责任大国的良好形象。

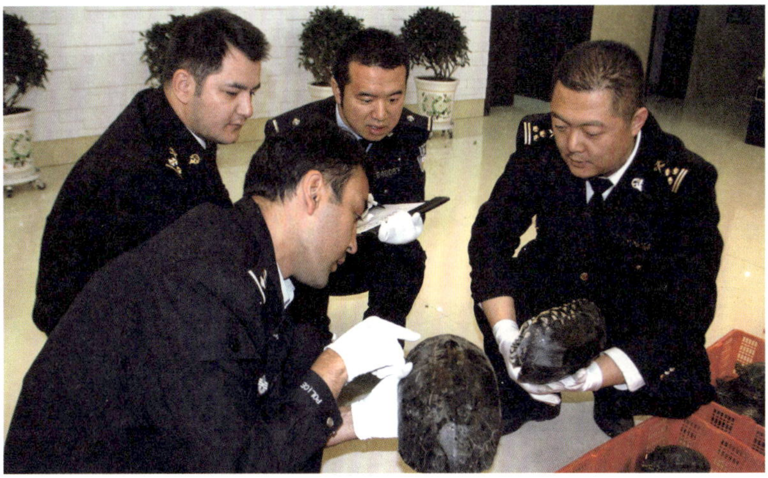

照片档案：2014 年 6 月 13 日，乌鲁木齐海关所属红其拉甫海关查获走私入境国家一级重点保护动物黑池龟 229 只

把关为民是红关人最崇高的使命

习近平总书记在回信中强调：希望同志们胸怀“国之大者”，弘扬海关队伍的优良作风，提高监管效能和服务水平，当好让党放心、让人民满意的国门卫士。海关关衔制度实行以来，红其拉甫海关始终站稳把关为民的根本立场，坚持“人民海关为人民”，崇尚求实、扎实、朴实的海关文化，激发干部队伍干事创业热情。

红其拉甫海关所处的塔什库尔干塔吉克自治县，是国家重点扶持的特困县。民之所望，政之所向。红其拉甫海关深入践行“全心全意为人民服务”的根本宗旨，积极发挥组织优势，实行“以爱扶贫、以业扶贫、以策扶贫和以教扶贫”，建立“一对一”对口帮扶机制助力乡村振兴。2016年，红其拉甫海关驻村关员与“访惠聚”驻村工作队员齐心协力，圆满完成了塔什库尔干塔吉克自治县托格伦夏、色日克塔什村833户3243名农牧民脱贫摘帽任务。同时，为进一步巩固脱贫攻坚成果，驻村关员争取乌鲁木齐海关资金支持，协助农牧民建设高原奶牛场项目，填补了塔什库尔干县的产业空白，增强了“造血”功能，为实现乡村振兴有效衔接奠定了坚实基础。

照片档案：2021年6月28日，参加驻村工作的乌鲁木齐海关所属红其拉甫海关关员伊力夏提（左二）走访牧民

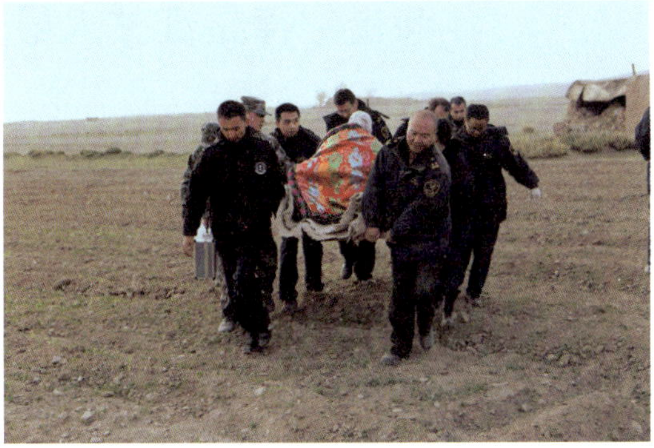

照片档案：2017 年 5 月 11 日，乌鲁木齐海关所属红其拉甫海关全体关员参与抗震救灾

2017 年 5 月 11 日，塔吉克自治县发生 5.5 级地震，多个村落的民房倒塌、道路中断。由于地处山区，专业救援队伍难以第一时间到达，红其拉甫海关联合驻地政府迅速成立抗震救灾突击队，第一时间赶赴灾区投入救援工作，在废墟下救助群众 40 余人，转移农牧民 62 户，用实际行动诠释了“人民海关为人民”的内涵。

2020 年，受新冠疫情影响，塔什库尔干塔吉克自治县托格伦夏村农产品销路受阻，农牧民返贫风险陡增。了解此情况后，红其拉甫海关参加“访惠聚”的关员主动联系农牧民，为帮扶村农产品销售想点子、铺路子，想方设法充实农牧民们的“钱袋子”。紧跟互联网直播“带货”热潮，关员们走进直播间当“带货主播”，在“抖音”直播平台开展“托格伦夏村农产品专场销售”活动，并连线喀什海关、深圳海关关警员踊跃参与直播互动，开播仅 4 小时，农牧民们种植的紫土豆、黑枸杞、雪菊、玛卡等特色农产品就被抢购一空，推动了贫困地区优质绿色农产品走出塔吉克自治县、走出新疆，拓宽了农牧民们的增收创收渠道。

新时代以来，红其拉甫海关紧紧围绕群众关心、企业关切，不断优化监管流程，提升服务质量，千方百计为人民办实事、做好事、解难事。经过多年发展，现红其拉甫口岸年均监管进出境旅客 2 万余人次、进出口货物 5 万余吨、进出境车辆 5000 余辆次。辖区农牧民也通过在海关监管货场进行倒装货物劳动的方式获取报酬，先后有 500 余人次分批来到装卸公司工作，300 多人摆脱贫困。2019 年 9 月，塔吉克自治县边民互市开市运营，200 余名边民有了稳定的收入。红其拉甫海关让把关为民看得见、摸得着、真实可感，进一步展现了“可亲、可敬、可靠”的海关形象。

荣誉纪律是红关人最珍视的生命

党的作风就是党的形象，关系党的生死存亡。令行禁止，是海关实行关衔制度的鲜明特征。建关以来，一代代红其拉甫海关人始终秉承崇德严纪的品格操守，建立管思想、管工作、管作风、管纪律的从严管理体系，用铁的纪律锻造过硬队伍。

红其拉甫海关弘扬党的光荣传统和优良作风，坚持以严的基调持续正风肃纪反腐，认真落实“两个责任”，强化考核问责，紧盯重点岗位、关键环节，每月组织执法执纪工作自查，每周开展思想动态、廉政建设“双分析”，每月组织队伍、业务形势“双分析”。优选身边榜样人物、榜样故事，打造榜样事迹展示窗。建设党员履职尽责平台、荣誉展示窗口，提升“向榜样看齐”意识。坚持把廉政文化同家庭美德教育相结合，以树廉洁家风为主题，将家风建设作为关警员思想教育的延伸，组织家属签订《家庭助廉承诺书》，发挥家属“廉内助、贤内助”作用。从“特别能吃苦、特别能忍耐、特别能战斗、特别能奉献”的“四特”精神，到新时代“距离再远不忘忠诚、氧气再少不缺精神、海拔再高不降标准、环境再苦不破规矩”的“四不”要求，红关人传承红色基因、赓续红色血脉。

照片档案：2019年10月15日，乌鲁木齐海关所属红其拉甫海关组织家属在国门开展“走边关、话发展、促廉政”活动

习近平总书记的重要回信既是对全国海关的莫大激励和极大鞭策，更是对海关队伍建设提出的更高标准、更严要求。海关关衔制度实行20年来，特别是进入新时代以来，在以习近平同志为核心的党中央坚强领导下，红其拉甫海关队伍建设不断取得新进展新成效，队伍管理水平、把关

服务能力、良好社会形象全面提升，为推动海关改革发展、服务中国式现代化建设提供了坚强有力的保障。在充满光荣与梦想的征途上，我们将大力传承弘扬红其拉甫海关艰苦奋斗精神，铸忠诚、担使命、守国门、促发展、齐奋斗，当好让党放心、让人民满意的国门卫士，为强国建设、民族复兴贡献边关力量！

护航“钢铁驼队”的海关人

乌鲁木齐海关 李 文 王常萍

海关关衔制度实行 20 年来，在党中央坚强领导下，海关队伍建设不断取得新进展新成效，队伍管理水平、把关服务能力、良好社会形象全面提升，为推动海关改革发展、服务中国式现代化建设提供了坚强有力的保障。也正是在海关关衔制度实行 20 周年之际，习近平总书记在百忙之中专门给红其拉甫海关全体关员亲切回信。习近平总书记心系雪域边疆，时刻关心牵挂坚守在边关的同志们，这是红其拉甫海关也是全国海关最高的荣誉、无上的光荣！

从档案里回首海关队伍授衔 20 年来的岁月征程，在阿拉山口这片广袤而热烈的土地上，汽笛长鸣的中欧班列是新时代奔驰不息的“钢铁驼队”，而护航着“钢铁驼队”的海关人，肩上闪耀着关衔的金色光芒，便是这 20 年辉煌历史中动人的篇章。

乌鲁木齐海关所属阿拉山口海关由铁路而生、依铁路而兴、因铁路而强。2011 年 3 月 22 日，伴着雄浑的汽笛声，阿拉山口口岸迎来了全国首趟中欧班列（渝新欧），沟通世界的国际铁路物流大通道由此打通，架起了丝绸之路经济带的“美丽彩虹”。此后数以万计的中欧班列经此往返国门，足迹遍布欧亚大陆。十余年间，阿拉山口海关人监管了全国最多的中欧班列，见证并参与了中欧班列从无到有，从弱到强的发展全过程，以自己的实际行动护航这支“钢铁驼队”跑出了“加速度”、扩大了“朋友圈”。

“十二年前首发班列是我负责监管的。”关员张晓东指着陈列的档案照片感慨地说，那一年他刚参加工作，完全没想到中欧班列发展得这么快。

照片档案：2019 年 11 月 19 日，在阿拉山口铁路场站，乌鲁木齐海关所属阿拉山口海关关员田京（右）、赵剑飞（左）监管即将出境的中欧班列

尤其是到了 2013 年，中欧班列发展进入了“快车道”。从一月一列，到一周一列，再到现如今的一天十几列，阿拉山口海关人已累计监管中欧班列 3 万余列，他们以干事创业、争当先锋的担当作为，锻造出了一支“叫得响、拉得出、顶得住”的坚强队伍。

作为当时中欧班列西部通道唯一进出境口岸，阿拉山口海关注重加强口岸海关与属地海关间的协同联动，常态化开展党建和业务交流，与重庆、成都、郑州等海关开展跨关区主题党日活动 10 余次，及时通报班列在通关过程中出现的问题并协助解决；连续 3 年开展关级课题研究并提出统一中欧班列品牌标识、建立新疆中欧班列集结站、丰富口岸整车进口等资质、推行“安智贸”“铁路快通”等通关模式等建议举措；开辟“绿色通道”，实行 24 小时预约通关，量身定制“专人、专岗、专窗”，政策优先宣讲、单证优先审核、班列优先验放、查验优先机检、问题优先解决的“三专五优”工作法，实现进口班列通关“秒放”、出口班列 20 分钟内办结海关手续，为企业节约成本达五成以上，使中欧班列从“独苗”到“人丁兴旺”，从“有去无回”到“满载而归”，从“一条线”到“一张网”，成为共建“一带一路”的亮丽名片。

照片档案：2023 年 8 月 24 日，阿拉山口站编组场内停靠着待发的中欧班列及其他出入境货物列车

党旗所指，行动所向。2020 年春节，突如其来的新冠疫情打乱了全球国际贸易节奏，在各国封锁口岸，国际贸易受阻的大环境下，中欧班列扛起了运输医疗物资、保障供应链安全的重担。

为保障疫情时期中欧班列通行顺畅，阿拉山口海关全体党员争相提交“请战书”，第一时间投入抗疫一线，披坚执锐、逆行出征。有的同志刚举行完婚礼，还没来得及度蜜月，与家人一别就是一年多；有的同志临近退休，却依旧义无反顾选择了坚守一线。谢明是一个工作 30 年，党龄 25 年的老关员。他所在的监管二科负责对所有进出境运输工具进行登临检查，面对新疆反恐维稳形势及疫情防控需要，他丝毫不敢马虎。阿拉山口口岸每年有 100 多天会有八级以上大风，遇有大风，爬车成了耗时很长的一件事，每上一步，要停留几分钟，喘气、停歇，抵挡大风吹到嘴巴、鼻子、耳朵带来的窒息感。到了冬天，车厢上结了冰，有时不小心脚下打滑，膝盖会被撞得青紫。有人跟他说，马上要退休了，可以跟组织申请到轻松点的岗位，但他总是淡淡地说：“工作总要有人来干，共产党员应该冲在前面。”他只是阿拉山口众多海关人的缩影，在祖国和人民需要他们之时，舍小家为大家，毅然决然奋战在此，山口的风犹如一块磨刀石，用艰苦与荒芜锤炼出一位位坚毅的阿拉山口海关人，同时也见证着他们的信念与忠诚。

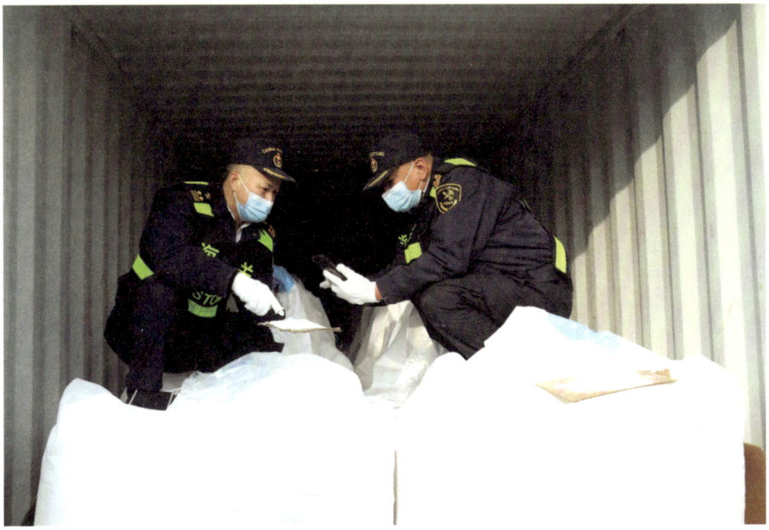

照片档案：2023 年 2 月 10 日，在铁路换装线，乌鲁木齐海关所属阿拉山口海关关员姜卫东（右）、姚沅廷（左）监管搭载中欧班列入境的化肥

回头望去，虽然身处祖国最偏最远最艰苦的地方，但没有冲淡他们的忠诚，也未冲淡他们的执着，他们用监管岗位的日夜奋战、铁路国门的星辰坚守，在祖国大西北构建起一条抗击疫情保障对外贸易畅通的“黄金通道”，为吹响外贸复工复产逆势增长号角贡献了海关力量。2021 年阿拉山口海关获“全国工人先锋号”“自治区抗击新冠肺炎疫情先进集体”等称号；2022 年阿拉山口“口岸强州”典型经验受到国务院第九次大督查通报表扬，阿拉山口海关撰写的经验材料入选全国海关外贸保稳提质典型案例。

“只要群众满意，再苦再累也值。”这是阿拉山口海关人发自内心践行“人民海关为人民”理念、为民服务解难题的初衷写照。他们始终聚焦企业对通关速度的需求，加强“关地铁企”协同，围绕高效、集约、科技，推动智慧监管，全力巩固压缩整体通关时效。2023 年上半年口岸进口、出口整体通关时间分别为 16.72 小时、0.07 小时，较 2017 年分别压缩 66.9%、96.4%，创出了“山口速度”，越来越多的企业和群众为海关的监管和服务由衷点赞。

照片档案：2023 年 4 月 26 日，在阿拉山口国际联运大楼，乌鲁木齐海关所属阿拉山口海关关员王歌正在办理中欧班列通关手续

20 年，是风的记忆；20 年，是大风口的崛起；20 年，是阿拉山口海关人的一部砥砺奋进史。一代代阿拉山口海关人在风中前行，虽然大多数人的职业经历听上去枯燥单调，人生历程看上去丝毫没有悬念和起伏，但他们身上折射出很多人的影子，无名、无闻，却始终在作为。时光荏苒，这些故事早已成为历史，但它再次以海关档案的形式见证新时代海关纪律部队的建设过程，一张张照片透出的精神，也因传承而永存。

作为新时代海关人，我们要通过档案向先辈们学习，在授衔 20 年的风雨历程中感悟峥嵘岁月，从他们手中接过驻守国门的重担，一起于风中同行，在风中放歌，在这片广袤的大地上展示我们昂扬的风采，站在亚欧大陆桥的桥头堡上，看共建“一带一路”的雄姿，听风的侠骨柔情。

附　录

关衔的诞生

海关总署办公厅　王志中　郭志华　雷　爽　卢云鹏
上海海关　李建君　广州海关　马　赛

2023 年 9 月 11 日，在海关队伍授衔 20 周年之际，中共中央总书记、国家主席、中央军委主席习近平给红其拉甫海关全体关员回信，对海关系统干部职工更好履行职责使命提出殷切期望。习近平总书记在百忙之中亲自回信，充分体现了总书记对海关工作的高度重视、对海关系统全体

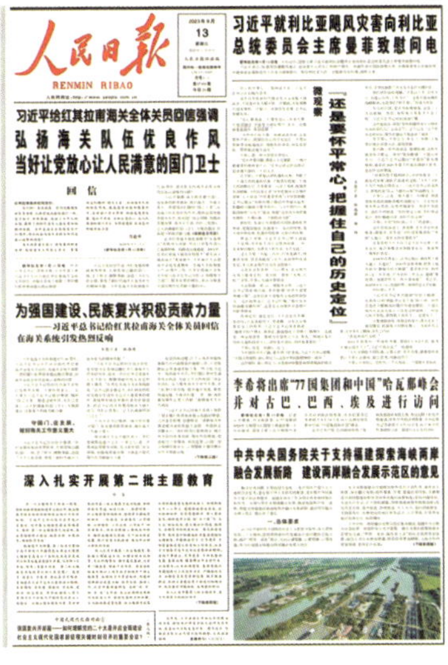
人民日报
RENMIN RIBAO
2023年9月13日

习近平就利比亚飓风灾害向利比亚总统委员会主席曼菲致慰问电

习近平给红其拉甫海关全体关员回信强调
弘扬海关队伍优良作风
当好让党放心让人民满意的国门卫士

回信

微观察
"还是要怀平常心，把握住自己的历史定位"

为强国建设、民族复兴积极贡献力量
——习近平总书记给红其拉甫海关全体关员回信在海关系统引发热烈反响

李希将出席"77国集团和中国"哈瓦那峰会并对古巴、巴西、埃及进行访问

中共中央国务院关于支持福建探索海峡两岸融合发展新路 建设两岸融合发展示范区的意见

深入扎实开展第二批主题教育

专题档案：《人民日报》（2023 年 9 月 13 日第 1 版）刊登习近平总书记给红其拉甫海关全体关员的回信

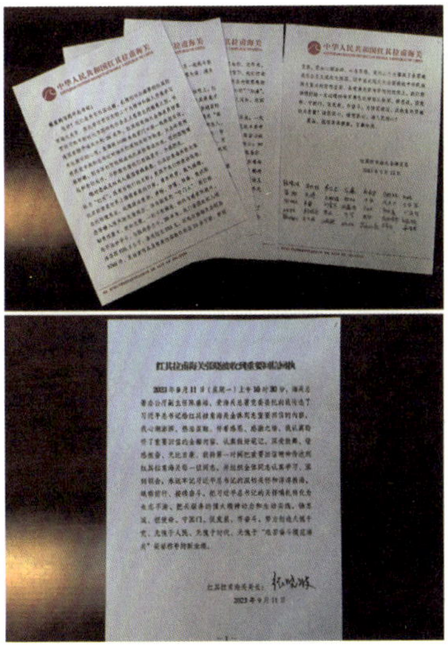

专题档案：2023 年 6 月 15 日，红其拉甫海关全体关员给习近平总书记的信及收到重要回信的回执

同志特别是奋斗在国门一线关员的亲切关怀，为海关奋进新征程、建功新时代指明了前进方向、提供了根本遵循。

20 年前的 9 月 12 日，是一个值得铭记的日子。从时任中共中央总书记、国家主席胡锦涛走进人民大会堂亲切接见首批海关高级关衔人员和海关系统先进集体、先进工作者代表，时任国务院总理温家宝将大红烫金授衔命令证书颁发给牟新生等海关总监、副总监和一级关务监督代表的那一刻起，中国海关的历史就翻开了崭新的一页。

今天，埋首档案，回顾中国海关关衔的诞生历程，我们更加深刻地领会到习近平总书记重要回信的重大意义。关衔，是荣誉和信任，更是纪律和责任。

史海钩沉

我国海关的历史源远流长，可以远溯至三千年前的西周，经春秋战国、秦汉、魏晋南北朝、隋唐、宋元明清等各个时期，形成了独特而丰富的古代中国海关管理制度。

古代中国官场等级森严、官阶分明，彼时海关机构亦遵循着历代王朝的统一官制。但是，三千余年的奴隶制、封建官场体系并未给海关留下独有的衔级制度和衔级标志。

第一次、第二次鸦片战争后，清政府被迫与英法等列强签订了一系列不平等条约，割地赔款、开放通商口岸，实行片面协定关税和领事报关制度等，相继丧失了关税自主权、海关行政管理权和税款收支保管权。近代中国海关开始雇用洋人管理，以洋员为主，实行外籍总税务司垂直领导。

1859 年春，清政府委派英国人李泰国（Horatia Nelson Lay，1833—1898 年）为第一任“总管各口海关总税务司”。

1863 年，英国人赫德（Robert Hart，1835—1911 年）任总税务司后，借鉴西方国家的海关管理模式，统一海关管理体制，以职位分类为基础，分级管理为核心，将所有职位划分职级，纳入适当的职等，对海关职员进行逐级管理，并在职位职级设置上严格区分洋员与华属（员）。同时，清政府也将赫德等海关洋员主管纳入官制体系，授予相应品衔；总税务司署按内班、外班职员的职位等级设置职衔（关衔）标志，不同等级人员制服上均配备不同标志用以标示职衔。近代中国海关的衔级制度和衔级标志从此初见雏形。

职位职级方面。1864 年，总理衙门颁布由赫德草拟的《募用外国人帮办税务章程》，规定各关公事房的税务洋员共分 6 等，即税务司、总办、头等帮办、二等帮办、三等帮办和四等帮办。1867 年，总税务司署发布通令，在各口岸海关设立外班组织，负责掌管船舶及货物的检查事务，内设总巡、验货、钤字手等职位，每个职位均分不同等级。

1869 年，总理衙门颁布《大清国海关管理章程》，正式确定海关税务部门内班、外班、华员组织人事管理制度，并将其职位加以缜密的划分，职别清晰，层级分明。

1875 年，总税务司署重订内班职员的职位等级，其中内班（洋员）职位设为总税务司、税务司、副税务司和帮办（分为头等、二等、三等及四等 4 个等级）；外班、华员仍充任低等职位。同年，总税务司署造册处开始编印《新关题名录》（Service List of the Imperial Maritime Custom），详细记录海关各部门海关职员职级情况。

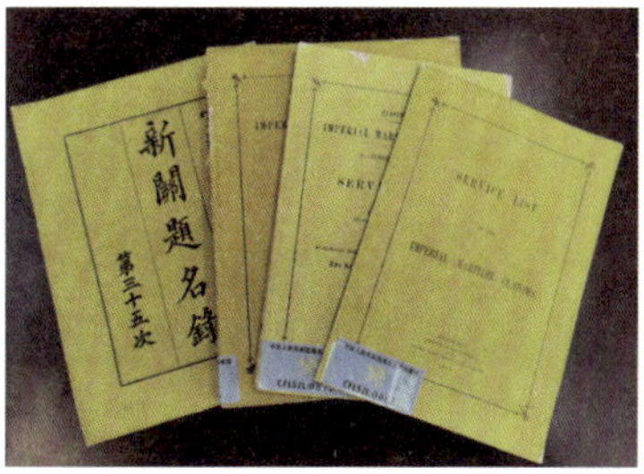

实物档案：《新关题名录》，总税务司署造册处编印出版，始于光绪元年（1875 年）

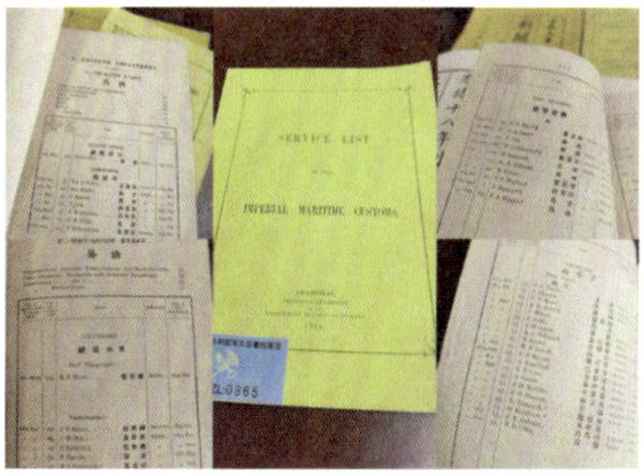

实物档案：第一本《新关题名录》（1875 年）中部分海关内、外班职员职位职级情况

衔级方面。赫德接任总税务司后，清政府便将其纳入清政府的官制体系。赫德本人也逐渐理解到等级和地位在中国社会和官场生活中的极端重

要性。他在19世纪50年代于宁波和广州的日记中，处处提到中国官员的官称品衔和“顶戴”。赫德写道：“至于说到荣誉……他们要是给我个顶戴，我就只要那一等的。”

1864年，清政府加封赫德为按察使衔，正三品衔。1869年，赫德被赏加布政使衔，正二品衔。赫德于1911年病逝，生前曾被清廷加封太子少保衔及尚书衔（正一品），死后又追封太子太保衔。

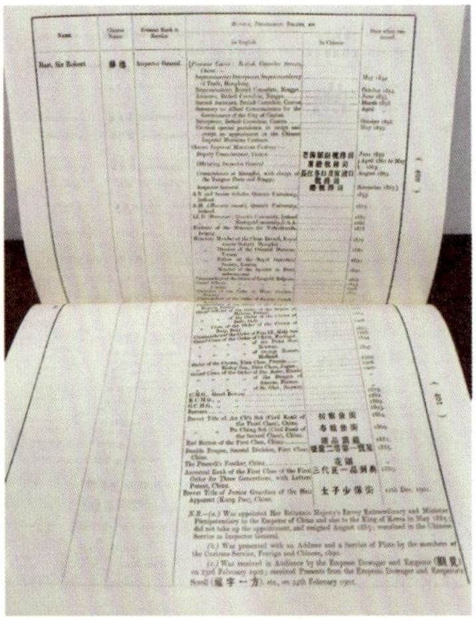

实物档案：《新关题名录》（1907年）中赫德的职级和品衔

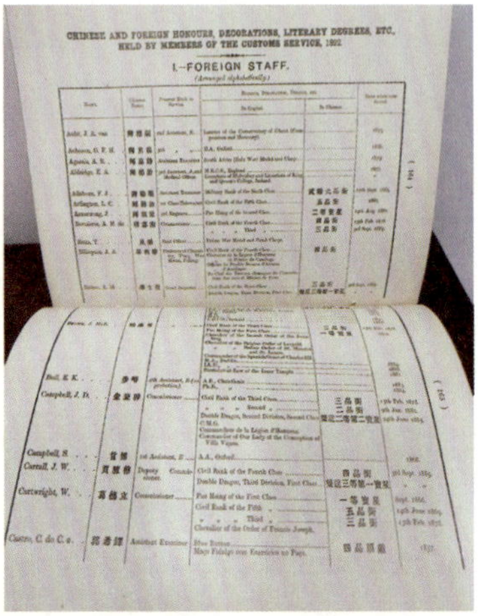

CHINESE AND FOREIGN HONOURS, DECORATIONS, LITERARY DEGREES, ETC., HELD BY MEMBERS OF THE CUSTOMS SERVICE, 1892

I.—FOREIGN STAFF.

实物档案：《新关题名录》（1892年）中部分海关高级别职员（洋员）对应的品衔

1878年，总理衙门奏请将各关税务司赏加三品衔，副税务司赏加四品衔作为定制。同年2月，总税务司署根据总理衙门指令，首次授予税务司和副税务司三品衔和四品衔。是年，共有27名税务司、11名副税务司被授予相应品衔。

职衔（关衔）标志方面。1869年，赫德发布第十号札令“为海关外班人员配发统一制服，并在制服上设置与职级相当的衔级标志”。1873年，赫德要求海关出席维也纳国际博览会人员（均为内班人员）按原职务穿着海关制服，并以帽顶的不同颜色区别其职位等级。19世纪70年代中后期，总税务司署统一在海关内班人员的制服上按职位等级印制相应的职衔标志。由于近代中国海关一直被洋人控制，所有的衔级标志样式都带有鲜明的欧洲风格。以领花、袖标和裤缝条带为例，主要以竹叶纹饰为图案，不同职务衔级人员的服装与衔级标志以扣子数量、刺绣花纹纹饰、丝线质地（金、银）、衔级纹章的条纹来区别。

1917 年，总税务司署委托英国陆海军出版社印刷出版了《中国海关内班职员制服章程》，内有彩图 22 页，记载了内班职员的制服及职衔等级明细图，包括总税务司级、税务司级、副税务司级、各等帮办等各类内班职员的衔级标志。

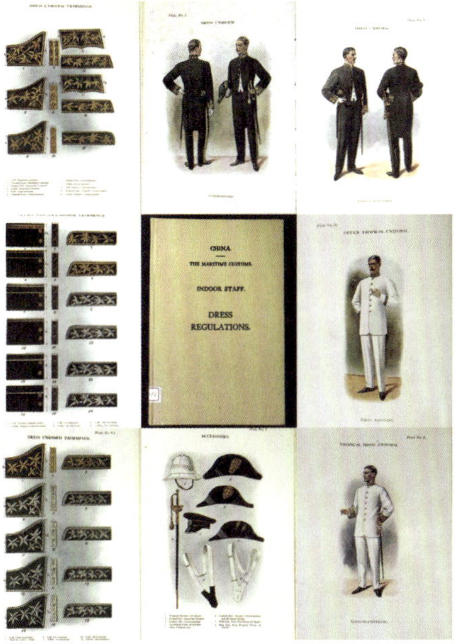

实物档案:《中国海关内班职员制服章程》（1917 年）和其中部分内班制服、制服帽及制服袖口、领圈、裤边装饰品图

直至 19 世纪末 20 世纪初，海关内班职员均穿着精致考究的海关制服。自 20 世纪 30 年代起，总税务司署规定海关内班职员不再穿着制服，改穿西装便服，而外班职员则须继续穿着海关制服执行公务。

外班职员包括总监察长、监察长、各等监察员、验估员、验货员、稽查员等，制服上均配备有不同的职衔标志，一直沿用到 1949 年中华人民共和国成立。

探索之路

新中国海关的人事管理体制中设立衔级制度的设想，最早可以追溯到1955年9月，中国人民解放军第一次实行军衔制时期。1956年8月，对外贸易部海关总署人事处比照中国人民解放军的军衔制度，拟定了《中华人民共和国海关干部职衔等级条例（草案）》提交海关总署署务会议讨论，草案中规定了监督、督察、监察三等、三级的海关衔级制度，与当时的军衔制度等级基本对应。

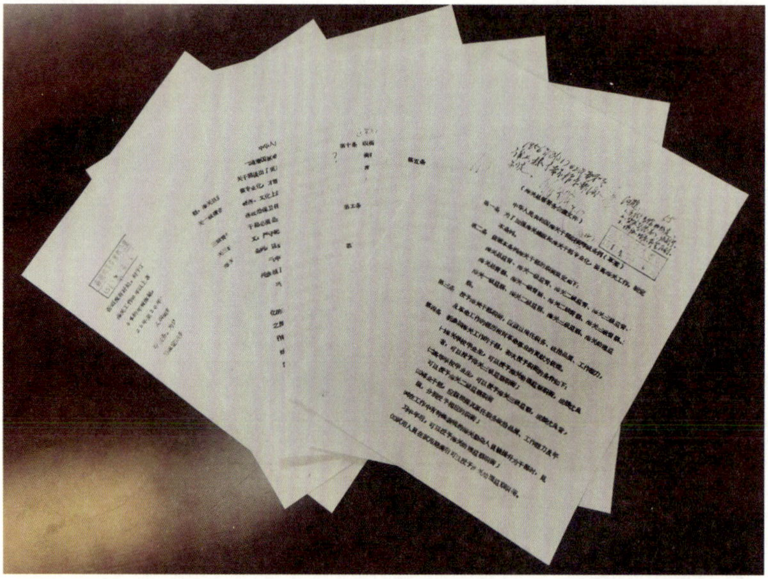

文书档案：《中华人民共和国海关干部职衔等级条例（草案）》影印件

1978年12月，党的十一届三中全会胜利召开，在党中央的统一领导下，干部制度改革工作进行了积极有效的探索。

1980年全国海关建制收归中央，经国务院批准，重新成立海关总署，海关工作人员制服着装由总署统一管理。

1985年，海关总署酝酿建立海关关衔制度。同年，国务院批准对海关着装进行改革，佩戴统一标志。海关关员着小翻领西装式制式服装，制服徽章标志有了明确要求：帽徽由国徽、关徽、橡树叶组成，领花由和平鸽、关徽组成，肩章为黑色加金黄色牙边，中间装有金黄色关徽。

1988 年 11 月底，海关总署抽调人员研究制定海关关员衔级条例，一线人员佩戴岗位、职务等级标志的相关规定，讨论标志图案设计草案。

1989 年 4 月 14 日，人事部复文同意《海关总署成立试行公务员制度实施方案》。同年 12 月，《海关系统试行公务员制度工作的安排意见》中明确了完成职位分类、人员过渡、实施单项法规的时限等。

1996 年 3 月 31 日，时任国务院总理李鹏在视察九龙海关（现为深圳海关）时指出："海关要研究和建立衔级制度。"同年 5 月 10 日，海关总署在海关系统内征集海关衔级标志。要求按五等十四级设计；衔级符号能反映中国海关职业特点；同海关制服协调一致、美观、大方、庄严；等级区分明显；同其他部门的等级标志有显著区别。

1996 年 6 月—12 月，海关总署 3 次上报关于建立海关衔级制度的请示，阐明海关实行衔级制度对于加强海关业务管理和行政管理，强化海关垂直领导、促进中国海关的对外交往的必要性。

2000 年，海关总署印发海关工作人员制服装备管理规定，要求从 2001 年 6 月 1 日起统一换装 2000 款海关制服，并对 1985 式海关制服徽章标志进行梳理：帽徽为金黄色，由国徽、关徽、橡树叶组成。领花由和平鸽、关徽组成，金黄色铜质，左右各 1 枚；肩章由金色橡树叶和关徽组成，底色为黑色。

2001 年我国加入世界贸易组织后，时任国务院总理朱镕基指示："海关要尽快与有关部门协商沟通，研究提出设立关衔制度方案。"

2002 年 4 月 10 日，海关总署再次向国务院上报建立海关关衔制度的请示。

厦门海关郑瑞勇、广州海关许学山和深圳海关赵勤等同志曾于 1996—2003 年间，多次参与海关总署关于衔级衔章的主创设计工作。据许学山同志回忆，当时搜集了很多国家的关衔实物，关衔标志的设计元素主要考虑有橄榄叶、横杠、星花和关徽，既区分等级，又体现海关职业特点，特别是星花的设计为五角星下衬五边形，与中国人民解放军的五角星和中国人民警察的四角星有着显著区别。

上海海关从事档案工作的张耀华同志曾受命协助查找中华人民共和国成立前关衔历史资料。据张耀华同志回忆，他几乎翻遍了旧海关时期所有相关史料，终于在1917年出版的《中国海关内班职员制服章程》中查到了需要的内容，结合收集整理的海关老同志关于旧海关关衔的回忆，形成《旧中国海关外勤人员制服标志符号概况》，为海关关衔制定工作提供了依据和参考。

图书资料:《中华人民共和国海关关衔条例》

2002年10月19日，国务院讨论通过海关《中华人民共和国关衔条例（草案）》，形成议案提请全国人民代表大会常务委员会审议。

2003年2月28日，第九届全国人民代表大会常务委员会第三十二次会议通过《中华人民共和国海关关衔条例》，时任国家主席江泽民签发主席令第85号公布实施。

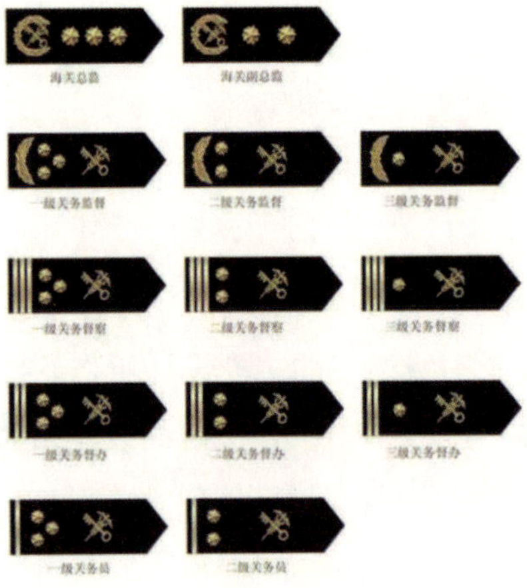

照片资料：海关关衔标志式样

2003年7月8日，国务院第14次常务会议通过配套的《海关关衔标志式样和佩戴办法》。同年7月15日，时任国务院总理温家宝签发国务院令第384号批准公布实施。

2003年8月4日，海关总署正式印发《首次评定授予关衔办法》及《实施〈首次评定授予关衔办法〉若干问题的意见》，标志着海关关衔评定授予工作进入实施阶段。

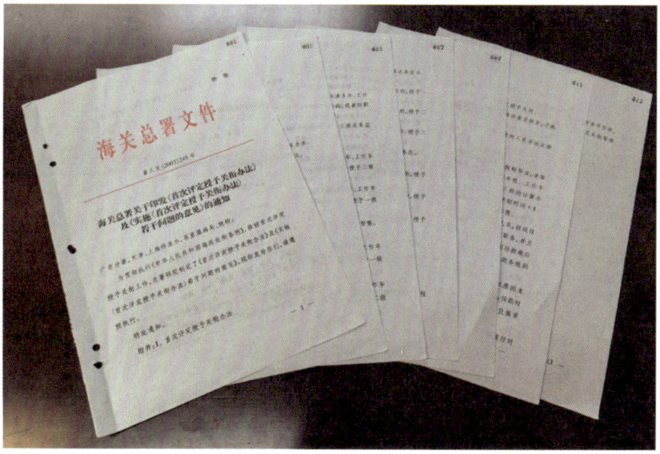

文书档案：2003 年 8 月 4 日，首次评定授予关衔办法等文件材料

换羽新生

2003 年 9 月 12 日上午，国务院授予海关关衔仪式在人民大会堂东大厅隆重举行。人民大会堂东大厅主席台上悬挂着巨大的中国海关关徽，10 面鲜艳的红旗分列两侧。主席台前摆放的“一品红”盆花与主席台上摆放的绿色南洋杉，衬托出东大厅内庄严热烈的气氛。

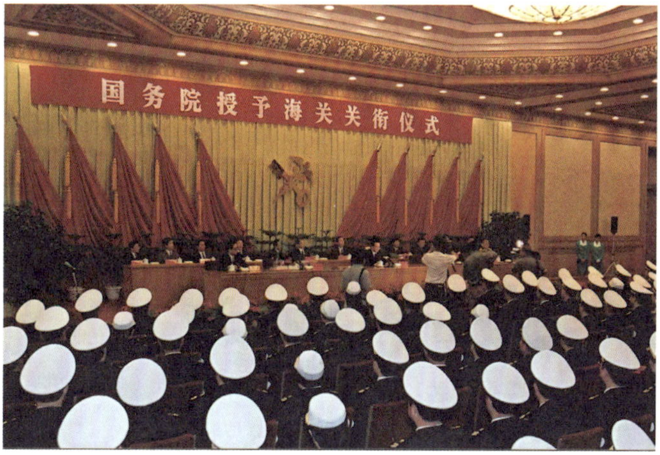

照片档案：2003 年 9 月 12 日，国务院隆重举行海关关衔授予仪式

这是海关历史上值得铭记的时刻。随着时任国务委员兼国务院秘书长华建敏宣布授衔仪式开始，雄壮的中华人民共和国国歌在人民大会堂东大厅里激荡。国歌响毕，时任国务院副总理吴仪宣读《国务院关于授予牟新生等277名同志海关关衔的命令》，授予牟新生等277人海关总监、副总监、一级关务监督和二级关务监督的高级关衔。

这是中国海关全体关员期盼已久的时刻，随着华建敏一声令下，被授予海关关衔的277名同志整齐划一地佩戴上关衔标志。紧接着，时任海关总署署长牟新生走上主席台，从时任国务院总理温家宝手上接过了红色烫金的海关总监授衔命令证书，并郑重敬礼。

在全场阵阵掌声中，时任国务院总理温家宝又先后向李克农、刘文杰、龚正、赵荣、甄朴颁发海关副总监授衔命令证书。随后，在《歌唱祖国》的旋律中，被授予一、二级关务监督的代表先后走上主席台接受证书。

时任国务院总理温家宝强调："每个海关工作人员都要深深懂得，佩戴关衔，不仅仅是一种荣誉，更重要的是一种责任。我们所做的一切，都要同肩上佩戴的关衔相称，都要对国家对人民负责，做人民放心的国门卫士。"

授衔仪式结束后，胡锦涛等党和国家领导人亲切会见了首批被授予高级关衔的海关关员。在接见中，时任中共中央总书记胡锦涛作了重要讲话，充分肯定海关业务工作和队伍建设取得的成绩，指出"海关队伍是一支政治坚强、业务过硬、值得依赖的队伍"，并对海关工作提出新的更高要求。

作为中华人民共和国成立以来第一位被授予海关总监关衔的时任海关总署署长牟新生的激动之情溢于言表："实行关衔制度是海关履行职责的客观要求，是提高海关队伍素质的现实需要，也是增强海关工作人员责任感、使命感的重要措施。我们清醒地认识到实行关衔制度，不仅是一种崇高的荣誉，更是一种神圣的责任，意味着党和人民对海关工作提出了更新、更高的要求。我们将以实行关衔制度为契机，加强队伍建设，整肃关容风貌，统一内务秩序，规范内部管理。"紧接着，时任海关总署署长牟新生代表海关系统各级领导班子和全体干部职工郑重地承诺："我们一定要以实行关衔制度为契机，切实加强队伍建设，忠实履行应尽职责，全面建设现代化海关，以更加饱满的工作热情依法行政，为国把关，服务经济，促进发展，为全面建设小康社会的宏伟目标，做出新的更大贡献。"

照片档案：2003 年 9 月 12 日，时任海关总署署长牟新生代表海关系统各级领导班子和全体干部职工郑重承诺

照片档案：2003 年 9 月 12 日，首批海关高级关衔人员

国务院授予海关关衔仪式结束后，全国海关首次海关关衔授予工作在2003年9月底前全部完成。全国海关系统授衔人员共32236人。

2003年10月1日起，全国海关工作人员统一佩戴关衔。

附：参考书目及文章

1.《中国海关》，2003年第10期。
2.《中国海关通志》编纂委员会编．中国海关通志．北京：方志出版社，2012.
3.《当代中国海关》编辑委员会编．当代中国海关．北京：当代中国出版社，1992.
4. 蔡渭洲编著．中国海关简史．北京：中国展望出版社，1989.
5. 陈诗启著．中国海关近代史．北京：人民出版社，2002.
6. 凯瑟琳·F·布鲁纳编．步入中国清廷仕途——赫德日记（1854—1863）．北京：中国海关出版社，2003.

编 委 会